W0414587

natürlich oekom!

Mit diesem Buch halten Sie ein echtes Stück Nachhaltigkeit in den Händen. Durch Ihren Kauf unterstützen Sie eine Produktion mit hohen ökologischen Ansprüchen:

- 100 % Recyclingpapier
- mineralölfreie Druckfarben
- Verzicht auf Plastikfolie
- Kompensation aller CO_2-Emissionen
- kurze Transportwege – in Deutschland gedruckt

Weitere Informationen unter www.natürlich-oekom.de und #natürlichoekom

natürlich oekom · nachhaltig seit 1989 ·

Klimaneutral
Unternehmen
ClimatePartner.com/53585-1805-1001

Bibliografische Information der Deutschen Nationalbibliothek:
Die Deutsche Nationalbibliothek verzeichnet diese Publikation in der Deutschen Nationalbibliografie; detaillierte bibliografische Daten sind im Internet über www.dnb.de abrufbar.

© 2022, oekom verlag München
oekom – Gesellschaft für ökologische Kommunikation mbH,
Waltherstraße 29, 80337 München

Umschlaggestaltung: Mirjam Höschl
Lektorat: Annika Christof-Ansarian
Innenlayout & Satz: Ines Swoboda
Korrektorat: Maike Specht

Druck: CPI Books GmbH, Leck

FSC
www.fsc.org
RECYCLED
Papier aus Recyclingmaterial
FSC® C083411

Alle Rechte vorbehalten
ISBN 978-3-96238-330-5

Aus Gründen der besseren Lesbarkeit wird auf die gleichzeitige Verwendung männlicher und weiblicher Sprachformen verzichtet. Sämtliche Personenbezeichnungen beziehen sich auf Personen jeglicher Geschlechtsidentität mit Ausnahmen bei direktem Bezug zu einer Person.

ANIKA NEUGART

SIMPLY GREEN

Von Achtsamkeit bis Zero Waste: Nachhaltige Lebensstile im Faktencheck

oekom

Prolog – Warum es sich lohnt, nachhaltig zu leben

Wer das aktuelle Weltgeschehen betrachtet, könnte oftmals verzweifeln. Wir haben ein Wirtschaftssystem geschaffen, das auf ständigem Wachstum beruht, die endlichen Ressourcen der Erde verbraucht und gleichzeitig die Umwelt so stark verschmutzt, dass der Lebensraum von Mensch und Tier vernichtet wird. Der Klimawandel, vor dem bereits seit Jahrzehnten gewarnt wird, ist überall auf der Erde spürbar. Ein Temperaturrekord jagt den anderen, Gletscher schmelzen, der Meeresspiegel steigt, und heftige Naturkatastrophen häufen sich. Letztere treffen verstärkt die Länder des Globalen Südens und damit die Ärmsten der Weltbevölkerung. Im Gegensatz dazu leben wir in den westlichen Industriestaaten privilegiert und in Wohlstand. Immer mehr Unwetter, Hitzewellen, Hochwasser, Waldbrände und sogar Tornados ereignen sich aber auch in Europa. Allein im Jahr 2021 gab es flächendeckende Waldbrände in Griechenland, Italien und der Türkei, Tornados in Niedersachsen und Tschechien sowie die Überschwemmung des Ahrtals in Deutschland. Darüber hinaus entstehen erste klimabedingte Migrationsbewegungen. Aufgrund von Überschwemmungen, Wetterextremen und Ernteausfällen sehen sich z. B. viele Menschen in Äthiopien gezwungen, ihre Heimat zu verlassen. Die Anzahl solcher Klimaflüchtlinge wird unter anderem wegen der Verschlechterung der Wasserversorgung, des Landverlusts durch den Meeresspiegelanstieg sowie langer Dürreperioden stark zunehmen.

Das Anthropozän, die Ära des enormen menschlichen Einflusses auf die Umwelt und das Klima, hat das sechste Massenaussterben eingeleitet. Das fünfte Massenaussterben wird 66 Millionen Jahre zurückdatiert, als ein riesiger Asteroid auf der Erde einschlug. Damals wurden 75 Prozent aller Arten auf dem Planeten vernichtet – das Zeitalter der Dinosaurier ging zu Ende. Die CO_2-Emissionen in der

Erdatmosphäre steigen, ähnlich zum Kohlenstoffspiegel, derzeit schneller an als je zuvor in den vergangenen 66 Millionen Jahren. Die CO_2-Werte liegen sogar bedrohlich nahe an denen, die laut Berechnungen zu einem Abschmelzen des Eisschilds in der Antarktis führen. In den arktischen Regionen sind die Veränderungen schon im Gange.[1]

Wie weit vorangeschritten ist die Klimaerwärmung?

Die Erde erhitzt sich laut wissenschaftlichen Erkenntnissen viel schneller als von offiziellen Stellen wie dem Weltklimarat (IPCC) vorhergesagt. Im Vergleich zum vorindustriellen Niveau hat sich heute die Durchschnittstemperatur bereits um 1,2 Grad erhöht. Zwar soll die Erderwärmung laut dem Pariser Klimaabkommen bis zum Jahr 2100 unter 2 Grad bleiben, aber bei dem gegenwärtigen Kurs steigt die Temperatur eher um 4 Grad, möglicherweise sogar um 8 Grad.[2] Im August 2021 bestätigte dies auch der Weltklimarat in einer Veröffentlichung, die erste Ergebnisse des IPCC-Berichts für 2022 vorwegnahm. Neuen Berechnungen zufolge wird in den nächsten zwanzig Jahren die 1,5-Grad-Grenze der Erderwärmung überschritten, wenn keine sofortigen, umfassenden Maßnahmen zur Reduktion der Treibhausgase ergriffen werden.[3]

Angesichts der besorgniserregenden Entwicklungen besteht großer Handlungsbedarf. Wenn wir Umwelt und Klima schützen wollen sowie ein friedliches Miteinander auf der Erde wünschen, dann müssen wir einiges ändern – allem voran das Wirtschaftssystem. Auch die Verwendung und Verteilung der globalen Ressourcen muss gerecht und nachhaltig werden. Globale Klima- und Umweltschutzregelungen müssen greifen. Und die von unserer Gesellschaft angestrebten Werte wie Macht, Geld und Besitztum, aber auch die Ich-Fixiertheit und Ellenbogenmentalität müssen sich ändern. Ein Großteil dieser Aufgaben und deren Umsetzung obliegen Politik, Unternehmen und Bildungsinstitutionen. Aber gesellschaftliche und systemische Veränderungen werden immer von Vordenkern ausgelöst, von einzelnen Individuen. Oder wie es die britische Sozialhistorikerin und Ökonomin Joan Thirsk formulierte: »Die Geschichte zeigt uns, dass wesentliche Veränderungen normalerweise von einigen wenigen Idealisten vorweggenommen werden, von geduldigen, hartnäckigen Individuen, die ihren persönlichen Überzeugungen über viele Jahre nachgegangen sind, bevor irgendeine Krise auftrat.«[4]

Solche Idealisten gibt es auch in unserer heutigen Zeit. Sie treten für den Tier-, Umwelt- und Klimaschutz ein, für eine nachhaltige Wirtschaft, für weniger und regionalen Konsum, für mehr Unabhängigkeit, soziale Gerechtigkeit und ein friedliches Miteinander. Es ist die Hinterfragung und Abwendung vom gängigen konsumorientierten Verhalten, das die schädlichen Systeme unterstützt. Ihre Bestrebungen formulieren sich in zahlreichen alternativen Lebensstiltrends, wie z. B. SLOW FASHION, MINIMALISMUS, ZERO WASTE oder ACHTSAMKEIT. Gemeinsam ist diesen Bewegungen das Streben nach gesellschaftlichen Verhaltensänderungen. Die Verfechter des jeweiligen Lebensstiltrends, die an die Öffentlichkeit treten, sind äußerst kommunikativ und vernetzt. Sie verbreiten ihre Gedanken und Konzepte über Social-Media-Plattformen sowie eigene Websites und Publikationen. Das Wissen um die alternativen Lebensstile ist für alle frei zugänglich, denn es werden Mitstreiter gesucht. Das heißt, wir alle profitieren von den Ideen der zeitgenössischen Idealisten und haben die Möglichkeit, unser eigenes Leben nachhaltig auszurichten.

Jeder kann die eigenen Gewohnheiten hinsichtlich ihrer Auswirkungen auf Mensch und Umwelt untersuchen. So kann sich beispielsweise gefragt werden: Welche (endlichen) Ressourcen wurden verwendet, um ein bestimmtes Produkt zu fertigen? Werden Tierleid oder soziale Missstände wie Kinderarbeit oder zu niedrige Löhne mit dem Kauf unterstützt? Trägt ein Produkt oder eine Dienstleistung aktiv zur Umweltverschmutzung bei? Benötige ich gewisse Dinge wirklich, oder kann ich auch darauf verzichten? Was geschieht mit dem Gegenstand, wenn ich ihn nicht mehr gebrauchen kann? Es geht letztlich darum, ein Bewusstsein für das eigene Verhalten zu entwickeln und es gegebenenfalls anzupassen. In Summe tragen solche Verhaltensveränderungen von Privatpersonen nicht nur zu mehr Nachhaltigkeit bei – sie üben gleichzeitig Einfluss auf Wirtschaft und Politik aus. Wenn ökologisch und ethisch bedenkliche Produkte abgelehnt werden sowie der eigene Konsum reduziert wird, beeinflusst dies Unternehmen sowie das soziale Umfeld.

Dieses Buch stellt 16 der aktuellen Nachhaltigkeitstrends vor. In die Texte flossen Informationen aus zahlreichen Büchern, Artikeln sowie Blogbeiträgen zu den jeweiligen Trends ein. Jeder deckt einen bestimmten Lebensaspekt ab: Konsumverhalten, Kleidung, Wohnen, Ernährung, Abfall, Mobilität, Reisen und Spiritualität. Die Lektüre von *Simply Green* soll inspirieren, die eigenen Gewohnheiten zu verändern und etwas zum Umwelt- und Klimaschutz beizutragen.

Der Begriff »Trend«

Die folgenden Kapitel drehen sich um Lebensstiltrends. Aber was ist damit eigentlich gemeint? Der Begriff »Trend« bedeutet auch »Richtung«, »Strömung«, »Mode« oder »Tendenz«. Bezogen auf den Lebensstil handelt es sich um die vermehrte Hinwendung der Menschen zu einem bestimmten Verhalten, das sich über einen gewissen Zeitabschnitt bemerkbar macht. Diese Tendenzen im Lebenswandel der Menschen sind anhand von Meinungsumfragen und statistischen Erhebungen gut nachvollziehbar. Die beschriebenen Trends stammen größtenteils von Menschen aus Industriestaaten mit einem entsprechend privilegierten Lebensstil. Das bedeutet, sie sind als »westlich« anzusehen. Im Gegensatz zu Menschen aus Ländern des Globalen Südens haben wir mehr Auswahlmöglichkeiten, zu handeln oder zu konsumieren. Wir sind vergleichsweise reich und können es uns leisten, mehr zu zahlen oder freiwillig auf Dinge zu verzichten. Wer arm ist und auf etwas verzichtet, tut dies meist aus Not und nicht freiwillig.

Konsumverhalten

Minimalismus

»Souverän ist nicht, wer viel hat, sondern wer wenig braucht.«
Niko Paech, deutscher Ökonom und Nachhaltigkeitsforscher

Minimalismus ist die Reduzierung des Besitzes und die Konzentration auf das Wesentliche. Es ist ein freiwilliger Verzicht auf die zahlreichen Produktangebote und ein Ausstieg aus der Konsumgesellschaft. Ziel ist es, Kaufgewohnheiten entgegenzuwirken und ein erfülltes, unabhängiges Leben zu führen. Minimalismus ist eine »Lebensphilosophie des Essenziellen«.[1]

Schlichte Lebensweisen gibt es schon lange. Einfachheit und Bescheidenheit gelten als Weg zur spirituellen Erfüllung. Sie finden sich in Religionen wie auch in Philosophien der griechischen Antike. Das Christentum, der Hinduismus, der Buddhismus und der Sufismus sprechen sich für das einfache Leben aus. Im Hinduismus, der etwa 500–200 v. Chr. in Indien entstand, gibt es beispielsweise asketisch lebende Wandermönche. Die sogenannten Sadhus lassen noch heute all ihren Besitz hinter sich, um durch Meditation, Yoga und ein einfaches Leben zur Erleuchtung zu gelangen. Auch Siddharta Gautama, später Buddha genannt, wurde zum Wandermönch und zog ohne Besitztümer auf die Straße. Zu den Ordensregeln buddhistischer Klöster zählt bis heute, dass die Nonnen und Mönche nicht auf hohen Betten schlafen dürfen. Ein hohes Bett war im alten Indien Ausdruck für Luxus. Mit dem Begriff »Sufismus« werden asketische, spirituelle Strömungen des Islams zusammengefasst. Sie entstanden etwa 600 n. Chr. Die frühen Sufis waren allein lebende Asketen, die sich von Besitztümern abwandten.

Jesus lebte ebenfalls ein einfaches Leben und ermutigte seine Anhänger, es ihm gleichzutun, denn Gier und die Ansammlung von Materiellem beeinträchtigten die Beziehung zu Gott.[2] Christliche Minimalisten sehen in ihm den Vorreiter der Minimalismusbewegung. Der im Christentum gepriesenen Bescheidenheit folgte auch Franziskus von Assisi. Er lebte so einfach wie möglich und gründete später den Franziskanerorden. In den Ordensregeln heißt es, man solle Geld nicht mehr wertschätzen als Stein.[3]

Zu den Philosophien des einfachen Lebens zählen der Kynismus und der Stoizismus. Der Kynismus befürwortet ein naturbezogenes, genügsames Leben mit dem Notwendigsten. Diogenes von Sinope ist der wohl berühmteste Kyniker. Er lebte im 4. Jahrhundert v. Chr. in einem großen Fass in Athen und besaß nur ein Bekleidungstuch und eine Trinkschale. Als er einen Jungen aus seinen Handflächen trinken sah, warf er auch die Schale weg.[4] Im Stoizismus, etwa 300 v. Chr. gegründet, wird der Mensch als Teil des großen Weltkomplexes und der Natur gesehen. Nach Einsicht strebend wird ein genügsames, autarkes Leben propagiert. Von den Aufzeichnungen des Gründers der Philosophie sind nur wenige erhalten. Lehrinhalte wurden über seine Anhänger verbreitet. Cicero schrieb beispielsweise, dass selbst die Mächtigen, die in Besitz von Schätzen und Häusern seien, ihre Sehnsüchte und Begierden nie befriedigen könnten. Sie unterlägen nicht nur dem Zwang, ihren Besitz immer weiter zu vermehren, sondern auch der Angst, alles zu verlieren. Erst durch die Überwindung dieser Zwänge entstehe wahre Autorität. Seneca beschrieb Stoizismus hingegen als einen individuellen Prozess aus aktiven Beurteilungen. Er betonte, dass Geldmangel kein Beweis für ein autarkes Leben sei.[5] Als Seneca auf sein Leben im Wohlstand mit Wein und eleganten Möbeln angesprochen wurde, entgegnete er: »Die Philosophie verlangt nach einem simplen Leben, aber nicht nach Buße.«[6]

Eine ähnliche Argumentation führen zeitgenössische Minimalisten in Bezug auf ihre Designermöbel oder teuren Kleidungsstücke an. Ein minimalistisches Leben entspreche nicht dem Verzicht auf gute Produkte. Konsumiert würde nach dem Credo »Qualität vor Quantität«. Stoizismus wird auch gerne in Form von bewusstem Verzicht in die Minimalismuspraxis integriert. Wie ist es, einige Monate ohne Handy, Shopping oder Internet zu Hause auszukommen? Was davon ist Konsumgewohnheit, was ist Notwendigkeit?[7] Neben dem Stoizismus berufen sich Minimalisten auch auf den Einfluss des Zen-Buddhismus. Durch Meditation entständen mehr ACHTSAMKEIT und Einfachheit im täglichen Leben.[8] Zu berühmten Persönlichkeiten des 20. Jahrhunderts, die einen einfachen Lebensstil führten und mit Minimalismus in Verbindung gebracht werden, zählen unter anderem Mahatma Gandhi, Albert Schweitzer, Albert Einstein, Mutter Teresa und Steve Jobs. Lebende Berühmtheiten, die mit Minimalismus assoziiert werden, sind z. B. Barack Obama und Mark Zuckerberg. Ihr Minimalismus drückt sich hauptsächlich über immer dieselben Outfits, sogenannte CAPSULES, aus.

Wie entstand Minimalismus?

Als Wegbereiter des Minimalismus in den USA gilt Henry David Thoreau. Er zog 1845 für zwei Jahre in ein Waldstück eines Freundes, um Freude im einfachen Leben zu finden. Dort errichtete er sich sein eigenes Holzhaus an einem See und schrieb das Buch *Walden. Oder das Leben in den Wäldern*.[9] Eine Erkenntnis seines Experiments war, dass die Finanzierung seines schlichten Lebens im Wald nur sechs Wochen Arbeit im Jahr erforderte. Er gilt auch als Ideengeber der TINY-HOUSE-Bewegung.[10] In Deutschland ist Friedrich Nietzsche literarischer Vorreiter des einfachen Lebens. Unter anderem kritisierte er, dass mit dem Streben nach Besitztümern nichtmaterielle Bereiche im Leben, die einen Mangel erfuhren, ausgeglichen würden. In seinem Buch *Also sprach Zarathustra*[11] schuf er eine Gestalt, die seinen Idealen vom einfachen Leben entsprach.[12]

Der gesellschaftliche Trend zur radikalen Besitzverminderung begann rund hundert Jahre nach Thoreau und Nietzsche mit Veröffentlichungen zum Thema Einfachheit. In den 1980er-Jahren schrieb der amerikanische Sozialforscher Duane Elgin mit einem Kollegen den Artikel »Voluntary simplicity«. Der Artikel war von einem amerikanischen Philosophen inspiriert, der in den 1920er-Jahren zu Mahatma Gandhi nach Indien gereist und vom einfachen Leben des Pazifisten beeindruckt war. Elgins Artikel lieferte ein Jahr später die Vorlage für das gleichnamige Buch, das zum Bestseller wurde. In seinem Buch erörterte er ein Leben mit äußerer Einfachheit und innerem Reichtum. Auch sagte er voraus, dass materielle Einfachheit in der Zukunft weniger asketisch, dafür jedoch ästhetischer sein werde.

Während in den Jahren darauf das Werk Elgins in Vergessenheit geriet, entstand in den 1990er-Jahren in Nordamerika eine neue Welle an Literatur und Motivationscoaching über die Vereinfachung des Lebens. Zu den Stichworten zählten *Downsizing und Simplify*. Das gleichnamige Buch *Simplify. Das Handbuch zum einfachen Leben*[13] avancierte zum Bestseller. Interessanterweise ist der gesellschaftliche Trend zum einfachen Leben häufig in Krisenzeiten zu beobachten. So ist die Bewegung in den 1990er-Jahren auf die Rückkehr vieler traumatisierter Soldaten aus dem Vietnamkrieg und die Wirtschaftsrezession zurückzuführen. Viele Firmen entließen damals einen Großteil ihrer Angestellten, was diese motivierte, mit weniger Konsum auszukommen.[14]

Nach der Finanzkrise 2008 erlangte die japanische Aufräumexpertin Marie Kondo mit ihrem Buch *Magic Cleaning. Wie richtiges Aufräumen Ihr Leben verändert*[15] weltweite Berühmtheit. In ihrem Buch beschreibt sie, wie Leser durch das Befolgen einfacher Schritte ihren Besitz vermindern, nur das behalten, was Freude auslöst, ihr Zuhause ordentlich gestalten und damit ihr Leben verbessern. Auch wenn Kondo von vielen Minimalisten als Inspiration angeführt wird, stellt sie klar, dass sie keine Minimalistin sei. Ihre Aufräummethode unterscheide sich grundsätzlich von der minimalistischen: »Minimalismus propagiert, mit wenig zu leben; die KonMari-Methode empfiehlt, mit Objekten zu leben, die du wirklich wertschätzt.«[16]

Im Internet war Minimalismus bereits etwas früher ein Trend. In den USA schrieben zahlreiche Blogger über das Thema. Zu den einflussreichsten zählen Leo Babauta (zen habits.net), Joshua Becker (becomingminimalist.com), Erin Boyle (readingmytealeaves.com) sowie Joshua Fields Millburn und Ryan Nicodemus von theminimalists.com. Die Blogger veröffentlichten ihre Konzepte auch in Büchern, die sich häufig zu Bestsellern entwickelten, oder wurden zu Hauptprotagonisten in Filmen, wie die Freunde Millburn und Nicodemus in der Dokumentation *Minimalism* des Streaming-Anbieters Netflix. Auch Marie Kondo wurde eine Netflix-Serie gewidmet: *Aufräumen mit Marie Kondo.*

Im deutschsprachigen Raum veröffentlichte der Autor und Pfarrer Werner Tiki Küstenmacher 2001 den Bestseller *Simplify your life.*[17] In dem Buch wird geraten, seinen Besitz zu reduzieren, sein Leben zu entschleunigen und sich auf das Wesentliche zu konzentrieren.

Ab der Finanzkrise um 2008 wurden zahlreiche Handbücher zum Thema auch ins Deutsche übersetzt. Während zu Beginn die »Vereinfachung des Lebens« oder »*Simplify*« in den Buchtiteln verwendet wurde, ist in den letzten Jahren ein Trend zur Verwendung des Wortes »Minimalismus« zu verzeichnen. Auch erste deutschsprachige Blogs zum Thema Minimalismus entstanden. Zu den frühen Trendsettern gehörten Alexander Rubenbauer (psychologie-journal.de), Michael Klumb (minimalismus-leben.de) und Daniel Siewert (schlichtheit.com). Heute gibt es eine Vielzahl an Youtubern und Bloggern, die regelmäßig Beiträge zu Minimalismus erstellen. Die deutsche Filmindustrie griff Minimalismus 2018 mit der Komödie *100 Dinge* auf. Matthias Schweighöfer und Florian David Fitz spielen darin zwei junge Männer, die sich auf die Wette einlassen, hundert Tage lang auf Konsum und Luxus zu verzichten. Sie geben ihren gesamten Besitz ab und müssen lernen, mit weniger auszukommen.

Wie wird Minimalismus umgesetzt?

Bei vielen Minimalisten ist eine persönliche Krise der Anstoß für die Änderung der Lebensweise. Der Fokus auf die zeitaufwendige Karriere und das Geldverdienen hat sie von dem abgelenkt, was ihnen eigentlich wichtig ist, wie beispielsweise ihr Sozialleben. Der

Konsum von Produkten hat ihnen im Gegensatz zu den Werbeversprechungen nicht zum inneren Glück verholfen. Sie fühlen sich durch ihren Besitz eingeengt. Die Anschaffungen haben Zeit und Geld gekostet und wollen auch noch zu Hause gepflegt werden. Hinzu kommt die ständige Reizüberflutung durch digitale Medien und die omnipräsenten Banner der Werbeindustrie. Durch die Beschleunigung der Kommunikation ist Stress in Form von Zeitdruck entstanden. Dieser ist nicht nur im Beruf, sondern auch im Privaten spürbar. Es wird sich nach Ruhe gesehnt – im Inneren sowie im materiell überladenen Wohnungsbereich. Angesichts des Klimawandels ist ein Übermaß an Konsum auch zunehmend mit schlechtem Gewissen behaftet. Viele sind sich des eigenen Handelns als Teil der kapitalistischen Wirtschaft und deren Auswirkungen auf die Natur bewusst. Das neue Credo lautet: »Weniger ist mehr.« Was einfach klingt, ist aber nicht von heute auf morgen umsetzbar. Minimalismus ist ein Prozess. Er beginnt mit der Analyse und Reduktion des eigenen Besitzes.[18]

Besitzanalyse – Die Trennung von unnötigem materiellen Ballast

Minimalismus wird als Erstes in den eigenen vier Wänden angegangen. Das kann aufwendig sein, denn ein Deutscher besitzt im Durchschnitt 10.000 Dinge.[19] Alle Räume werden einer Inventur unterzogen. In der Regel sortieren Minimalisten Dinge aus, die doppelt oder kaputt sind sowie nie bis selten genutzt werden. Eine aufblasbare Schwimminsel wird vielleicht nur einmal im Jahr verwendet. Tennisspielen wurde bereits vor sechs Jahren aufgegeben. Und der Großteil des Bücherregals besteht aus Büchern, die man nicht zweimal liest. Solche Objekte werden aussortiert. Auch von Dingen, die nur aus Prestigegründen besessen werden, trennen sich Minimalisten. Erbstücke sind ein Spezialthema, zu dem es unterschiedliche Ansätze gibt. Beispielsweise fragen sich manche, was der Verstorbene gewollt hätte. Andere binden die Erbstücke als besondere Dekorationsgegenstände in den Raum ein. Geschenke werden hingegen behandelt wie jedes andere Objekt.

Im Anschluss wird die Anzahl der übrigen »sinnvollen« Dinge inspiziert. Macht es z. B. Sinn, unzählige Teller, Tassen, Gläser, Bestecksets und Tischdecken zu besitzen, wenn im Haushalt nur zwei Personen leben? Dinge, die bleiben, sind nützlich oder bereichern das Leben in anderer Form, wie beispielsweise als ästhetischer Hingucker. Die Entscheidungen sind hier bei jedem Menschen individuell. Nach dem Aussortieren des unnötigen Besitzes sind oft ganze Möbelstücke überflüssig. Während ein Schrank zuvor eventuell Bettbezüge und zahlreiche Handtücher beinhaltete, kommen die übrig gebliebenen Stücke nun in einer Kommode unter. Der Schrank kann als weiteres unnötiges Objekt Haus oder Wohnung verlassen. Die minimalistische Reduktion führt dadurch schnell zu einem größeren Wohnbereich, der mehr Licht und Bewegung zulässt.

Empfohlen wird auch das Digitalisieren von Gegenständen wie das Fotografieren oder Einscannen von Briefen und alten Fotos. Lieblingsdinge, von denen die Trennung schwerfällt, werden ebenfalls fotografiert, um das Weggeben zu erleichtern. Die Aufbewahrung von analogen Konsumgütern wie Filmen, Musikalben oder Büchern ist heute unnötig. Jegliche Unterhaltungsmedien finden sich auf Streamingportalen, bei Online-Musikanbietern oder in sonstiger digitaler Form. Allerdings besteht bei all diesen Möglichkeiten die Gefahr, den Besitz nur ins Digitale zu verlagern. Eine Unterkategorie lautet deshalb »Digitaler Minimalismus«. Hierbei werden die Prinzipien des Minimalismus auf die Datenspeicherung angewandt.

Besitzreduktion – Die Befreiung von Stress

Nachdem festgelegt wurde, welche Objekte überflüssig sind, werden sie weggegeben. Für nachhaltig denkende Minimalisten ist Wegwerfen die letzte Option. Idealerweise werden die Objekte von anderen weitergenutzt und damit ihre Produktlebensdauer verlängert. Manche sprechen deshalb auch von der »Faireinfachung des Lebens«.[20] Häufig sind die Objekte noch intakt und können online oder in Secondhandshops verkauft werden. Das gilt auch für kaputte Dinge, die noch reparierbar sind oder sich, wie z. B. Technikware, noch zur Ausschlachtung eignen. Sammlerstücke oder Luxusobjekte können sogar versteigert werden. Objekte werden auch getauscht oder an andere weitergegeben. Sozialkaufhäuser nehmen beispielsweise Spenden aus allen Lebensbereichen an. Bücher können in öffentlichen Bücherschränken unterkommen. Was am Ende an Objekten übrig bleibt, wird möglichst recycelt und nur als letzte Option in den Restmüll gegeben. Gegenstände aus Metall können beispielsweise auf Wertstoffhöfen oder über die Sperrmüllabfuhr abgegeben und wieder eingeschmolzen werden.

Je nach Menge und Art der Objekte benötigt die Reduktion des Besitzes Zeit und kann auch als Schleife verstanden werden. Ein Ablauf, der wiederholt wird, bis man mit dem Ergebnis zufrieden ist. Die »Korbmethode« ist sehr hilfreich für das Aufrechterhalten der Routine. Dabei wird regelmäßig mit einem Wäsche- oder Einkaufskorb die Wohnung inspiziert und wie im Laden »eingekauft«. Die Objekte, die im Korb landen, werden weggegeben.

Neue Konsumgewohnheiten entwickeln – Die Loslösung von diktierten Wünschen

Haben sich Minimalisten in ihrem objektreduzierten Leben eingerichtet, werden die nächsten Kaufentscheidungen gründlich überdacht. Eine Neuanschaffung wird erst getätigt, wenn ein Objekt ersetzt werden muss. Dadurch bleibt der Besitz auf das Notwendigste reduziert, und es entsteht keine neue Ansammlung von Unnötigem. Bei jedem Anschaffungswunsch stellen sich nun die Fragen: Wird das Produkt wirklich gebraucht? Wird es beispielsweise mindestens einmal die Woche verwendet? Kann das Objekt mehr als einen Zweck erfüllen? Wird es das Leben bereichern? Wer hat es hergestellt, und welche Ressourcen sind dabei verwendet worden? Was passiert damit, wenn es genutzt wurde?[21] Manche Minimalisten setzen ihren Kaufwunsch auch auf eine Liste und warten einige Wochen ab. Durch Hinterfragen des Anschaffungswunsches wird sichergestellt, dass das Produkt wirklich benötigt wird und den eigenen Werten entspricht.

Ein genügsamerer Lebensstil wird entwickelt. Dinge werden nun genutzt, bis sie kaputt oder verbraucht sind, ähnlich der ZERO-

WASTE-BEWEGUNG. Überhaupt gehen die Konsumgewohnheiten der Minimalisten oftmals mit anderen Trends, wie z.B. dem PLASTIKFREI-TREND, einher. Statt viele verschiedene Putzmittel zu besitzen, wird sich beispielsweise auf eine geringe Anzahl an alten Hausmitteln beschränkt. An die Stelle industrieller Chemieprodukte treten Essig, Natron, Zitrone, Kernseife, ätherische Öle und Kokosöl. Die Verwendung von natürlichen Produkten ist gesünder, und der Stauraum für Putzutensilien wird übersichtlicher.

Neben dem Kaufverhalten überprüfen Minimalisten auch digitale Konsumroutinen. Dazu gehören Alltagshandlungen wie unüberlegtes Surfen im Internet, Fernsehschauen oder Binge-Watching von Serien. Unternehmungen wie Kino-, Theater- und Konzertbesuche sowie das Ausgehverhalten werden ebenfalls unter die Lupe genommen. Dieser alltägliche Konsum kann stressig, teuer, ungesund und zeitaufwendig sein. Wer mehr Geld benötigt, muss auch mehr verdienen. Wer nur am Smartphone spielt, hat keine Zeit, zur Ruhe zu kommen. Wer jeden Abend Serien schaut, fragt sich eventuell, warum er keine Zeit findet, ein Hobby auszuüben.

Das Umstellen der Gewohnheiten ist zu Beginn ein anstrengendes Experiment, bei dem auch neue Dinge ausprobiert werden, die eventuell scheitern. Letztlich entwickelt jede Person ihre eigenen neuen Verhaltensweisen, die sie vorsichtig auslotet und die schließlich in den Alltag übergehen. Dabei wird keineswegs eine asketische Lebensform angestrebt. Konsumreduktion bedeutet keinen totalen Verzicht, sondern besonnene Einschränkung. Wer nicht mehr so viel braucht, wie die Werbung suggeriert, ist mit dem zufrieden, was er hat. Durch den freiwilligen Verzicht entsteht an anderer Stelle ein Mehrwert. Ein Mehrwert an Sinn, an Kreativität, an echten Beziehungen, letztlich an Lebensqualität. Dies geschieht durch aktives Handeln, ein Festlegen persönlicher Werte und Ziele. An die Stelle von materiellem Konsumverlangen rücken immaterielle Bedürfnisse.[22] Minimalisten machen sich nicht mehr abhängig von Besitztümern, sondern sind zufrieden, wenn ihre Grundbedürfnisse gedeckt sind.

Wie viel Besitz bleibt im Minimalismus übrig?

Vom Buch *100 Things Challenge*[23] von Dave Bruno inspiriert reduzieren sich einige Minimalisten auf 50 bis 100 Dinge, Kleidung mit eingeschlossen. Doch diesem Extrem entsprechen sicherlich die wenigsten. Einigen Minimalisten hilft das Zählen von Gegenständen bei ihrem Prozess. Anderen erscheint das als zu stressvoll oder eingeschränkt. Gerne zitiert wird der Autor des Buches *Der kleine Prinz,*[24] Antoine de Saint-Exupéry: »Perfektion ist nicht erreicht, wenn man nichts mehr hinzufügen, sondern wenn man nichts mehr weglassen kann.«[25] Es gibt jedoch keine Regel, wie viele Objekte im Minimalismus am Ende übrigbleiben dürfen. Dies hängt von der eigenen Einstellung und den individuellen Lebensumständen ab. Eine Familie hat automatisch mehr Dinge als eine Einzelperson, die wohnsitzlos mit einem Rucksack reist. Minimalismus ist vielfältig.

Kritik an der Minimalismusbewegung

Minimalismus ist eine Gegenbewegung zum Kapitalismus. Das bedeutet jedoch nicht, dass alles, was mit dem Trend einhergeht, diesem Konzept entspricht. Marketingabteilungen haben den Trend aufgegriffen und nutzen ihn für den Vertrieb von Produkten und Dienstleistungen. Es gibt minimalistische Armbänder, Kaffeetische, Turnschuhe, Kopfhörer und Wasserkaraffen. Sogar minimalistische Make-up-Sets und -Tutorials werden vermarktet. Was die Werbebotschaften versprechen, ist, nur noch dieses perfekte Objekt kaufen zu müssen, um nichts Weiteres in der Zukunft zu benötigen. Im Endeffekt wird später jedoch ein verbessertes Modell angeboten.[26] In der Folge entstehen mehr Konsum und damit verbunden mehr Ressourcen- und Energieverschwendung und Müll.

Kritiker werfen Minimalisten in diesem Kontext vor, ihren Konsum nur oberflächlich zu verändern. Es sei ein »auffällig unauffälliger Konsum«:[27] Die reichen Westler würden unglaubliche Anteile der globalen Ressourcen verbrauchen, hätten aber diskrete, schicke Methoden dafür entwickelt.[28] Dabei wird unter anderem auf Apple-Produkte wie Smartphones und Laptops verwiesen, die zwar minimalistisch wirken, jedoch enorme Ressourcen verbrauchen. Minimalisten würden ihren materiellen Besitz nur einschränken. Ihr Reichtum bestehe weiter, da sie ihre Dinge in digitaler Form speicherten und den Konsum ins Internet verlagerten. Dort ständen unglaubliche Mengen an Daten zum Konsum zur Verfügung.[29]

Reduzierte Lebensräume wirken zudem recht spartanisch. Mit wenigen Möbeln und Dekoartikeln kann eine Wohnung ungemütlich und kalt erscheinen. Manche kreiden daher an, dass am Ende der Besitzreduktion jede Individualität der Bewohner verschwinde. Würden geliebte Sammlungen von Weihnachtsschmuck oder Baseballkarten aufgelöst, wirke das Heim am Ende steril. Minimalismus sei zwanghafte Sauberkeit, die als neue Normalität aufgezwungen werde – »egal, wie langweilig es danach aussieht oder wie beklemmend es sich anfühlt«.[30]

Nach der Devise »Freiwilliger Verzicht ist Luxus, unfreiwilliger Verzicht ist Not« wird Minimalismus darüber hinaus als Privileg der Reichen kritisiert. Menschen, die unfreiwilligen Verzicht erlebt haben, können das Minimalismuskonzept häufig nicht nachvollziehen. Wer in Kriegszeiten aufgewachsen ist oder aus einem armen Land stammt, versteht nicht, warum Kaufmöglichkeiten nicht genutzt werden. Oft wird in jedem Objekt noch ein Wert gesehen. Für den Fall, dass es noch Verwendung findet, wird alles aufgehoben.[31] Der Aspekt der Selbstbestimmtheit ist wichtig im Minimalismus. Ohne die bewusste Entscheidung, mit weniger zu leben, als man könnte, wäre es Armut. Empfinden Menschen Mangel, führt dies nicht zu einem zufriedenen Leben.[32]

Besonders in neuen Krisenzeiten wie der Corona-Pandemie wurden Minimalisten belächelt. In einem amerikanischen Comic hieß es beispielsweise: »Ich war es nicht, der alles herausgeworfen hat, weil es keine Freude auslöste, Robert. Viel Spaß dabei, in den nächsten Monaten deine sieben T-Shirts hin und her zu falten.«[33] Natürlich konnte in der Zeit der Pandemie noch eingekauft werden. Aber die Kritik beinhaltet die Überlegung, dass eine minimalistisch lebende Person womöglich schlechter vorbereitet sei, sollte die Infrastruktur zusammenbrechen. Dem würden Minimalisten höchstwahrscheinlich widersprechen, denn Minimalismus im holistischen Sinne ist eine Vorbereitung auf Krisenzeiten. Wer lernt, nicht auf ungebremsten Konsum angewiesen zu sein, macht Dinge selbst und erweitert sein soziales Netzwerk. Dieses Wissen und soziale Umfeld kann besonders in schlechten Zeiten sehr nützlich sein.

Vorteile eines minimalistischen Lebensstils

In der Soziologie gilt Selbsteinschränkung als Grundlage für funktionierende soziale Gemeinschaften. Bereits ein Mensch der Steinzeit wurde von der Gruppe verstoßen, wenn er alle Vorräte alleine aß. Teilen war wichtig für das eigene Überleben und Glück. Der Trend zum Minimalismus und damit die Hinwendung zum einfachen Leben entsprechen dem Sozialverhalten für ein harmonisches Zusammenleben. Angesichts der globalen Umweltprobleme, die durch übermäßigen Konsum entstehen, betrifft dies auch die globale Gemeinschaft und damit das Zusammenleben aller Menschen. Im Minimalismus wird weniger konsumiert und die Umwelt entsprechend durch Warenproduktion und -entsorgung weniger belastet. Auch trägt die minimalistische Lebensweise zu einer Steigerung des Umweltbewusstseins der Minimalisten bei. Als Nebeneffekt spart die Konsumreduktion Geld ein.

Auch ist die eigene Wohnung oder das Haus aufgeräumter und bietet mehr Platz. Es werden Konsumalternativen gesucht und Produkte häufiger selbst hergestellt. Das setzt Kreativität frei. Minimalisten geben an, mehr Geld zur Verfügung zu haben und dadurch großzügiger zu sein. Sie sind zufriedener, da sie weniger auf Konsum fokussiert sind. Das führt auch zu weniger Gier und Neid. Auch die Qualität der Besitztümer steigt an. Durch überlegten Konsum wird sich oft für langlebige, hochwertigere Produkte entschieden. Die wenigen Dinge, die im Haushalt übrigbleiben, erfahren mehr Wertschätzung. Durch den Fokus auf jedes Einzelstück, das im Alltag behilflich ist, entsteht mehr Dankbarkeit. Minimalisten sind häufig vernetzter und haben mehr Kontakte zu ihren Mitmenschen, da sie beispielsweise Objekte von jemandem leihen, statt sie zu kaufen.

Die Reduktion der Konsumgewohnheiten führt zu weniger Stress und Ablenkung. Freiräume und mehr Zeit für neue Gewohnheiten entstehen. Die neue Freiheit geht oftmals mit einer gesteigerten Risikobereitschaft einher. Wer weniger besitzt, ist unabhängiger und trägt weniger Verantwortung für Garten, Haus oder Fuhrpark. Minimalisten fällt es leichter, umzuziehen, zu reisen und Entscheidungen für Karriere oder Privatleben zu treffen. Definiert man sich nicht mehr über Besitz, sondern beschäftigt sich mit dem eigenen Wachstum und den Leidenschaften, wird der Charakter origineller. Die Quelle des Glücks verlagert sich vom Materiellen zum Immateriellen. Es entstehen mehr Solidarität, Fürsorge und soziales Engagement.

Führt Geldnot zu einem minimalistischen Lebensstil?

Tatsächlich wird im Minimalismus anders mit Geld umgegangen. Beim Kauf von Neuem entscheidet man sich häufig für hochwertige, teure Produkte. Gleichzeitig wird weniger Unnötiges gekauft, wodurch mehr Geld für Wünsche und essenzielle Bedürfnisse übrigbleibt. Geld spielt aber eine zweitrangige Rolle und ist selten der Grund, warum sich Menschen diesem Lebensstil zuwenden. Eine Umfrage von rund 2.000 Personen im Jahr 2020 ergab, dass die drei Hauptgründe für das Interesse am Minimalismus sind: »mehr Platz und weniger Kram«, »mehr Umweltschutz und weniger Konsum« sowie »mehr Zeit und weniger Druck«. Erst auf dem siebten Platz landete der Grund »mehr Geld und weniger finanzielle Sorgen«. In der Umfrage wurden die Personen gefragt, welche Ziele sie durch die minimalistische Lebensweise erreichen wollten.[34]

Lokal statt global

»Warum sind lokale und unabhängige Unternehmen besser als multinationale Konzerne? Warum brauchen wir Geldkreisläufe, die nicht ausschließlich auf Zentralbanken oder privaten multinationalen Banken beruhen? Warum kurze und dezentralisierte Kreisläufe? Weil die Resilienz eines Systems davon abhängt.«

Cyril Dion, französischer Aktivist und Autor des Buches *Eine kurze Anleitung zur Rettung der Erde*[1]

»Lokal statt global« bedeutet die Hinwendung zu Produkten und Dienstleistungen aus der eigenen Region. Bei der Kaufentscheidung spielen Herkunftsort und Saisonware eine Rolle. Der regionale Bezug spart Transport- und Lageremissionen ein, verringert dadurch den CO_2-Fußabdruck und stärkt gleichzeitig die regionale Wirtschaft.

Wer heutzutage in einen Supermarkt geht, muss sich keine Sorgen um die Angebotsvielfalt machen. Es gibt Avocados aus Neuseeland, Mangos aus Mexiko sowie Bananen aus Südamerika. Zu jeder Jahreszeit liegen saisonale Produkte wie Erdbeeren und Spargel in der Auslage – wenn sie in Deutschland noch nicht wachsen, stammen sie eben aus Ägypten oder Spanien. Selbst Gemüse- und Obstsorten, die auch hierzulande großflächig angebaut werden, wie Äpfel, Kohl oder Kartoffeln werden aus anderen Ländern importiert. Alle Lebensmittel sind zu jeder Jahreszeit erhältlich. Dasselbe gilt für nicht essbare Waren wie Kleidung, Technik, Möbel, Fahrzeuge und Baumaterialien. Die Globalisierung ermöglicht es uns, im Handel Produkte von Herstellern aus der ganzen Welt zu erwerben. Natürlich haben internationale Unternehmen längst Einzug in den deutschen Markt gehalten. Firmen wie die schwedische Möbelkette Ikea, die spanischen Bekleidungsgeschäfte Zara und Mango, US-amerikanische Sportgeschäfte wie Foot Locker und Nike oder die niederländische

Supermarktkette Spar sind seit Jahrzehnten Teil der Einkaufsstraßen Deutschlands. Auch Dienstleistungen werden importiert. Dazu zählen beispielsweise Mobilitätsangebote, Dienste im Tourismusbereich sowie Finanz- und Versicherungsdienstleister.

Der E-Commerce, der elektronische Handel über das Internet, hat die Möglichkeiten noch potenziert. Die Kundschaft bestellt nun Waren über große Onlinehandels-Plattformen oder ohne Umwege über Zwischenhändler direkt beim Unternehmen im Ausland. Die dominierenden digitalen Handelsplattformen streichen jährlich Milliarden- bis Billionenbeträge ein. Dazu zählen der US-amerikanische Konzern Amazon als auch die chinesischen Firmen Alibaba, JD.com und Pinduoduo. In der freien Marktwirtschaft gewinnt das günstigste Angebot. Fahrräder, die z. B. in Asien hergestellt werden, sind aufgrund niedriger Produktions- und Materialkosten schlichtweg günstiger als solche aus deutscher Fertigung.

Der elektronische Handel wird durch digitale Produkt- und Dienstleistungsbewertungen noch verstärkt. Online-Verkaufsberatung sowie der Austausch in Foren treten an die Stelle der Beratung vor Ort. Die empfohlenen Produkte oder Dienstleitungen sind häufig günstiger und besser bewertet als die des kleinen Unternehmens im eigenen Viertel. Dieses verliert potenzielle Kunden an Unternehmen aus dem Netz. Deren Standort ist meist weiter entfernt, wenn nicht sogar in einem anderen Land. Tatsächlich gibt es aber genauso viele Menschen, die sich in Geschäften fachlich beraten lassen, um dann das ausgewählte Produkt online zu kaufen. Insgesamt führen die ansteigenden Onlinekäufe zu einer Erhöhung des Lieferverkehrs.

Auch die Werbung hat sich größtenteils ins Internet verlagert, wo Unternehmen über Grenzen hinweg ihre potenzielle Kundschaft erreichen. Immer weniger findet sich im öffentlichen Raum wie auf Plakaten und Flyern oder in Zeitschriften. Stattdessen werden die Menschen zielgruppenspezifisch direkt über das Smartphone angesprochen. Die Werbung ist obendrein durch Targeting-Techniken auf die individuellen Präferenzen zugeschnitten. In der Folge sind Produkte von internationalen Unternehmen, die starke Marketingkampagnen durchführen, bekannter als Marken aus der eigenen Region.

Was ist der Unterschied zwischen »lokal« und »regional«?

Der Begriff »lokal« bedeutet so viel wie »örtlich« und steht entsprechend für einen begrenzten geografischen Raum, der aber von jeder Person individuell definiert wird. Dabei geht es um die Wahrnehmung, was vom eigenen Ausgangspunkt aus im eigenen Umfeld liegt. »Regional« bezieht sich auf eine Region, also ebenfalls ein geografisches Gebiet. Dieses ist allerdings nicht subjektiv bestimmt, sondern kulturell und traditionell gewachsen. Teils werden Bundesländer oder ganze Landstriche als Region bezeichnet, wie z. B. Norddeutschland. Aber auch kleinere Einheiten wie die Lüneburger Heide oder das Wendland können Regionen ausmachen.[2] Der Trend, das Kaufverhalten »lokal statt global« auszurichten, bezieht sich auf regionalen Konsum.

Was sind die Hintergründe des Lokal-statt-global-Trends?

Der Blick auf das Lebensmittelangebot verdeutlicht bereits einige Effekte der Globalisierung des Handels. Nahrungsmittel in Europa werden nicht nur in rauen Mengen importiert, sondern sind auch sehr günstig, da sie einem starken Preiskampf unterliegen. Deutschland importiert im Lebensmittelbereich mittlerweile mehr, als es exportiert. Die deutsche Landwirtschaft kann nur schwer mit den Preisen des internationalen Markts mithalten. Das liegt auch an den zahlreichen Auflagen zum Tier-, Verbraucher-, Klima- und Umweltschutz in Deutschland sowie der EU. In anderen Regionen der Welt gelten diese Auflagen nicht. Um die Qualitätsstandards einzuhalten und die Kulturlandschaft zu erhalten, werden Landwirtschaftsbetriebe vom jeweiligen Bundesland, vom Bund und von der EU subventioniert. Die Direktzahlungen machen mittlerweile etwa 50 Prozent des Einkommens der Landwirte aus.[3]

Ein beträchtlicher Anteil der Lebensmittel in Deutschland stammt aus Südamerika und Asien. Die Produzentenländer profitieren zwar wirtschaftlich von den Exporten. Allerdings schaden die schlecht reglementierten Anbau- und Herstellungsmethoden dort Umwelt und Klima – letztlich mit negativen Auswirkungen für alle, auch für die deutsche Kundschaft. Es wird immer mehr Anbaufläche benötigt, um der hohen Nachfrage aus dem Ausland nachzukommen. Viele Wälder, insbesondere große Gebiete des Regenwalds in Brasilien und Indonesien, werden für den Lebensmittelanbau wie Ölpalmen, Mais oder Soja gerodet. Im Globalen Süden wird dazu häufig Wasser aus natürlichen Gewässern oder Grundwasser zur Bewässerung der Felder genutzt. In der Folge sinkt der Grundwasserpegel, und Gewässer können austrocknen. Ein weiteres Phänomen ist die Unterversorgung mit Nahrungsmitteln in den Exportländern selbst. Die Gewinne sind höher, wenn die landwirtschaftlichen Produkte wie Reis oder Getreide ins Ausland verkauft werden.

Der Transport der exportierten Ware verschlechtert deren Ökobilanz zusätzlich. Der Großteil der Lebensmittel wird mit Frachtschiffen nach Europa importiert. Für den weiten Weg von Übersee wird viel mehr Energie als für den Transport heimischer Produkte benötigt. Dazu werden etwa 11-mal so viel CO_2-Emissionen und 28-mal so viel Schwefeldioxid ausgestoßen. Für dieselbe Menge an Emissionen könnten in Deutschland statt einem ganze elf Kilogramm Gemüse transportiert werden.[4] Aber auch die nicht essbaren Importe, speziell aus Asien, füllen die Container der Schiffe. Die Nachfrage in Europa ist so hoch, dass aktuell sogar Frachtcontainer knapp werden. Darüber hinaus wird weit weniger in die asiatischen Länder exportiert, als Europa importiert. Oftmals fahren Frachtschiffe daher mit leeren Containern gen Asien, was sich zunehmend in den Preisen niederschlägt. Auch für die Meeresbewohner hat der ansteigende Schiffsverkehr negative Folgen. Wale können beispielsweise mit den Frachtern zusammenstoßen und sich verletzen. Ihr sensibles Gehör wird zudem durch den Unterwasserlärm, der durch den Antrieb entsteht, beeinträchtigt. Sie verlieren die Orientierung, was neben blutigen Gehörgängen in den schlimmsten Fällen zu Massenstrandungen führen kann.

Von einem Massensterben wird auch in Bezug auf deutsche Einzelhändler und Dienstleister gesprochen, die gegen den Onlinehandel und die internationalen Unternehmen nicht mehr ankommen. Die letzten kleinen Tante-Emma-Läden verschwinden, und selbst große Warenhäuser wie Galeria Karstadt Kaufhof geben den Betrieb auf. Kleine Handwerksbetriebe wie Schreiner, Elektriker, Maler oder Schlosser, die es früher in jedem Dorf oder Viertel gab, verschwinden zunehmend. Damit löst sich die althergebrachte Infrastruktur im nächsten Umfeld auf. Diese Betriebe waren in der Regel auch Dienstleister, die sich um kleine Reparaturen oder Reklamationen kümmerten. Wenn heute ein technisches Gerät einen Defekt hat, wird es meist durch ein neues ersetzt. Das erzeugt unnötige Abfälle und führt zu Ressourcenverschwendung. Die wenigen Handwerksbetriebe, die überleben, nennen sich mittlerweile oftmals Manufakturen. Sie produzieren hochwertige Produkte im Premiumsegment, wie z. B. Möbel, für die Kundschaft, die es sich leisten kann.

Selbst internationale Unternehmen mit Sitz in Deutschland erzeugen negative Auswirkungen im Heimatland. Die Produktion wird häufig in Billiglohnländer verlagert. Die Arbeitskräfte sind dort schlichtweg günstiger, was niedrige Preise für die Ware ermöglicht. Leider entfallen dadurch Tausende Arbeitsplätze in Deutschland. Für ungelernte Kräfte, die früher in Fabriken für einfache Tätigkeiten angelernt wurden, gibt es immer weniger Beschäftigungsmöglichkeiten. Ähnliche Prozesse sind bei technischen Entwicklungen und Fachwissen zu beobachten. In Deutschland wurden in der Vergangenheit viele Maschinen und Geräte entwickelt, die später von ausländischen Firmen übernommen wurden. Durch günstige Produktionsbedingungen überholten die ausländischen Firmen irgendwann die deutschen und übernahmen die Marktführung. Das geschah z. B. mit der Spritzgusstechnik für Kunststoffe, der Uhrenindustrie sowie jüngst der Solarindustrie.

Eines ist sicher: Die Globalisierung ist nicht mehr umzukehren. Die zahlreichen Probleme, die der digitalisierte, weltweite Handel mit sich bringt, sind vielen bekannt. Und das zeigt Wirkung, denn das Bewusstsein für lokalen Konsum steigt. Die neue Devise lautet: »Support your local dealer«, auf Deutsch »Unterstütze deinen lokalen Händler«. Dieser Trend ist vor allem im Lebensmittelbereich stark ausgeprägt, wie zuletzt der Ernährungsreport 2020 für Deutschland veranschaulichte. Demnach ist für 83 Prozent der Deutschen die regionale Herkunft ein sehr wichtiges Auswahlkriterium für Lebensmittel. Damit stieg der prozentuale Anteil im Vergleich zu den Jahren 2016 (73 Prozent) und 2017 (78 Prozent). Nur der Geschmack lag mit 97 Prozent noch weiter vorne. Zudem gab mehr als jede dritte Person an, die Landwirtschaft habe für sie während der Coronakrise an Bedeutung gewonnen. Viele erkannten, dass Nahrungsmittelproduzenten systemrelevant und damit unterstützenswert sind. Die Menschen interessieren sich zunehmend dafür, woher das Obst und Gemüse stammt oder unter welchen Bedingungen die Milch- und Fleischprodukte hergestellt werden. Auch wollen sie mit ihrem Kaufverhalten verstärkt saisonale Produkte mit kurzen Transportwegen unterstützen.[5]

Ähnlich setzt sich die Einstellung im Onlinehandel, bei Dienstleistern und in der Gastronomie fort. Einige »Lokalisten« schwören Plattformen wie Amazon völlig ab und versuchen, Produkte direkt beim Unternehmen zu erwerben. Auch werden kleine Cafés und Restaurants den großen internationalen Ketten, wie z. B. Starbucks oder Subway, vorgezogen. Dasselbe gilt für die Unterstützung kleiner Traditionsbäckereien anstelle von Discounterbackwaren. Der Trend zum Regionalen ist auch in der Mode durch die Unterstützung kleiner Labels aus Deutschland (SLOW FASHION) und dem Reisen in die nähere Umgebung zu verzeichnen (MIKROABENTEUER).

Besonders die weltgewandte junge Mittelschicht hat in dieser Hinsicht ein neues Wertesystem entwickelt. Laut Zukunftsinstitut versteht sich die »Generation Global«, für die Internet und grenzenloses Reisen selbstverständlich sind, zunehmend als Weltbürger. Sie identifizieren sich nicht mehr mit dem eigenen Land, sondern mit Gleichgesinnten, die ähnliche Werte, Hobbys und Interessen teilen. Das wirkt auf den ersten Blick nicht förderlich für das lokale Konsumverhalten. Jedoch sehen sie den Planeten als ihr gemeinsames Zuhause an. Globale Probleme wie Umweltverschmutzung und Klimawandel verstehen sie als die eigenen. Dadurch entstehen zunehmend lokale sowie globale Initiativen, um für diese Werte einzustehen. Das können von innovativen Apps oder Dienstleistungsplattformen auch lokale Aktionen wie das Pflanzen von Bäumen in der jeweiligen Umgebung sein – getreu dem Motto »Global denken, lokal handeln«.[6]

Wie funktioniert lokaler Konsum?

Speziell Lebensmittel werden in zunehmendem Maß mit dem Label »aus der Region« oder »Heimat« beworben. Es gibt jedoch kaum gesetzliche Regelungen bezüglich der Angaben zum Herkunftsort. Lediglich bei frischem Obst und Gemüse muss laut einer EU-Verordnung seit 2008 das Herkunftsland auf der Verpackung stehen. Zudem ist es hilfreich, die frischen Produkte neben der Herkunft auch entsprechend ihrer Saison zu beziehen. Bei verpacktem Fleisch muss nur angegeben werden, wo die Tiere geschlachtet wurden. Ist das Fleisch unverpackt, gibt es wiederum keine Pflicht zur Herkunftsangabe. Auf Fischprodukten steht das sehr weit gefasste Fanggebiet. Und bei Milch sowie verarbeiteten Lebensmitteln sind gar keine Angaben zum Herkunftsort vorgeschrieben.[7] Das heißt, bei Marmelade muss nicht angegeben werden, woher das verarbeitete Obst stammt. Oftmals steht auf verarbeiteten Produkten ausschließlich der Händler, wie z. B. der Name der Supermarktkette oder des Discounters.[8] Manchmal finden sich auf den zweiten Blick aber doch noch Stempel oder Adressen des Herkunftsorts. Praktisch sind z. B. die Stempel auf Eiern. Dort stehen neben dem Kürzel DE für Deutschland auch Ziffern für das Bundesland des Hühnerbetriebs.

Außerdem ist es nützlich, die wenigen Kennzeichnungen zum Herkunftsort zu kennen, die es bisher auf dem Markt gibt. Dazu zählt das rechtlich geschützte EU-Gütesiegel *Geschützte Ursprungsbezeichnung* (g. U.). Der »Odenwälder Frühstückskäse g. U.« stammt also mit Sicherheit aus dem Odenwald. Ein anderes EU-Gütesiegel ist die *Geschützte geografische Angabe* (g. g. A.). Dabei muss allerdings nur ein Produktionsschritt in der jeweiligen Region erfolgen, weshalb es nicht bei der Identifizierung von regionalen Lebensmitteln hilft. Seit 2014 gibt es in Deutschland außerdem das *Regionalfenster*, das die regionalen Anteile sowie den Herkunfts- und Verarbeitungsort der Ware markiert. Das Kennzeichen wird vom privaten Verein Regionalfenster e. V. getragen. Leider ist die Kennzeichnung mit rund 5.000 Lebensmitteln noch nicht weit verbreitet. Ein flächendeckend verbreitetes Regionalkennzeichen gibt es aktuell nicht.

Obwohl in den Supermärkten und Discountern auch einige Produkte aus dem Umland zu finden sind, sind Bioläden immer noch besser für den regionalen Lebensmitteleinkauf geeignet. In vielen Bioläden werden die Waren mit regionaler Herkunft gekennzeichnet. Ein weiterer guter Anlaufpunkt sind Bauern- und Wochenmärkte, bei denen die Lebensmittel aus eigenem Anbau und der Region stammen. Allerdings bieten einige Stände auch zugekaufte Waren feil. Entsprechend muss auch auf den Märkten auf die Herkunft geachtet werden. Alternativ können die Produkte auch direkt beim Erzeugerbetrieb in Hofläden gekauft werden. Wer in der eigenen Umgebung einen Hofladen sucht, kann mittlerweile zahlreiche Online-Hofladen-Finder für die Recherche nutzen. Dabei werden Hofläden und Bauernmärkte über die Postleitzahlsuche angezeigt. Solche Verzeichnisse existieren auch für Automaten mit regionalen Produkten. Außerdem gibt es neuartige Verkaufskonzepte wie das aus Frankreich stammende Marktschwärmer-Netzwerk. Hier bestellt die Kundschaft die Produkte online direkt beim Hof. Die bestellte Ware wird passgenau von diesem an die nächste »Schwärmerei« geliefert. Von diesem lokalen Umschlagplatz wird sie von der jeweiligen Person später abgeholt.

Andersherum funktioniert es ebenfalls: Die regionalen Produkte können ganz bequem als Grüne Kiste an die eigene Haustür bestellt werden. Hierbei fahren Lieferbetriebe das regionale Gemüse und Obst der Höfe in Pfandkisten aus. Für die Grünen Kisten, auch Öko-, Bio- oder Gemüsekisten genannt, gibt es zahlreiche Anbieter. Zu guter Letzt ist die Solidarische Landwirtschaft (SoLaWi) zu erwähnen, bei der es um eine konkrete Unterstützung der regionalen Landwirtschaft geht. Menschen verbinden sich längerfristig mit einem Betrieb und finanzieren gemeinsam dessen jährliche Kosten. Im Gegenzug erhalten sie einen Anteil der Ernte. Dafür verschuldet sich der Hof nicht, und die Kundschaft weiß, dass verantwortlich mit Ressourcen, Tieren und Pflanzen umgegangen wurde.

Andere ortsansässige Betriebe sind im Vergleich zu Hofläden leichter in der eigenen Region zu finden. Durch den E-Commerce ist die Onlinepräsenz für die Unternehmen extrem wichtig geworden. Daher sind sie in der Regel in einer Vielzahl von Branchenverzeichnissen wie den Gelben Seiten und auf Kartendiensten vertreten. Allerdings wird in den Online-Branchenbüchern kein Unterschied zwischen einem multinationalen Konzern und einem kleinen, familiengeführten Einzelhändler gemacht. So steht ein Baubedarfsladen mit nur einer Niederlassung in Konkurrenz zu den großen Baumarktketten. Die Kundschaft entscheidet sich meist für das größere Geschäft, da dort die Auswahl größer ist. Unter anderem aus diesem Grund sind in den letzten Jahren Branchenverzeichnisse entstanden, die auf Regionalität ausgelegt sind. Dabei wird gezielt kleineren Unternehmen eine Präsentationsfläche geboten. Ein gutes Beispiel ist die *regional kann das*-Plattform für Südniedersachsen, die aufgrund der Corona-Pandemie zur Unterstützung ortsansässiger Unternehmen und Dienstleister ins Leben gerufen wurde. Auch die Lokal-App *Findeling* aus Hamburg hat sich zum Ziel gesetzt, die Menschen wieder für kleine, inhabergeführte Läden zu begeistern.

Es gibt außerdem Regio-Verzeichnisse, über die gleichzeitig Waren verkauft werden, sogenannte lokale Online-Marktplätze. Ein gutes Beispiel ist das seit 2014 bestehende Projekt *Online-City Wuppertal*, das sogar Lieferungen innerhalb der Stadt am selben Tag leistet. Das Interesse der Städte und Regionen ist groß, ihren lokalen Unternehmen eine digitale Plattform zu bieten. In Wiesbaden besteht mit dem *Kiezkaufhaus* ein ähnliches Projekt. Eine ortsansässige Werbeagentur hat den Online-Marktplatz mit dem Wiesbadener Fachhandel ins Leben gerufen, da sie dem enormen Lieferaufkommen des Onlinehandels entgegenwirken wollte. Die Kundschaft bestellt bequem online, ohne lange Lieferwege aus anderen Bundesländern oder Übersee auszulösen. Ausgeliefert werden die Produkte nachhaltig mit E-Lastenrädern.[9] In den letzten

Jahren sind eine Vielzahl solcher lokalen Online-Marktplätze und Regio-Verzeichnisse entstanden. Sie können auf der *Cima.digital*-Onlinekarte in der eigenen Umgebung entdeckt werden. Dort sind bereits über 500 Initiativen verzeichnet.

Die zahlreichen Regionalbewegungen werden zunehmend von einem übergreifenden Regionalmarketing gestützt. Anstelle einer Stadt wie beim Stadtmarketing wird angestrebt, eine Region als Marke zu etablieren. Dabei werden die Potenziale einer Region genutzt und verschiedene ortsansässige Akteure unter einer Dachmarke zusammengefasst. Die Marke soll das jeweilige Gebiet im Konkurrenzkampf gegen andere Regionen stärken. Auch soll die Region attraktiver für ansiedlungswillige Unternehmen werden. Mancherorts geht die Initiative zur regionalen Marke von Erzeugern und Herstellern aus. Oft sind es aber auch Städte, Gemeinden oder Bildungsträger, die ein regionales Marketing anstoßen. Beispiele sind die Dachmarken *Spreewald, Rügen Produkt, Regionalmarke Eifel, Unser Land* (Bayern), *SooNahe* (Hunsrück), *Weserklasse* und *Echt Erding*. Zudem gibt es regionale Qualitätssiegel, die von Bundesländern geschaffen wurden, wie beispielsweise *Geprüfte Qualität Thüringen* und *Gesicherte Qualität Baden-Württemberg*. Allerdings sind die Kriterien von Marke zu Marke unterschiedlich und daher schwer miteinander vergleichbar.

Für zusätzliche Verwirrung sorgen Regionalmarken von Supermarktketten, wie z. B. *Bestes aus unserer Region* (Edeka), *Ein gutes Stück Heimat* (Lidl) oder *Gutes von Hier* (Globus). Die Anforderungen an Herkunfts- und Produktionsort sowie die Bestandteile der Produkte sind von den Einzelhandelsketten festgelegt und oftmals nicht klar nachvollziehbar. Wie regional und nachhaltig die Ware ist, bestimmt im Endeffekt die Supermarktkette. Deshalb wurde das bereits erwähnte unabhängige Regionalfenster vom Bundesverbraucherministerium in Auftrag gegeben. Es soll Klarheit in den Siegeldschungel bringen. Die Verbraucher Initiative e. V. schuf die *Label Online*-Website mit gleichnamiger App, über die Regionalsiegel auf einer Onlinekarte einsehbar sind und über die jeweiligen Siegelkriterien aufklären.[10]

Ein weiteres Konzept zur Förderung regionaler Produkte sind Regionalwährungen oder kurz Regiogeld. Das sind alternative Währungen für eine bestimmte Region, welche die staatliche ergänzen. Die Währung kann nur in einem begrenzten Gebiet genutzt werden und kurbelt dort die Wirtschaft an. In Deutschland gibt es rund 50 Regio-Währungen. Zu den bekanntesten zählen der *Chiemgauer*, der *Lechtaler*, der *Roland* (Bremen), der *Elbtaler* (Dresden), die *Bürgerblüte* (Kassel), der *Lindentaler* (Leipzig und Halle), der *AmmerLech-Taler* und der *Laustitzer* (südliches Brandenburg).[11] Die Etablierung von Regionalmarken und -währungen soll die regionale Wirtschaft stützen, damit sie in Konkurrenz zur globalisierten Marktwirtschaft bestehen kann. Die Region soll sich nachhaltig entwickeln und gleichzeitig andere Regionen nicht belasten.[12]

Als eine Bewegung zur Stärkung der regionalen Wirtschaft sind die Transition Towns zu nennen. Initiiert wurde die erste »Stadt im Wandel« 2006 durch den Umweltaktivisten Rob Hopkins im englischen Städtchen Totnes. Angesichts des Klimawandels und der Endlichkeit der globalen Ölressourcen entstand dort eine ganzheitliche Kommunalbewegung, bei der die Wirtschaft lokal und postfossil ausgerichtet wurde. Es formten sich Gemeinschaftsprojekte, die auf eine gesteigerte Resilienz des Ortes abzielten, um äußeren Entwicklungen besser standzuhalten und zur Relokalisierung beizutragen. Damit ist gemeint, dass sich politische Macht auf der lokalen Ebene abspielt und die Bedürfnisse der Menschen vor Ort wie Nahrung, Energie oder Baumaterialien lokal abgedeckt werden. Mit dem *Totnes Pfund* hat das Städtchen auch eine eigene Regionalwährung. Die Transition-Town-Bewegung dreht sich im Kern um LOKALITÄT und AUTARKIE, beinhaltet aber noch viele weitere aktuelle Trends wie MINIMALISMUS, URBAN GARDENING, KEIN EIGENES AUTO zu besitzen und PLASTIKFREI zu leben. Städte sollen resilienter werden, ähnlich zu in sich geschlossenen, natürlichen Ökosystemen. Mittlerweile haben sich auf der ganzen Welt über 4.000 Transition-Town-Initiativen gebildet.

Kritik am Lokal-statt-global-Trend

Ein häufig genanntes Gegenargument bezüglich regionaler Lebensmittel ist, dass ein deutscher Apfel im Frühling durch die monatelange Lagerung eine schlechtere Ökobilanz aufweise als der importierte aus Neuseeland. Obgleich dies stimmt, ist es nicht sinnvoll, im Umkehrschluss im Frühling nur noch Früchte aus Neuseeland zu konsumieren. Menschen, die sich nur saisonal ernähren, würden auf Eingemachtes zurückgreifen oder verzichten. Andere, wie Elmar Schlich, emeritierter Professor für Prozesstechnik in Lebensmittel- und Dienstleistungsbetrieben, finden das hingegen unsinnig. Jeder Deutsche esse durchschnittlich 18 Kilogramm Äpfel pro Jahr. Die Ernte innerhalb Deutschlands decke aber nicht einmal die Hälfte dieses Bedarfs. Ein ähnliches Missverhältnis trifft auf viele Lebensmittel zu. Deutschland deckt nur etwa 20 Prozent des Obst- und Gemüsebedarfs der Bevölkerung. Schlich meint, ohne Lebensmittelimporte gäbe es Hungersnöte.[13]

Der Trend zum Lokalen sorgt häufig aufgrund des Siegel- und Kriteriendschungels für Verwirrung. Die uneinheitlichen Kriterien der verschiedenen Regionalmarken erzeugen immer neue Definitionen des Wortes »regional« oder »lokal«. Händler setzen Regional-Werbeslogans ähnlich wie Schilder für reduzierte Ware ein. Im Ergebnis sind die Schriftzüge, Logos und Gütesiegel für die Kundschaft ohne Recherche äußerst intransparent und schwer zu unterscheiden. Die Unternehmen setzen auf das gute Gefühl, das beim Kaufen von regionalen Waren entsteht. Oft halten diese jedoch nicht, was die Kundschaft erwartet. Das Wort »regional« verkommt zur Worthülse. Im Gegensatz dazu ist der Begriff »Bio« ein durch die EU geschützter Begriff, auf den sich auch das deutsche Bio-Siegel stützt. Für Angaben zum Herkunftsort gibt es solche europaweiten Regelungen noch nicht. Aus diesem Grund fordert Foodwatch Deutschland speziell für Lebensmittel eine gesetzliche Herkunftskennzeichnung.[14] Es gibt zwar seit wenigen Jahren das Regionalfenster, Verbraucherzentralen kritisieren jedoch, dass bei verarbeiteten Produkten der Mindestanteil an regionalen Zutaten nur 51 Prozent betragen muss. Die genannte Region muss überdies nur kleiner als Deutschland sein.[15]

Die Konzentration auf Lokales kann darüber hinaus unerwünschte Folgen nach sich ziehen. Da Verkehrswege kürzer werden, entfallen logistische Bündelungseffekte, was zu einer schlechteren Auslastung von Verkehrsmitteln und einer Verlagerung auf kleinere Fortbewegungsmittel führt. Im Endeffekt erhöhen sich dadurch der Verkehr sowie die Umweltbelastung. Dazu handeln die Regionen untereinander weniger Waren, was jeweils eine geringere regionale Wertschöpfung schafft. Wenn alle Regionen ihre lokal produzierten Waren und Dienstleistungen fördern, sinkt der Export in andere Regionen. Ortsansässige Unternehmen, die auf Export ausgerichtet waren, erleiden Umsatzeinbußen und verlieren langfristig Arbeitsplätze. Auch reduziert sich bei einer geografischen Beschränkung die Angebots- und Warenvielfalt. In wirtschaftlich schwachen Regionen könnte es zur Unterversorgung und Abwanderung kommen. Bei der Konzentration auf Kleinbetriebe gehen außerdem Vorteile verloren, die in der Großindustrie vorhanden sind, wie z. B. ein hohes Qualitätsmanagement. Auch haben weniger industrialisierte Betriebe meist ineffektivere Anlagen und dadurch einen höheren Energie- und Flächenverbrauch.[16] Um ökologisch sinnvoll zu wirtschaften, müssten sich die kleinen Betriebe zu Kooperationen und Genossenschaften zusammenschließen, denn die Praxis zeigt: Je größer ein Betrieb ist, desto besser ist dessen Ökobilanz.[17] Im schlimmsten Fall ist durch die Regionalisierung der Wirtschaft eine regionalisierte Haltung, gar Abschottung der Einheimischen zu erwarten. Globales Denken kann in den Hintergrund treten, was zu Fremdenfeindlichkeit, rücksichtslosem Autarkiedenken sowie Regionalismus in Form von politischem Egoismus führen kann.[18]

Vorteile des Lokal-statt-global-Trends

Durch das regionenbezogene Konsumverhalten ergeben sich kürzere Transportwege von Herstellern zu den Endverbrauchern. Speziell bei Onlinebestellungen macht der lokale Bezug einen großen Unterschied. Transportemissionen wie CO_2 und Schwefeldioxid verringern sich, und der Energieverbrauch durch Antriebsmittel sinkt. Durch die kürzeren Wege, besonders wenn Lebensmittel nicht mehr aus Übersee kommen, ist die Ware zudem frischer. Gleichzeitig landet weniger Nahrung im Müll, da geringere Mengen durch die langen Wege verderben. Saisonale Produkte schmecken in der Regel auch besser und beinhalten durch die Ernte bei hohem Reifegrad mehr Vitamine und Mineralstoffe. Auch die Lebensmittelsicherheit steigt, da sich Krankheitserreger durch die geografische Begrenzung weniger verbreiten. Auch die Tier-, Verbraucher-, Klima- und Umweltschutzrichtlinien der EU werden eingehalten, was eine gewisse Qualität im Herstellungsprozess garantiert.

Lokaler Konsum fördert auch die sozial und ökologisch nachhaltige Warenproduktion. In Deutschland gibt es einen Mindestlohn sowie hohe Standards bezüglich des Arbeiterschutzes und der Arbeitersicherheit. Das heißt, bei regionalen Produkten sind die Menschenrechte gewahrt. Durch den regionalen Lebensmittelbezug werden zudem verstärkt kleine bis mittelgroße Betriebe gefördert, die aufgrund der Größe oder Lage keine industrialisierte Landwirtschaft betreiben. Beispielsweise kann im Allgäu durch die Bergweidewirtschaft keine Massentierhaltung praktiziert werden. Produkte der *Dachmarke Allgäu* sind somit als nachhaltiger zu werten. Der Trend zur lokalen Lebensmittelproduktion wird daher häufig als Teil einer ökologischen Agrarwende gesehen.

Konkret ist durch die Stärkung regionaler Kreisläufe außerdem ein Anstieg der regionalen Wertschöpfung, des sogenannten Bruttoregionsprodukts, zu erwarten. Arbeitsschritte wie Verarbeitung, Verpackung und Vermarktung finden vermehrt wieder in der jeweiligen Region statt. Das sichert und schafft Arbeitsplätze und bündelt Know-how, sprich Wissen und Handwerk, vor Ort. Regionale Kultur und Traditionen werden gefördert und am Leben erhalten, was die kulturelle Identität des Gebiets stärkt. Dazu steigt die regionale Angebots- und Produktvielfalt. Insgesamt verbessert Regionalität die wirtschaftliche Stabilität und macht das regionale Versorgungssystem resilienter und unabhängiger.

Des Weiteren verbessern sich der soziale Austausch und der Gemeinschaftssinn in der Region. Die Einheimischen kommen beispielsweise auf Bauernmärkten oder in kleinen Bioläden leichter ins Gespräch als in großen Discountern. Wer ortsansässige Dienstleister und kleinere Ladengeschäfte unterstützt, baut wie zu Tante Emmas Zeiten persönliche Beziehungen auf und bringt den Händlern und Dienstleistern mehr Vertrauen entgegen. Alles in allem steigert das auch die Identifizierung mit der eigenen Region.

Wäre eine völlige Versorgung mit Nahrungsmitteln in Deutschland überhaupt möglich?

Tatsächlich könnte sich Deutschland mit Lebensmitteln selbst versorgen. Ausgehend von der aktuellen landwirtschaftlichen Produktion, würde sich unser Speiseplan aber drastisch ändern. Das gilt vor allem für die Vegetarier und Veganer, denn Deutschland importiert derzeit enorme Mengen an Gemüse aus anderen Ländern. 2018/19 lag der Selbstversorgungsgrad bei Kartoffeln zwar bei 138 Prozent und bei Weiß- und Rotkohl ganz ähnlich. Das restliche Gemüse könnte jedoch nicht alle Deutschen versorgen. Heimische Gurken decken gerade einmal 35,7 Prozent des Bedarfs. Obst würde mit einem Versorgungsgrad von nur 22,4 Prozent Mangelware. Produkte wie Fleisch (115,6 Prozent), Milch (111 Prozent) und Zucker (160,7 Prozent) wären hingegen ausreichend vorhanden. Würden plötzlich alle Grenzen schließen, ständen uns also hauptsächlich Kartoffeln, Kohl, Zucker, Fleisch und Milchprodukte zur Verfügung.[19]

Kleidung

Capsule Wardrobe

»Die beste Methode, sich täglich an seinen Lieblingsteilen zu erfreuen, ist, ausschließlich Lieblingsteile zu besitzen.«
Courtney Carver, US-amerikanische Autorin des Buches *Project 333*[1]

Die Capsule Wardrobe wird im Deutschen auch »Minimalistischer Kleiderschrank« genannt – direkt übersetzt handelt es sich um den Trend zur »Kapsel-Garderobe«. Es geht darum, wenige, jedoch gut miteinander kombinierbare Kleidungsstücke zu besitzen. Ziel ist es, Outfits für jeden Anlass erstellen zu können ohne einen üppig bestückten Kleiderschrank. Die Capsule Wardrobe ist ein nützliches Konzept, um den eigenen Modekonsum nachhaltig und kreativ zu gestalten.

Ständiger Modekonsum ist heute eine Selbstverständlichkeit. Kleidung hilft, unsere Identität auszudrücken und uns sozial zu positionieren. Besonders Jugendlichen ist es wichtig, bei Modetrends »mithalten« zu können. Obendrein ist Mode derzeit so günstig wie nie und wird im Überfluss angeboten. Kleidung wird schneller weggeworfen als früher und genauso schnell durch noch mehr Teile ersetzt. Dazu kommen die schnell wechselnden Modetrends, die zu weiteren Neuanschaffungen anregen. In der Folge besitzen wir immer mehr Kleidung. Die Unternehmen treiben den Konsum durch geschicktes Marketing zusätzlich voran. Berühmtheiten werben für Produkte, und die glänzende Plakat- und Fernsehwerbung wird durch Internetkampagnen ergänzt. Online kann Kleidung mit wenigen Klicks bestellt und an die Haustür geliefert werden. Es gibt außerdem

Erlebnisshopping wie Lange Nächte, bei denen der Einzelhandel bis Mitternacht geöffnet hat. Dadurch werden die Menschen in die Kaufhäuser gelockt.[2] Pro Jahr werden weltweit etwa 80 Milliarden Kleidungsstücke gekauft, 400 Prozent mehr als vor 20 Jahren. Im Durchschnitt kauft jeder Deutsche fünf Kleidungsstücke im Monat. Das ist mehr als ein Teil pro Woche.[3] Der Begriff »Fast Fashion« fasst dieses Phänomen des Überflusses und der Entwertung der Kleidung zusammen.

Unsere Kleiderschränke spiegeln diesen schnelllebigen Konsum wider: Neben Spontankäufen, die zu Hause dann doch nicht passen, finden sich qualitativ minderwertige Billigschnäppchen, die nach zweimaligem Tragen bereits an Form verlieren. Dazwischen verstecken sich Teile, die nur für einen Anlass wie eine Hochzeit gekauft wurden. Andere Kleidung passt nicht zum eigenen Stil, oder der eigene Stil wurde noch nie klar definiert. Zurück bleiben Menschen, die vor dem überfüllten Kleiderschrank stehen und »nichts zum Anziehen haben«. Viele wünschen sich eine Vereinfachung ihres Schrankinhaltes und einen klaren Plan zur Zusammenstellung der Kleidungsstücke.[4] Das lässt an den einfachen Kleidungsstil aus den Zeiten vor der Industrialisierung denken. Damals besaßen die Menschen, was wir heute »Capsule Wardrobe« nennen: ein paar wenige Kleider, Jacken, Hemden und Hosen, die aufeinander abgestimmt waren. Gleichzeitig waren die Kleidungsstücke damals von Hand gefertigt, entsprechend von guter Qualität und an die jeweilige Figur angepasst.[5] Hinter der Sehnsucht nach Einfachheit steckt aber auch ein Zeitproblem. Freizeit wie Berufsleben sind eng durchgetaktet. Jeder möchte gut gekleidet sein, auch wenn die Zeit fehlt. Es geht um die schnelle, aber treffsichere Zusammenstellung von Outfits. Hierfür werden lang anhaltende Lösungen gesucht, damit mehr Freiräume für andere Dinge im Leben entstehen.[6] Das Konzept der Capsule Wardrobe trifft diesen Nerv.

Woher stammt das Konzept der Capsule Wardrobe?

Der Begriff der Capsule Wardrobe wurde 1980 von der Britin Susie Faux ins Leben gerufen. 1973 gründete Faux das Damenbekleidungsgeschäft Wardrobe in London. Zuvor hatte sie in der Werbebranche gearbeitet. Dort kam ihr die Idee, Frauen in diesem Berufsfeld genauso gut wie die Männer auszustatten. In erster Linie ging es Faux darum, den Frauen zu helfen, ihren eigenen Stil zu finden und Selbstbewusstsein zu entwickeln.[7] Die ersten Parameter zum Konzept der Capsule Wardrobe entwickelte sie im Buch *Wardrobe. Develop Your Style & Confidence.*[8] Die Idee war, weniger Kleidung in besserer Qualität zu kaufen und diese dann öfter zu tragen. Durch den gut abgestimmten Stil und die Qualität der Kleidung sollten die Frauen nicht nur selbstbewusst und erfolgreich aussehen, sondern sich auch so fühlen. Das Konzept war speziell auf Karrierefrauen ausgelegt. Während Frauen zuvor einzelne Outfits kauften, ging es nun um verschiedene, miteinander kombinierbare Einzelstücke. Es sollte ihnen möglich sein, sich morgens mit Leichtigkeit einzukleiden und dennoch professionell und gestylt zu wirken. Als Basisteile der Capsule Wardrobe definierte Faux: ein Kleid, Strumpfhosen, ein Rock, eine Hose, eine Bluse, ein Pullover, ein Mantel, eine Jacke, eine Tasche, ein Gürtel und Schuhe. Faux betonte jedoch, dass die ideale Größe der Capsule Wardrobe für jede Person unterschiedlich sei. Prinzipiell gelte: je weniger, desto besser: *Less is More*.

In Amerika wurde das Konzept der Capsule Wardrobe 1985 von der Designerin Donna Karan mit ihrer Kollektion *Seven Easy Pieces* eingeführt. Wie Faux war Karan von den in den 1980er-Jahren aufsteigenden Businessfrauen inspiriert. Sie wollte ihnen Möglichkeiten aufzeigen, professionell gekleidet zu sein, ohne einen Anzug tragen zu müssen. Das grundlegende Kleidungsstück der Kollektion war ein schwarzer Body. Während der ersten Modenschau trugen die Models nur die Bodys und fügten nach und nach die restlichen Teile hinzu. Zur Kollektion gehörten eine Jacke, eine Hose, ein kurzer und ein langer Rock, ein Wickelrock, ein Schal, ein Sweatshirt und großer Goldschmuck.[9] Ausgehend von den Kollektionen von Faux und Karan verbreitete sich die Capsule Wardrobe in der Modewelt der 1980er-Jahre. Üblicherweise wurden weiße Hemden, Bleistiftröcke und andere schlichte, vielseitig kombinierbare Kleidungsstücke empfohlen. Die Outfits bestanden nur aus solchen Basics und beinhalteten keine extravaganten Kleidungsstücke.[10]

Über die letzten Jahre erfuhr das Konzept der Capsule Wardrobe wieder steigende Beliebtheit. Dabei ging es nicht nur um Businessoutfits, sondern auch um die Vereinfachung und Perfektionierung der Alltagskleidung. Es entstanden verschiedene neue Formen der minimalistischen Garderobe. Das Interessante dabei: Die Schöpfer waren keine Designer, sondern die Konsumenten selbst. Verbreitet wurden die neuen Capsule-Trends über Modeblogs und soziale Netzwerke. Beispielsweise kam die *5 Piece French Wardrobe* auf. Wer genau der Trendsetter war, ist unklar, aber das Konzept wurde bereits 2005 in Foren diskutiert. Inspiriert ist der Trend von dem Kleidungsstil französischer Frauen. Sie gelten als besonders stilsicher und gut gekleidet. Die Theorie der Modefans besagt, dass Französinnen einen Kleiderschrank voller verlässlicher Basics, also zeitloser, gut sitzender Kleidungsstücke, besitzen und nur wenige *Statement Pieces*, sprich Hingucker, das Jahr über ergänzen. Statt ihre Garderobe ständig von Grund auf neu zu erfinden, werten sie die vorhandene Kleidung jedes halbe Jahr mit fünf Neuanschaffungen zu neuartigen Looks auf. Die 5-Teile-Regel verändert die Einkaufsgewohnheiten enorm und führt dennoch zu einem abwechslungsreichen Modestil.[11]

Ein noch konsequenteres Shoppingverbot legte sich die gebürtige Irin Sheena Metheiken im Jahr 2009 mit *The Uniform Project* (theuniformproject.com) auf. Die Wahl-New-Yorkerin trug ein Jahr lang dasselbe schwarze Kleid und kaufte keine neue Kleidung mehr. Es war eine Kritik an der gegenwärtigen Wegwerfmode und gleichzeitig eine Spendenaktion zur Unterstützung von Schulen in Indien. Das Medieninteresse war hoch, und die Aktion verbreitete sich viral in der ganzen Welt.[12]

Eine weitere Bloggerin, die zur ansteigenden Popularität der Capsule Wardrobe beitrug, ist die US-Amerikanerin Courtney Carver. Bei ihr war im Jahr 2006 Multiple Sklerose diagnostiziert worden, was ihr Leben komplett veränderte. Sie wollte sich auf die wichtigen Dinge im Leben konzentrieren, wendete sich vom ständigen Konsum ab und wurde zur Minimalistin. Angelehnt an das Credo »Weniger ist Mehr« gründete Carver 2010 einen Minimalismusblog (bemorewithless.com) und startete mit der Reduktion ihres Kleiderschrankes. Sie gab ihrem Projekt den Titel *Project 333*.[13] Drei Monate lang beschränkte sie sich auf nur 33 Kleidungsstücke.[14] Carver definierte die Reduktion des Kleiderschrankes als eine Einladung, Platz im Schrank, im Leben und im Herzen zu schaffen. Es sei ein Aufruf zu Weniger und eine Möglichkeit, die eigene Beziehung zu Besitz sowie zum Konsum neu zu definieren. Das Kleiderschrankprojekt sei die Gelegenheit, anders zu denken, sich anders zu kleiden und zu erkennen, was man wirklich im Kleiderschrank sowie im Leben brauche.[15]

Über Modeblogs wurden später ähnliche Capsule-Wardrobe-Aktionen initiiert, wie beispielsweise die *30 x 30 Remix Challenge* von Kendi Skeen (kendieveryday.com) oder die *10 x 10 Style Challenge* der Kanadierin Lee Vosburgh (stylebee.ca). Großes Interesse löste außerdem die US-Amerikanerin Matilda Kahl aus, als sie publik machte, sie trage freiwillig seit drei Jahren eine »Arbeitsuniform«. Sie hatte die Uniform, die aus einer weißen Seidenbluse, einer Lederschleife und einer schwarzen Hose bestand, erschaffen, um sich besser auf ihren Job konzentrieren zu können. Dabei war sie nicht die erste Person mit freiwilliger Arbeitsuniform. Erfolgreiche Männer wie Marc Zuckerberg, Barack Obama, Karl Lagerfeld, Albert Einstein und Steve Jobs tragen beziehungsweise trugen ebenfalls immer dieselben Outfits. Laut dem Erfinder von Facebook, Zuckerberg, sei Kleidung etwas, auf das er keine Energie verschwenden wolle. Ähnlich formuliert es Obama: Er wolle keine Entscheidungen darüber treffen, was er anzieht. Er habe viel zu viele andere Entscheidungen zu treffen.[16]

Die Capsule Wardrobe trifft den Zeitgeist unserer karriere- und modeorientierten Gesellschaft. In den letzten Jahren verbreitete sich das Konzept über das Internet weltweit. Die Popularität des Trends beeinflusste letztlich die gesamte Modebranche. Es kommen vermehrt Bücher auf den Markt, die versprechen, zum eigenen Stil und zu einem minimalistischen Kleiderschrank zu verhelfen. Es gibt sogar Schnittbücher mit Anleitungen, um sich eigene Capsule-Sets zu schneidern. Modemagazine schreiben über die Capsule-Wardrobe-Challenges und stellen minimalistische Garderoben zusammen. Es gibt Style-Berater, die Capsule Wardrobes für ihre Kunden erstellen. Designer bringen ganze Capsule-Kollektionen heraus. Männer interessieren sich heute für den Trend genauso wie Frauen.

Warum entscheiden sich Menschen für eine Capsule Wardrobe?

Die Gründe, eine Capsule Wardrobe zu gestalten, sind von Person zu Person unterschiedlich. Manche Menschen entscheiden sich, ihren kompletten Kleiderschrank auf eine Capsule zu reduzieren, da sie ihr Leben vereinfachen möchten – Stichwort *Simplify*. Andere möchten kreativer mit der vorhandenen Kleidung werden oder ihren Schrankinhalt besser nutzen. Auch Personen, die ihren eigenen Stil definieren wollen, bedienen sich an dem Prinzip der Capsule Wardrobe. Denn es ist sinnvoller, einen neuen Stil aus ein paar wenigen Elementen zusammenzustellen, als die komplette Garderobe auszutauschen. Wieder andere entscheiden sich für das Konzept, da sie einen Arbeits-Dresscode einhalten müssen. Sie können durch die generierten Outfits sichergehen, immer passend angezogen zu sein und ihrem persönlichen Stil dennoch treu zu bleiben. Das Capsule-Konzept funktioniert auch für Personen, die beispielsweise auf eine Reise gehen oder ein paar stressige Monate vor sich haben und deshalb eine »Capsule Wardrobe auf Zeit« erstellen.[17]

Wie wird eine Capsule Wardrobe erstellt?

Das Erstellen einer Capsule Wardrobe ist Modekonsum mit Intension. Ausgelegt auf den eigenen Modegeschmack sowie Lebensstil wird die persönliche Garderobe konkret festgelegt. Im Anschluss werden Kleidungsstücke zusammengestellt, die diesem Stil entsprechen. Auf diese Weise wird der Kleiderschrank optimiert und an die eigenen Bedürfnisse angepasst.[18] Für viele ist die Capsule Wardrobe der Einstieg in den minimalistischen Lebensstil. Dann werden die Minimalismusprinzipien vom Kleiderkonsum auf alle Lebensbereiche ausgeweitet.

Die Capsule Wardrobe ist ein Kleiderschrank im Miniaturformat. Sie besteht aus 20 bis 40 Kleidungsstücken, häufig werden 37 Teile empfohlen. Darin enthalten ist Oberbekleidung wie Schuhe, Jacke oder Mantel. Nicht mitgezählt werden Unterwäsche, Socken, Accessoires und spezielle Kleidung wie Pyjamas, Loungekleidung für zu Hause sowie Sportkleidung. Die Capsule Wardrobe funktioniert als geschlossenes System. Da sie nur aus wenigen Kleidungsstücken besteht, wird sie regelmäßig an die Jahreszeit angepasst oder neu erstellt. In dem Set ist kein Platz für Kleidung, die nicht optimal sitzt oder nur in einer Kombination gut funktioniert. Beispielsweise gehört ein glitzerndes Paillettenkleid, das nur einmal im Monat getragen wird, nicht in die Caspule Wardrobe. Jedes enthaltene Teil sollte hundertprozentig zum eigenen Stil passen. Es sollte praktisch und auf verschiedene Weisen kombinierbar sein. So kann die Kleidung mehrmals in kurzer Abfolge getragen werden, ohne dass es monoton wirkt.

Viele reduzieren ihren kompletten Kleiderschrank auf ein bis zwei Capsule-Sets. Die vorhandene Kleidung wird gepflegt und eine Neuanschaffung erst getätigt, wenn Teile unbrauchbar geworden sind. Für sie ist die Capsule Wardrobe die Ablehnung von Wegwerfmode und die Umsetzung eines reduzierten und nachhaltigen Modekonsums. Andere erschaffen sich hingegen aus einem großen Kleiderfundus immer wieder neue Capsules. Den Rest der Kleidung verstauen sie in einem anderen Bereich des Schrankes oder separat in einer Kiste als passives Lager. Die ausgewählten Teile bilden den aktiven Teil des Kleiderschrankes. Diese Variante ist auch gut geeignet, um auszuprobieren, wie viele Kleidungsstücke für die eigene Capsule Wardrobe nötig sind.[19]

Bestandsaufnahme und Selektion – Was befindet sich im Kleiderschrank?

Zu Beginn wird die komplette vorhandene Kleidung begutachtet. Ziel ist es, Kaputtes und Ungeliebtes auszumisten, um zu sehen, was tatsächlich an tragbaren Teilen vorhanden ist. Was übrig bleibt, dient als Grundlage für die Capsule Wardrobe. Kleidung, die selten bis nie getragen wurde, kratzig oder ungemütlich ist sowie nicht dem eigenen Stil entspricht, wird direkt aussortiert. Kleidung, die zwar gefällt, aber nicht passt oder kleinere Mängel hat, wird repariert oder von einer Schneiderei angepasst. Wenn es schwerfällt, sich von einem Kleidungsstück zu trennen, wird es in einer Erinnerungsbox verstaut. Kleidung mit sentimentalem Wert muss nicht weggegeben werden. Wichtig ist nur, dass das geliebte Teil den Kleiderschrank verlässt. Das Gleiche gilt für Kleidungsstücke, bei denen man sich unsicher ist. Diese kommen zur »Trennung auf Probe« in eine separate Kiste. Wenn das Teil später vermisst wird, kann es wieder in den Kleiderschrank aufgenommen werden. Die Kleidung, die regelmäßig getragen wird, passt, gemütlich ist und dem eigenen Stil entspricht, kann im Kleiderschrank bleiben.[20]

Lebensstilanalyse – Welche Kleidung wird gebraucht?

Nach dem praktischen Teil, dem Ausmisten des Kleiderbestandes, geht es an die Theorie. Häufig weichen die Kleidungsstücke, die Menschen besitzen, stark von dem ab, was sie im Alltag wirklich bräuchten. Warum das so ist? Die wenigsten Menschen gehen mit klarem Plan einkaufen und verfallen so schnell den Verlockungen der Modehäuser. Im Ergebnis besteht der Kleiderschrank aus einer Ansammlung von Teilen, die nicht zum realen Alltagsleben, sondern zum persönlichen Wunschleben passen. Die ideale Garderobe besteht hingegen aus Kleidung für den tatsächlichen Lebensstil. Entsprechend wird analysiert, welche Aktivitäten das eigene Leben ausfüllen. Was macht man normalerweise im Verlauf von zwei durchschnittlichen Wochen? Welche Kleidung wird dafür benötigt? Der Alltag wird in prozentuale Zeitabschnitte aufgeteilt, wofür auch ein Kreisdiagramm hilfreich ist. Hierbei werden die Lebensbereiche grob geschätzt. Durch die Analyse des Alltags ergibt sich ein klares Bild der Kleidung, die benötigt wird. Das heißt, eine Studentin, die beispielsweise fünf Tage in der Woche in Vorlesungen sitzt, benötigt keine Cocktailkleider, Strandoutfits und schicke Roben. Sie braucht Kleidung, die bequem ist und mit der sie ihren Studienalltag selbstbewusst meistern kann.[21] Die prozentuale Aufteilung für das Leben einer Person kann z. B. folgendermaßen aussehen:

30 Prozent	*Arbeit* – Businesskleidung
20 Prozent	*Sport* – Fitnesskleidung
20 Prozent	*zu Hause* – Bequeme Kleidung
15 Prozent	*Wochenendaktivitäten* – Freizeitkleidung
10 Prozent	*Businessdinners und Night Life* – Etwas schickere Kleidung
5 Prozent	*Theater- und Ballettbesuche* – Elegante Abendkleidung
100 Prozent	Der ideale Kleiderschrank für diesen Lebensstil

Die erstellte Aufteilung an benötigter Kleidung wird mit dem vorhandenen Kleiderbestand verglichen. Die Frage: Wie viele Teile entsprechen den jeweiligen Lebensbereichen? Hierbei wird klar, für welche Aktivitäten Kleidung unter- bzw. überrepräsentiert ist.

Modestil festlegen – Welche Geschichte möchte ich erzählen?

Im nächsten Schritt wird der Modestil für die Capsule Wardrobe definiert. Das bedeutet, Kleidung wird nicht blind ergänzt, sondern ein klarer Stil sowie ein Farbschema werden festgelegt. In diesem Schritt wird man zum eigenen Modestylisten. Der persönliche Modestil wird auf Basis der vorhandenen Lieblingsstücke definiert. Auch die eigene Figur und der Farbtyp werden mitgedacht. In die Stilanalyse können Fragen einfließen wie:

- Welche Farben dominieren und bilden die Grundstimmung?
- Mit welchen Farben werden Akzente gesetzt?
- Welche Materialien werden am liebsten getragen?
- Welche Schnitte werden bevorzugt und wie kombiniert?
- Wie sieht ein typisches Outfit aus?
- Welche Accessoires passen dazu?
- Werden vermehrt Sneaker, Halbschuhe oder High Heels getragen?
- Werden Handtaschen, Koffer oder Rucksäcke genutzt?
- Kann der Stil mit einer Überschrift versehen werden?

Der eigene Modestil wird so zugespitzt wie möglich formuliert. Das kann bedeuten, dass Farben, Materialien oder gewisse Lieblingsstücke, die im Kleiderschrank vorhanden sind, für die Capsule Wardrobe nicht infrage kommen. Statt »Pastellfarben« kann es konkret formuliert nun »Rosé, Hellblau und Beige« heißen. Die anderen Pastellfarben werden aus der Capsule ausgeschlossen oder nur als kleine Akzente in Form von Accessoires in Outfits eingebunden. Die Farbpalette kann beispielsweise aus drei Grundfarben, zwei neutralen Farben und vier Akzentfarben bestehen.[22]

Der gewählte Modestil sollte zu den Witterungsbedingungen der jeweiligen Saison passen. Außerdem sollten alle Lebensbereiche mit dem Stil abdeckbar sein. Gelegentliche Events wie Feierlichkeiten werden mitgedacht, Kleidung für Sport oder zu Hause hingegen spielt für den Stil keine Rolle. Passt der persönliche Modestil nicht zum Berufsalltag, wird eine extra Capsule Wardrobe für das Arbeitsleben erstellt. Manche Menschen haben nur eine aktive Capsule Wardrobe im Kleiderschrank, andere benötigen mehrere, um alle Aktivitäten des Lebens abzudecken.

Für einen komplett neuen Modestil ist etwas mehr Planung notwendig. Es gibt verschiedene Techniken, die dabei zum Einsatz kommen. Beispielsweise kann ein Moodboard entworfen werden, eine Sammlung an Bildern, die eine gewisse Stimmung kreiert. Hilfreich ist es auch aufzuschreiben, was den Stil ausmacht. Ein Titel für den Stil sollte nicht fehlen. Gesucht wird eine klare, zugespitzte Formulierung des angestrebten Looks, wie z. B. »Rockstar geht zur Universität« oder »elegante, klassische Männerkleidung« oder auch »60er-Jahre-Romantik trifft Moderne«.[23]

Basics

Meist wird die Capsule Wardrobe auf Basis des persönlichen Stils aufgebaut. Das heißt, ein völlig neuer Modestil wird selten entworfen. Das verkürzt die Planungszeit und Einkaufsliste, denn die Wahrscheinlichkeit ist hoch, dass sich die meisten Kleidungsstücke für die Capsule bereits im eigenen Besitz befinden. Das sind gut kombinierbare Basics, die einwandfrei sitzen und in denen man sich wohlfühlt. Empfehlenswert sind schlichte, klassische Farben wie Grau, Weiß oder Schwarz. Die Farben klingen zwar langweilig, sind aber leicht kombinierbar und alltagstauglich. Die Basics werden im Anschluss mit auffälligeren, bunten oder gemusterten Teilen und Accessoires vervollständigt. Ein Verhältnis von 80:20 für Basics zu Highlights wird empfohlen.[24]

Garderobenstruktur bilden – Was wird benötigt?

Nun wird festgelegt, was zur vollständigen Capsule noch fehlt. Als Grundlage für die Planung dienen der zuvor definierte Modestil sowie die Lebensstilanalyse. Den Kern der Capsule bilden gut kombinierbare, farblich abgestimmte *Key Pieces* wie Röcke, Hosen, Shirts oder Strickjacken. Für jede Kleidungskategorie wird eine konkrete Anzahl inklusive Details zu Schnitt, Farbe und Material eingeplant. Es sollten nur so viele Teile im Schrank landen, wie wirklich notwendig sind. Das kann z. B. bei einer männlichen schlichten Garderobe mit schickem Anteil folgendermaßen aussehen:

- 2 lockere Jeans (1 × dunkelblau, 1 × schwarz)
- 1 Anzugshose (schwarz, Mischfaser)

- 5 T-Shirts (2 × weiß, 2 × schwarz, 1 × grau, alle mit V-Neck-Ausschnitt, Baumwolle)
- 2 Hoodies (1 × schwarz, 1 × dunkelgrau, beide aus Baumwolle)
- 1 Pullover (hellgrau mit V-Ausschnitt, Strick, Kaschmir)
- 2 Hemden (1 × weiß, 1 × schwarz, Baumwolle)
- 1 schickes Hemd (weiß mit silbernen Manschettenknöpfen, Baumwolle)
- 1 Anzugset (schwarz, maßgeschneidert, Tweetstoff)
- 2 Jacketts (1 × dunkelgrau, Wollstoff, 1 × schwarz, Baumwolle)
- 2 Paar Sneaker (1 × schwarz, 1 × weiß)
- 1 Paar Stiefel (schwarze Armeestiefel, Leder)
- 1 Paar Anzugschuhe (schwarz, Leder)
- 3 Jacken (1 × Streetstyle, 1 × Outdoor, 1 × für kalte Tage)

---

24 Kleidungsstücke

Alle Kleidungsstücke der Liste, die bereits im Schrank vorhanden sind, werden in die Capsule aufgenommen und »abgehakt«. Übrig bleibt eine konkrete Einkaufsliste, was genau für die Vervollständigung der Capsule Wardrobe fehlt.[25] Die übrige Kleidung, die nicht für die Garderobe verwendet wird, kann als privates Kleiderlager in einer Kiste verstaut werden oder verschenkt, verkauft oder gespendet werden.

Einkaufen: Qualität vor Quantität

Im nächsten Schritt wird die fehlende Kleidung der Capsule Wardrobe eingekauft. Die erstellte Einkaufsliste verhindert unnötige Spontankäufe. Für Entscheidungen wird sich beim Einkaufen Zeit gelassen. Die neuen Kleidungsstücke sollen lange genutzt werden. Kompromisse werden daher keine gemacht. Gleichzeitig wird stark auf Details sowie Material, Schnitt und Passform geachtet. Passt es zu dem definierten Stil sowie den anderen Teilen? Erst wenn es alle Kriterien erfüllt, wird das Kleidungsstück gekauft. Das Thema

Qualität ist ebenfalls wichtig für die Kaufentscheidung. Es werden langlebige Kleidungsstücke statt günstiger Schnäppchen gekauft. Besonders bei der Grundausstattung wie einem Wintermantel, Stiefeln, einem Anzug oder einem gut kombinierbaren Kleid ist es sinnvoll, Hochwertiges zu wählen.[26] Auch können die Material- und Stoffart in die Kaufentscheidung miteinfließen. Übrigens: Nicht immer ist ein hoher Preis Garant für gute Qualität. Kleidung aus jedem Preissegment kann schnell kaputtgehen oder Chemikalien enthalten, die ungesund sind. Wer zusätzlich eine faire und nachhaltige Herstellung beim Kauf beachtet, wählt unter anderem Slow-Fashion-Lables oder auch Secondhand-Ware.

Fertigstellen der Capsule Wardrobe

Mit dem Einkauf der restlichen Garderobe ist die Capsule zwar vollständig, aber das Projekt noch nicht abgeschlossen. Es wird sich Zeit genommen, den neuen Kleiderschrank durch Anprobieren gut kennen zu lernen. Ein Repertoire an funktionierenden Outfits wird zusammengestellt. Empfehlenswert ist es, ein Grundoutfit zu erstellen und dann verschiedene Elemente wie Schuhe, Hemden oder Hosen auszutauschen. Welche Zusammenstellungen passen zur Arbeit? Und welche gehen eher mit Freizeitaktivitäten einher? Die Accessoires wie Schmuck, Gürtel, Schals, Hüte sowie Frisuren und Make-up können bei jedem Outfit perfektioniert werden. Damit werden die vorhandenen Ressourcen ausgeschöpft, und es entwickelt sich ein Gefühl für den eigenen Modestil.[27] Jede der erstellten Kombinationen wird fotografiert. Die Fotos werden entweder im Smartphone gespeichert oder als Übersicht in den Kleiderschrank gehängt. Dies nimmt den Stress, jeden Morgen darüber nachzudenken, wie die Kleidung am besten kombiniert wird. Der Alltag wird durch die geplante Garderobe immens vereinfacht. Wer Mühe hat, die Capsule Wardrobe zusammenzustellen, oder die Kombinationen lieber digital ausprobiert, kann auf Apps wie *Cladwell*, *Stylebook* und *ClosetSpace* zurückgreifen.

Kritik am Konzept der Capsule Wardrobe

Auf den ersten Blick erscheint das Konzept der Capsule Wardrobe einwandfrei: der optimal kuratierte Kleiderschrank. Doch wie bei vielen Trends ist nicht alles, was damit in Verbindung steht, positiv zu werten. Allem voran ist die Capsule Wardrobe ein Marketinginstrument der Modeindustrie geworden. Günstige Marken wie Primark und Zara, aber auch High-End-Labels wie Prada und Dolce & Gabbana bringen mittlerweile Capsule-Kollektionen heraus. Die Influencer der sozialen Netzwerke und Fashionblogger erstellen Outfitkombinationen und werben mit Must-haves für Capsule Wardrobes jeglicher Jahreszeiten. Ob die empfohlenen Kleidungsstücke immer zum Stil oder zur Figur der Follower passen, sei dahingestellt. Im ungünstigsten Fall entstehen Fehlkäufe – also unnötiger Modekonsum und Verschwendung statt Reduktion und Vereinfachung.

In manchen Fällen arbeiten Modelabels mit Influencern direkt zusammen. H & M brachte 2019 beispielsweise mit den Instagram-Influencern MenWith eine Männer-Capsule-Kollektion heraus. Die Designs wurden anhand ihrer beliebtesten Posts kreiert. Die Kollektion beinhaltete den »perfekten Hoodie«, einen Strickpullover, eine Freizeithose, einen Schal, eine Beanie- und eine Wildleder-Mütze sowie eine Bikerjacke.[28] Einerseits erhalten die Kunden eine gut abgestimmte Garderobe, in welche die konkreten Wünsche zahlreicher Männer eingeflossen sind. Andererseits sind sie dazu genötigt, H & M die gesamte Kollektion abzukaufen, wenn sie die Capsule tragen möchten. Solche Angebote der Modefirmen können zum schnellen Kauf einer vermeintlichen Lösung verführen, statt das Problem an der Wurzel zu packen: den eigenen Kleiderschrank auszumisten und erst einmal den persönlichen Stil zu definieren. Die Gefahr besteht, dass die Capsule-Kollektion am Ende die unübersichtliche Kleidungssammlung zu Hause nur ergänzt, anstatt sie zu vereinfachen. Als nachhaltig ist das Verhalten in diesem Fall nicht zu bewerten.

Die Bilder auf Pinterest oder Instagram verführen: Nach Farbpalette sortierte Kleidung in offenen Kleiderschranksystemen vor sauberem, weißem Hintergrund – die Kleidungsstücke wirken wie kuratierte Kunstwerke. Minimalismus im Kleiderschrank sieht gut aus. Wer seine eigene Capsule Wardrobe kreiert, ist jedoch nicht immer zufrieden. Bei der Umsetzung stellen die meisten Schwachstellen in der Praktikabilität des Konzeptes fest. Beispielsweise wird die Empfehlung von vermeintlicher Qualitätskleidung kritisiert. Bei dem Erstellen der Capsule werden teurere Markenprodukte in der Erwartung gekauft, sie lange zu tragen. Diese nutzen sich jedoch durch das vermehrte Tragen weit schneller ab. Das Kleidungsstück muss früher ersetzt werden als gedacht. Die Investition in Qualität wirkt sinnfrei. Auch wird die Kleidung der Capsule Wardrobe schneller durchgewechselt, und viele beschweren sich, für das Waschen mehr Zeit aufzuwenden. Gleichzeitig bleiben sie durch zu wenig saubere Kleidung mit absurden Kombinationen zurück. Eine Modebloggerin berichtete z. B. davon, aus Kleidungsmangel ihren Badeanzug als Oberteil getragen zu haben.

Die vorgeschriebene Anzahl an Kleidung, wie beispielsweise 33 Teile, kritisieren Modeblogger zudem als eine Regel ohne Sinn. Viele verstauen den Rest der Kleidung einfach in einer Kiste, ohne wirklich etwas auszusortieren. Die Capsule Wardrobe sei etwas für Menschen, die sich vor tatsächlichem Minimalismus scheuen. Die Unordnung werde aufgeteilt und weggepackt, statt sich damit auseinanderzusetzen. Darüber hinaus ist der Trend nicht für jeden geeignet. Wer bereits eine gut abgestimmte Garderobe besitzt, benötigt das Konzept der Capsule Wardrobe nicht. Ein gut durchdachter Kleiderschrank kann von vornherein nur um die 20 bis 40 Kleidungsstücke beinhalten.[29]

Vorteile einer Capsule Wardrobe

Der Trend zur Capsule Wardrobe hat einen positiven Nebeneffekt auf die Umwelt. Reduzierter Kleidungskonsum schont Ressourcen. Weniger Kleidungsstücke werden gekauft, und vorhandene Kleidung wird genutzt, bis sie abgetragen ist. Das heißt, Produkte werden effizient genutzt und die Umweltbelastung durch eine geringere Nachfrage nach neuer Kleidung reduziert. Auch entsteht weniger

Müll, da beim Ausmisten des Kleiderschrankes darauf geachtet wird, dass so wenig Kleidung wie möglich weggeworfen wird. Auch Fehlkäufe und Billigprodukte werden vermieden. Überschüssiges wird im Idealfall weitergegeben oder verkauft und so der Produktlebenszyklus verlängert.

Menschen, die ihren Kleiderschrank minimieren, berichten außerdem von drei wesentlichen persönlichen Vorteilen: Sie haben mehr Geld, Zeit und Platz. Wer glaubt, nicht viel für Kleidung auszugeben, wird erstaunt sein, wie viel Geld tatsächlich in den Kleiderschrank fließt. Menschen, die aufs Einkaufen verzichten, verbringen dazu weit weniger Zeit in Läden oder Onlineshops. Das konstante Interesse an neuen Must-haves und die Planung der nächsten Shoppingtouren entfallen. Darüber hinaus wird die Zeit eingespart, die für die tägliche Auswahl und Anprobe von Outfits verwendet wurde. Durch die geplanten Kombinationen zu praktischen Style-Formeln ist das Anziehen vereinfacht. Es bleibt mehr Zeit für ein entspanntes Frühstück, die Familie oder den Arbeitsweg. Zusätzlich entsteht mehr Raum: Der Kleiderschrank lichtet sich und wird übersichtlicher. Was physisch Leichtigkeit und Transparenz erzeugt, funktioniert genauso innerlich. Das Ausmisten der überflüssigen Kleidung hilft, den Kopf frei zu bekommen und auch mental Raum zu schaffen.[30] In der Folge entstehen mehr Klarheit und Freiheit. Die deutsche Bloggerin Jennifer Hauwehde (mehralsgruenzeug.com) beschreibt die entstandene Klarheit folgendermaßen:

> »Es ist ein bisschen, als würdest du das prall gefüllte, bunt durcheinandergewürfelte Supermarktregal, aus dem dich jedes Produkt mit Farben, Schrift und möglichst auffälligem Getue anschreit, es auszuprobieren, gegen die Ruhe und Schlichtheit eines Zen-Gartens eintauschen. Vielleicht ist der Vergleich ein bisschen weit hergeholt, aber so ungefähr sollte es sich anfühlen, wenn du deine perfekte Capsule Wardrobe hergerichtet hast.«[31]

Durch die Capsule Wardrobe werden im Idealfall hundert Prozent des eigenen Kleiderschrankes genutzt. Die ausgewählte Kleidung ist völlig ausreichend für die eigenen Bedürfnisse und entspricht dem persönlichen Stil. Es sind ausschließlich Lieblingsteile vorhanden. Gleichzeitig ist die jeweilige Person durch die Outfitplanung täglich stilsicher gekleidet. Das erzeugt Selbstbewusstsein. Die gewonnene Freiheit besteht darin, sich nicht mehr von der Werbung und Angeboten der Modewelt verführen zu lassen. Statt sich diktieren zu lassen, was glücklich macht, wird die Zufriedenheit anders erzeugt. Man kann sich dem Sozialleben, Beruf, Sport oder anderen Leidenschaften widmen.

Slow Fashion

»Fordere Qualität, nicht nur für Produkte, die du kaufst, sondern auch für die Leben der Menschen, die sie herstellen.«
Orsola de Castro, italienische Designerin und Gründerin der Fashion Revolution

Mit Slow Fashion ist sozial und ökologisch nachhaltig hergestellte Industriemode gemeint. Es ist eine Gegenbewegung zu Fast Fashion, der günstigen, schnell wechselnden Wegwerfmode. Bei der Kleidungsfertigung wird Wert gelegt auf faire Arbeits- und Produktionsbedingungen, eine umweltschonende Herstellung sowie den Verzicht auf Chemikalien.

97 Prozent der westlichen Kleidung werden im Ausland hergestellt. Die Textilbranche beschäftigt etwa 40 Millionen Menschen in Entwicklungsländern.[1] Die wichtigsten Produktionsländer von Textilien für den europäischen Markt sind aktuell China, Bangladesch, Türkei, Indien und Kambodscha (in absteigender Reihenfolge).[2] In Entwicklungsländern lassen sich Fabriken günstig betreiben, und die Zahl geschickter Handarbeiter scheint fast unendlich zu sein. Dazu müssen kaum Umweltstandards oder Mindestlöhne eingehalten werden. Verpflichtungen der Unternehmen wie Krankenkassenbeiträge, Mutterschaftsurlaub oder Urlaubstage für die Angestellten fallen meist weg. Zu allem Überfluss tragen die Entwicklungsländer selbst zum »Race to the Bottom« bei. Sie unterbieten sich in günstigen Löhnen, kurzen Kündigungsfristen und geringen Sicherheits- und Gesundheitsstandards. Die Modeindustrie bietet den Ländern nun mal die Möglichkeit, am globalen Markt teilzunehmen.[3]

Im Ergebnis zählen Bekleidungsarbeiter zu den unterbezahltesten Arbeitern mit den geringsten Rechten weltweit. Sie werden für günstige Mode ausgebeutet. Dabei werden zahlreiche Menschenrechte verletzt. 85 Prozent der Bekleidungsarbeiter sind Frauen.[4] Sie arbeiten meist jahrelang sieben Tage die Woche 12 bis 16 Stunden täglich. Wenn sie schwanger sind, arbeiten die Frauen bis zum Tag der Geburt und nehmen dann eine kurze, unbezahlte Auszeit. Bei Verletzungen am Arbeitsplatz steht ihnen keine Krankenzeit zu, und sie werden oft einfach ersetzt.

Ein weiteres Problem ist Kinderarbeit. Sie ist Folge der Armut der Erwachsenen. Häufig sind die Eltern unfähig zu arbeiten. Sie sind krank, oder ihr Handwerk, wie z. B. das Weben, wurde durch Maschinen ersetzt. Die Kinder werden in die Städte gesandt, um für die Familie Geld zu erwirtschaften. Bereits Achtjährige fabrizieren Accessoires und Kleidung für die westlichen Modelabels. Einmal in einem sogenannten *Sweatshop* angekommen, beginnt eine lebenslange Abwärtsspirale. Nachdem die Kinder in einer Fabrik ausgebeutet wurden, nehmen sie auch als Erwachsene den nächsten Job in einer Textilfabrik an.[5]

Historisch betrachtet war Kleidung etwas, das gepflegt und lange verwendet wurde. Uniformen, Trachten und Familienkleider wurden vererbt. Heute wird Kleidung zunehmend als Wegwerfprodukt betrachtet. Sie landet oft nach nur zwei- bis dreimaligem Tragen im Abfall.[6] Allein in Deutschland werden jährlich über 100.000 Tonnen Bekleidung und Textilien weggeworfen.[7] Zusätzlich gibt jeder Deutsche 16 Kleidungsstücke im Jahr in die Altkleidersammlung. Das sind 1,1 Millionen Tonnen Textilien pro Jahr.[8] Auch die Unternehmen selbst haben mit der Masse der Billigware zu kämpfen. H&M wurde 2017 vorgeworfen, jährlich 12 Tonnen neuwertige Mode zu verbrennen, für die das Unternehmen keine Abnehmer fand.[9] Global betrachtet führt diese Wegwerfmentalität von Unternehmen und Kundschaft zu einer enormen Umweltbelastung und Ressourcenverschwendung.[10] Für die Herstellung von Textilprodukten wird viel Wasser benötigt. Ganze 20 Prozent der globalen Industrieabwässer und 10 Prozent der CO_2-Emissionen sind auf die Textilindustrie zurückzuführen.[11] Es werden bis zu 3.500 Chemikalien verwendet, um Rohmaterialien in Textilien zu wandeln.[12] Die am häufigsten verwendete Kunstfaser ist Polyester.

Der Kunststoff wird aus Erdöl hergestellt, das durch energieintensive und umweltschädliche Verfahren gewonnen wird und Unmengen an CO_2 ausstößt.[13] Aber auch für die Tierhaltung der Lederproduktion werden viel Futter, Land, Wasser und fossile Brennstoffe benötigt. Der Gerbprozess von Leder ist außerdem sehr giftig. Abwässer und Abfallprodukte des Gerbverfahrens verschmutzen das Wasser und führen zu einem Anstieg von Krankheiten in der Umgebung der Fabriken. Die Arbeiter in den Gerbereien sind den schädlichen Chemikalien direkt ausgesetzt. Sie haben ein 20 bis 50 Prozent höheres Risiko, an Krebs zu erkranken. Baumwolle wird fast nur noch genmanipuliert und unter der Verwendung zahlreicher Pestizide und Insektizide angebaut.[14] Schätzungen zufolge erkranken drei Millionen Menschen jährlich durch den Kontakt mit Pestiziden. Die Folgen sind Angststörungen, Fehlgeburten, Unfruchtbarkeit, Erinnerungsverlust und taube Gliedmaßen.[15] Nicht nur die Arbeiter vor Ort sind betroffen. Die Chemikalien gehen über die Haut in das Blut derer über, die diese Kleidung tragen. Der Preis der Kleidung spielt hierbei keine Rolle. Wie eine Studie von Greenpeace ergab, sind gesundheitsschädliche Chemikalien in Produkten aller Preissegmente zu finden: von der günstigen Discounterware über bekannte Sportmarken hin zu teuren Luxusprodukten.[16]

Der Slow-Fashion-Trend will all diesen Problemen entgegenwirken. Es sind Verbraucher, die sich hinsichtlich der Gesundheitsverträglichkeit sowie der Herstellungsbedingungen der Mode nach Transparenz sehnen. Sie möchten keine Unternehmen unterstützen, die Schäden bei Mensch und Umwelt anrichten sowie zahlreiche Menschenrechte verletzen.

Wieso gibt es den Trend zu Slow Fashion?

Ökologisch hergestellte Mode gibt es in Deutschland bereits seit den 1970er-Jahren. Die Kleidung der Pioniere in Sachen Nachhaltigkeit hatte formlose Schnitte und bestand aus Materialien wie Jute und Hanf. Das führte zu einem altmodischen und unmodischen

Image der Ökolabels.[17] Ab den 1980er-Jahren kam erste Kritik an der Modeindustrie auf. Im Fokus standen die Gesundheits- und Umweltverträglichkeit der Kleidungsherstellung. Das führte zu einer Art ethischen Wende ab den 1990er-Jahren, vor allem bei kleineren Modelabels. Erkennbar war der Wandel an neuen Namen für die nachhaltige Mode wie *Eco Fashion*, *Sweatshop-free Fashion*, *Social Fashion* oder eben *Slow Fashion*. Ab dem Jahr 2000 kann von ethischer Mode *(Ethical Fashion)* gesprochen werden: ökologische Bekleidung, die fair hergestellt wurde. Auch die großen Fashion-Shows in London, Berlin und Paris nahmen ethische Mode in verschiedene Veranstaltungen auf. Während der Berliner Fashion Week gibt es beispielsweise seit 2012 eine Ethical Fashion Show und einen Green Showroom.[18]

Heute, rund 50 Jahre nach der Entstehung der ersten Ökomode, ist fair hergestellte Kleidung in Stil und Design nicht mehr von gewöhnlicher Mode zu unterscheiden.[19] Die steigende Popularität von fairer Mode ist auf verschiedene Gründe zurückzuführen. Generell ist ein großer globaler Trend zu Fairtrade-Produkten zu verzeichnen. Zudem traten die Machenschaften der Modeindustrie durch verschiedene Unfälle in den Produktionsländern ans Tageslicht und beeinflussten das westliche Konsumverhalten. Das bekannteste Unglück ereignete sich in Bangladesch.

Am 24. April 2013 stürzte dort eine achtstöckige Textilfabrik ein: der Rana Plaza. Bei dem tragischen Unglück starben 1.134 Menschen, und mehr als 2.400 wurden verletzt. Zu Marken, die in dem Gebäude produzierten, zählen Bonmarché, Benetton, Mango, Primark, Matalan, The Children's Place und Joe Fresh. Obwohl am Tag vor dem Unglück auf Risse in der Wand hingewiesen und das Gebäude evakuiert wurde, forderte der Besitzer die Arbeiter auf, am nächsten Tag wieder zur Arbeit zu erscheinen. Bei Unterlassen wurde ihnen der Einbehalt ihres Gehalts angedroht. Am nächsten Tag stürzte das Gebäude ein. Es stellte sich heraus, dass die Struktur instabil war, da die oberen Etagen ohne Genehmigung erbaut worden waren. Laut dem Architekten des Gebäudes sei dieses ursprünglich für Läden entworfen worden und gar nicht auf das Gewicht und die Vibration der Maschinen ausgelegt gewesen. Ein Großteil der Schuld wurde der Fahrlässigkeit des Gebäudebesitzers Rana zugewiesen. Aber auch den Modefirmen wurden Vorwürfe gemacht. Die Bilder der Katastrophe gingen über das Internet und die Medien um die ganze Welt. Dadurch gelangten die Herstellungsmethoden der Fast-Fashion-Labels an die breite Öffentlichkeit. Die Marken des Rana Plaza standen stellvertretend für eine Vielzahl an Billiglohn-Modemarken wie H&M, Zara, Esprit, C&A, Forever21, Guess, Mango, New Yorker, s.Oliver, Urban Outfitters und viele weitere. Das Unglück stieß eine internationale Diskussion zu Arbeiterrechten sowie Arbeitsbedingungen an. Tausende Arbeiter protestierten in Bangladesch für mehr Sicherheit am Arbeitsplatz, während Menschen auf der ganzen Welt die Verantwortungslosigkeit der westlichen Modemarken kritisierten. Rund 250 Unternehmen unterzeichneten daraufhin Initiativen mit dem Ziel, die Sicherheit in 2.300 Fabriken stark zu verbessern.[20] 2013 wird daher als ein Kipppunkt der Fast-Fashion-Industrie gesehen.

Das Rana-Plaza-Unglück stieß einen Bewusstseinswandel an. Mehr Menschen interessierten sich für die Schattenseiten von Fast Fashion. Konsumenten bezogen Position und änderten ihr Kaufverhalten. Zahlreiche Modeblogger widmeten sich weltweit dem Slow-Fashion-Trend. Eine Vielzahl fairer Modelabels wurde gegründet. Bücher zu den Machenschaften der Modeindustrie sowie Ratgeber über den achtsamen Modekonsum erschienen. Auch Fernsehreportagen und Dokumentationen zu Fast Fashion nahmen zu. Eine Umfrage im Jahr 2013 belegt ebenfalls den Wandel der Einstellung zu Billigmode in Deutschland: 47 Prozent der Befragten wünschten sich ökologisch und sozial nachhaltig produzierte Waren aus der Mode- und Textilindustrie.[21] Von 2013 bis 2019 stieg der Absatz von Fairtrade-Textilien in Deutschland um 618 Prozent – von rund 3,6 auf 22,2 Millionen Euro.[22]

Das Ereignis 2013 führte darüber hinaus zur Gründung der Fashion Revolution. Die gemeinnützige internationale Organisation ruft Verbraucher dazu auf, Fairness und Transparenz zu fordern sowie mehr Fragen zu stellen. Die erste Kampagne war ein Aufruf dazu, das Hashtag *#WhoMadeMyClothes?* zu nutzen.[23] Einmal jährlich wird außerdem um den 24. April die Fashion Revolution Week organisiert. Im Gedenken an das Rana-Plaza-Unglück wird gefordert, dass niemand für Mode sterben solle – »No One Should Die For Fashion«.[24] Außerdem entstanden erste Unternehmensberatungs-Agenturen für Mode- und Textilunternehmen in Sachen Nachhaltigkeit wie EcoAge in Großbritannien. Auch bestehende Organisationen, die bessere Vorschriften und Geschäftsmethoden in der Modeindustrie fordern, gewannen an Einfluss, wie z. B. The Clean Clothes Campaign, die Fair Wear Foundation sowie die Sustainable Apparel Coalition.

Nach dem Rana-Plaza-Unglück veränderten einige Länder außerdem ihre Gesetze. Die Regierung Bangladeschs erhöhte die Gehälter für Bekleidungsarbeiter auf rund 54 Euro pro Monat. Zuvor lag ihr durchschnittlicher Lohn bei nur 26 Euro monatlich. Davon konnten sich die Arbeiter kaum Grundnahrungsmittel wie Reis leisten.[25] 2018 wurde für alle Beschäftigungsfelder ein neuer Mindestlohn von monatlich 81 Euro festgelegt.[26] Die Lohnerhöhungen machen für die Arbeiter einen großen Unterschied. Für die Kundschaft im Westen sind sie kaum bemerkbar: Es handelt sich um einen Preisunterschied von ein bis zwei Euro pro Kleidungsstück. Eine der wichtigsten Entwicklungen war jedoch die Verbesserung der Gesetzgebung einiger europäischer Länder, um zur Transparenz in den Lieferketten beizutragen. 2017 verabschiedete Frankreich »Die Auskunftspflicht von Mutter- und Handelsunternehmen« und die Niederlande das »Kinderarbeit-Sorgfaltspflicht-Gesetz«.[27] Deutschland zog 2021 mit dem »Lieferkettengesetz« nach.

Wie funktioniert bewusster Modekonsum?

Nachhaltige Mode hat eine Vielzahl an Namen. Am gängigsten ist die Bezeichnung *Fair Fashion*. Dies lässt hauptsächlich an die Waren der Modelabels denken. Bei dem Trend zur Nachhaltigkeit in der Mode geht es aber auch darum, den eigenen Modekonsum insgesamt nachhaltig zu gestalten. Dazu gehört, den eigenen Verbrauchszyklus von Kleidung zu verlangsamen und den schnell wechselnden Trends nicht mehr hinterherzujagen. Es geht um einen »entschleunigten« Modekonsum, der mit dem Begriff *Slow Fashion* auf den Punkt gebracht wird. Die Slow-Fashion-Fans orientieren sich in ihrem Verhalten an den R-Prinzipien der Umweltbewegung, die in vielen nachhaltigen Trends vorhanden sind: *Recycle, Reuse, Reduce* oder auch *Rethink*. Auf Deutsch: Recyceln, Wiederverwenden, Reduzieren und Neuerfinden. Etwas hipper hat die britische Designerin und Modeikone Vivienne Westwood das nachhaltige Verhalten beschrieben: »Buy less, choose well and make it last.«[28] Sie gilt als eine Galionsfigur der Slow-Fashion-Bewegung. Ihr Statement dient als Leitsatz für den entschleunigten Modekonsum.

Buy less – Kaufe wenig

Im Schnitt besitzt jeder Deutsche 95 Kleidungsstücke, trägt aber jedes fünfte davon nicht.[29] Dass wir so viel Kleidung kaufen und nicht nutzen, ist absurd, wenn man bedenkt, wie viele Ressourcen für die Herstellung von Textilien anfallen. Allein für die Produktion eines T-Shirts werden rund 2.000 Liter Wasser verwendet.[30] Die Slow-Fashion-Bewegung möchte wieder ein Bewusstsein für die Wertigkeit von Kleidung schaffen. Die Anhänger des Trends nutzen den eigenen Kleiderbestand besser, um ständigen Neuanschaffungen entgegenzuwirken. Um unnütze Neukäufe von Kleidung zu vermeiden, setzen sich viele außerdem ein Shopping-Limit *(Reduce)*. Sie kaufen beispielsweise maximal fünf neue Teile pro Jahr. Eine gute Hilfestellung für die Reduzierung von Spontankäufen liefert die Aktion *#30Wears*. Beim Kauf soll man sich fragen: Werde ich diese Kleidung mindestens 30 Mal tragen? Nur wenn die Antwort »Ja« lautet, wird das Kleidungsstück gekauft.[31]

Auch das Teilen und Tauschen von Kleidung hilft, die Neukäufe von Mode zu minimieren. Kleider-Sharing ist mittlerweile auch ein soziales Event. Auf privaten oder öffentlichen Kleidertauschpartys tauschen die Teilnehmer ihre ungewollten Kleidungsstücke einfach mit anderen.

Falls ein Kleidungsstück nur einmalig, z. B. für einen besonderen Anlass, benötigt wird, ist Mietkleidung eine gute Wahl. Der Vorteil beim Leihen liegt auf der Hand: Die Kundschaft zahlt nur einen Bruchteil der teuren Markenmode, und das seltene Teil verstaubt danach nicht im Schrank. Modebibliotheken wie Myonbelle bieten sogar Mietabos an. Der Kunde erhält monatlich ein neues Paket und kann ohne schlechtes Gewissen seiner Modeleidenschaft nachgehen. Mittlerweile gibt es auch Anbieter für Slow-Fashion-Mietkleidung wie Fairnica. Das Unternehmen aus Herne vermietet ganze CAPSULE-WARDROBE-Sets in Form von fünf bis acht Kleidungsstücken, die zu 30 Outfits kombiniert werden. Eine weitere Möglichkeit ist Modeleasing. Der Vorteil: Die Kleidungsstücke können so lange getragen werden, wie man möchte. Anbieter sind unter anderem Tchibo Share für Kinder- und Babykleidung oder die Slow-Fashion-Marke Mud Jeans.[32]

Der Kauf von neuer Kleidung wird auch durch Secondhand-Käufe gemindert. In Secondhandshops oder auf Flohmärkten finden sich häufig originelle Teile und Vintage-Mode. Über Apps wie *Vinted* kann gebrauchte Kleidung außerdem direkt von anderen Privatpersonen erworben werden. Es gibt auch Tausch-Apps wie *PicknSwap*, über die Kleidung ganz ohne Geld getauscht wird. Die Schadstoffe sind in gebrauchter Ware meist herausgewaschen.

Choose well – Wähle weise

Wie bei so vielen nachhaltigen Trends gilt auch bei Slow Fashion »Qualität vor Quantität«. Es wird auf langlebige Qualitätsware gesetzt. Der Preisunterschied zwischen fairer und billiger Ware wird ausgeglichen, indem weniger und selektiver gekauft wird. Mittlerweile sind 52 *Micro Seasons* jährlich für Modemarken normal, sprich wöchentlich wechselnde Mikrokollektionen. Anstatt diesen ständig wechselnden Trends zu folgen, treten nachhaltige Modekonsumenten aus diesem Kreislauf aus und streben mit ihrer Kleidung einen zeitlosen Stil an. Das entschleunigt den eigenen Modekonsum und führt dazu, dass man bewusst auswählt, was den Kleiderschrank ergänzt. Slow Fashion zu leben bedeutet, wie im MINIMALISMUS das Glück nicht im Konsum zu suchen. Shopping generiert nur kurzfristige Zufriedenheit. Die Konzentration wird auf das Wesentliche gerichtet – im eigenen Kleiderschrank und im realen Leben.[33]

Um sich im Produkt- und Materialdschungel der fairen Mode zu orientieren, bieten sich Gütesiegel an. Neben den allgemeinen Fairtrade-Siegeln gibt es Siegel speziell für die Modeindustrie. Dazu zählen beispielsweise das Siegel der *Fair Wear Foundation* für eingehaltene Sozialstandards und das *GOTS*-Siegel für Umweltstandards. Biobaumwoll-Siegel wie das *Fairtrade Certified Cotton* und *IVN Best* sowie *IVN Naturleder* für Lederwaren sind ebenfalls ein Indiz für die Umweltverträglichkeit der Produkte. Durch den Kauf von Kleidung mit den jeweiligen Gütesiegeln sind die Fairness und ökologische Nachhaltigkeit gewährleistet (Gütesiegel-Lesetipp unter ›Weiter informieren‹ auf Seite 268).

Dazu bieten digitale Slow-Fashion-Landkarten und Shop-Finder Orientierung. Über diese kann gezielt in der eigenen Umgebung nach fairen Modeläden gesucht werden. Es gibt z. B. *Concept Stores*, die sich komplett auf faire Mode spezialisiert haben. Bei der Suche nach Slow Fashion werden außerdem lokale Designer oder kleine Boutiquen entdeckt. Diese zu unterstützen bedeutet gleichzeitig, ein lokales Handwerksunternehmen vor Ort zu fördern. Onlineshops wie Avocadostore, Hess Natur, Waschbär oder Greenality bieten ausschließlich Slow-Fashion-Produkte an. Außerdem gibt es Apps wie *Good on You*, die es erleichtern, nachhaltige Mode auszuwählen. Die App bewertet die ethischen und ökologischen Aspekte der Modelabels.

Welche Materialien sind nachhaltig?

Textilmaterialien können in drei Kategorien eingeteilt werden: Naturfasern, die von Tieren (wie Wolle, Kaschmir, Leder, Seide) oder von nachwachsenden Rohstoffen (wie Hanf, Bambus, Baumwolle und Leinen) stammen. Synthetische Fasern, die aus Kunststoffen bestehen, teils sogar aus recycelten Produkten wie PET-Flaschen. Außerdem gibt es halbsynthetische Fasern, z. B. Viskose oder Modal. Alle Textilien werden an irgendeinem Punkt im Herstellungsprozess mit Chemikalien behandelt. Dennoch sind einige Materialien in Sachen Umweltbelastung besser als andere. Synthetische Kleidung gibt beim Waschen beispielsweise Mikroplastikeile an das Wasser ab. Schätzungsweise stammen 20 bis 35 Prozent des Mikroplastiks im Meer von synthetischer Kleidung (siehe PLASTIKFREI).[34] Darüber hinaus sind die darin enthaltenen Chemikalien gesundheitsschädlich. Eine sehr hohe, teils krebserregende Chemikalienbelastung kann an Begriffen wie »knitterfrei«, »bügelfrei« oder »vor dem Tragen waschen« an den Etiketten abgelesen werden. Auch »antistatische«, »motten-« oder »flammenresistente« Kleidung beinhaltet giftige Chemikalien. Naturtextilien sind in der Ökobilanz nicht immer besser als synthetische Kleidung, jedoch biologisch abbaubar. Kunststoffkleidung ist nach der Verwendung Restmüll. Viele Slow-Fashion-Fans kaufen daher vermehrt Naturtextilien.

Make it last – Nutze es lange

Der Kleiderschrank eines Slow-Fashion-Fans besteht nicht aus irgendwelchen Schnäppchen. Es sind hochwertige Teile von fairen Modelabels, teils aus der eigenen Umgebung, sowie Fundstücke aus Secondhandshops oder Tauschkleidung. Dies erzeugt wieder eine Wertschätzung für die eigene Kleidung. Hinzu kommt, dass die zertifizierten Slow-Fashion-Teile auch mehr kosten als Ware von konventionellen Modelabels. Die Kleidung wird daher gepflegt und so lange wie möglich genutzt. Die Pflege fängt bei der Aufbewahrung an. Kleidungsstücke werden nicht einfach in eine übervolle Kommode gepresst, sondern ihnen wird Raum gegeben. Die Kleidung wird möglichst lange getragen, bevor sie gewaschen wird. Jeder Waschgang belastet die Textilien und verringert ihre Lebensdauer. Beim Waschen wird ebenfalls auf den Schutz der Kleidung und Umwelt geachtet. Textilien werden z. B. nach Farben und Material wie Feinwäsche oder Wolle getrennt, Pflegehinweise auf Etiketten beachtet und biologisches Waschmittel verwendet. Auf Weichspüler sowie den Trockner wird verzichtet.

Ein weiterer Aspekt des achtsamen Modekonsums ist das Reparieren von Kleidung. Was für die ältere Generation selbstverständlich war, muss heutzutage wieder erlernt werden. Alte Handarbeitsfähigkeiten wie Löcher flicken, Knöpfe annähen oder Reißverschlüsse ersetzen traten in Zeiten der Wegwerfmode in den Hintergrund. Wer handwerklich unbegabt ist oder keine Zeit findet, kann auf eine Änderungsschneiderei oder Schuhmacherei zurückgreifen. Schuhe sind durch eine neue Besohlung ein paar Jahre länger tragbar. Einige Slow-Fashion-Labels bieten zudem Reparaturdienste für ihre Produkte an. Dazu zählen z. B. Mud Jeans, Kings of Indigo und Patagonia.[35]

Ausgeliebte, aber noch funktionsfähige Kleidung wird nicht weggeworfen. Sie wird durch Upcycling umgestaltet *(Recycle, Rethink)*. Aus einem zu weiten Rock kann beispielsweise eine Tasche, aus einer langen Hose eine kurze werden. Wenn ein Umgestalten der Kleidung nicht mehr infrage kommt, gibt man die Kleidung einfach an Freunde, Familie, Secondhandläden, Stadtmissionen oder Sozialkaufhäuser weiter *(Reuse)*.[36] Finden sich keine Abnehmer, kann ausgediente Kleidung auch in Container zur Altkleiderspende geworfen werden *(Recycle)*. Dabei sollte auf den Anbieter des Containers geachtet werden. Hilfsorganisationen wie die Maltester oder Arbeiterwohlfahrt spenden die Kleidung teils an Bedürftige. Von Containern, auf denen weder Telefonnummer noch Website steht, wird abgeraten. Wo seriöse Abgaben möglich sind, kann auf Websites von Kommunen und Städten sowie über digitale Container-Finder wie fairwertung.de nachgeschaut werden.

Unterstütze ich Slow Fashion, wenn ich z. B. ein faires T-Shirt von H & M kaufe?

Die Kleidung der H & M Concious Collection besteht zu mindestens 50 Prozent aus nachhaltigen Materialien. Genutzt wird auch Circulose, eine neue Textilfaser aus recycelter Baumwolle. Bei den finalen Preisen der Produkte ist jedoch fraglich, ob die Menschen im Herstellungsprozess von ihrem Gehalt leben können.[37] H & M betont zwar, sie strebten nach »besten Voraussetzungen für faire Gehälter zur Existenzsicherung«.[38] Laut einer Untersuchung der Clean Clothes Campaign scheitern jedoch 93 Prozent der Modemarken daran, Beweise für eine faire Bezahlung ihrer Zulieferbetriebe vorzulegen.[39] Siegel, die sich Unternehmen selbst ausstellen, sind daher mit Vorsicht zu genießen. Gütesiegel wie z. B. *IVN Best*, *GOTS* und *Made in Green* haben strengere Vorschriften und sind bei der Zertifizierung unabhängig.

Kritik am Slow-Fashion-Trend

Seit dem Rana-Plaza-Unglück sind rund zehn Jahre vergangen. Der Einsturz des Gebäudes löste eine weltweite Sensibilisierung für das Thema und eine Verbesserung der Arbeitsstandards vor Ort aus. Unterm Strich haben sich die positiven Entwicklungen jedoch nicht global in der Modebranche durchgesetzt. Ein niedriger Preis ist für die meisten Menschen immer noch das primäre Kaufargument. Daher versuchen konventionelle Modefirmen, ihre Produktion weiterhin günstig zu gestalten. Die im Vergleich recht hohen Preise der nachhaltigen Modelabels können hierbei nicht mithalten. Für Konsumenten ist es zudem schwierig, sich im Dschungel der Gütesiegel zurechtzufinden. Wer Slow Fashion kaufen möchte, muss sich erst einmal über diverse Siegel und die dahinterstehende Zertifizierung informieren. Alle Gütesiegel haben unterschiedliche Richtlinien und Spezialisierungen. Das ist eine große Hürde, der die Verlockung der offenen Ladentüren der zahlreichen großen Modeketten gegenübersteht.

Auch ist die Wirkkraft von Gesetzgebungen zur sozialen Nachhaltigkeit in der Textilindustrie umstritten. In einem Artikel der Bundeszentrale für politische Bildung (BPB) wurde 2018 prophezeit, dass die Firmen aus Bangladesch abwandern und ihre Produktion in Osteuropa fortsetzen würden. Für die europäischen Firmen sei das nicht nur wegen der kurzen Transportwege attraktiv, auch die Löhne seien in Osteuropa sehr niedrig. Dort würde Gewerkschaftsbildung stark unterdrückt. Überstunden über die gesetzliche Vorgaben hinaus seien keine Seltenheit. Das Gleiche gelte für afrikanische Länder.[40] Diese Vermutung ist berechtigt. Stiegen in der Vergangenheit in Korea und China beispielsweise die Gehälter an, wanderten die Textilfirmen unter anderem nach Bangladesch, Kambodscha und Vietnam ab. Dort konnten sie von den niedrigen Löhnen und geringen Sozialstandards noch profitieren. Das Gleiche passierte, wenn in den Ländern Umweltschutzrichtlinien verabschiedet wurden. Schuld ist der globale Wettbewerb. Die BPB zieht das Fazit: »Solange nur in einzelnen Ländern höhere Arbeitsstandards durchgesetzt werden, bleiben verschiedenen Probleme der globalen Textilindustrie bestehen. Sie verlagern sich nur.«[41] Es müssten weltweite Standards hinsichtlich einer ethischen und ökologischen Produktion entstehen, die nicht nur von wenigen, sondern von allen Ländern eingehalten werden.

Konsumforscher Kai-Uwe Hellmann weist außerdem darauf hin, dass Verkaufsargumente wie »gutes Handwerk« auf dem Modemarkt keine Wirkung hätten. Über Mode würden die Wünsche und das Image der Konsumenten transportiert. Sie funktioniere über Zuschreibung. Nur die Konsumenten, die sich Nachhaltigkeit auf die Brust schreiben wollen, kauften tatsächlich faire und ökologische Mode. Diese Gruppe sei verhältnismäßig klein und maße sich eine Vorbildfunktion für andere an. Sie erwarteten, dass andere ihnen den fairen Konsum gleichtun. Dabei müsse man allen Konsumenten und ihren Möglichkeiten gerecht werden, sei es hinsichtlich finanzieller Mittel oder des Bildungsniveaus. Das Problem der Modeindustrie sei ein Systemproblem. Nur in die Modebranche einzugreifen sei nicht ausreichend.[42] Die Kundschaft von Slow Fashion ist genauso Teil des komplexen Gesamtsystems des Marktes. Sie bilden die Zielgruppe für die nachhaltigen Modelabels, die neben besseren Herstellbedingungen ebenfalls nach Gewinn streben. Slow Fashion könnte daher nur ein Nischenmarkt bleiben. Selbst Marken, die bereits expandieren, müssen sich letztlich den gängigen Marktmechanismen anpassen. In den heutigen Idealisten könnten mögliche Fast-Fashion-Marken von morgen schlummern.[43]

Ein weiterer Kritikpunkt ist das Fairtrade-System, wie beispielsweise *Fairtrade Cotton* des TransFair e. V. Der Verein arbeitet nur mit Kleinbauern aus dem Globalen Süden zusammen. Zu den Richtlinien des Gütesiegels zählen Sozialstandards und fixe Preise für eine nachhaltige Produktion. Die Strategie sei gut, meint Ökonom Ndongo Samba Sylla, aber die Idee unterscheide sich stark von der Realität. Fairtrade sei oft ungerecht, denn der Handel mit den Produkten komme nicht den Ärmsten zugute. In der Theorie seien Fairtrade-Produkte teurer, damit mehr Geld bei den Produzenten im Süden ankomme. In der Praxis sehe das aber anders aus. Das Geld lande größtenteils bei den Supermärkten und Fairtrade-Organisationen des Nordens. Darüber hinaus würden nur unverarbeitete Produkte wie Kaffee, Bananen oder Reis verkauft. Länder könnten sich aber nicht über Monoprodukte der Landwirtschaft entwickeln. Ihnen müsse erlaubt werden, verarbeitete Produkte zu exportieren. Derzeit sind afrikanische Länder durch die Partnerschaft mit der EU gezwungen, ihre Märkte für europäische Produkte zu öffnen, auch für subventionierte aus der Landwirtschaft. Es sei zwar grundsätzlich gut, die Fairtrade-Produkte zu kaufen, aber die ungerechten Handelsstrukturen müssten verändert werden.[44]

Vorteile des Slow-Fashion-Trends

Wer nachhaltige Kleidung kauft, trägt zum Umweltschutz sowie zu einem geringeren Müllaufkommen und zur Ressourcenschonung bei. Viele Slow-Fashion-Labels setzen auf langlebige, robuste Materialien, damit weniger Kleidung im Müll landet. Verpackungsmaterialien sind häufig recycelbar und werden sparsam verwendet. Dadurch wird der Abfall, der durch die Modeindustrie geschaffen wird, reduziert. Nachhaltige Mode wird zudem ressourcenschonend hergestellt. Der Wasserverbrauch wird reduziert und das Abwasser gefiltert. Bei der Herstellung von T-Shirts aus Biobaumwolle werden beispielsweise bis zu 60 Prozent weniger Wasser verwendet. Es werden zudem jährlich 1,5 Tonnen CO_2 pro 4.000 Quadratkilometer eingespart.[45] Pestizide beim Rohstoffanbau werden durch biologische Mittel ersetzt. Chemikalien des Herstellungsprozesses werden vermindert oder durch weniger schädliche ausgetauscht. Dadurch ist nachhaltige Mode schadstoffreduziert bis schadstofffrei. Dies ist nicht nur gut für die Gesundheit der Arbeiter in den Fabriken, sondern auch für die Gesundheit der Konsumenten, insbesondere von Kleinkindern.

Slow Fashion aus zertifizierten Naturfasern wie Biobaumwolle stammt aus kontrolliert biologischer Landwirtschaft (z. B. erkennbar am *IVN.Best*-Gütesiegel). Naturfasern geben im Gegensatz zu Kunstfasern auch keine Mikroplastikpartikel in den Wasserkreislauf ab. Andere Hersteller verwenden auch recycelte Materialien wie wiederaufbereitete Textilien aus Baumwolle oder Polyester aus PET-Flaschen (gekennzeichnet z. B. mit dem *GOTS*-Siegel). Das verlängert den jeweiligen Produktzyklus und ist ein Schritt Richtung Kreislaufwirtschaft. Tierische Materialien, die z. B. mit dem *IVN-Naturleder*-Siegel ausgezeichnet sind, stammen von Tieren, die für die Fleischindustrie gezüchtet wurden. Damit wird verhindert, dass Tiere ausschließlich für ihre Haut geschlachtet werden. Tierische Materialien wie Wolle, Leder oder Federn sind aus artgerechter Tierhaltung. Dazu gibt es alternative vegane Produkte, die Tierleid gänzlich aus der Produktion verbannen.

Ein klarer Vorteil von Slow Fashion ergibt sich für die Arbeiter im Herstellungsprozess der Textilindustrie. Kinderarbeit, Zwangsarbeit und Diskriminierung werden abgeschafft: Beispielsweise erhalten Frauen denselben Lohn wie Männer, und Menschen werden wegen ihres Standes, Alters sowie ihrer Rasse, Nationalität, Religion oder einer Erkrankung wie Aids nicht ausgegrenzt. Die Bezahlung der Arbeiter ist gerecht und gewährleistet mindestens das Existenzminimum im jeweiligen Land. Zudem wird die Infrastruktur an den jeweiligen Orten verbessert. Die Bedingungen in den Fabriken entsprechen Regelungen bezüglich Arbeitersicherheit und -schutz sowie Hygiene- und Gesundheitsstandards.

Auch Fairtrade-Organisationen, die entsprechende Siegel vergeben, fördern insbesondere Kleinbauernfamilien und -unternehmen in Entwicklungs- und Schwellenländern. Die Menschen erhalten keine Spendengelder, sondern machen Gewinne durch eigene Produkte.

Das schafft unabhängige Gemeinschaften, die sich selbst versorgen können. Fairtrade kommt vor allem Menschen in ländlichen Gegenden zugute. Sie müssen nicht in die Slums der Städte ziehen, um dort Arbeit zu finden. Familien bleiben zusammen, und Kinder rutschen nicht in eine *Sweatshop*-Karriere hinein.[46]

Slow-Fashion-Labels setzen im Verkauf auf Transparenz hinsichtlich gesundheitlicher und nachhaltiger Aspekte. Diese Nachvollziehbarkeit ist heute für viele Menschen wichtig und ein klares Kaufargument. Darüber hinaus ergibt sich eine gesteigerte Wertschätzung von Kleidung. Sie wurde sorgfältiger ausgewählt und entspricht den eigenen Wertvorstellungen. Wird die eigene Moral gelebt und beim Kleidungskauf praktisch umgesetzt, führt das zu einer gesteigerten Zufriedenheit. Statt die Entsagung von schnelllebigen Modetrends mit Verzicht zu assoziieren, wird das neue Konsumverhalten als Freiheit empfunden. Zeit, die früher zum Shopping verwendet wurde, wird nun für andere Interessen frei. Oftmals entstehen neue Hobbys wie Tauschpartys veranstalten, Kleidung selbst nähen, Stricken, Basteln oder Upcycling.

Tiny House

»Unsere Häuser sind so sperriger Besitz, dass wir häufig von ihnen gefangen statt beherbergt sind.«
Henry David Thoreau, US-amerikanischer Autor des Buches *Walden*[1]

Tiny House bedeutet auf Deutsch »winziges Haus«. Die Tiny-House-Bewegung ist ein gesellschaftlicher und architektonischer Trend zum Leben in einem kleinen Eigenheim. Die Angaben für die maximale Fläche eines Tiny House variieren zwischen 37 oder 45 Quadratmetern – die durchschnittliche Grundfläche beträgt um die 17 Quadratmeter. Die Häuser sind häufig mobil, was an Wohnwagen erinnert. Ästhetisch entsprechen sie allerdings normalen Wohnhäusern. Sie sind als permanenter Wohnsitz gedacht. Der positive Nebeneffekt ist ein geringer Ressourcenverbrauch und CO_2-Ausstoß.

Der Tiny-House-Trend polarisiert. Vor allem geht es um die Frage, wo genau die Tiny Houses platziert werden. Kritiker meinen, es sei unrealistisch, dass die Minihäuser in Zukunft das Bild der Städte verändern. Ein Tiny House zu bauen sei günstig, ganz im Gegenteil zum Grundstück. In Großstädten und Ballungsgebieten seien die Grundstückspreise hoch. Das könnten sich viele Tiny-House-Besitzer nicht leisten. In Deutschland fehlt es bislang an der passenden Gesetzgebung und der Integrierung des Tiny House in Bauvorschriften. Aufgrund der angespannten Situation des Wohnungsmarkts in den wachsenden Großstädten ist es aus stadtplanerischer Sicht sinnvoller, mehrstöckige Wohnblocks auf freie Flächen zu bauen.

Sie sehen in sogenannten *Microunits* die Zukunft des städtischen Wohnens: kleinen Wohneinheiten unter 18 Quadratmetern in dichten Wohnkomplexen.[2] Im Endeffekt sind die *Microunits* gestapelte Tiny Houses ohne Zugang zur Natur.

Ein anderes Konzept, Tiny Houses in Großstädte zu bringen sind »Parasitenwohnungen«. Ein Architekturbüro aus Ecuador designte ein Minihaus, das auf Gebäudekomplexe gebaut wird. Es bezieht Energie und Wasser über die vorhandenen Anschlüsse und nutzt Infrastruktur wie Müllentsorgung mit – daher rührt der Name. Das Haus trägt zur städtischen Nachverdichtung und Ressourcenschonung bei. Gleichzeitig ist es kostengünstig und bewahrt die ursprüngliche Architektur der Stadt.[3] Ob die Tiny Houses auf Gebäuden in Deutschland realisierbar sind? Bei den derzeitigen Bauvorschriften wohl eher nicht.

Im ländlichen Gebiet sieht die Zukunft für freistehende Tiny Houses besser aus. Grundstücke sind dort günstiger. Gleichzeitig bedeutet der Zuzug für schrumpfende Kommunen eine steigende Einwohnerzahl. Tiny Houses werden vermutlich nicht die »neuen Dörfer«, sie erfahren derzeit jedoch großen Zuwachs. Der Tiny-House-Lebensstil beinhaltet viele Vorteile für die Umwelt wie ökologische Bauweisen, Senkung des eigenen CO_2-Fußabdrucks, Optimierung des eigenen Lebensstils und Besitzes sowie Arbeit außerhalb eines zusätzlichen Büros *(Remote Work)*. Die Minihäuser sind für viele Menschen die ideale Verbindung zwischen Eigenheim und einem nachhaltigen Lebensstil.[4]

Welche Größe hat ein Tiny House?

In den USA wurde das Tiny House 2017 im Baugesetz verankert. Laut dem Eintrag gilt eine Behausung, die maximal 400 square foot, also 37 Quadratmeter, Grundfläche hat, als *tiny*. Der Größenunterschied zu den US-amerikanischen Einfamilienhäusern mit 250 Quadratmetern ist damit enorm. Ob das Haus mobil oder stationär ist, wird im Baugesetz nicht unterschieden. Allerdings gibt es maximale Maßangaben für PKW-Anhänger, die einzuhalten sind, damit keine Sonderzulassung nötig ist. Entsprechend überschreiten die wenigsten mobilen Tiny Houses in den USA diese Maße (4,11 Meter hoch, 2,5 Meter breit, 3 bis 7,3 Meter lang). Die Länge variiert je nach Ort der Zulassung. Die Grundfläche beträgt ohne Sonderzulassung maximal 18 Quadratmeter. In Deutschland fallen Tiny Houses auf Rädern etwas kleiner aus. Die Straßenverkehrsordnung lässt ohne Sonderzulassung nur Anhänger, die bis zu 2,55 Meter breit, 7 Meter lang und 4 Meter hoch sind, zu. Gleichzeitig darf ein Gesamtgewicht von 3,5 Tonnen nicht überschritten werden. Zulassungen für größere Aufbauten sind zwar möglich, jedoch mit einem Mehraufwand verbunden. Mobile Tiny Houses in Deutschland übersteigen daher selten eine Fläche 15 Quadratmetern.[5]

Wie entstand die Tiny-House-Bewegung?

Zirkus- und Bauwagen sind in Europa seit vielen Jahren beliebte Wohnkonzepte der alternativen Szene. Sie sind die europäischen Tiny Houses der ersten Stunde. Die Kindersendung *Löwenzahn*, dessen Hauptdarsteller Peter Lustig in einem ausgebauten blauen Bauwagen lebte, machte das Konzept ab den 1980er-Jahren deutschlandweit bekannt. In den USA werden die frühen Tiny Houses in den Planwagen der ersten Siedler gesehen. In diesen wurde unterwegs ebenfalls übernachtet. Ein weiterer Vorfahre der Tiny Houses ist das Wohnmobil. Schon in den 1920er-Jahren entwickelten Tüftler Aufbauten für Autos, welche die Behaglichkeit des Zuhauses mit Mobilität verbanden. Diese sahen wie konventionelle Häuser aus, waren jedoch mit der Autokarosserie verbunden. Es gab auch separate Anhänger für Pferdekutschen, die als »Reisewagen« dienten. Über die Zeit wichen die schweren Holzbauten leichten Materialien. Die sogenannten *Motorhomes* und Kutschanhänger entwickelten sich zu den wendigen Wohnmobilen und Wohnwagen von heute. Bei ihnen steht die temporäre Nutzung auf Reisen im

Vordergrund. Im Gegensatz dazu sind die heutigen Tiny Houses als tatsächliche Wohnstätte gedacht und weisen daher eine ganz andere Bauweise auf.[6]

Als Begründer der Tiny-House-Bewegung gilt der US-Amerikaner Jay Shafer. Im Jahr 1999 baute er sich ein mobiles Haus mit nur neun Quadratmeter Fläche und taufte es »Tumbleweed«. Er hatte zwei Winter in einem schlecht isolierten Airstream-Wohnwagen überstanden. Zwar schätzte er die Mobilität und Flexibilität des Airstreams, sehnte sich aber nach etwas, das besser gebaut war und sich mehr nach Zuhause anfühlte. Sein ungewöhnliches Wohnkonzept inspirierte zahlreiche Menschen, es ihm gleichzutun und in winzige Häuser zu ziehen – die Tiny-House-Bewegung war geboren.[7] Shafer stellte die ersten Baupläne für Tiny Houses auf Rädern her und machte sich mit der Firma Tumbleweed Tiny House Company selbstständig. 2002 war Shafer außerdem Mitbegründer der Small House Society, einer Informations- und Support-Plattform für Tiny-House-Bauer.

Shafer sieht sich selbst nicht als Trendsetter des Tiny-House-Lifestyles, sondern verweist auf die Autoren, die ihn damals inspirierten, wie Lloyd Kahn, der in seinem Buch *Shelter*[8] verschiedene selbst gebaute Behausungen aus zahlreichen Ländern zusammentrug. Die Sammlung reicht von Zelten, Jurten über Holzhütten und Scheunen bis hin zu kleinen Häusern und Dombauten. Neben dem Buch *Rolling Homes. Handmade Houses on Wheels*[9] von Jane Lidz, die mit vielen Illustrationen die ausgebauten Busse und Transporter der Hippie-Ära veranschaulichte, begeisterte ihn Lester Walkers *Tiny Houses. Or How to Get Away from it All.*[10] Das Buch beinhaltet Bauzeichnungen einer Vielzahl winziger Häuser weltweit. Die kleinen Häuschen sind nicht zwingend zum Wohnen konzipiert, sondern z. B. fürs Eisfischen, als Erdbeben-Notfallbehausung oder als Sommerhaus gedacht. Auch die Gedanken der Architektin Sarah Susanka zu einer besseren Planung von Häusern, damit sie den Leben der Bewohner entsprachen, flossen in Shafers Tiny-House-Planung ein. Susanka hatte festgestellt, dass in den 1990er-Jahren die Häuser immer größer, aber hässlicher und unpersönlicher wurden. Ihr Buch *The not so big house*[11] traf den Zeitgeist der USA, wo sich der Wohnraum pro Kopf seit den 1970er-Jahren fast verdoppelt hatte.

Ein weiteres Buch, das mit der Tiny-House-Bewegung assoziiert wird, ist Henry David Thoreaus *Walden. Oder das Leben in den Wäldern.*[12] Thoreau errichtete sich 1845 eine einfache kleine Hütte am See Walden Pond in Massachusetts. Mit dem Experiment des reduzierten, naturnahen Lebens wollte er beweisen, dass der Mensch glücklich und unabhängig abseits der Gesellschaft leben kann. Der Wohnraum war nur 3 × 4,6 Meter groß. Thoreau kritisierte, dass viele Menschen sich bis zum Tode damit abquälten, die Miete für eine größere, etwas luxuriösere »Box« aufzubringen. In einem Bahnwaggon wären sie auch nicht erfroren. Diese Aussage beinhaltet, dass die Senkung der eigenen Ansprüche die Rettung in einer finanziellen Notlage darstellen kann. Wenn nicht genügend Geld für ein großes Haus vorhanden ist, warum also nicht auf ein Tiny House zurückgreifen?[13]

Solche Gedanken scheinen heute immer mehr Menschen anzusprechen. Seit der Finanzkrise 2008, als auch die Immobilienblase platzte, stieg in den USA das Interesse an einem minimalistischen Lebensstil und damit auch an Tiny Houses an. Millionen Hausbesitzer der Mittel- und Unterschicht fanden sich in finanziellen Notlagen wieder. Innerhalb von acht Jahren wurden die Häuser von mehr als 9,3 Millionen Menschen zwangsvollstreckt. Obwohl sich der Wohnungsmarkt seit dem »Housing Crash« erholt hat, werden laut Schätzungen in Zukunft weniger als ein Drittel der Betroffenen wieder einen Kredit aufnehmen.[14] Ein Tiny House stellt für viele die Möglichkeit dar, ein Eigenheim zu besitzen, ohne sich hoch zu verschulden und jahrelang Zahlungsverpflichtungen nachkommen zu müssen. Die Größe des Wohnraumes ist zwar gering, der Preis eines Tiny House entspricht jedoch nur einem Bruchteil eines konventionellen Hauses.

In Deutschland ist die Lage ähnlich angespannt. Hier haben sich die Immobilienpreise für Häuser in den letzten 30 Jahren mehr als verdoppelt. Sie stiegen bundesweit um 116 Prozent. Gleichzeitig senkten die Banken die Zinsen für Baukredite extrem. Um die günstigen Kreditkonditionen zu erhalten, wird aber weit mehr Eigenkapital verlangt als früher. Der durchschnittliche Reallohn, sprich: was nach den Steuern übrigbleibt, ist hingegen kaum angestiegen. Besonders das Einkommen der Deutschen zwischen 25 und 29 Jahren hat sich in den letzten 30 Jahren um 5 Prozent verringert. Diejenigen, die sesshaft werden wollen, sind durch unsichere Arbeitsverhältnisse und teure Immobilienpreise abgeschreckt. Ein Tiny House ist für die sogenannte Generation Miete daher eine sehr attraktive Lösung.[15] Die finanzielle Unabhängigkeit ist aber auch für Ältere interessant. Sie sehen in dem Tiny House die Möglichkeit, sich für die Rente mit einem mietfreien, bezahlbaren Eigenheim abzusichern.

Um das Tiny House hat sich über die Jahre ein ganzer Markt entwickelt. Es gibt zahlreiche Unternehmen, die für ihre Kunden maßgefertigte Tiny Houses auf individuellen Wunsch anfertigen. Die Tiny-House-Fans organisieren Treffen, Expos, Festivals und Messen rund um das Tiny House, was den Trend verbreitet und die Gemeinschaft wachsen lässt. Die größte Messe war bisher die National Tiny House Jamboree von EcoCabins Inc. in Colorado, die im ersten Jahr 40.000 Gäste und 2016 ganze 50.000 Gäste anzog.[16] Zudem existieren zahlreiche Tiny-House-Hotels, wie das Hotel Caravan (tinyhousehotel.com) im US-amerikanischen Portland oder Tuxbury Tiny House Village (tuxburytinyhouse.com) in New Hampshire. Tiny Houses werden aber auch von Privatpersonen als einzelne Ferienhäuschen vermietet. Darüber hinaus entwickelten sich private Tiny-House-Wohnsiedlungen, *Micro Communities* genannt. In den USA gibt es schon viele solcher Siedlungen, z. B. die Orlando Lakefront Community (orlandolakefrontth.com) mit 34 Tiny Houses in Florida. Außerdem werden die *Micro Communities* in Nordamerika auch zur Bekämpfung von Obdachlosigkeit eingesetzt.

In Deutschland ist am Bodensee nahe Salem eine genossenschaftliche Siedlung mit rund 20 Tiny Houses in Planung (tiny-house-gemeinschaft.de). Andere haben ihre Tiny-House-Kommune bereits verwirklicht. Im bayerischen Fichtelgebirge besteht zum Beispiel seit 2018 das Tiny-House-Village (tinyhousevillage.de) mit 23 Tiny Houses und 31 permanenten Bewohnern. Die Anlage wurde als Hotel konzipiert und begrüßt jährlich über 1.000 Gäste. Aufgrund der schwierigen Stellplatzsuche entstehen Tiny-House-Siedlungen auch auf Campingplätzen, wie z. B. im hessischen Caravanpark Laubach. Das Kommunenleben in kleinen Häuschen ist keine neue Erfindung: Im schleswig-holsteinischen Bokel gibt es seit einigen Jahrzehnten eine Zirkuswagensiedlung namens Ulliwood (ulliwood.de), in der auch Übernachtungen angeboten werden.

Wie lebt es sich in einem Tiny House?

Was ein Tiny House ausmacht, ist nicht einheitlich definiert. Im deutschsprachigen Raum werden in erster Linie die aus den USA bekannten Häuschen auf Rädern als Tiny House bezeichnet. Stationäre Häuschen werden auch Klein-, Mikro- oder Minihaus sowie Singlehaus genannt.[17] Ein Tiny House besteht nicht nur aus Holzbauten, wie viele der mobilen Modelle den Anschein machen. Vor allem die stationären Häuser werden aus den unterschiedlichsten Materialien gefertigt. Dazu zählen Bauten aus Schiffscontainern, aber auch Stein-, Beton-, Lehm- oder Stahl- und Glasgebäude. Tiny Houses können Baumhäuser sein oder auf Stelzen stehen. Sie können in die Erde gebaut werden oder als Hausboot auf dem Wasser schwimmen.

Was alle gemein haben, ist, dass sich in ihnen alles findet, was zum Wohnen gebraucht wird. In der Regel gibt es einen Wohnbereich mit Sitzmöglichkeit und Kochnische, einen Sanitärbereich mit Toilette sowie Dusche und einen Schlafbereich.[18] Die sogenannten Schlaflofts liegen meist auf einer zweiten Ebene unter dem Dach. In seltenen Fällen wird das Loft auch als Stauraum genutzt. Im Außenbereich werden Terrassen, Balkone, überdachte Eingangsbereiche und teils kleine Zusatzräume angebaut. Manche legen sich ein Gewächshaus, Hochbeete oder einen Hühnerstall zu. Andere bauen ihren Haustieren kleine Behausungen oder erweitern das Haus für ihren Nachwuchs. Ein Tiny House ist ein Projekt, an dem ständig gefeilt werden kann.

Bezüglich Geräten und Möbel müssen sich die Bewohner genau überlegen, was sie in dem kleinen Haus wirklich benötigen. Der Innenraum ist nun mal begrenzt. Manch einer zieht sein Klavier der Waschmaschine vor, ein anderer mag auf eine weitere Herdplatte verzichten, um seine Espressomaschine in der Küche unterzubringen. Hier überschneidet sich der Trend zum kleinen Wohnraum mit dem zum MINIMALISMUS. Viele sind ihre Besitztümer leid. Sie möchten sich auf das Wesentliche reduzieren. Um Besitztümer, großen Wohnraum sowie ein Grundstück muss sich gekümmert werden. Bei einem Tiny House fallen weit weniger Aufgaben an. Der damit verbundene Stress entfällt. Statt den Rasen zu mähen oder das Haus zu putzen, kann die Freizeit anders verbracht werden. Dies ist auch für die ältere Generation ein Argument, für Menschen, die sich nach dem Großziehen ihrer Kinder wieder verkleinern möchten.[19]

Viele Menschen bauen ihr Tiny House teilweise oder komplett selbst. Dadurch kann der Wohnraum nach individuellen Vorstellungen gestaltet werden. Der größte Antrieb für den Eigenbau ist meist, Kosten einzusparen. Werden Baumaterialien recycelt, wird noch mehr Geld eingespart. In Deutschland kann ein kleines Tiny House für etwa 5.000 Euro komplett selbst gebaut werden. Der Bauplatz ist hier nicht eingerechnet. Wird ein Ausbauhaus gekauft und nur der Innenausbau selbst übernommen, kommen mindestens 20.000 Euro zusammen. Fertige Tiny Houses gibt es bereits ab 45.000 Euro. Wie bei allen Häusern ist der Raum nach oben je nach Ausstattung offen. Die Luxusvariante kann bis zu 150.000 Euro kosten.[20]

Die meisten Tiny-House-Besitzer sind umweltbewusst und beziehen ökologische Faktoren in ihre Entscheidungen für den Bau und die Ausstattung mit ein. So werden gerne ökologische Baustoffe gewählt und Altmaterial wiederverwertet. Auch die Nachhaltigkeit von Wärme-, Strom- und Wasserversorgung wird bewusst gesteuert. Der Energiebedarf der kleinen Häuser ist gut mit Solarkollektoren und Ökostrom abzudecken. Die Größe der Anlage und Speichermöglichkeit beeinflussen, wie viel Wärme zusätzlich durch Gas oder Holz generiert werden muss. Bei kleinen Räumen reicht ein kleiner Holzofen bereits aus. Die Energieversorgung durch eine Fotovoltaikanlage ist ebenfalls möglich, aber die Anschaffung recht kostenintensiv. In Tiny Houses werden häufig Komposttoiletten und Low-Flow-Duschköpfe genutzt. Das senkt den Wasserbedarf im Vergleich zum durchschnittlichen Pro-Kopf-Verbrauch um zwei Drittel.[21] Regenwasser und Grauwasser werden aufgefangen und mitgenutzt. Je nach Ausstattung kann sich im Tiny House mehrere Monate selbst versorgt werden. Manche richten ihr Leben im winzigen Eigenheim völlig AUTARK ein, um wirtschaftlich unabhängig und für Krisen gewappnet zu sein.

Ein weiterer Grund, warum sich Menschen für ein winziges Heim entscheiden, ist die Mobilität. Sie wählen bewusst ein Tiny-House-Modell, das transportfähig und damit nicht an einen Ort gebunden ist. Ein mobiles Haus kann je nach Lebenslage mit dem Besitzer den Standort wechseln – sei es ein längerer Auslandsaufenthalt, die Kündigung des Stellplatzes oder ein berufsbedingter Umzug. Das klassische Tiny House des Trendsetters Shafer ist mobil: ein Haus auf einem Plattformanhänger, das wie ein Wohnwagen mit dem Auto transportiert wird. Eine Alternative ist ein Häuschen auf einer Wechselbrücke, das als Container auf LKWs geladen wird. Bei einem Umzug beauftragt der Besitzer einfach eine Spedition. In Deutschland wird beispielsweise das Reset House (reset-house.de) angeboten, das auf höhenverstellbaren Stützen steht.

Ein mobiles Tiny House kann aber auch ein Hausboot sein. In den USA bestehen bereits seit Jahrzehnten ganze Hausbootgemeinschaften. Nördlich der Golden Gate Bridge, im kalifornischen Sausalito, liegen in der Richardson Bay beispielsweise über 400 schwimmende Eigenheime (floatinghomes.org).[22] In Europa sind Hausboote vor allem in Amsterdam und Kopenhagen beliebt. Auch in deutschen Städten wie Berlin oder Hamburg wird in Hausbooten gelebt. Die Hansestadt gilt deutschlandweit als Vorreiter, da sie bereits vor Jahren die Besiedelung der Wasserfläche in die Stadtplanung einbezogen hat. Es gibt sogar einen speziellen Genehmigungsleitfaden für Hausboote und einen Hausbootkoordinator in der städtischen Verwaltung.[23]

Nicht jeder legt sich ein Tiny House zu, um darin zu wohnen. Manchen dient es als Ergänzung zu einem vorhandenen Haus oder einer Wohnung. Vor allem in den USA wird das Tiny House gerne als Ferienhaus genutzt. Wenn es in den eigenen Garten gebaut wird, ist es als Rückzugsort nur wenige Schritte entfernt. Für Selbstständige kann das Tiny House damit den idealen Büroraum oder das private Atelier im Grünen darstellen. Auch dienen die Häuschen gerne als Gästezimmer oder Freizeitraum für Jugendliche.[24]

Tiny Houses werden ferner für wirtschaftliche Zwecke verwendet, beispielsweise als mobiler Shop für den Warenverkauf. Dadurch können sie auf Messen, Festivals oder Shopping-Events mitgenommen werden. Die Häuschen können auch zum kulturellen Ort werden, z. B. zur Bühne, Galerie oder zu einem Konzeptraum. Nicht selten leben die Künstler oder Organisatoren gleichzeitig im selben Haus. In den USA gibt es z. B. ein fahrendes Tiny-House-Theater, dessen Schauspieler auch die Bewohner sind (tinytravelingtheatre.org). Und das Museum der Liebe (museumderliebe.de) im bayerischen Utting am Ammersee ist gleichzeitig der Wohnraum der Kuratorin.

Ist ein Tiny House in Deutschland einfach umzusetzen?

Egal ob das Tiny House stationär oder mobil ist: In Deutschland müssen eine Baugenehmigung eingeholt und der hiesige Bebauungsplan eingehalten werden. Das gilt, selbst wenn ein Tiny House fertig gekauft und im Privatgarten abgestellt wird. Wird ein Grundstück erworben, fallen Extrakosten für die Grundstückserschließung und Versicherung an.[25] Die Stellplatzsuche gestaltet sich für viele Tiny-House-Besitzer aufgrund der deutschen Gesetzgebung schwierig. Die Wohn- und Bauvorschriften sind nicht auf Minihäuser ausgelegt. Sie unterbinden z. B. die Nutzung von Freizeitgrundstücken, Kleingärten, Siedlungsrandgebieten und erschlossenen Flächen bei Bauernhöfen oder Brachflächen. Zudem gibt es keine Möglichkeit, sich legal an solchen Orten wohnhaft zu melden. Bauland kann auch nicht temporär genutzt werden, obwohl dies eine Zwischennutzung wäre, die den Mangel an Stellplätzen lösen würde.[26] Vereinzelnd streben Tiny-House-Initiativen, wie z. B. der Verein Einfach gemeinsam leben e. V., in Deutschland diesbezüglich bereits nach gesetzlichen Änderungen.

Kritik am Tiny-House-Trend

Obwohl das Tiny House für ein naturnahes, nachhaltiges Wohnen steht, entspricht dieses Image nicht allen Modellen. Vor allem die mobilen Häuschen sind nicht wirklich umweltschonend. Ein Paar, das mit ihrem Tiny House auf Rädern durch die USA reist, gestand, ihr Tank sei alle 240 Kilometer leer. Damit betragen ihre Benzinkosten etwa 0,80 Euro pro Kilometer.[27] Ihr fahrendes Heim hat einen weit höheren Ressourcenverbrauch und stößt mehr Abgase aus als ein herkömmlicher Wohnwagen. Mit einem Wohnmobil wären sie und die Umwelt besser bedient. Ein stationäres Tiny House ist hingegen nachhaltiger. Vor allem wenn das Haus nahezu energieautark ausgestattet ist. Jedoch ist entscheidend, wo genau der Stellplatz ist. Wer so abseits lebt, dass als Verkehrsmittel nur das eigene Auto infrage kommt, vergrößert seinen CO_2-Fußabdruck wieder.

Am häufigsten wird von Kritikern jedoch die Praktikabilität des kleinen Wohnraums infrage gestellt. Was auf der Bauzeichnung theoretisch funktioniert, kann im Alltag anstrengend sein. Oftmals wird Mobiliar in verkleinerten Varianten verbaut. Der Innenbereich kann dadurch sehr beengt wirken und die Handhabung umständlich sein. Viele Abstellkammern und zweite Ebenen sind zu niedrig, um aufrecht zu stehen. Die Besitzer müssen teils auf allen vieren kriechen oder kleine Leitersprossen hinaufklettern. Dies ist vor allem für weniger mobile Menschen ein Hindernis. Dazu ist die Temperatur in Minihäusern schwierig zu regulieren. Da Duschen und Kochen auf kleinstem Raum geschehen, kann die erhöhte Luftfeuchtigkeit schnell zu Schimmel führen.

Viele sehen im Tiny-House-Trend nichts weiter als eine Modeerscheinung, die vorübergeht. Journalist Maik Novotny ist der Meinung, es sei aktuell schick, aus der Konsumgesellschaft auszusteigen und minimalistisch zu leben. Sich zu reduzieren gehe aber nur, wenn davor genug Besitz vorhanden war. Freiwillige Askese sei eine andere Art von Luxus. Damit kritisiert er das Tiny House als hippes Prestigeobjekt der besserverdienenden Mittel- und Oberschicht. Die Bewohner würden nach der Tiny-House-Phase einfach umziehen und sich neuen Konsumschrott anschaffen. Die ärmere

Bevölkerungsschicht wie Familien am Existenzminimum könnte sich solche Spielchen gar nicht erst leisten.

Die niederländische Kolumnistin Emma Curvers sieht die wahren Ursachen des Trends in sozialen Missständen, unsicheren Wohnverhältnissen, Obdachlosigkeit, Armut und Umweltzerstörung. Statt Probleme an der Wurzel zu packen, werde das Tiny House von der Community und den Medien als heilsbringende Lösung gefeiert. Durch clevere Designs und verträumt inszenierte Bilder werde um das Tiny House eine romantische Atmosphäre aufgebaut. Damit würde aus der Not eine Tugend gemacht, meint sie. Die Instagram-Tauglichkeit der winzigen Häuser sei jedoch nur ein Pflaster auf die Wunde.[28] Das Tiny House sei »das Stockholm-Syndrom des Wohnungsmarktes«.[29] Auch Novotny nennt den Trend nicht Tiny-House-Bewegung, sondern »Hütten-Trend« und »die Slums des 19. Jahrhunderts, verkauft als neuestes heißes Ding«.[30] Eine kleine Holzhütte sei kein Mittel gegen Missstände, sondern Kapitulation. Seit der Immobilien- und Finanzkrise 2008 lebten die Profiteure in großen Penthouses, während sich die Geschädigten damit begnügten, »[...] ihre Wohnräume zu minimieren und sich trotzdem irgendwie gut dabei zu fühlen«.[31]

In der Realität seien Tiny Houses nur für eine sehr kleine Zielgruppe geeignet, meint auch der US-amerikanische Immobilienmakler Justin Udy. Das Angebot von Tiny Houses möge groß sein, die Nachfrage sei aber sehr gering. Es sei ein Nischenprodukt, das als Investment risikobehaftet sei. Ein Weiterverkauf könne sich aufgrund der wenigen potenziellen Käufer lange hinziehen. Der Großteil der Tiny Houses sei auf ein bis zwei Personen ausgelegt. Für Menschen, die gerne gesellige Abende verbringen oder Übernachtungsgäste einladen, komme ein Minihaus gar nicht erst infrage. Der durchschnittliche Verbraucher benötige mehr Räume, Bäder und Betten, als ein Tiny House bieten könne, meint Udy. Wenngleich Kosteneinsparungen ein Kaufgrund für das Tiny House sind, werden je nach Lebensstil die Ausgaben außerdem nicht unbedingt reduziert. Nicht jeder Mensch wird zum Minimalisten. Selbst wer sich von all seinen Besitztümern trennt, sammelt im Lauf der Zeit wieder Dinge an. Eventuell wird irgendwann ein Lagerraum hinzugemietet. Wer eine größere Party veranstalten möchte, wird einen Veranstaltungsort buchen müssen. Solche Situationen können sich häufen und zu Mehrkosten führen. Ein konventionelles Haus ist in dieser Hinsicht vorteilhafter.[32]

Vorteile eines Tiny House

Tiny Houses sind besser für die Umwelt als Einfamilienhäuser. Durch ihre geringe Größe versiegeln sie weniger Grünfläche als konventionelle Häuser und verbrauchen für den Bau weniger Ressourcen. Insgesamt haben sie einen viel geringeren ökologischen Fußabdruck als das durchschnittliche Eigenheim. Ein Tiny House mit 12 Quadratmetern und 10 Zentimeter Wärmedämmung verbraucht etwa 50 Prozent weniger Heizenergie als ein 45 Quadratmeter großes Vergleichsgebäude mit eingehaltener Energieeinsparverordnung. Tiny Houses sondern weniger Schadstoffemissionen ab und haben einen geringeren Ressourcen- und Energieverbrauch. Wenn Bad oder Küche in einer *Micro Community* gemeinschaftlich genutzt werden, sinkt der Pro-Kopf-Verbrauch weiter.[33]

Des Weiteren profitieren ländliche Gebiete vom Tiny-House-Trend. Aktuell leben so viele Menschen wie noch nie in Städten. Dörfer und kleinere Städte schrumpfen, während Großstädte wachsen. Die schrumpfenden Kommunen haben weniger Einnahmen, worunter die Infrastruktur und öffentliche Dienstleistungen leiden. Tiny-House-Gemeinschaften bringen Wirtschaftskraft mit sich. Kommunen, die diesen Gemeinschaften Stellplätze bieten, können mehr Einwohner gewinnen und damit wieder attraktiver werden.[34] Dass dies keine leere Theorie ist, beweist das von Abwanderung betroffene Städtchen Spur (spurfreedom.org) in Texas, das sich 2014 zur ersten Tiny-House-freundlichen Stadt der USA erklärte. Bereits zwei Jahre später waren über 70 Grundstücke an neue Bewohner verkauft, und die Einwohnerzahl stieg wieder an.

Tiny-House-Bewohner sind an sich weniger ortsgebunden. Wenn das Minieigenheim nicht mit dem Erdboden verbaut ist oder es auf Rädern steht, kann das Haus mit umziehen. Flexibilität ist ein großer Bonus auf dem heutigen Arbeitsmarkt. So gesehen kombiniert das Tiny House die Stabilität eines Eigenheims mit der Mobilität, die für neue Anstellungen oder Abenteuer frei macht. Die Mobilität der Häuser ist auch in den USA ein großes Verkaufsargument. Umweltkatastrophen wie Hurrikans, Überschwemmungen, Brände oder Erdbeben nehmen zu. Bei drohender Gefahr das Haus aus dem Gebiet entfernen zu können kann Heim und Leben retten sowie vor finanziellen Schäden schützen.

Außerdem bringt das Tiny House finanzielle Vorteile mit sich. Vor allem ist es schnell abbezahlt. Der Besitzer lebt im Eigenheim und zahlt nach dem Bau nur noch den Stellplatz. Wer ein Grundstück besitzt, lebt völlig mietfrei. In Abwesenheit kann das Haus gut vermietet werden und zu zusätzlichen Einnahmen führen. Durch die relativ geringen Neben- und gegebenenfalls Stellplatzkosten bleibt selbst bei einem geringen Gehalt proportional mehr übrig. Es entsteht die Freiheit, Geld für andere Dinge als Wohnraum auszugeben. Je nach beruflicher Situation kann weniger gearbeitet werden. Laut einer Umfrage der Plattform *thetinylife.com* haben 89 Prozent der Tiny-House-Bewohner weniger Schulden als die meisten US-Amerikaner. 65 Prozent sind völlig schuldenfrei.

Die geringe finanzielle Belastung ist mit einem Mehr an persönlicher Freiheit verbunden. Ohne hohe Zahlungen im Nacken kann sich Zeit für eine private Auszeit oder berufliche Umorientierung genommen werden. Manche nutzen die neue Unabhängigkeit, um sich mit einer Geschäftsidee selbstständig zu machen oder ein Hobby anzufangen, von dem sie immer träumten. Ein kleines Haus ist zudem einfacher zu putzen und instand zu halten. Es entsteht mehr Freizeit für das soziale Umfeld sowie für persönliche Interessen. Tiny-House-Bewohner berichten, sie seien mehr in der Natur und hätten ein besseres Sozialleben. Was von Kritikern als Gefahr eingestuft wird, wird von Tiny-House-Fans als positiv gewertet: Aufgrund des Lebens auf engem Raum berichten sie von einer Verbesserung der Beziehungsdynamik untereinander.

Autarkie

»Die größte Frucht der Selbstversorgung ist die Freiheit.«
Epikur, griechischer Philosoph der Antike

Autarkie bedeutet auf Altgriechisch sinngemäß »Selbstgenügsamkeit«. Der Trend zur autarken Lebensweise bezieht sich auf Häuser und Individuen. Gemeint ist die wirtschaftliche Unabhängigkeit eines Haushalts, in dem sich die Menschen selbst mit Dienstleistungen und Produkten versorgen. Dazu zählen eigene Strom-, Heiz- und Wasserversorgung, private Kläranlagen, Tierhaltung und Gemüsegärten.

Spätestens seit dem Bestsellerroman *Blackout. Morgen ist es zu spät*[1] von Marc Elsberg ist im deutschsprachigen Raum bekannt, wie fragil unser Versorgungsnetzwerk ist. Das Buch beschreibt einen europaweiten Stromausfall, der im Verlauf von zwei Wochen katastrophale Zustände auslöst. Mit dem Strom kommen auch die Wasser- und Wärmeversorgung zum Erliegen. Nur Heizsysteme mit Öl oder Kohle halten länger an. Trinkwasser wird knapp, und es wird kalt in der Wohnung. Der Elektroherd geht nicht mehr, Toilettenspülung und warme Dusche entfallen, und das Internet über DSL und Kabelmodem ist tot. Im Verkehr bricht Chaos aus, da die Ampelschaltungen ausfallen und die Benzinpumpen der Tankstellen streiken. In der Folge kommt es zu Engpässen von Benzin, Lebensmitteln, Medikamenten und anderen lebensnotwendigen Gütern. In nur wenigen Tagen herrscht Anarchie. Die Erzählung des Romans ist zwar fiktiv, beruht aber auf gut recherchierten Fakten. Ähnlich würde sich ein flächendeckender Stromausfall in der Realität auswirken.

Das Bundesamt für Bevölkerungsschutz und Katastrophenhilfe (BKK) rät den Deutschen, ihren Haushalt auf solche Notsituationen vorzubereiten. Neben einem Stromausfall zählen zu möglichen Katastrophen Unwetter, Feuer, Hochwasser und radioaktive Strahlung oder biologische Gefahrstoffe. Dem offiziellen Ratgeber zufolge sollte ein Lebensmittel- und Trinkwasservorrat für zehn Tage angelegt werden. Gepäck für den Notfall, inklusive Hausapotheke, wird ebenfalls angeraten. Manche Menschen bereiten sich weit umfassender vor, als es vom BKK empfohlen wird. Die sogenannten Prepper schaffen sich Waffen an und bauen unterirdische Bunker und Lagerräume. Obwohl die Prepper-Szene, die in den 1970er-Jahren in den USA entstand, auch stetig Zuwachs in Europa erfährt, wird nicht jeder Haushalt einen Bunker anlegen. Stattdessen ist die gutbürgerliche Variante des privaten Gemüsegartens und der eigenen Energieversorgung naheliegender.

Eine Umfrage im Jahr 2020 ergab, dass 49,52 Millionen Deutsche und damit rund 60 Prozent der Bevölkerung es für besonders wichtig halten, unabhängig zu sein und das Leben selbst zu bestimmen. Ganze 49 Prozent würden sich gerne selbst versorgen und auch vom Staat unabhängiger sein.[2] Dies zeigt eine starke Tendenz der Deutschen zum autarken Lebensstil, wenngleich auch nur in der Theorie. Doch woher rührt dieses Verlangen, unabhängiger zu sein? Ist es das Misstrauen gegenüber der Sicherheit des gegenwärtigen Systems? Die Angst vor einer schädlichen Abhängigkeit von Staat und Unternehmen? Oder ist es die Sehnsucht nach alten Werten hin zu einem Selbstversorgerleben? Da die Deutschen nicht für ihre alternative Gesinnung, sondern international für ihre *German Angst* bekannt sind, liegt Ersteres näher. Neben der Sorge vor dem Zusammenbruch der Infrastruktur könnte aber auch der Klimawandel eine Rolle spielen.

In Zukunft werden Naturkatastrophen zunehmen. Es ist mit Waldbränden, Orkanen und Hochwasser zu rechnen. Das Wetter wird unberechenbar werden. Forscher sprechen von einem »Klimachaos«. Nicht nur die Natur, sondern auch die Infrastruktur und Gebäude werden darunter leiden. Es wird auch zu klimabedingten Ernteausfällen kommen.[3] Angesichts der drohenden Gefahren wird das Vertrauen in vorhandene Systeme schwinden, und manch einer wird die eigene Versorgungssicherheit selbst in die Hand nehmen.

Die Corona-Pandemie zeigte bereits, wie schnell das gewohnte Leben auf den Kopf gestellt werden kann. Die Krise hat dazu beigetragen, dass sich mehr Menschen für Selbstversorgung und Unabhängigkeit interessieren.

Wer sind die Vorreiter der Autarkiebewegung?

Mit Autarkie beschäftigten sich schon die Philosophen des antiken Griechenland. Der Begriff wurde vor allem im Kontext der Wirtschaft und Politik verwendet. Autarkie wurde als ein politischer Idealzustand gesehen, bei dem die Polis, der städtische Siedlungskern, wirtschaftlich unabhängig ist. Eine Region sollte im besten Fall all das selbst herstellen, was die Bevölkerung zum Leben benötigte. Sei dies nicht gegeben, meinten die Philosophen, verliere die Polis ihre Selbstverwaltung und würde von anderen beherrscht. Heute wird der Begriff »Autarkie« auf Personen, Regionen und Staaten bezogen. Diese sind autark, wenn sie sich »selbst genügen«, das heißt politisch, kulturell oder wirtschaftlich unabhängig sind. Sie verzichten aus geografischen oder ideologischen Gründen freiwillig auf die Teilnahme am internationalen Austausch. Das schließt Dienstleistungen, Waren, technische Innovationen, aber auch Werte und kulturelle Entwicklungen mit ein.[4] Synonyme für das Wort »autark« sind unter anderem die Wörter »souverän«, »eigenständig«, »selbstständig« und »autonom«.[5]

Autark zu leben war in der Vergangenheit die Norm. Bis etwa 1850 lebte die Landbevölkerung eigenständig und versorgte sich selbst über ihre Bauernhöfe. Sie produzierte ihre Nahrung selbst, bezog das Wasser aus eigenen Brunnen oder nahe gelegenen Quellen und fertigte ihre Güter wie Kleidung, Werkzeug oder Möbel selbst an. Geheizt wurde mit Holz oder Kohle. Statt einer Kanalisation gab es das Plumpsklo. Die Höfe funktionierten unabhängig und losgelöst von äußeren Einflüssen. Zahlreiche Gemeinschaften in abgelegenen Gebieten der Welt leben immer noch autark. Dazu zählen z. B. Stämme in Papua-Neuguinea, dem Amazonasgebiet und Menschen in einigen afrikanischen Ländern sowie in ländlichen Gebieten Russlands und Zentralasiens.

Aktuell übt die Autarkie auf viele Menschen im Westen wieder einen Reiz aus. Ein autarker Lebensstil gilt als zukunftsfähig und nachhaltig. Er ist mit der Vorstellung von Selbstständigkeit und Widerstandsfähigkeit verbunden. Der eigene Haushalt soll weniger auf die verschiedenen Versorgungsdienstleistungen angewiesen und quasi wie vor rund 170 Jahren unabhängig sein. Gleichzeitig schwingt eine romantische Vorstellung vom Leben in Freiheit abseits der Zivilisation mit.[6] Insbesondere autarke Häuser wurden ab dem 21. Jahrhundert zu einem viel diskutierten Thema. Häufig ist der Begriff jedoch nur auf Energieautarkie bezogen.

Es gibt auch hierzulande Zusammenschlüsse von Menschen, die schon seit Jahrzehnten einen autarken Lebensstil praktizieren: die sogenannten Ökodörfer. Sie sind die Pioniere des zeitgenössischen autarken Lebensstils. Zu den Beweggründen der selbstversorgerisch lebenden Gemeinschaften zählen weniger Krisenvorsorge als vielmehr ökologische Prinzipien. Biologische Landwirtschaft und Nachhaltigkeit spielen eine zentrale Rolle. Auch wird besonders viel Wert auf den sozialen Aspekt gelegt. Da Ökodörfer auf Nachhaltigkeit ausgerichtet sind, streben ihre Bewohner danach, ihren ökologischen Fußabdruck zu senken. Sie richten ihre Häuser energie- und wasserautark ein und nutzen für den Bau Naturmaterialien und recycelte Baustoffe. Einige Dörfer haben eigene Pflanzenkläranlagen, Windkraftanlagen, Biomassekessel, Brunnen sowie Lösch- und Badeteiche. Die Dörfer bieten neben Übernachtungsmöglichkeiten meist auch Kurse und Workshops an. Die Themen reichen von gelebter Nachhaltigkeit über Lehmbau für Wohnhäuser bis hin zu gewaltfreier Kommunikation.[7]

Ökodörfer gibt es weltweit. Sie sind über das internationale Global Ecovillage Network miteinander vernetzt. Zu bekannten Ökodörfern Europas zählen z. B. Tamera, eine portugiesische Gemeinschaft mit rund 200 Mitgliedern, und Damanhur in Italien mit etwa 600 Bewohnern, das mit dem »Credito« sogar eine eigene Währung besitzt. Zu den Ökodörfern in Deutschland zählt Sieben Linden im Dreieck Berlin-Hamburg-Hannover. Die Gemeinschaft ist nach eigenen Angaben Modelldorf für einen »klima- und ressourcenschonenden Lebensstil«.[8] Die Bewohner leben in elf selbst gebauten Niedrigenergiehäusern. Mit Sonnenkollektoren produzieren sie warmes Wasser und Heizwärme selbst. Die Strohballen-Bauweise ihrer Häuser wurde bereits zur DIN-Norm und damit zum baulichen Standard ernannt. Ein weiteres Ökodorf ist die Gemeinschaft auf Schloss Tonndorf am Nordrand des Thüringer Waldes. Hier leben etwa 60 Menschen in dem alten Schloss und Landhaus, das zuvor 30 Jahre lang als Pflegeheim gedient hat. Zum Anwesen gehören Weiden, Wälder, Streuobstwiesen, Gärten sowie eine Imkerei und Werkstätten. Das Ökodorf hält eigene Kühe, die zur Fleisch- und Milchproduktion dienen. Die Gemeinschaft Tempelhof mit etwa 150 Einwohnern zwischen Nürnberg und Stuttgart ist eine vergleichsweise junge Gemeinschaft. Ihr *Earthship*-Gemeinschaftshaus ist besonders umweltfreundlich. Es ist energie- und wasserautark gebaut und besteht aus recycelten und natürlichen Baustoffen. Die Fenster sind teils aus Glasflaschen gefertigt, während die Wände aus Autoreifen, die mit Erde gefüllt sind, bestehen.[9]

Dass ein gemeinschaftliches, autarkes Leben auch im urbanen Raum funktioniert, zeigt das Quartier Vauban in Freiburg: ein strahlendes Vorzeigeprojekt für nachhaltiges Wohnen. Auf einem 38 Hektar großen ehemaligen französischen Kasernengelände wurde durch den Bürgerverein Forum Vauban und die Stadt ein Wohnquartier für rund 5.500 Personen geschaffen. Die Häuser, deren Bau ab 1998 begann, entsprechen alle der Niedrigenergie- und zum Großteil auch der Passiv- sowie Plusenergiebauweise. Auf fast allen Dächern finden sich Solarkollektoren oder eine Begrünung, die Regenwasser auffängt. Das Wohngebiet ist verkehrsberuhigt, und die meisten Haushalte sind autofrei. Sie nutzen den öffentlichen Verkehr oder das Fahrrad.[10]

Wie ist Autarkie möglich?

Mit einem autarken Haus ist die Unabhängigkeit von der Wasser-, Strom- oder Wärmeversorgung gemeint, auf Englisch *Off-the-grid*. Das Wohnen ohne Netzanschluss beinhaltet auch, dass es keine physischen Leitungen für Internet und Fernsehen gibt. Die einzige Möglichkeit, das Haus dennoch mit der medialen Außenwelt zu verbinden, sind Funk- oder satellitengestützte Systeme.[11] Ein Haus gänzlich autark zu gestalten ist in Deutschland ziemlich schwer umsetzbar. Bereits vor dem Hausbau wird ein Stromanschluss gelegt, damit die Baumaschinen mit Strom versorgt sind. Der Anschluss ist auch notwendig, um den überschüssigen, selbst hergestellten Strom ins Netz einzuspeisen. Aus rechtlichen Gründen muss darüber hinaus jedes Haus an die Kanalisation und die Wasserversorgung angeschlossen sein. Und Regenwasser darf zwar für Toilette, Waschmaschine und Garten verwendet werden, aber aus hygienischen Gründen nicht als Trink- oder Duschwasser dienen. Dasselbe gilt für Brunnenwasser, das nicht regelmäßig kontrolliert wird. Einen Brunnen mit Wasserfilter anzulegen ist aber grundsätzlich möglich.[12] Relativ einfach zu realisieren ist die Energieautarkie. Hierfür bestehen mittlerweile zahlreiche Systeme, die Wind- oder Sonnenenergie nutzen oder für die nur der Brennstoff dezentral beschafft wird:

Stromversorgung

- Fotovoltaikanlage (Solarstromkollektoren)
- Windrad (Kleinwindanlage)
- Stromaggregat (verbrennt fossile Brennstoffe, daher nicht umweltfreundlich)

Wärmeversorgung (Heizung und Warmwasser)

- Pelletheizung
- Erdwärme
- Holzheizung (Kamin)
- Öl- oder Gasheizung

Wärme- und Stromversorgung

- Blockheizkraftwerk, das mit Holz oder Holzpellets betrieben wird
- Solarthermie (thermische Sonnenkollektoren)

Es ist sinnvoll, eine Kombination aus verschiedenen Energiesystemen zu nutzen. Obwohl das Haus durch die Anlagen unabhängig vom Netz ist, bleibt eine Abhängigkeit von der Natur und den Wetterbedingungen. Um Stromengpässe zu überbrücken, werden häufig Stromspeicher angeschafft, die überschüssige Energie speichern. Für eine lange Durststrecke durch z. B. zu wenig Sonnenlicht wird ein Notstromaggregat genutzt. Dies wird mit fossilen Brennstoffen betrieben und ist damit das Gegenteil von nachhaltig, kann aber im Notfall hilfreich sein. Energieeffizient ist es auch, das Tageslicht als primäre Lichtquelle zu nutzen. Zudem sind eine gute Dämmung und Luftdichtigkeit wichtig, um die Wärme im Wohnraum zu halten.

Der Trend zur Autarkie ist auch Bestandteil der TINY-HOUSE-Bewegung. Vor allem mobile Minihäuser werden energieautark gebaut. Sie betreiben beispielsweise ein Blockheizkraftwerk als Heizung und zur Warmwasserversorgung, ergänzt durch eine Fotovoltaikanlage für den Strom. Auch Regenwasser wird gerne genutzt, muss aber wie Leitungswasser als Abwasser abgeleitet werden. Die häufig verbaute Komposttoilette mindert den Wasserverbrauch und muss nicht an die Kanalisation angeschlossen werden. Manche Selbstversorger finden für ihr autarkes Häuschen ein Grundstück, auf denen das Anlegen einer eigenen Sickergrube oder Kleinkläranlage zulässig ist.[13]

Auch bestehende Häuser können zur Autarkie umgerüstet werden. Dabei entsteht erst einmal viel »graue Energie«, also Energie, die für die Herstellung, den Transport und Einbau der neuen Systeme vonnöten ist. Es muss ausgelotet werden, ob ein Umbau im Einzelfall sinnvoll ist. Ein Wasseranschluss besteht in der Regel bereits. Dieser kann in Deutschland aber ohnehin nur mit mobilen Häusern umgangen werden. Soll das Regenwasser für Toilette und Waschmaschine miteingebunden werden, muss ein separater Wasserkreislauf installiert werden. Die Implementierung von Solarkollektoren oder eines Holzofens ist bei bestehenden Häusern problemlos möglich. Um die Wärme oder das Warmwasser im gesamten Haus zu verteilen, sind jedoch größere Umbaumaßnahmen nötig.[14]

Bei autarken Häusern wird angestrebt, so wenig Ressourcen und Energie wie möglich zu verbrauchen. Passiv- und Nullenergiehäuser stellen in dieser Hinsicht aktuell die nachhaltigsten Varianten dar. Passivhäuser haben kein aktives Heizsystem wie eine Zentralheizung. Sie haben einen sehr niedrigen Wärmebedarf, der hauptsächlich aus »passiven« Quellen wie durch die Abwärme von Geräten und die Sonneneinstrahlung gedeckt wird. Um als Passivhaus zertifiziert zu werden, darf der Heizwärmebedarf jährlich maximal 15 Kilowattstunden pro Quadratmeter betragen. Ein konventionelles Haus benötigt zwischen 25 und 90 Kilowattstunden pro Quadratmeter.[15] Nullenergiehäuser sind, technisch gesehen, die Weiterentwicklung von Passivhäusern. Neben der energieeffizienten Bauweise werden Solarthermen, Fotovoltaikanlagen oder Wärmepumpen genutzt, um das Haus in der kalten Jahreszeit zu versorgen. Nullenergiehäuser haben eine ausgeglichene Energiebilanz, die rechnerisch »auf null« kommt. Das heißt, dass die benötigte Energie für den Eigenbedarf im Laufe einer Messperiode selbst produziert wird. Es soll ein Gleichgewicht bestehen zwischen extern zugeführter und selbst produzierten Energie.[16]

In einem autarken Haus zu wohnen ist die eine Sache. Den eigenen Haushalt und damit das eigene Leben selbstversorgerisch zu gestalten ist hingegen ein größeres Unterfangen. Die Umsetzung erfordert Idealismus und ist mit Einschränkungen verbunden. Der eigene Lebensstil ändert sich komplett. An die gewohnte Überversorgung tritt eine selbst gewählte Beschränkung. Es bedeutet die völlige Selbstversorgung. Autarkie geht Hand in Hand mit Selbermachen und dem Erlernen neuer Fähigkeiten. Ziel ist die Subsistenzwirtschaft, sprich Landwirtschaft zur Eigenversorgung. Nahrung selbst herzustellen ist aufwendig. Gemüse, Getreide und Obst müssen angebaut und geerntet werden. Eventuell werden Tiere zur Produktion von Fleisch, Eiern, Milch, Honig oder Wolle gehalten. Auch müssen Nahrungsmittel für den Winter haltbar gemacht werden. Menschen, die ihr Leben völlig autark gestalten, kehren im Grunde zum Bauerndasein vor der Industrialisierung zurück. In einer totalen Autarkie werden die kulturellen und technischen Errungenschaften von rund zwei Jahrhunderten nicht einbezogen.[17]

Der Gewinn durch den autarken Haushalt? Die persönliche Unabhängigkeit und Autonomie von Staat und Leistungsgesellschaft. Man macht sich frei von Systemzwängen wie Beitragszahlungen, Steuererklärungen, Globalisierung, Leistungen und Profitdenken. In der Realität wagen jedoch die wenigsten Selbstversorger den Komplettausstieg aus dem System. Wer Beruf, Studium oder sonstigen Verpflichtungen weiter nachgehen möchte, hat schlichtweg keine Zeit, sich mit allem selbst zu versorgen. Es entstehen vielmehr Hybridformen des autarken Lebensstils, eine Art »softe« Autarkie. Dabei wird sich nur zum Teil selbst versorgt, während andere Waren und Leistungen von außen beschafft werden. Bereits einzelne Dinge selbst zu machen ist ein Schritt Richtung mehr Autonomie.

Allem voran werden Lebensmittel, die als Fertigprodukte angeboten werden, selbst hergestellt, wie z. B. Brot, Bier, Eis, Joghurt, Marmelade, Fermentiertes oder Eingemachtes. Wilde Pflanzen wie Pilze, Beeren und Wildkräuter können in der Umgebung gesammelt werden. Gemüse oder Obst wird ebenfalls selbst angebaut. Das geht auf dem Land sowie in der Stadt als URBAN GARDENING. Es ist auch kein Bauernhof nötig, um Nutztiere zu halten. Wer einen Garten zur Verfügung hat, kann sich z. B. Hühner anschaffen. Diese gelten laut Baunutzungsverordnung als Kleintiere und sind auch in Wohngebieten erlaubt. Sogar ein Bienenstock kann in der Stadt auf einem Hausdach platziert werden. Viele autark Lebende gehen außerdem selbst fischen und jagen. Darüber hinaus werden Pflegeprodukte wie Creme, Zahnpasta, Seife oder Shampoo selbst gemacht.

Außerdem kommt es zu einem Umdenken in Sachen Mobilität. KEIN EIGENES AUTO zu besitzen macht nicht nur von fossilen Brennstoffen frei, es ist vor allem in Städten ein ganz eigener Trend. Stattdessen wird z. B. auf das LASTENRAD umgestiegen. Überhaupt wird vieles durch die eigene Kraft oder *Off-the-grid*-Maschinen ersetzt. Manuelle Geräte sparen Energie ein und lassen Arbeiten auch ohne Strom erledigen. Dazu zählen z. B. Handwaschmaschinen, Solarduschen, Trockentoiletten ohne Wasseranschluss und der Absorber-Kühlschrank, der statt Strom auch durch Gas betrieben werden kann. Gerätschaften werden teils komplett durch Eigenleistung und -bau ersetzt. So kann Wäsche z. B. in der Badewanne gewaschen werden. Der Trockner wird durch Lufttrocknen ersetzt. Statt einem Kühlschrank wirkt ein Erdkühlschrank, ein Erdloch mit Seilzug, kühlend.

Autark lebende Menschen reduzieren außerdem ihren Ressourcen-, Energie- und Wasserverbrauch. Alleine für die Körperpflege verbraucht jeder Deutsche rund 48 Liter Wasser täglich. Dieser Verbrauch kann stark sinken, wenn nur alle zwei oder drei Tage geduscht wird.[18] Der eigene Konsum wird generell überdacht. Ist die Leistung oder das Produkt wirklich essenziell für das eigene Wohlbefinden? Dienstleistungen wie Friseursalons, Wachsstudios, Massagesalons oder Nagelstudios sind beispielsweise durch Eigenleistung ersetzbar. Das erkannten bereits viele Menschen während der Corona-Pandemie.

Wie gestaltet sich ein autarkes Leben konkret?

Die Umsetzung der Autarkie ist breit gefächert. Es gibt Menschen, die sich ein kostenintensives Passiv- oder Nullenergiehaus bauen, dann aber in Vollzeit arbeiten, um den Bau zu finanzieren. Eine autarke Haushaltsführung ist gleichzeitig schwer möglich. Andere arbeiten hingegen weniger extern, um mehr Zeit zu haben, sich mit Nahrungsmitteln selbst zu versorgen. Sie leben dann häufig in konventionellen Häusern oder Wohnungen, die sie mit einzelnen *Off-the-grid*-Systemen ausstatten. Die idealtypische Autarkie, also die Kombination aus einem nachhaltigen Gebäude und Subsistenzwirtschaft, wird nur in seltenen Fällen erreicht, beispielsweise in Ökodörfern.

Kritik am Trend zur Autarkie

Das eigene Haus autark zu gestalten ist ein Trend, der viel Kritik standhalten muss. Ein Passiv- oder Nullenergiehaus ist allem voran mit höheren Baukosten verbunden. Es werden größere Qualitätsanforderungen an Dämmung, Materialien und Bauweise gestellt. Auch die Systeme zur regenerativen Energiegewinnung sind mit hohen Anschaffungskosten verbunden.[19] Durch das Gebäudeenergiegesetz (GEG) von 2020 können konventionelle Neubauten zudem mit den einstigen Alleinstellungsmerkmalen dieser Häuser mithalten. Das kann dazu verleiten, statt ein Passivhaus zu bauen, sich nur auf die Einhaltung des Energiegesetzes zu beschränken. Durch die verschärften Regelungen zu Energieeffizienz und Heizsystemen ist dies für viele bereits kostenintensiv genug.[20]

Energieautarke Häuser wie Nullenergiehäuser mit Energiespeicher sind ganz vom Netz entkoppelt. Auf den ersten Blick erscheint das als Ideallösung. Die Systeme zur saisonalen Speicherung sind aber mit hohen Investitionen verbunden. Gleichzeitig sind die energetischen Speicherungen ökologisch unsinnig. Für die Umweltbilanz ist es besser, wenn ein Nullenergiehaus an das Netz gekoppelt ist und Energieschwankungen durch herkömmlichen Strom ausgleicht. Es wird davon ausgegangen, dass ein netzgekoppeltes Nullenergiehaus die sogenannte graue Energie, die durch den höheren Materialeinsatz beim Bau entstand, nach zwölf Jahren ausgleicht.[21] In diesem Sinne steht völlige Energieautarkie dem Klimaschutz entgegen.

Ähnlichen Zielkonflikten stehen Besitzer von TINY HOUSES gegenüber. Ein Minihaus benötigt zwar viel weniger Heizwärme als ein konventionelles Haus. Die gute Umweltbilanz wird aber durch den autarken Holzofen mit schlechter Feinstaub- und CO_2-Bilanz oftmals wieder gesenkt. Viele solcher planerischen Probleme können umgangen werden, wenn sich einer autarken Gemeinschaft angeschlossen wird. In Ökodörfern sind die autarke Infrastruktur und Landwirtschaft bereits vorhanden. Hier finden sich Gleichgesinnte, die sich zusammenschließen und gemeinsam ein größeres Gebäude errichten können. In Sieben Linden gibt es auch eine Wohnungsgenossenschaft, die das Bauvorhaben unterstützt.

Aber auch die Ökodörfer beinhalten Hürden, vor allem finanzielle. Wer z. B. Teil von Sieben Linden werden möchte, muss sich mit einer Einlage von rund 12.500 Euro an der Genossenschaft beteiligen. Die Lebenshaltungskosten für Nahrung, Infrastruktur und vorübergehende Miete liegen im Dorf zwischen 700 und 1.000 Euro monatlich. Wer dieses Geld nicht aufbringen kann, ist vom autarken Gemeinschaftsleben ausgeschlossen. Auch bringt das Leben im Ökodorf keine völlige Unabhängigkeit. Die Freiheit von gewohnten Pflichten geht einher mit der Übernahme von neuen. So muss jeder Bewohner in Sieben Linden mitarbeiten und die Regeln des Dorfes befolgen. Nahrung, Räume, Autos und sogar die Pflegeprodukte werden geteilt. Handys und Autofahren sind auf dem Gelände verboten. Tiere sind aufgrund der vielen Veganer der Gemeinschaft ebenfalls nicht erlaubt.[22]

Wer die Autarkie komplett umsetzt, gilt als »Aussteiger« und lebt naturnah fernab der Zivilisation. In Deutschland gerät man damit schnell in Konflikt mit Gesetzen und Bürokratie. Es herrscht etwa eine Ausweis- und Krankenversicherungspflicht. Kleine Hütten in Wäldern entsprechen nicht der Bauordnung oder werden als illegal eingestuft. Jagen und Fischen ist in Deutschland nur mit Angel- und Jagdschein erlaubt. Andere Handlungen der Selbstversorgung sind sogar verboten, wie z. B. das Tauschen oder Verkaufen von eigenem Saatgut. Tauschhandel mit sonstigen Gütern ist prinzipiell erlaubt. Für die Waren müssen jedoch Steuern abgeführt werden.

Aussteigern wird zudem vorgeworfen, sie fühlten sich anderen moralisch überlegen. Ein Autor des *Forbes*-Magazins kritisierte, die Selbstversorger beschuldigten den Rest der Gesellschaft, abhängig und unselbstständig zu sein. Dabei profitierten sie ihrerseits stark von den vorhandenen Systemen. In Notfällen könnten sie sich auf eine Infrastruktur von Notärzten und Krankenhäusern verlassen. Hätten sie keine Krankenversicherung oder müssten irgendwann in ein Pflegeheim, würden sie vom System trotzdem aufgefangen.[23]

Vorteile von Autarkie

Autarkes Wohnen ist zu Beginn mit erheblichen Investitionen für den Umbau oder Neubau und entsprechende Technologien verbunden. Der deutliche Vorteil von autarken Häusern liegt später jedoch in der Reduzierung der laufenden Kosten für Strom, Heizung und Warmwasser. Die Nebenkosten sinken enorm. Auch ist ein Haushalt mit eigener Energieversorgung und -speicherung unabhängig von verschiedenen Netzanbietern, deren Preispolitik und möglichen Versorgungsausfällen. Werden Baustandards des Passiv- oder Nullenergiehauses eingehalten, entstehen positive Effekte für die Innenräume. Es gibt viel Lichteinfall, wenig Zugluft, ein niedriges Schimmelrisiko sowie ein gesundes Raumklima durch die Be- und Entlüftungsanlage. Darüber hinaus ist das autarke Haus ein aktiver Beitrag zum Klimaschutz. Passivhäuser haben einen 4.000 Kilogramm geringeren CO_2-Ausstoß als konventionelle Gebäude.[24] Dazu werden beim Bau vermehrt nachhaltige Naturprodukte verwendet. Plusenergiehäuser produzieren sogar mehr Energie, als sie benötigen.

Auch autarke Sanitäranlagen sowie nachhaltige Wassersysteme schonen die Umwelt. Komposttoiletten kommen ohne Wasser aus. »Gespült« wird mit einer speziellen Streu aus Kohle und biologischen Fasern oder ganz traditionell mit Sägespänen. Die Ausscheidungen werden nach sechs Monaten zu Kompost und können im Garten verwendet werden. Wasser, das beispielsweise zum Duschen oder für den Abwasch genutzt wurde, kann wiederaufbereitet und erneut verwendet werden. Hierfür gibt es geschlossene Wasserkreisläufe, aber auch ganz kreative Konzepte wie eine Pflanzenkläranlage aus Sumpfpflanzen auf dem Dach des Hauses, die das Wasser an einen Teich ableitet. Von dort kann das Wasser gefiltert und wieder zu Trinkwasser werden.

Wenn die Autarkie auf den gesamten Haushalt übertragen wird, sprechen viele von einem Gefühl der Unabhängigkeit. Man macht sich frei von Konsumzwängen. Ohne Dienstleistungen und Waren von Wirtschaft und Staat ist man für sich selbst verantwortlich. So ist die Entscheidung, welche Lebensmittel in welcher Qualität angebaut werden, bereits ein Stück Freiheit. Gartenarbeit oder Nutztierhaltung schafft Bewegung sowie ein besseres Verständnis für die Natur. Wer auf die synthetischen sowie pestizidbelasteten Nahrungsmittel der Industrie verzichtet, ernährt sich gesünder. Es entstehen außerdem weit weniger Müll und Verpackungsmaterialien. Produziert wird nur das, was auch benötigt wird.

Aussteiger aus der Konsumgesellschaft nehmen insgesamt eine Verbesserung ihrer Lebensqualität wahr. Sie nehmen Abstand zum schnelllebigen, digital geprägten Alltag und erledigen wieder mehr Arbeiten mit ihren eigenen Händen. Das naturnahe Leben ist gut für die Psyche und das eigene Wohlbefinden.[25] Obwohl sie sich von der Gesellschaft zurückziehen, haben autark Lebende durchaus soziale Motive. Ihr reduziertes, nachhaltiges Leben trägt zum Gemeinwohl aller bei und hilft, Natur und Umwelt auch für zukünftige Generationen zu erhalten.

Ist Autarkie zukunftsfähig?

Autarkie ist bezüglich der Energieversorgung ein politisches Ziel. Die Versorgung durch erneuerbare Energien wird entsprechend gefördert. Die Industrienationen haben angesichts der globalen Erwärmung festgelegt, dass bis 2050 zwischen 75 und 80 Prozent weniger Treibhausgase ausgestoßen werden dürfen als im Vergleich zu 1990. Das Umweltbundesamt hat für Deutschland noch höhere Zielwerte festgelegt. Hierfür wird die Energieversorgung künftig lokaler und unter anderem in energieautarken Gemeinden organisiert. Im Jahr 2005 entstand das erste deutsche *Bioenergie-Dorf* in Niedersachsen. Die Gemeinde Jühnde wurde durch eine Kombination aus Biogas-, Windkraft- und Fotovoltaikanlagen autark. Im Jahr 2018 gab es bereits 81 solcher energieautarken Dörfer in Deutschland. 150 weitere sind in Planung.[26]

Ernährung

Veganismus

»Dieselbe Strecke Landes, welche als Wiese, das heißt als Viehfutter, zehn Menschen durch das Fleisch der darauf gemästeten Tiere aus zweiter Hand ernährt, vermag, mit Hirse, Erbsen, Linsen und Gerste bebaut, hundert Menschen zu erhalten und zu ernähren.«

Alexander von Humboldt, deutscher Naturforscher und Geograf

Veganismus ist die Hinwendung zur pflanzenbasierten Ernährung und zu tierfreien Produkten. Dies wird als ökologisch nachhaltig, gesund und ethisch sinnvoll erachtet. Gleichzeitig senkt es den individuellen CO_2-Fußabdruck. Viele sehen im veganen Lebensstil einen Beitrag zum Klimaschutz und einen Schritt Richtung globale Nahrungssicherheit.

Zum Veganismus bekennen sich weit mehr Frauen als Männer. Sie machen ganze 81 Prozent der veganen Gemeinschaft in Deutschland aus. In der Schweiz sind es dagegen hauptsächlich junge Männer, die ihr Leben vegan ausrichten. Mit zunehmender Bildung erhöht sich außerdem sowohl bei Frauen als auch bei Männern der Anteil der Personen, die sich vegan ernähren. 70 Prozent der vegan (oder vegetarisch) lebenden Menschen haben einen hohen Bildungsabschluss. Zusammengefasst sind gut gebildete Frauen, die im urbanen Raum leben, die typischen Veganer.[1]

Wenn Menschen in ärmeren Regionen der Erde auf tierische Produkte verzichten, spielen neben der Religion sehr häufig auch finanzielle Gründe eine Rolle. So ist es nicht verwunderlich, dass in den aufstrebenden Schwellenländern, wie z. B. China, Fleischkonsum als Zeichen von Wohlstand gilt. In den westlichen Industrienationen ist bei der Entscheidung, auf Fisch oder Fleisch zu verzichten, Geld oder Status nebensächlich. Vielmehr ist eine Kombination aus ethisch-moralischen, ökologischen oder gesundheitlichen Gründe entscheidend.

Allem voran werden die Fleischindustrie und die Massentierhaltung kritisiert. Tiere werden in engen Käfigen ohne Tageslicht gehalten, in stickigen LKWs zum Schlachtbetrieb transportiert und sind bei der Tötung enormem Stress ausgesetzt. Immer wieder kommt Videomaterial von Betrieben zum Vorschein, das erschreckende Bilder von Quälerei und Tierleid zeigt. Weltweit werden jedes Jahr mehr als zwei Milliarden Stall- und Weidetiere geschlachtet. Bei Geflügeltieren sind es über 20 Milliarden.[2] Auch die Eier- und Milchproduktion hat ihre Schattenseiten. Neugeborene Kälbchen werden von der Mutterkuh getrennt, damit sie deren Milch, die gewinnbringend verkauft wird, nicht trinken. Mutter und Kalb rufen oft tagelang nacheinander. Die Muttertiere werden immer wieder künstlich befruchtet, damit der Milchfluss nicht abbricht. Sie werden zu einer Art Milchmaschine. Weibliche Kälber treten in ihre Fußstapfen. Männliche Kälber gelten in der Milchindustrie hingegen als wertlos. Sie werden häufig schon nach wenigen Monaten zu Kalbsfleisch verarbeitet. Ein ähnliches Los erwartet die männlichen Küken der Legehennenhaltung. Da Hähne keine Eier produzieren, werden sie kurz nach dem Schlüpfen bei lebendigem Leib geschreddert oder vergast. Ein Verfahren, das vom Deutschen Bundestag seit Januar 2022 verboten ist, aber jahrzehntelang praktiziert wurde. Viele Menschen empfinden industrialisierte Tierzucht als ethisch und moralisch bedenklich und verändern daher ihre Ernährungsweise.

Auch aufgrund der drohenden Klimakrise und der Umweltprobleme durch die Tierindustrie entscheiden sich immer mehr Menschen dazu, vegan zu leben. Das bei der Verdauung entstehende Methangas der Schafe und Rinder zählt zu den Treibhausgasen. Allein die weltweite Rinderzucht sondert mehr klimaschädigende Gase ab als alle Autos zusammen. Die weltweite Massentierhaltung trägt daher zur Erderwärmung bei. Ein weiterer Punkt sind die großen Flächen, die in Entwicklungsländern für die Tierindustrie gerodet werden, mitunter auch größere Teile des Regenwalds im Amazonasgebiet. Der fruchtbare Boden wird zu Weideflächen für Tiere umfunktioniert oder zur Anbaufläche für Futtermittel wie Soja oder Mais. Die Produkte werden zum Großteil ins Ausland exportiert. Das Erschreckende ist dabei die ineffektive Nutzung des Bodens. Die Fläche, die zur Produktion von 50 Kilogramm Fleisch verwendet wird, könnte stattdessen 6.000 Kilogramm Karotten oder 4.000 Kilogramm Äpfel liefern. Außerdem verbraucht die tierische Landwirtschaft enorme Wassermengen. 36 Prozent der weltweiten Getreideproduktion und 70 Prozent des produzierten Sojas fließen in die Fleischindustrie. Diese Futterherstellung benötigt Unmengen an Wasser. Hochgerechnet könnte eine Person mit dem Wasser, das in die Herstellung von einem Kilogramm Fleisch fließt, ein Jahr lang jeden Tag duschen.[3]

Viele Menschen entscheiden sich außerdem aus gesundheitlichen Gründen für den Veganismus. Veganer berichten, sie fühlten sich einfach besser und leistungsfähiger – ein Phänomen, das mitunter von sehr aktiven und sportlichen Menschen geschätzt wird. Die pflanzenbasierte Ernährung kann zudem zahlreichen Krankheiten vorbeugen und sich somit positiv auf die eigene Lebenserwartung auswirken.

Veganer essen sehr viele Sojaprodukte wie Tofu, Sojamilch und Co. Wird dafür nicht ebenfalls Regenwald abgeholzt?

Der Gedanke ist naheliegend, denn in Brasilien, Argentinien und den USA werden große Mengen an Sojabohnen angebaut. Dort werden riesige Savannen- und Waldflächen in Ackerfläche für den Anbau von genetisch verändertem Soja umgewandelt. Der Großteil dieser Pflanzen wird jedoch für die Futtermittel der Fleisch- und Milchindustrie verwendet. Nur ein kleiner Teil der Ernte wird in Sojaprodukten für den menschlichen Verzehr verarbeitet. In

Deutschland verwenden die Lebensmittelhersteller zudem nur gentechnikfreie Sojabohnen, die nicht aus Regenwaldgebieten stammen. Die meisten Anbieter nutzen ausschließlich biozertifiziertes Soja aus der EU. Typischerweise kommen die Sojaprodukte des deutschen Markts aus China, Kanada, Österreich und Frankreich. Es gibt aber auch Anbaugebiete in Deutschland.[4]

Woher stammt der Veganismus?

Veganismus ist eine Ernährungsform und Lebensweise, die aus dem Vegetarismus entstanden ist. Obwohl es den Eindruck macht, als sei die fleischlose Ernährung erst im 20. Jahrhundert aufgekommen, gehen die Wurzeln des Vegetarismus und Veganismus bis in die Antike zurück. Die religiöse Gruppe der Orphiker verzichtete bereits um 600 v. Chr. auf Fleisch. Sie glaubten an die Wiedergeburt der menschlichen Seele in neuen Tier- oder Menschenkörpern. Durch Vermeidung von tierischen Produkten wie Fleisch, Wolle und Eiern sowie eine enthaltsame Lebensweise wollten sie aus dem Kreislauf entkommen. Auch der berühmte griechische Philosoph Pythagoras ernährte sich vegetarisch und lehnte religiöse Tieropfer ab. Parallel entstanden in Indien religiöse Bewegungen wie der Jainismus, der viel Wert auf die achtsame Behandlung von Pflanzen und Tieren legt. Auch im Hinduismus und Buddhismus spielt die fleischfreie Ernährung bis heute eine Rolle.

Nach der Antike verschwand die philosophisch begründete tierfreie Lebensweise. Fleisch wurde zu einem beliebten Nahrungsmittel. Verzicht wurde nur noch in den Religionen und von vereinzelten Individuen ausgeübt, wie beispielsweise von Leonardo da Vinci in der frühen Neuzeit. Auch in der Zeit der Aufklärung gab es berühmte Vegetarier wie Voltaire und Jean-Jacques Rousseau. Erst ab dem 19. Jahrhundert kam eine breitere Vegetarismusbewegung auf. Die pflanzliche Ernährung hielten viele für gesünder. Manche sahen auch eine Verbindung zwischen Fleischkonsum und Aggression. 1801 entstand der erste Vegetarierverein in London. 1847 wurde dann der Verein Vegetarian Society gegründet, der kurz darauf auch einen

Ableger in Nordamerika hatte. Die Zeit war unter anderem durch den irischen Dramatiker George Bernard Shaw geprägt, der postulierte, dass Vegetarismus nicht nur eine persönliche Sache, sondern auch eine politische sei.[5] Er meinte: »Tiere sind meine Freunde, und ich esse meine Freunde nicht.«[6] Der erste deutsche Verein wurde 1867 mit dem Verein für natürliche Lebensweise in Nordhausen im Harz gegründet. Später schloss sich die Vereinigung mit anderen Vereinen zum Vegetarierbund (Vebu) zusammen, der heute ProVeg heißt und 14.000 Mitglieder hat.[7] Die ersten BSE-Fälle im Jahr 2000 führten dann zum Höhepunkt der vegetarischen Bewegung in Deutschland. Laut einer Umfrage des Focus-Magazins ernährten sich danach 15 Prozent der Bevölkerung vegetarisch.[8]

Aber wie genau ist der Veganismus aus dem Vegetarismus entstanden? Tatsächlich gab es schon in der Frühphase der Vegetarierbewegung Ende des 19. und Anfang des 20. Jahrhunderts Menschen, die sich nicht nur fleischlos, sondern rein pflanzlich ernährten – ohne Milchprodukte, Eier und dergleichen. Diese strengere Form des Vegetarismus, auch »zukunftsweisender Hochvegetarismus« genannt, fand mehr und mehr Zuspruch. Die Vegetarian Society in Großbritannien nannte sich bereits 1944 in Vegan Society um. Dessen Gründer, Donald Watson, erfand dabei auch den Begriff »vegan«. Er setzte es aus dem Anfang und dem Ende des englischen Wortes *veg-etari-an*, zu Deutsch »Vegetarier«, zusammen. Als Begründung meinte er, Veganismus beginne mit Vegetarismus und führe ihn zu seinem logischen Schluss. Vegan zu leben sei in diesem Sinne die konsequente Weiterführung der vegetarischen Ernährungsform.

In den vergangenen 30 Jahren avancierte Veganismus zu einem ganzheitlichen Lebensstil, der immer mehr Zulauf bekam. Das lag mitunter an der steigenden Anzahl der Tierschutzbewegungen, die Aktionen wie Jagdsabotagen und Nacktdemonstrationen gegen Pelz und Tierschlachtungen veranstalteten. Anfang der 1990er wurden Aktivisten noch belächelt, aber bereits Mitte des Jahrzehnts begannen die Medien, ernsthaft über die Tierschutzbewegungen zu berichten. Das löste das gesellschaftliche Interesse an veganer Ernährung aus und stieß öffentliche Debatten an.[9] Heute leben in Deutschland 1,13 Millionen Veganer, was rund 1,4 Prozent der Bevölkerung ausmacht. Wird die Anzahl der Vegetarier addiert, ergibt sich ein Anteil von 9 Prozent der deutschen Bevölkerung, der vegan oder vegetarisch lebt.[10]

Wie wird Veganismus umgesetzt?

Bei der veganen Ernährung werden keinerlei tierische Lebensmittel konsumiert. Wie beim Vegetarismus werden Fleisch, Fisch und Gelatine vom Speiseplan gestrichen. Zusätzlich entfallen Nahrungsmittel, die von Tieren stammen, aber deren Produktion nicht zwingend mit deren Tod einhergeht. Dazu zählen beispielsweise Honig, Eier, Milch, Joghurt und Käse. Das gilt auch für Lebensmittel, in denen tierische Produkte verarbeitet sind. Diese zu vermeiden fällt beim Einkaufen leicht. Ein kurzer Blick auf die Zutatenliste reicht bereits aus. In Europa werden Inhaltsstoffe tierischen Ursprungs wie Eier, Milch, Fleisch, Fisch sowie Krebs- und Weichtiere, die zu allergischen Reaktionen führen können, hervorgehoben. Somit sind sie schnell unter den Inhaltsstoffen zu identifizieren.

Ein weiteres Erkennungsmerkmal ist das gelb-grüne *V-Label* des ProVeg e. V. Der Verein vergibt das Gütesiegel, um Produkte als vegan oder vegetarisch zu kennzeichnen und so für Transparenz zu sorgen. Auch Kosmetik, Textilien oder Reinigungsmittel werden zertifiziert. Mittlerweile gibt es zudem viele Hersteller, die speziell vegane Lebensmittel kreieren und das dann auf der Verpackung klar bewerben. Diese Produkte werden häufig auch von Nichtveganern gekauft. Überhaupt kamen in den letzten Jahren zahlreiche pflanzliche Ersatzprodukte auf den Markt, die Veganer statt tierischer Lebensmittel verwenden. Heute gibt es vom Sojaschnitzel über pflanzlichen Fetakäse bis hin zu veganen Fischstäbchen alles zu kaufen. Nötig sind diese Imitate natürlich nicht. In der veganen Küche decken pflanzliche Nahrungsmittel den Proteinbedarf völlig ab. Das sind z. B. Tofu, Seitan, Samen, Nüsse, Quinoa, Buchweizen, Getreide, Sprossen, Keime sowie Linsen, Kichererbsen, Bohnen und andere Hülsenfrüchte. Der einzige Mangel, der bei einem ausgewogenen pflanzlichen Speiseplan auftritt, betrifft das Vitamin B12, da es in pflanzlicher Nahrung nicht vorkommt. Vegetarier nehmen Vitamin B12 über Eier und Milchprodukte zu sich, da die Hühner und Milchtiere das Vitamin über die Erde in ihren Kreislauf aufnehmen. Bei Veganern entfällt diese Quelle, weshalb die Einnahme von Vitaminpräparaten notwendig ist.

Es gibt auch vegane Kulturveranstaltungen wie vegane Festivals und Streetfood-Märkte. Das Festival Veganmania findet z. B. jährlich in sechs verschiedenen Ländern statt – auch in Österreich, der Schweiz und Deutschland. In Deutschland gibt es darüber hinaus die VeggieWorld-Festivalreihe, das dreitägige Vegane Sommerfest in Berlin sowie den Vegan Street Day, der einige Jahre in Dortmund und in den letzten Jahren in Stuttgart ausgerichtet wurde. Seit 2014 findet außerdem der internationale Veganuary statt, dessen Name sich aus den Begriffen »vegan« und »January« zusammensetzt. Die in Großbritannien ins Leben gerufene Kampagne ruft Menschen dazu auf, sich im Monat Januar komplett vegan zu ernähren. Viele Teilnehmer verstehen dies als Challenge und posten Bilder ihrer veganen Gerichte in den sozialen Netzwerken. Über eine halbe Million Menschen haben im Jahr 2021 an der Aktion teilgenommen.[11] Apps wie *Veganstart, Codecheck* und *Happy Cow* unterstützen die Umstellung auf vegane Ernährung.

Viele Veganer verzichten in allen Lebensbereichen auf tierische Substanzen. Sie lehnen auch Materialien wie Leder, Wolle, Pelz und Seide ab. Das betrifft vor allem Kleidung wie Schuhe und Jacken, die sehr häufig aus Leder bestehen oder Lederapplikationen eingearbeitet haben. Alternativen bieten neu entwickelte Lederarten aus Ananas (Piñatex), Pilzmyzel (Pilzleder) und Kork. Dazu gibt es eine Seidenalternative aus Prima-Baumwolle und einem Nebenprodukt aus der Tofu-Produktion. Um keine Kleidung aus Kaschmir-, Paschmina- oder Merino- sowie Angorawolle zu nutzen, greifen Veganer vermehrt auf Kleidung pflanzlichen Ursprungs zurück. Mittlerweile gibt es viele kleinere Modelabels, die ausschließlich vegane Kleidung herstellen und dabei auch die Nutzung von Kunststoff vermeiden.

Die meisten Hersteller von Pflegeprodukten und Kosmetikartikeln setzen leider immer noch Tierversuche im Herstellungsprozess ein. Veganer streben nach tierleidfreien Pflegeartikeln und Kosmetika, die weder tierische Stoffe beinhalten noch an Tieren getestet wurden. Wie im Modebereich gibt es auch in der Beautybranche Unternehmen, die ausschließlich vegane Produkte verkaufen. Wer auf Nummer sicher gehen möchte, kauft einfach direkt beim veganen Hersteller ein. Nützlich sind auch unabhängige Gütesiegel wie die *Veganblume,* der *Hase mit schützender Hand,* das *Leaping-Bunny-* und das *Cruelty-Free*-Siegel, die helfen, seriöse Produkte herauszufiltern.

Überraschenderweise finden sich tierische Stoffe oftmals in Produkten, in denen man sie nicht erwartet, wie beispielsweise in Tattoofarben. Um der veganen Klientel entgegenzukommen oder weil die Tattoo-Künstler selbst vegan leben, bieten immer mehr Studios vegane Tattoos an. Sie verzichten dann auf Farbpigmente, die aus Tierkohle, Schellack oder Karmin gewonnen werden. Die rote Farbe Karmin sowie Schellack werden auf Basis von Schildläusen gewonnen. Tierkohle ist Aktivkohle, die z. B. aus verkohltem Rinderleder, Blut, Fleisch oder Tierknochen hergestellt wird.

Wer konsequent vegan lebt, kommt nicht umhin, den kompletten Haushalt vegan umzustellen. Das betrifft Nutzungsgegenstände wie Federdecken und -kissen über Ledermöbel und seidene Couchkissen bis hin zu Teppichen, die aus Ziegenhaar bestehen. Sie werden gegen tierfreie Einrichtungsgegenstände ausgetauscht. Unter Veganern gehen die Meinungen hierzu stark auseinander. Manche erachten es für sinnvoll, die tierischen Produkte so lange zu nutzen, bis sie kaputtgehen. Damit sei den Gänsen, die ihre Federn für den Daunenschlafsack gegeben haben, mehr Respekt gezollt und das Produkt wenigstens sinnvoller verwendet, als wenn es im Altkleidercontainer landet. Andere Veganer geben die Dinge jedoch lieber weiter, damit sie von anderen Menschen genutzt werden. Denn wer beispielsweise ein Schaffell auf der Couch liegen hat, inspiriert womöglich andere, diesen Einrichtungsstil zu kopieren. Ähnlich ist es mit Kleidungsstücken wie Pelzmänteln oder Schmuck aus Elfenbein, die eventuell geerbt wurden. Die Verwendung dieser tierischen Produkte widerstrebt vielen, die täglich versuchen, ihren veganen Lebensstil aufrechtzuerhalten. Eine weitere Debatte dreht sich um Haus- oder Nutztiere. Während die einen Tiere zu Hause halten und lieben, lehnen andere Veganer den Besitz oder die Nutzung von Tieren gänzlich ab. Wie frei oder zufrieden sind Vögel, Meerschweinchen, Hasen, Hunde oder Katzen, die in einer Wohnung gehalten werden, wirklich? Und möchten Pferde im Stall leben und einmal die Woche geritten werden? Ein weiterer Aspekt ist die Ablehnung von Zoos, Aquarien, Vivarien und Zirkussen, also allen Angeboten, bei denen Tiere in Gefangenschaft leben.

Tatsächlich ist Veganismus ein hochpolitisches Thema, da er sehr viele Bereiche betrifft. Es geht um die Ethik in der Lebensmittelindustrie, speziell in der Tierhaltung und -schlachtung, aber auch um Nahrungsmittelsicherheit, da anstelle von Tierprodukten mit denselben Ressourcen viel mehr pflanzliche Nahrung herstellbar wäre. Zudem betrifft es zahlreiche Wirtschaftszweige wie die Kosmetik- und Bekleidungsindustrie, die ein Gros an Textilien auf tierischer Basis verwendet, oder die Automobilbranche, die Autoteile aus Leder fertigt. Sogar der Sport- und Freizeitbereich ist betroffen, in dem z. B. mit Pferderennen, Reit- und Jagdsport viel Geld gemacht wird. Auch die Wissenschaft, vor allem der Biologie- und Medizinbereich, wird im Veganismus für die zahlreichen Versuche an Affen und Mäusen kritisiert. Zwar bescherten die Tierversuche in der Vergangenheit unglaubliche Forschungserkenntnisse, dennoch fragen Veganer, ab welchem Punkt genug auf Basis von Tierleid erforscht wurde.

In Deutschland entstanden über die letzten 30 Jahre immer wieder kleinere Tierschutzparteien, die der veganen Lebensweise entsprechen. Dazu zählt beispielsweise die Partei Mensch Umwelt Tierschutz, die 2019 sogar einen Platz im Europäischen Parlament erhielt. Etwas jünger ist die V-Partei[3], die Partei für Veränderung, Vegetarier und Veganer. Auch in den größeren Parteien wie Bündnis 90/Die Grünen, der Linke sowie SPD finden sich Tendenzen in Richtung Tierschutz, wie beispielsweise eine Reduzierung des Fleischkonsums und Tierbestands. Eine Vorreiterrolle in puncto

Tierrecht kommt Neuseeland zu. In dem Inselstaat wurden Grundrechte für Tiere bereits 2016 in die Verfassung aufgenommen. Das Gesetz bescheinigt allen Tieren eine Empfindungsfähigkeit und stellt Tierversuche sowie Misshandlungen von Tieren unter Strafe. Auch die Jagd und Haltung von Wildtieren sind somit strafbar.

Warum gibt es Fleischersatzprodukte, wenn Veganer keine Tiere essen möchten?

Manchen Veganern schmecken Fleisch und Fisch sehr gut. Dennoch verzichten sie z. B. aufgrund ihrer Gesundheit oder zum Schutz der Umwelt und des Klimas auf tierische Kost. Für sie sind Fleischersatzprodukte ein Segen, da diese vom Geschmackserlebnis nahe an das herankommen, was sie vermissen. Auch erleichtert es die Umstellung auf Pflanzenkost, da viele das Kochen nur rund um tierische Lebensmittel gelernt haben. Dazu kommt, dass Veganer mit pflanzlichen Äquivalenten für das Schnitzel oder den Burger unkompliziert an Grillabenden oder konventionellen Mahlzeiten teilnehmen können.

Kritik am veganenen Lebensstil

Veganismus gilt als besonders umweltfreundlich und klimaschonend. Das lasse sich aber nicht so einfach verallgemeinern, meinen Kritiker. Pflanzliche Ersatz- oder Alternativprodukte sind z. B. meist mehrfach industriell verarbeitet und in Plastik oder Mischmaterialien verpackt, was viel Abfall erzeugt. Zusätzlich stammen viele der Inhaltsstoffe aus weit entfernten Ländern, wie beispielsweise Kokos, Soja oder Palmfett. Sie weisen einen sehr hohen Energieverbrauch sowie lange Transportwege auf. Ein weiterer kritischer Punkt ist der erhöhte Konsum von Gemüse und Obst zu jeder Jahreszeit. Wer vegan, aber nicht regional einkauft, ernährt sich auch im Winter von Lebensmitteln aus südlichen Ländern. Diese erzeugen einen hohen CO_2-Ausstoß durch Transport und Lagerung und verbrauchen in den warmen Anbauländern große Wassermengen. Genauso wird der

Umstieg auf Kunstfasern oder -leder kritisiert. Ist das Kaufkriterium nur der Veganismus, werden vermehrt nicht biologisch abbaubare Produkte auf Erdölbasis erworben.[12] Sinnvoller ist es, auf vegane, aber gleichzeitig umweltschonende Produkte aus nachwachsenden Rohstoffen zurückzugreifen. Veganismus ist in puncto Umweltschutz nur zu Ende gedacht, wenn mehr Nachhaltigkeitskonzepte angewandt werden, wie z. B. PLASTIKFREI, ZERO WASTE und LOKAL STATT GLOBAL einzukaufen.

Die Annahme, eine weltweite vegane Ernährung reduziere die Treibhausgase erheblich, wird in einem Artikel von *Agrarheute* als bloße Theorie abgetan. Die Weltbevölkerung nimmt stetig zu, was auch zu einer steigenden Nachfrage an pflanzlichen Grundnahrungsmitteln führe. Die Herstellung von Pflanzen sei zwar besser in der Klimabilanz als die tierischer Produkte, besonders wenn die Menge als Maßstab diene. Ist das Maß jedoch die produzierte Kalorienzahl, schneiden einige Gemüsesorten, wie z. B. Kopfsalat, schlechter ab als Schweinefleisch. Andere Gemüsesorten und Getreide wie Kartoffeln oder Reis lieferten wiederum mehr Kalorien pro Ressourcenverbrauch als Fleisch. Aber auch der Wasserverbrauch liege nicht zwingend unter dem der Fleischproduktion.[13]

Der gesundheitliche Aspekt der veganen Ernährung ist ebenfalls stark umstritten. In einigen Ländern wie Italien und Großbritannien machten Fälle von mangelernährten veganen Kindern Schlagzeilen. Ein italienischer Politiker forderte sogar Gefängnisstrafen von bis zu vier Jahren für Eltern, die ihre Kinder vegan ernährten.[14] Solche Fälle unterstützen die Ansichten der Skeptiker, welche die vegane Ernährung im Widerspruch zur menschlichen Natur sehen. Ein beliebtes Argument ist, dass die Menschheit sich nur auf Basis von tierischer Nahrung entwickeln konnte. Unser Gehirn sei ein Hinweis darauf, dass unsere Vorfahren Fleisch aßen. Auf Basis von Früchten und Nüssen hätte sich ein so energiebedürftiges und großes Gehirn nicht entwickeln können. Auch weist unsere Anatomie darauf hin, dass Menschen keine reinen Pflanzenfresser sind.[15]

Einige nichtvegane Menschen fühlen sich zudem vom Veganismus angegriffen, da sie sich in ihrem Verhalten kritisiert fühlen.

Auch regionales Kulturgut und Traditionen werden als gefährdet wahrgenommen, wenn z.B. traditionelle Speisen abgelehnt bzw. abgeändert werden oder wenn der vegane Nachwuchs die Landwirtschaft in der konventionellen Form nicht weiterführen möchte. Da Veganismus ein Trend ist, wird frischgebackenen Veganern außerdem vorgeworfen, sich nur zum veganen Lebensstil zu bekennen, um sich ein cooles Image zu verleihen. In eine ähnliche Richtung geht die Kritik, Veganismus sei eine Ersatzreligion. Die Menschen bräuchten die strikte Ernährungsform, um sich sicher und als Gutmenschen zu fühlen.

Vorteile eines veganen Lebensstils

Veganismus bedeutet Tierschutz. Tierquälerei, die Ausbeutung und der Tod von Tieren werden nicht unterstützt. Für Tiere ist eine Wirtschaft, die nicht auf ihren Rücken wächst, natürlich nur von Vorteil. Ein weiteres Anliegen von Veganern ist neben der Beendigung von Tierleid der Klima- und Umweltschutz. Eine Studie von Marco Springmann von der Oxford University ergab 2016, dass allein eine weltweite vegetarische Ernährung die Treibhausgase um 63 Prozent senken könnte. Würde sich die Weltbevölkerung vegan ernähren, wäre eine Reduktion um sogar 70 Prozent möglich.[16] Wie Kritiker berechtigterweise anmerken, ist das eine theoretische Rechnung. Dennoch weisen die Zahlen darauf hin, dass die Umstellung der Landwirtschaft auf rein pflanzliche Lebensmittel einen großen Beitrag zum Klimaschutz leisten kann. Insofern ist die vegane Ernährung als vorteilhaft für das Klima zu werten. Wer keine tierischen Produkte kauft, unterstützt auch nicht die Massentierhaltung, die enorme Mengen an Treibhausgasen freisetzt. Das senkt den individuellen CO_2-Fußabdruck ungemein.

Bei sinkender Nachfrage nach Tierprodukten werden auch geringere Flächen für den Anbau von Futtermitteln und Viehweiden benötigt. Aktuell sind 80 Prozent der weltweiten Entwaldung auf die Landwirtschaft zurückzuführen, was insbesondere bei Regenwaldgebieten dramatische Folgen für das Weltklima hat. Eine Studie des

World Research Institute ergab, dass der Erhalt, die Rückgewinnung und bessere Bewirtschaftung von Feuchtgebieten und Tropenwäldern immens förderlich für das Erreichen der Klimaziele bis 2030 wären. Ganze 23 Prozent der nötigen Emissionsminderungen zur Eindämmung der globalen Erwärmung auf zwei Grad seien erreichbar. Darüber hinaus würden Wasser und Böden bei einer tierfreien Landwirtschaft für den Pflanzenanbau effizienter genutzt. Anstelle von Monokulturen wie Mais oder Soja entstünde mehr Vielfalt im Pflanzenanbau. Auch der enorme Einsatz von Pestizid- und Düngemitteln der Monokulturen werde reduziert. Damit würden die Zerstörung von Ökosystemen gemildert sowie der Erhalt der Artenvielfalt von Tieren und Pflanzen gefördert.[17] Auch entsteht weltweit durch die pflanzenbasierte Landwirtschaft mehr soziale Gerechtigkeit. Statt Futtermitteln für die Massentierhaltung stände mehr pflanzliche Nahrung für Menschen zur Verfügung. Das würde den Welthunger bekämpfen.

Menschen, die sich fleischfrei ernähren, haben laut Studien zudem eine höhere Lebenserwartung. Die Weltgesundheitsorganisation hat rotes und verarbeitetes Fleisch sogar in die Liste der krebserregenden Lebensmittel aufgenommen. Vegan sowie vegetarisch lebende Menschen leiden seltener an Zivilisationskrankheiten wie Krebs, Übergewicht, Herz-Kreislauf-Erkrankungen, Typ-2-Diabetes, Arthrose, Diabetes sowie Bluthochdruck. Allerdings gehen Menschen, die sich pflanzlich ernähren, meist insgesamt bewusster mit ihrem Körper um, rauchen beispielsweise seltener, trinken nicht so viel Alkohol und treiben mehr Sport. So kann die gute Gesundheit nicht ausschließlich auf die Ernährung zurückgeführt werden.[18] Einen klaren »Überlebensvorteil« durch Veganismus konnte die Wissenschaft bisher nicht bestätigen. Vielmehr gilt, dass Pflanzenesser gesünder sterben als Fleischesser.

Veganismus ist im Übrigen auch bei Hochleistungssportlern beliebt, die durch ihre Ernährungsumstellung messbare Leistungssteigerungen und eine verbesserte Regenerationsfähigkeit aufweisen. Die pflanzliche Nahrung verlangt dem Körper weit weniger Energie ab als die Verdauung von tierischen Produkten. Im Umkehrschluss bleibt mehr Energie für das Training übrig.[19]

Lebensmittelretten

»Für jedes Produkt [...] wurden enorme Mengen an Treibhausgasen, Wasser und Energie verbraucht. Indem wir es vor der Verschwendung bewahren, verhindern wir, dass die Produktion der Lebensmittel vergeudet und zur Klimabelastung wird.«

Raphael Fellmer, deutscher Co-Gründer des Foodsharing e. V.

Das Lebensmittelretten ist eine Gegenbewegung zur Lebensmittelverschwendung der Überflussgesellschaft. Ganzheitlich betrachtet bekämpft es den Klimawandel und Welthunger. Noch genießbare Produkte werden an jeglicher Stelle der Wertschöpfungskette vor der Mülltonne »gerettet«. Das fängt bei der Landwirtschaft an, geht über die Hersteller, Spediteure und Händler bis hin zum privaten Haushalt. Die geretteten Lebensmittel werden durch Unternehmen, Einzelpersonen sowie Initiativen an Menschen weitergegeben oder weiterverkauft.

Lebensmittel zu vergeuden ist ein Wohlstandsproblem. Während Kriegszeiten war Nahrung knapp, und Lebensmittel wurden sogar verdorben, so gut es ging, noch konsumiert. Mit dem Frieden in Europa entstand Wohlstand. Die industrielle Massenproduktion von Lebensmitteln führte außerdem zu immensen Produktmengen und erschwinglichen Preisen. Historisch einmalig entstand das Phänomen der Lebensmittelverschwendung. Entlang der gesamten Wertschöpfungskette, vom Acker bis zum Teller, werden Lebensmittel weggeworfen. Entsorgt werden noch essbare Lebensmittel sowie solche, die nicht mehr für den Verzehr geeignet sind. Bei der Entsorgung von genießbaren Lebensmitteln wird von Lebensmittelverschwendung gesprochen.[1] In Deutschland landen jährlich 18 Millionen Tonnen Lebensmittel im Müll. Das entspricht etwa

33 Prozent des gesamten Nahrungsverbrauchs der Deutschen. Weltweit wird ein Drittel der hergestellten Nahrung weggeworfen statt gegessen. Die Vereinten Nationen legten im Jahr 2015 in den Zielen für nachhaltige Entwicklung fest, dass die bei Verbrauchern und im Handel anfallenden Nahrungsabfälle bis 2030 zu halbieren sind.

Gegen die Verschwendung von Lebensmitteln sprechen viele Gründe. Ein großer Anteil der menschengemachten Treibhausgase ist der Lebensmittelproduktion zuzuschreiben. Die industrielle Landwirtschaft trägt durch Düngung, Transport, Lagerung sowie Weiterverarbeitung der Produkte zum Treibhauseffekt bei und fördert die Erderwärmung. Außerdem ist sie mitverantwortlich für zahlreiche Umweltprobleme. Zur Herstellung von Nahrungsmitteln werden enorm viele Ressourcen genutzt wie Wasser, Energie und Flächen der Natur. Wenn viele der produzierten Lebensmittel in der Tonne landen, werden Klima und Umwelt stärker belastet als nötig.[2]

In Deutschland ist die Lebensmittelverschwendung auf folgende Bereiche verteilt:

- 14 Prozent Landwirtschaft
- 14 Prozent Verarbeitungsprozesse
- 14 Prozent Handel
- 18 Prozent Gastronomie
- 39 Prozent Haushalte[3]

In den Haushalten wird am meisten Nahrung weggeworfen. Pro Haushalt sind es 55 bis 75 Kilogramm Lebensmittel pro Jahr.[4] Obwohl in Gastronomie, Catering und Co. vergleichsweise wenig Lebensmittel verschwendet werden, ist dort das Potenzial, Abfälle zu verhindern, größer. Auch in der Herstellung und im Handel ist der Großteil der Verluste vermeidbar. Vor allem bei Ernteverlusten, also Lebensmitteln, die auf dem Feld zurückgelassen werden, besteht Handlungsbedarf. Gemüse und Obst, das nicht den Standards entspricht, wird dort direkt aussortiert.

Das Mindesthaltbarkeitsdatum (MHD) ist ein Faktor, der die Lebensmittelverschwendung begünstigt. Ein Teil der noch verzehrbaren Produkte landet im Müll, nur weil das MHD abgelaufen ist oder in wenigen Tagen abläuft. Dies geschieht besonders häufig bei Milchprodukten wie Joghurt, Milch und Käse, nicht nur in Haushalten, sondern auch im Handel und in der Gastronomie. Dabei ist das MHD nur eine Orientierungshilfe. Es zeigt an, wie lange das jeweilige Produkt bei sachgerechter Lagerung haltbar ist. Das heißt nicht, dass es ab diesem Datum verdorben ist. Ausschlaggebender ist das Verbrauchsdatum, markiert mit »Zu verbrauchen bis«, das beispielsweise auf Fleisch, Fisch und Eiern zu finden ist. Es markiert, dass der Verzehr nach Ablauf des Datums gesundheitsgefährdend sein kann. Der Verkauf des Produkts nach Ablauf des Verbrauchsdatums ist nicht mehr erlaubt.[5] Viele Menschen setzen das MHD mit dem Verbrauchsdatum gleich und werfen daher noch genießbare Lebensmittel in den Müll.

Die globale Fischindustrie trägt im Übrigen ebenfalls einen erheblichen Teil zur Lebensmittelverschwendung bei. Laut Schätzungen führen die aktuellen Fischereigesetze und Fangmethoden dazu, dass etwa 40 Prozent des weltweiten Fischfangs als sogenannter Rückwurf weggeworfen werden. Das entspricht jährlich etwa 38 Millionen Tonnen Meerestiere. In manchen Fischereien fallen pro Kilogramm gewünschtem Fisch bis zu 20-mal mehr andere Meerestiere als Beifang an. Das Wegwerfen der Lebewesen, die wie Müll behandelt werden, führt zu Artensterben und zerstört den fragilen Lebensraum Meer, der letztlich die Basis für die Fischerei stellt.[6]

Wie entstanden Initiativen zum Lebensmittelretten?

Als erste Protestbewegung gegen die Lebensmittelverschwendung entwickelte sich das Containern, im Englischen *Dumpster Diving*, Mülltauchen, genannt. Hierbei werden die in Fülle weggeworfenen und häufig gut verpackten Lebensmittel aus den Mülltonnen von Supermärkten und Co. gefischt. Den meisten geht es dabei um Kapitalismus- und Globalisierungskritik. Warum sollen noch genießbare Lebensmittel nicht gegessen werden? Bislang ist Containern in Deutschland strafbar. Die Mülltonnen und Container befinden sich in der Regel auf Privatgrundstücken. Nach deutschem Recht ist allein das Betreten des Grundstücks bereits Hausfriedensbruch. Zudem schließen viele Händler die Container ab, was den Anspruch auf Eigentum am Weggeworfenen verdeutlicht. Werden Container aufgebrochen, machen sich die Mülltaucher in schweren Fällen des Diebstahls und der Sachbeschädigung strafbar. 2019 wurden zwei Studentinnen am Amtsgericht Fürstenfeldbruck wegen Containerns verurteilt. Die Studentinnen mussten eine Geldstrafe von 225 Euro zahlen und jeweils acht Stunden gemeinnützige Arbeit leisten. Damit kamen sie noch glimpflich davon: Diebstahl kann statt einer Geldstrafe auch mit einer Freiheitsstrafe von bis zu fünf Jahren bestraft werden.[7]

Es gibt aber auch legale Methoden, »Abfälle« der Lebensmittelindustrie zu nutzen. In Deutschland werden die überschüssigen Produkte hauptsächlich über die gemeinnützigen Vereine der Tafel und Foodsharing weiterverteilt. Die erste deutsche Tafel wurde 1993 in Berlin ins Leben gerufen. Im Fokus der Gründerinnen, Mitglieder der Initiativgruppe Berliner Frauen e.V., stand die Verbesserung der Situation von Obdachlosen. Eine der Frauen war von dem Konzept der City Harvest inspiriert, einer Initiative aus New York, die bereits seit den 1980ern in der Industrie übrig gebliebene Lebensmittel an die Ärmeren umverteilte. Nach demselben Prinzip sammelte die Berliner Tafel Lebensmittel, die nach Marktlogik überflüssig waren, und gab sie an soziale Einrichtungen und Menschen in Not weiter. Das Konzept der Tafel kam sehr gut an: Einzelhändler und Lebensmittelproduzenten unterstützten die Initiative, und die Obdachlosenheime nahmen die Lebensmittel dankbar an. Es folgten Gründungen von weiteren Tafelvereinen in verschiedenen Städten und später der Zusammenschluss zum heutigen Tafel Deutschland e.V.[8]

Im Jahr 2011 wies Regisseur Valentin Thurn mit seinem Dokumentarfilm *Taste the Waste* auf die riesigen Mengen an globalen Lebensmittelabfällen hin. Der Film heizte die gesellschaftliche Diskussion rund um das Thema Lebensmittelverschwendung an. In der Folge entstanden Initiativen, die ihren Fokus auf die Bekämpfung der Verschwendung von Nahrungsmitteln richteten – ein Anliegen, das sie mit den Tafeln teilen, dies jedoch im Gegensatz zu deren sozialen Beweggründen als primäres Ziel verfolgen. Als Erstes gründete der Regisseur Thurn mit einer Gruppe Gleichgesinnter den Verein Foodsharing e.V. Sie erstellten die Internetplattform foodsharing.de, auf der private Haushalte sowie Betriebe überflüssige Nahrungsmittel online stellen können. Das Konzept: die Lebensmittel an jegliche Interessierte, egal welcher Einkommensschicht, in Form von Essenskörben verschenken.

Zur selben Zeit starteten Raphael Fellmer und Raphael Wintrich eine Bewegung zum »Lebensmittelretten«. Auf ihrer Onlineplattform, die heute nicht mehr existiert, ermöglichten sie die Verteilung von überschüssigen Lebensmitteln der Kooperationspartner wie Supermarkketten im großen Stil. Im Jahr 2014 fusionierten die zwei Plattformen unter dem Namen Foodsharing e.V. als bundesweiter Verein. Die Aktivisten setzen sich seither gemeinsam für die Wertschätzung von Lebensmitteln ein.[9] Beim Foodsharing e.V. gilt das Prinzip »Tafel First«, die Tafeln haben Vortritt. An Tagen, an denen die Tafeln nicht kommen oder Reste entstehen, greift der Verein ergänzend. Auch werden Lebensmittel bei kleineren Betrieben abgeholt, bei denen es sich für die Tafeln logistisch nicht lohnt.[10] Aktuell kooperieren über 8.700 Betriebe kontinuierlich mit der Organisation, die aus rund 90.900 Foodsavern besteht. Die Foodsaver holen die Lebensmittel bei den Betrieben ab und verteilen sie weiter, meist an ihre Familie und den Bekanntenkreis. Deutschlandweit kommen die Mitglieder im Schnitt auf 3.473 »Rettungseinsätze« pro Tag, durch die bislang rund 44.860 Tonnen Lebensmittel vor der Mülltonne bewahrt wurden.[11]

Das Bundesministerium für Ernährung und Landwirtschaft setzt sich seit 2012 mit der Kampagne »Zu gut für die Tonne!« ebenfalls gegen Lebensmittelverschwendung ein. Die Onlineplattform zugutfuerdietonne.de soll für die Thematik sensibilisieren und die Menge an weggeworfenen Lebensmitteln verringern. 2019 beschloss die Bundesregierung außerdem die »Nationale Strategie zur Reduzierung der Lebensmittelverschwendung«. Ziel ist, die weggeworfenen Lebensmittel des Einzelhandels und der privaten Haushalte bis 2030 zu halbieren. Auf der neu geschaffenen Plattform lebensmittelwertschaetzen.de werden mehr als 100 Projekte gegen Lebensmittelverschwendung vorgestellt. Auch werden finanzielle Mittel für Forschungsprogramme zur Verfügung gestellt.[12]

Warum wird beim Lebensmittelretten häufig das englische Wort **sharing** *verwendet?*

Das Weiterverteilen von Lebensmitteln ist Teil der sogenannten *Sharing Economy*, auf Deutsch »Ökonomie des Teilens«. Sharing-Initiativen sind darauf ausgelegt, alltägliche Gebrauchsgegenstände und Verbrauchsmittel gemeinschaftlich zu nutzen und so Ressourcen einzusparen.[13] Laut dem Zukunftsinstitut ist die Sharing Economy eine »Kulturtechnik des Überflusses«. Mit dem Teilen werden Probleme gelöst, die durch die moderne Konsumgesellschaft erzeugt wurden. Es entstehen neue Anbieter auf dem Markt, wie z.B. der Foodsharing e.V., die zu den etablierten in Konkurrenz treten. Das führt nicht nur zu mehr Optionen, sondern trägt auch zu mehr Nachhaltigkeit in der Wirtschaft bei.[14]

Wie funktioniert Lebensmittelretten?

Das Lebensmittelretten setzt bereits beim Einkauf ein. Denn oftmals lassen sich Verbraucher schnell durch die Präsentation, günstige Preise oder den eigenen Hunger verführen. Dadurch wird mehr eingekauft, als nötig ist. Abhilfe schafft ein vorab erstellter Einkaufszettel. Das bedeutet auch, nicht jedes Sonderangebot anzunehmen oder Großpackungen nicht zu kaufen, wenn die große Menge nicht zu bewältigen ist. Auch werden Sharing-Initiativen zur Umverteilung von Lebensmitteln genutzt. Wer dem Verein Foodsharing e.V. als Foodsaver beitritt, rettet regelmäßig Lebensmittel und ist dadurch ständig mit kostenloser Nahrung versorgt.

Häufig erhält der Foodsaver so viele Lebensmittel, die er alleine nicht aufbrauchen kann. In diesem Fall sollen Teile der Abholung an den Bekanntenkreis, öffentliche Einrichtungen oder einen sogenannten Fairteiler weitergegeben werden. Die Fairteiler sind öffentliche Lagerorte, meist Schränke oder Kühlschränke, für gerettete Lebensmittel. Sie sind für jedermann zur Abholung zugänglich, also auch für Menschen, die keine Vereinsmitglieder sind.[15] Eine weitere Möglichkeit für Foodsharing bietet die App *UXA*, die entwickelt wurde, um private Anbieter und Abholer von übrigen Lebensmitteln zu vernetzen. Die Überschüsse werden gratis weitergegeben.

Immer mehr Landwirte bieten auch sogenannte Nachernten an. Einer der Vorreiter war der Bioland-zertifizierte Lammertzhof nahe Düsseldorf. Die Lebensmittelretter erhalten das Gemüse direkt frisch vom Feld. An bestimmten Terminen lässt der Landwirt Menschen auf ausgewiesene Felder, auf denen sie liegen gebliebenes, zu kleines oder krummes Gemüse kostenfrei einsammeln dürfen. Die meisten Bauern arbeiten solche Reste mit dem Pflug wieder in den Acker ein. Durch die Nachernte werden die Feldfrüchte mit Makel, in die viel Arbeit und Ressourcen geflossen sind, dennoch verspeist.[16]

Doch selber auf dem Feld nachzuernten und Foodsharing mit den vielen Vereinsregeln ist mit einer Menge Aufwand verbunden. Viele Menschen haben keine Zeit, sich aktiv zu engagieren. Umso besser, dass Lebensmittelrettung nun Mainstream ist, wie es Fellmer, der Co-Gründer des Foodsharing e.V., ausdrückt.[17] Überschüssige, günstige Lebensmittel können mittlerweile bequem bei immer mehr Unternehmen erworben werden, die sich aufs Lebensmittelretten spezialisiert haben. Eines dieser Sharing-Unternehmen ist die Etepetete GmbH. Das Start-up verkauft seit 2015 Gemüse und Obst von Biolandwirten, das nicht den EU-Normen entspricht und aussortiert wurde. Über den Etepetete-Onlineshop (etepetete-bio.de) werden Gemüseboxen mit geretteten Produkten angeboten. Es ist quasi die Lieferung der Nachernte vor die eigene Haustür.

Ein weiteres Sharing-Start-up für Lebensmittel ist Sirplus. Seit 2017 ergänzt das Unternehmen von Fellmer und seinem Freund Martin Schott die Arbeit der Tafeln und des Foodsharing e.V. Wie die Etepetete GmbH rettet es die Lebensmittel an anderen Stellen der Wertschöpfungskette: bei Herstellern, Produzenten, Logistikunternehmen sowie Großhändlern. Das sind z.B. größere Produktmengen, ausgefallene Lebensmittel sowie Pfandartikel, die aussortiert wurden, bevor sie die Supermärkte erreichten. Die Produkte stehen kurz vor dem Ablauf des MHD oder haben es bereits überschritten. Sie werden im Sirplus-Onlineshop (sirplus.de) und in »Rettermärkten« weiterverkauft. Das Unternehmen zahlt den Partnern einen symbolischen Betrag, um deren Arbeit zu würdigen, gleichzeitig aber keinen Anreiz zu bieten, ihnen die Produkte statt den Tafeln anzubieten.[18] Kunden können auch Retterboxen abonnieren. Ein ähnliches Angebot, nur ohne Abosystem, bietet das Start-up Veggie Special. 2017 gegründet, können vegane und vegetarische Produkte über die Website veggie-specials.com bestellt werden.

Manche Lebensmittelhersteller werden sogar selbst aktiv und bieten ihre Überschüsse an. Die Bäckerei Junge mit Filialen in Hamburg und Schleswig-Holstein rief beispielsweise die Initiative Brotretter ins Leben. Obwohl überschüssige Backwaren noch an die Tafeln weiterverteilt oder zu Tierfutter verarbeitet werden, bleibt viel übrig. Diese Backwaren werden nun in »Brotretter-Bäckereien« unter dem Slogan »Gutes von gestern« verkauft. Über 90 Prozent der Ware kostet nicht mehr als 99 Cent.[19] Auch gibt es mittlerweile Apps zur Umverteilung von Lebensmitteln, die aus der Produktionskette fallen, für die noch kleine Beträge zu zahlen sind. Die bekannteste App für zahlungspflichtige Überschüsse ist *Too Good To Go*. Sie verknüpft Verbraucher direkt mit Anbietern von übrig gebliebener, bereits zubereiteter Ware. Bei Restaurants, Bäckereien oder Supermärkten können fertige Resteboxen abgeholt werden. Dasselbe Prinzip liegt der App *ResQ Club* zugrunde.

Das Lebensmittelretten wird zu Hause fortgesetzt. Allen voran werden Lebensmittel korrekt gelagert, damit diese länger frisch bleiben. Milch- und Fleischprodukte werden z. B. immer gekühlt, während Brot nicht im Kühlschrank gelagert wird. Avocados, Kiwis, Birnen, Nektarinen, Pfirsiche, Pflaumen und Zwetschgen reifen bei Zimmertemperatur nach und werden erst gekühlt, wenn sie reif sind. Andere Gemüse- und Obstsorten werden vorzugsweise immer außerhalb des Kühlschranks gelagert wie Aubergine, Gurke, Tomaten sowie Ananas, Mango, Melone und Zitrusfrüchte.

Lebensmittelvorräte werden außerdem regelmäßig kontrolliert, damit sie rechtzeitig verbraucht werden. Neue Produkte kommen im Vorrats- oder Kühlschrank nach hinten, während die älteren als Erstes gegessen werden. Ist das Verbrauchsdatum oder MHD überschritten oder unklar, ob ein Produkt noch verzehrbar ist, hilft es, auf die eigenen Sinne zu vertrauen. Statt das Nahrungsmittel gleich wegzuwerfen, wird es getestet: Sieht das Produkt noch gut aus? Riecht und schmeckt es, wie es sollte? Wenn diese Fragen mit »Ja« beantwortet werden, ist es noch genießbar.[20] Auch angeschlagenes Gemüse und Obst wird nicht gleich entsorgt. Viele Produkte sind trotz brauner Stellen noch essbar. Ist das Obst bereits sehr weich, wird es z. B. zu Bananenkuchen, Kompott oder Marmelade verbacken oder verkocht. Schimmel macht vor allem bei harten Lebensmitteln wie Rote Bete oder Kartoffeln wenig aus. Wenn der schlechte Teil entfernt ist, kann der Rest einfach weiterverarbeitet werden. Ist etwas schrumpelig oder welk, helfen meist kleine Tricks, wie beispielsweise den welken Salat in Wasser mit einem Esslöffel Zucker zu geben.

Lebensmittel werden auch durch korrekte Zutatenmengen beim Kochen gerettet. Es wird nur so viel verarbeitet, wie benötigt wird. Dann bleiben kaum Reste übrig. Wurde dennoch zu viel zubereitet, landet es nicht in der Tonne, sondern wird eingefroren. Wer einzelne Lebensmittel übrig hat, kann gezielt nach Rezepten für diese Zutaten suchen, z. B. über die App *Zu gut für die Tonne!*. Dort finden sich Rezepte für Lebensmittelreste von Sterneköchen. Ähnliche Apps zur Resteverwertung sind *Eat Smarter* und *Essen und Trinken*. Darüber hinaus gibt es spezielle Kochbücher nach dem ZERO-WASTE-Prinzip mit Rezepten, bei denen alle Teile der Lebensmittel verwendet werden.

Die letzte »gute Angewohnheit«, die Lebensmittelverschwendung verhindert, ist das Teilen und Weitergeben. Bei der Vorbereitung eines Umzugs oder einer spontanen Reise bleiben oft die Gedanken an die Lebensmittel auf der Strecke. Die noch genießbaren Produkte an das soziale Umfeld weiterzugeben ist besser, als sie wegzuwerfen. Das gilt ebenfalls für Essensreste von privaten Partys oder Festen. Die Gäste können z. B. übrig gebliebene Kuchen oder Häppchen mit nach

Hause nehmen. Besonders in Büroküchen oder gemeinschaftlichen Essensbereichen sind bereits zubereitete Nahrungsmittel schnell verteilt. Alternativ können die überschüssigen Lebensmittel auch über die schon erwähnten Plattformen und Initiativen weiterverteilt werden.

Vorreiter in puncto Lebensmittelretten: Frankreich

In der Europäischen Union gilt das EU-Lebensmittelrecht. Zusätzlich gibt es in vielen Ländern nationale Ansätze zur Verringerung von Lebensmittelverlusten. Ein Vorbild wird in der Gesetzgebung Frankreichs gesehen: Unternehmen, die Lebensmittel spenden, können nach Allgemeinem Steuergesetz eine Steuerermäßigung von 60 Prozent des Spendenbetrags erzielen. 2016 wurde zudem ein Gesetz zur Bekämpfung von Lebensmittelverschwendung erlassen, das die Produkthaftung änderte und damit das Spenden von Lebensmitteln erleichterte. Wesentliche Bestandteile des Gesetzes sind, dass die Abfallhierarchie bezüglich Lebensmitteln klargestellt wurde. Außerdem wurde es für Supermärkte ab 400 Quadratmeter Fläche verpflichtend, Vereinbarungen mit gemeinnützigen Initiativen zu treffen, sodass überschüssige Lebensmittel gespendet werden. Werden Lebensmittel absichtlich ungenießbar gemacht, werden Geldstrafen fällig. Unterstützend wurde eine Mustervereinbarung für »Lebensmittelspenden an Naturhilfe-Verbände« vom französischen Landwirtschaftsministerium herausgegeben – eine Art Vertragsvorlage für die Partnerschaft von Spender und Empfänger.[21]

Kritik am Lebensmittelretten

Containern und damit die frühe Form des Aktivismus gegen Lebensmittelverschwendung wird vor allem von vielen Händlern äußerst negativ gesehen. Das beginnt mit der Rechtslage in Deutschland, durch die Containern Diebstahl in Kombination mit Hausfriedensbruch und teils Sachbeschädigung bedeutet. Immer wieder geht beim Containern etwas zu Bruch, und die Mülltonnen bleiben aufgewühlt zurück. Das führt zu einem Mehr an Arbeit für die Mitarbeiter. Zudem können Personen an den Lebensmitteln aus der Tonne stark erkranken und in der Folge den betreffenden Supermarkt verklagen.[22] Das gilt übrigens auch für »dritte« Personen, die von Lebensmitteln des Foodsharing e.V. krank werden. Nach deutschem Recht wäre der Schenker, also der Händler, haftbar – egal, welche Vereinbarung der Foodsaver, der das Lebensmittel weitergab, zuvor unterschrieben hat.

Immerhin gibt es diese legalen Initiativen für die Lebensmittelrettung der *Sharing Economy*. Ein Artikel der Deutschen Gesellschaft für Soziologie analysierte die »Ökonomie des Teilens« jedoch kaum anders als die konventionelle Besitzökonomie. Die Motivation in der Sharing-Ökonomie zu teilen sei »Coolness«. So seien Tausch-Apps und -Websites regelrechte »Biografie-Requisiten«, die bei der Inszenierung des eigenen Lebens hülfen. Dabei sei das Teilen eine einst selbstverständliche soziale Verhaltensweise. Über den Umweg der Technik würde diese in eine zeitgemäße Form gebracht und wiedererlernt. Ein Risiko der Tauschökonomie wird darin gesehen, dass Rechte mit Vertrauen ersetzt werden. Der Anteil des Vertrauens muss bei Tauschgeschäften automatisch höher liegen, vor allem wenn sie digital vermittelt sind. Dies kann zu juristischen Problemen führen, wenn es z.B. um Haftungsfragen geht. Lang erarbeitete Verbraucherschutzrechte werden in der *Sharing Economy* freiwillig aufgegeben.

Auch die Wortwahl, Lebensmittel zu »retten«, wird kritisiert. Die Tafeln sowie der Foodsharing e.V. nutzen diesen Ausdruck schon lange. Mit »Lebensmittelretten« werden weitere Wörter wie »Menschlichkeit« und »Nächstenliebe« verbunden. Manchen Kritikern geht das zu weit, denn das stelle Lebensmittel auf dieselbe Ebene mit Menschen, die gerettet werden. Dabei werde das eigentliche Problem von der »Tonnenideologie« verdeckt: die vorhandene Armut in Europa. Millionen von Europäern seien auf Tafeln, Suppenküchen und Co. angewiesen. Diese Angebote änderten aber nichts an dem Armutsproblem. Auch der deutsche Staat delegiere die Grundversorgung immer weiter an die Zivilgesellschaft ab. Durch die Thematisierung der »Rettung« von Lebensmitteln trete das Problem der Armut in den Hintergrund und werde verharmlost. Die neuen Möglichkeiten, durch Apps und Onlineplattformen gratis an Lebensmittel zu gelangen, wirkten, als wäre eine Versorgung mühelos. Dabei sei die Umverteilung logistisch aufwendig.[23] Ob die armutsbetroffenen Bürger die Zeit und das Wissen um die Möglichkeiten aufweisen, sei dahingestellt. Bislang ist beispielsweise der Foodsharing e.V. von der Klientel noch sehr heterogen und hauptsächlich bei Studenten beliebt.

Eine Abwälzung von Problemen wird auch der Lebensmittelindustrie vorgeworfen. Eine Aktivistin kritisierte beispielsweise, die Unternehmen fänden es natürlich gut, wenn engagierte, junge Menschen ihre Abfälle abholten und entsorgten. Mit einem guten Image könnten sie sich als Umweltschützer ebenfalls brüsten. Jedoch müsste der Kapitalismus kritisiert werden, der zu dieser Überproduktion und unausgeglichenen Verteilung der Lebensmittel führe. Es würden Symptome bekämpft statt Ursachen repariert. Es müssten ganz neue Konzepte her. Konsequent wäre es z.B., kollektive Arbeits- und Produktionsstrukturen zu schaffen und die Lebensmittel solidarisch zu verteilen, ergo eine bedingungslose Grundversorgung zu gewährleisten.[24]

Vorteile des Lebensmittelrettens

Die vollständige Nutzung von Lebensmitteln hat positive Auswirkungen auf Umwelt und Klima. Landwirte müssen weniger produzieren, was zum Schutz der Gewässer, Böden und der Biodiversität beiträgt. Weniger Ressourcen wie Treibstoff, Wasser, Dünger und Pestizide werden verbraucht. Die Landwirtschaft verursacht geringere Stickstoffüberschüsse, Methan- und CO_2-Abgase. Auch die Belastung des Grundwassers durch Schadstoffe aus Düngemitteln sinkt. Organisationen und Personen, die Lebensmittel vor der Mülltonne bewahren, tragen entsprechend zur Erreichung der UN-Nachhaltigkeitsziele bei. Die Welthungerhilfe geht außerdem davon aus, dass die Bekämpfung der Lebensmittelverschwendung positive Auswirkungen auf die Hungersituation in Ländern des Globalen Südens hat.

In Deutschland selbst trägt die Arbeit der Lebensmittelretter, vor allem der Tafelvereine, zur Verbesserung der Lebenssituation der Armen »im Land des Überflusses« bei.[25] Das Engagement des Foodsharing e.V. ergänzt die Arbeit der Tafeln bundesweit. Durch die Abholstellen und Fairteiler werden die abgeholten Lebensmittel außerdem für jedermann zugänglich, auch ohne Foodsharing-Vereinsmitgliedschaft oder Tafelausweis.

Auch die Wirtschaft profitiert vom Lebensmittelretten. Sharing-Unternehmen werden gegründet, was Arbeitsplätze schafft und den freien Markt und dessen Angebotsvielfalt erweitert. Zusätzlich ist es ein Beitrag zu mehr Nachhaltigkeit im Wirtschaftssektor, was mitunter ein gutes Image für die beteiligten Unternehmen erzeugt. Die Jungunternehmen schaffen dort noch Umsatz und Gewinne, wo Verluste durch Verschwendung von Produkten entstanden wären. Für alle Beteiligte entstehen Vorteile. Die Lebensmittelproduzenten und Gastronomie werden Überschüssiges los. Die Entsorgungskosten entfallen, während sie je nach Partnerinitiative sogar noch Erträge erwirtschaften. Zudem erleichtern Apps wie *Too Good To Go* die Organisation und Weitergabe z. B. für die Gastronomie erheblich. Die finalen Konsumenten der Lebensmittel zahlen darüber hinaus nur noch etwa die Hälfte oder weniger des Originalpreises.

Das ist überhaupt einer der Vorteile für die Konsumenten von geretteten Lebensmitteln, egal, welche Bezugsmethoden sie nutzen: Es spart bares Geld. Die Lebensmittel sind entweder ganz umsonst oder kosten nur noch Bruchteile. Die Initiativen rund um die Lebensmittelrettung sensibilisieren darüber hinaus die Gesellschaft für das Thema Lebensmittelverschwendung. Einige Initiativen leisten zusätzlich Aufklärungs- und Bildungsarbeit. Mehr Menschen engagieren sich in der Folge für Lebensmittelrettung. Das aktive Engagement, beispielsweise in Vereinen, führt zur Vernetzung von Gleichgesinnten und in manchen Fällen zu neuen Projekten und Initiativen. Das Thema Lebensmittelverschwendung ist jedoch noch lange nicht »von gestern«. Es muss sich noch vieles ändern, bis das UN-Nachhaltigkeitsziel erreicht ist, die verschwendete Menge auf die Hälfte zu reduzieren.

Inwiefern trägt Lebensmittelverschwendung zum Welthunger bei?

Der Welthunger ist zurückzuführen auf Armut, Konflikte, soziale Ungleichheit, schlechte Verwaltung und Ausgrenzung von Schutzbedürftigen.[26] Die Welthungerhilfe geht aber auch von einem Zusammenhang zwischen der Lebensmittelverschwendung in Industrieländern und der Not in Entwicklungsländern aus. Ein großer Anteil unserer Lebensmittel stammt aus dem Ausland. Durch die wachsende Weltbevölkerung sowie die Verschwendung von Nahrung steigt die Nachfrage. In der Folge werden Anbauflächen knapp, und die Preise für Lebensmittel steigen an. Dies belastet die Gewinne von Kleinbauern. Oftmals müssen sie die Preissteigerungen in ihrem Betrieb auffangen. Die Menschen des Globalen Südens können sich die steigenden Lebensmittelpreise selbst nicht mehr leisten. Ein weiterer Faktor ist das *Land Grabbing* durch internationale Investoren, die ertragbringende Pflanzen wie Mais, Avocados oder Soja auf dem Land von kleinbäuerlichen Familien anbauen. Der Anbau dieser Monokulturen raubt vielen Menschen vor Ort die Ernährungsgrundlage. Die Lebensmittelverschwendung trägt außerdem zum Klimawandel bei. Etwa 10 Prozent der ausgestoßenen Treibhausgase sind auf ungenutzte Nahrungsmittel zurückzuführen. Die armen Länder sind am härtesten von den Klimaveränderungen betroffen. Es entstehen mehr Dürren und Umweltkatastrophen, was Lebensmittelanbau und -versorgung weiter erschwert.[27]

Urban Gardening

»Der Garten wird zum Erfahrungsraum für grundlegende Zusammenhänge des Lebens. Das Säen, Ernten, Kochen und Weiterverarbeiten für den Winter ermöglichen einen Reality Check für die Bedingungen, unter denen in den westlichen Gesellschaften Konsum stattfindet.«

Christa Müller, deutsche Soziologin und Vorständin der anstiftung

Bei Urban Gardening, auf Deutsch »urbaner Gartenbau«, gärtnern Menschen in der Stadt. Die Gärten können gemietet oder gepachtet sein, aber auch aus Eigeninitiative auf vernachlässigten Flächen im städtischen Raum entstehen. Die Bepflanzung von privaten Gärten, Balkonen, Terrassen oder Dächern zählt ebenfalls zu Urban Gardening.

Urbaner Gartenbau existiert, seit es Städte gibt. Bereits in der Antike und im Mittelalter pflanzte die Stadtbevölkerung ihre eigenen Lebensmittel an. Nutzgärten um die Häuser waren fester Bestandteil der Stadtlandschaft. Zusätzlich wurden um die Städte Ackerbau und Viehzucht betrieben. Aufgrund der Verderblichkeit der Waren und des Mangels an schnellen Transportmöglichkeiten mussten die Nahrungsmittel im direkten Umfeld regional produziert werden. Das änderte sich erst ab Mitte des 19. Jahrhunderts mit der Entwicklung motorbetriebener Fahrzeuge. Damals entstanden an den Stadträndern in Deutschland private Kleingärten. Sie wurden ins Leben gerufen, da sich die Stadtbevölkerung nach gesunder Ernährung und dem Landleben sehnte. Ein weiterer Grund waren die durch die Industrialisierung entstandenen schlechten Lebensverhältnisse. Verschiedene Reformbewegungen führten zur Gründung von Kleingärten. Eine davon waren die Schrebergartenvereine, in deren Zentrum die Kindererziehung und Naturheilkunde standen. Eine andere Strömung waren von Politik, Unternehmern und Institutionen eingeführte Armengärten. Statt den Mittellosen Geld zur Verfügung zu stellen, bot die Obrigkeit »Hilfe zur Selbsthilfe«. Aus den Armengärten entwickelten sich Gärten mit Pachtverträgen und selbst verwaltete Gartenanlagen, wie sie noch heute in Form von Kleingartenkolonien bestehen.[1] Während des Ersten Weltkriegs spielten die Kleingärten eine wichtige Rolle für die Nahrungsmittelversorgung. Es herrschten Versorgungsengpässe, und landwirtschaftliche Produkte gelangten nicht immer in die Städte. Ein Jahr nach Kriegsende wurde ein Gesetz verabschiedet, das die Gärten unter Schutz stellte und die Preise der Pachtverträge reglementierte.[2] Auch im Zweiten Weltkrieg waren die Gärten für die Stadtbevölkerung überlebenswichtig. Nach dem Krieg gab es allein in Berlin rund 200.000 Kleingärten, und 12 Prozent der Stadtfläche waren privates oder staatliches Agrarland.[3] Heute ist die Zahl der Kleingärten auf rund 71.000 gesunken, und die städtischen Agrarflächen sind größtenteils der Stadtentwicklung zum Opfer gefallen.[4]

Der städtische Gartenbau erhält seit Mitte der 1990er-Jahre wieder verstärkt Zulauf. Auch das spießbürgerliche Image von Schrebergärten hat sich geändert. Immer mehr junge Familien interessieren sich für Pachtgärten, und es gibt lange Wartelisten.[5] Während die Kleingartenkolonien früher aus Krisen entstanden, ist Urban Gardening heute Teil einer jungen Stadtkultur.

Was sind die Hintergründe der Urban-Gardening-Bewegung?

Als Ursprungsorte des Urban-Gardening-Trends werden häufig New York und Kuba genannt. Die Bewegung in New York begann mit den *Community Gardens* der 1970er-Jahre. Initiatorin war die Künstlerin Liz Christy, die in der Lower East Side, dem südlichsten Teil von New York, lebte. Dieser Teil der Stadt war in den 1970er-Jahren verwahrlost, bestand aus vielen Brachflächen und verlassenen Häusern und zog Künstler wie Christy durch günstige Mieten an. Im Jahr 1973 beobachtete sie zufällig Kinder dabei, wie sie vor einer Tankstelle spielten. Ein Junge wollte sich verstecken, kletterte in einen wild entsorgten Kühlschrank und schloss sich von innen ein. Christy erkannte den Ernst der Lage, befreite den Jungen und brachte ihn zu seiner Mutter. Diese meinte, dass die Schuld nicht bei ihr alleine zu suchen sei, sondern dass es alle etwas anginge, wie das Viertel aussähe. Daraufhin beschloss Christy zu handeln.

Gemeinsam mit ihren Freunden entrümpelte und reinigte sie den Platz. Sie brachten Erde auf das Grundstück und stahlen Blumen, Hecken und kleine Bäume vom reichen Viertel der Wallstreet. Damit erschufen sie eine kleine illegale Oase im heruntergekommensten Teil New Yorks. Doch das war erst der Anfang. Die Gruppe weitete ihren Aktivismus auf zahlreiche andere brach liegende Grundstücke aus und legte Gärten für die Bevölkerung an. Sie wandten sich außerdem an die Stadt, um den ersten Garten rechtmäßig zu nutzen. Diese vermietete ihnen das Grundstück für einen symbolischen Dollar pro Monat. Noch heute ist der »Liz Christy Community Garden« in Manhattan zu finden.

Damals gab es von der Politik noch großen Gegenwind, freistehende urbane Flächen für das Gemeinwohl zu nutzen. Heute existieren über 550 Gemeinschaftsgärten in New York mit unterschiedlichen Konzepten. Im Jahr 1978 schlossen sich die Gärten zum Netzwerk Green Thumb zusammen, das heute mit rund 20.000 Mitgliedern der größte Urban-Gardening-Zusammenschluss der USA ist.[6]

Während Urban Gardening in New York zur Verbesserung des Stadtviertels entstand, stellen städtische Gärten in armen Ländern vielmehr eine Überlebensstrategie dar. Kuba führte Urban Gardening bereits vor rund 25 Jahren staatlich ein. Nach dem Niedergang der Sowjetunion 1989 entstand eine Versorgungskrise, und die Agrarproduktion brach ein. Der sozialistische Inselstaat hatte bis dahin die UdSSR mit Zucker versorgt und im Gegenzug Lebensmittel, Erdöl und Industrieware erhalten. Ohne Treibstoff konnten die Lebensmittel vom Feld nicht mehr in die Stadt transportiert werden. Aufgrund des Handelsembargos der USA waren außerdem weder Pestizide noch Dünger zu erhalten. Die schlechte Versorgungslage sollte durch urbane Landwirtschaft verbessert werden. Die Gärten wurden genossenschaftlich oder privatwirtschaftlich organisiert, entstanden aber auch wild, indem Stadtbewohner sich städtische Flächen aneigneten. Heute ist Urban Gardening fester Bestandteil der Lebensmittelversorgung. Nach Schätzungen sind 50.000 Hektar in Kuba städtischen Gärten zuzuordnen. Das Gemüse in Havanna stammt zu 70 Prozent aus dem eigenen Anbau der Hauptstadt. Insgesamt produziert die Insel etwa eine Million Tonnen Gemüse pro Jahr, und das ohne chemische Pestizide oder Dünger. Doch obwohl durch die städtischen Gärten mehr frische Produkte erhältlich sind, ist Kuba stark abhängig von Importen. Das liegt unter anderem an der starken landwirtschaftlichen Ausrichtung auf den Anbau von Reis und Zucker.[7]

Auch in Brasilien, Venezuela, Südafrika und Singapur gibt es seit Langem Gärten und Äcker in den Armenvierteln. Die Bevölkerung erzielt mit dem Pflanzenanbau ein kleines Einkommen und produziert frische Lebensmittel für den Eigenbedarf. Allein in Buenos Aires gibt es mehr als 2.000 Gemeinschaftsgärten. In Südafrika sind kleine Gärten in Townships ebenfalls keine Seltenheit. Diese entstehen häufig durch Privatpersonen, andere werden von NGOs, Firmen oder dem Staat ins Leben gerufen. Städtischer Gartenbau wird seit einigen Jahren auch von der Welthungerhilfe gefördert. Die Organisation unterstützt Projekte in Liberia, Nordkorea und auf Kuba. In vielen Ländern ist es allerdings nicht so leicht wie in Kuba, brach liegende Flächen für den Ackerbau zu verwenden.[8]

Eigenständig und losgelöst von den Konzepten Kubas und New Yorks entstanden seit den 1990er-Jahren in Deutschland Interkulturelle Gärten aus der Migrationsbevölkerung heraus.[9] In Göttingen wurde 1995 mit dem Verein Internationale Gärten e.V. einer der ersten Interkulturellen Gärten gegründet. Das Projekt ist bis heute auf die Begegnung von Menschen mit unterschiedlichem kulturellen Hintergrund ausgelegt. Der Verein positioniert sich vor allem solidarisch mit politischen Flüchtlingen und Kriegsflüchtlingen. Derzeit nutzen 400 Menschen aus 25 verschiedenen Ländern das Angebot.[10] Seit 2003 gibt es zudem die Stiftung Interkultur als Bereich der anstiftung, die sich der Erforschung und Förderung von urbanen und Interkulturellen Gärten widmet. Die Stiftung begann mit fünf Projekten und fasst heute knapp 775 im Netzwerk zusammen. Auf der Stiftungswebsite (anstiftung.de) sind über 60 Forschungsarbeiten zum Thema Urban Gardening und eine Deutschlandkarte mit Stadtgarten-Projekten zu finden.

Urbaner Gartenbau in Form der Besetzung städtischer Räume kam in Deutschland erst etwas später auf. Die Berliner Prinzessinnengärten (prinzessinnengarten.net) sind diesbezüglich das Vorzeigeprojekt. Der Gemeinschaftsgarten wurde 2009 von Marco Clausen und Robert Shaw gegründet. Damals war Urban Gardening in Deutschland ein ziemlich unbekannter Begriff. Shaw hatte auf einer Kubareise die städtischen Gärten gesehen und war inspiriert, etwas Ähnliches in Berlin umzusetzen. Clausen entdeckte ein leeres Industriegelände am Moritzplatz in Kreuzberg, und die beiden funktionierten es mit über 100 Helfern zu einem Garten um. Der aus Eigeninitiative entstandene Garten wurde zu einem kreativen Ort des Austauschs und zu einer grünen Oase mit über 500 verschiedenen Pflanzen inmitten der Großstadt. Da das Gelände jederzeit von Investoren aufgekauft werden kann, ist der Garten mobil gestaltet. Die Werkstätten, die Lager, das Café und die restliche Gastronomie sind in Überseecontainern untergebracht, sodass sich der Abtransport im Fall einer Räumung einfach gestaltet. Auch die Pflanzen, von Setzlingen bis hin zu den Bäumen, befinden sich in mobilen Behältern über der Erde. Das Medieninteresse war von Anfang an enorm. Über 300 Berichte und Artikel sind bereits über den Garten mit der beachtlichen Größe eines Fußballfeldes entstanden.[11] Obgleich das nomadische Konzept der Berliner Prinzessinnengärten revolutionär wirkt, existieren in Deutschland eine Vielzahl ähnlicher Projekte. Bereits seit 2004 besetzen z. B. die Urban-Gardening-Aktivisten der Rosa Rose (rosarose-garten.net) städtische Brachflächen und transformieren sie zu mobilen Gemeinschaftsgärten.

Der Begriff »Die essbare Stadt«

Urban Gardening überschneidet sich mit dem Thema der essbaren Städte. Während bei Ersterem vielen die private Selbstversorgung wichtig ist, steht beim Konzept der essbaren Stadt der öffentliche Raum im Vordergrund. Die Beete sind frei zugänglich, und jeder ist zur Ernte eingeladen. Die Idee entstand in Todmorden, einer britischen Stadt mit 15.000 Einwohnern. Aus der Bevölkerung heraus wurde dort 2008 die Aktion ins Leben gerufen, Todmorden »essbar« zu machen. Die Aktivistengruppe pflanzte Kräuter, Gemüse und über 500 Obstbäume auf verlassenen Parkplätzen, Industriebrachen, städtischen Grünanlagen und dem lokalen Friedhof. Dabei ging es den Beteiligten um die Schaffung von Bewusstsein für den Anbau von Nahrungsmitteln, insbesondere bei Kindern und Jugendlichen.[12]

Wie gestaltet sich urbanes Gärtnern?

Urbane Gärten in Nordamerika und Europa gelten als ökologisch-stadtplanerische Experimentierfelder. Im Vordergrund steht weniger die Versorgung mit Lebensmitteln, sondern vielmehr das Schaffen von Gemeinschaften und die Bereicherung des städtischen Lebens. Die Bewegung geht hauptsächlich von jungen Städtern aus, die mit den Gartenprojekten auf Defizite in der Stadt und globale Probleme reagieren. Dazu zählen Umweltkrise und Klimawandel, Nahrungssicherheit, Isolation, Vereinsamung sowie zu wenig städtische Freiräume. Das Schaffen von Bewusstsein für politische oder soziale Fragestellungen ist ein wichtiger Aspekt der Projekte. Häufig werden in den Gärten neben der Möglichkeit zum gemeinsamen Pflanzenanbau auch Workshops, Vorträge und ein kulturelles Programm angeboten. In den Gärten formulieren sich positive Lösungskonzepte und Ideen für eine bessere Zukunft.[13]

Bei der Umsetzung nähern sich die Städter wieder den Kreisläufen der Natur an. Es wird Wert auf Nachhaltigkeit und umweltschonenden Anbau gelegt. Gartenabfälle und Kompost werden als

Dünger genutzt, Materialien und Gegenstände werden im Garten recycelt, und Grau- sowie Regenwasser werden aufgefangen und genutzt.

Die Gärten sind aber nicht ausschließlich von sozialen, politischen oder nachhaltigen Idealen motiviert. Sie sind auch Katalysator für die konkreten Bedürfnisse der Menschen der jeweiligen Umgebung. Insbesondere in den USA finden sich Beispiele, bei denen Urban Gardening aus der Not heraus entstand. Ein frühes Exempel ist die South Central Farm in Los Angeles. Sie entstand ab 1994 auf einem brach liegenden Grundstück, auf dem die Stadt der LA Regional Food Bank vorübergehend erlaubte, Lebensmittel anzubauen. In dem verarmten Viertel waren zu wenig Supermärkte vorhanden. Das Angebot wurde vor allem von südamerikanischen Immigranten in Anspruch genommen. Die Gärten versorgten die Gemeinschaft mit frischen Lebensmitteln und begrünten die Stadt. Leider wurde das Projekt zwangsgeräumt und mit Planierraupen niedergewalzt. Die Stadt hatte das Grundstück an den ehemaligen Besitzer zurückverkauft.[14] Der Dokumentarfilm *The Garden* von Scott Hamilton Kennedy begleitete den Kampf der Gärtner gegen die Zwangsschließung.

Ein weiteres bekanntes Beispiel für Urban Gardening ist die US-amerikanische Stadt Detroit. Die Stadt ist seit Jahrzehnten von einer Abwanderung der Bevölkerung und damit verbundenem Leerstand betroffen. Hier entstanden Gartenprojekte aufgrund von Armut und einem Einbruch der städtischen Nahrungsmittelversorgung. In den 1950er-Jahren hatte die Stadt rund 1,8 Millionen Einwohner und eine boomende Autoindustrie. Heute leben nur noch 37 Prozent der Bevölkerung der Blütezeit in der Stadt. Zahlreiche Gebäude stehen leer. Im Jahr 2007 schloss die letzte große Supermarktkette der Stadt. Ein Mönch des ansässigen Franziskanerordens hatte die kritische Lebensmittelversorgung schon in den 1990ern beobachtet. Damals lebte bereits ein Viertel der Stadtbevölkerung unter der Armutsgrenze. Er legte einen kleinen Garten neben der Suppenküche an. Der Garten entwickelte sich zur Earthworks Farm, einem Gemeinschaftsgarten mit 8.000 Quadratmeter Anbaufläche für Obst und Gemüse. Mittlerweile gibt es 1.941 gemeinnützige und private Gärten in der Stadt, die über die Dachorganisation GRPC zusammengeschlossen sind.[15]

In den Ländern des Globalen Südens dient Urban Gardening hauptsächlich der Selbstversorgung und kommerziellen Zwecken. Ein Aspekt, der hier hinzukommt, ist die Emanzipation von Frauen über die Gärten. Nicht selten sind die leitenden Funktionen der Gemeinschaftsgärten mit Frauen besetzt. Die Position von Frauen im basisdemokratischen Sozialgefüge der Gärten trägt zur Emanzipation bei. Mit den Gärten werden Räume geschaffen, in denen sich Frauen sicher fühlen. Sie entwickeln über die Gartenarbeit neue Fähigkeiten, schließen Kontakte, können selbst Geld verdienen und werden in ihrer sozialen Position gestärkt.[16]

Urban Gardening kann recht unterschiedliche Formen annehmen. Allen voran gibt es Gemeinschaftsgärten, die auf das Konzept der New Yorkerin Christy zurückgehen. Das sind kollektiv betriebene Gärten, die mitten in der Stadt liegen. Die Gärten werden gemeinschaftlich von Aktivisten oder Gruppen aus derselben Schule, Kirche, Firma, Stadtviertel, politischen Partei oder Institution genutzt.[17] Verlassene oder heruntergekommene Ecken werden durch die Gärten aufgewertet. Häufig sind die Gärten für die Öffentlichkeit zugänglich und erhalten viel Zuspruch. Sie werden zu Treffpunkten der Nachbarschaft, was sich positiv auf die Atmosphäre eines Viertels auswirkt.[18] Nachbarschaftsgärten werden, wie der Name schon sagt, von Anwohnern eines Stadtgebiets angelegt und betrieben. Es sind ebenfalls Gemeinschaftsgärten, die jedoch in der Regel privat gehalten sind. Die Gärten liegen in Hinterhöfen oder zwischen den Häusern mitten in der Stadt.

Auch die Entstehung des Guerilla Gardenings wird Christy zugeordnet. Ohne die Erlaubnis der Stadt einzuholen hatten sie und ihre Gruppe sich Grundstücke angeeignet und zu Gärten transformiert. Die Aktivistengruppe gab sich den Namen Green Guerillas. Der Begriff »Guerilla« stammt aus den Zeiten Napoleons und bedeutet in etwa Kleinkrieg, also Angriffe in kleinem Rahmen. Guerilla Gardening wird als eine Form des politischen Protests verstanden. Die Gärtner sind meist mit geringer Ausstattung unterwegs, um das Stadtbild kreativ zum Positiven zu verändern. Verwahrloste Grünstreifen werden bepflanzt oder Kreisverkehre zum Stadtacker umfunktioniert. Gerne verwendet werden Saatbomben, kleine Erdkugeln mit Samen, die man in die Stadtlandschaft wirft. Guerilla Gardening bewegt sich in der Grauzone zur Illegalität, da vor den Aktionen keine Erlaubnis der Grundstücksbesitzer eingeholt wird.

In Interkulturellen Gärten werden Menschen verschiedener Herkunft zusammengebracht, um gemeinsam Gemüse und Obst anzubauen. Die Gärten fördern den internationalen Austausch und bieten Bildungsangebote. Für Migranten und Flüchtlinge stellen sie Zuflucht und praktische Therapie dar. Das Gartenangebot richtet sich speziell an zwangserwerbslose Asylbewerber, die mit dem Status »Geduldete« jahrelang nicht arbeiten dürfen. Interkulturelle Gärten werden von Kommunen und Kirchen angeboten und ermöglichen es den Migranten, »Wurzeln in der Fremde« zu schlagen.[19]

In vielen Städten gibt es darüber hinaus City Farms oder Kinderbauernhöfe, eine Mischung aus Nutztierhaltung und Pflanzenanbau. Es werden Tiere wie Pferde, Hühner, Schafe, Alpakas, Esel, Pfaue oder Ziegen gehalten. Das Angebot ist vor allem auf Kinder ausgerichtet, die auf dem Hof mithelfen können. Das kann klassisches Gärtnern, aber auch Tiere füttern oder Reiten sein.[20]

Liegt eine Schrebergartenparzelle innerhalb oder am Rand der Stadt, sind auch diese Teil von Urban Gardening. Die Gartengrundstücke werden von den Nutzern gepachtet. Die Kleingärten sind teilweise als Vereine organisiert mit Regelungen zu Ruhezeiten, Tierhaltung und Bepflanzung.

Auch gibt es sogenannte Selbsterntegärten, bei denen Parzellen für jeweils eine Saison gemietet werden. Manche Parzellen sind bereits mit Setzlingen versehen, auf anderen kann nach Belieben angebaut werden. Die Parzellen werden in Eigenverantwortung von den Mietern betrieben. Dabei steht weniger der Gemeinschaftsaspekt als die eigene Ernte im Vordergrund. Abschließend ist der private Pflanzenanbau zu Hause zu erwähnen. Der Garten kann je nach Wohnsituation recht unterschiedlich ausfallen. Bepflanzt werden Hinterhöfe, Gärten um das Haus, Zugänge zwischen den Häusern,

Terrassen, Balkone, Flachdächer, Feuerleitern und der Innenbereich der Wohnungen.

Da die Gärtner häufig das erste Mal selbst Pflanzen anbauen, lautet das Motto bei Urban Gardening »Learning by doing«. Es wird viel improvisiert und ausprobiert. Den eigenen Garten von Grund auf zu planen und in die Tat umzusetzen macht nicht nur Spaß, sondern führt zur Erweiterung der eigenen Kenntnisse und Fähigkeiten. Während der Gartenarbeit entstehen immer wieder Fragestellungen, die es zu lösen gilt. Kreativität und Flexibilität sind gefragt.

Warum wird Urban Gardening als politischer Aktivismus verstanden?

Urban Gardening ist politisch, da Problematiken der heutigen Zeit aufgegriffen und direkt bearbeitet werden. Dazu zählen Digitalisierung, mangelnde Frei- oder Grünflächen, Klimawandel, Privatisierung des öffentlichen Raums, industrielle Landwirtschaft und Sortenarmut in den Supermärkten. Gleichzeitig geht es in den Gärten viel um das Selberausprobieren, Lernen und gegenseitige Unterstützung. Experimentell wird nach einer holistischen, städtischen Lebensqualität für alle gesucht. Die Aneignung von Brachflächen und städtischen Freiräumen durch die Bevölkerung ist eine Form von politischer Partizipation. Urbane Gärten beschäftigen Stadtplanung und Politik. Insofern verändern die Aktivisten das Stadt-Land-Verständnis und tragen durch ihre pragmatische Herangehensweise zur politischen Diskussion bei.[21]

Kritik an Urban Gardening

Urban Gardening macht den Eindruck, ausschließlich positive Effekte auf die städtische Umgebung zu haben. Bei genauerer Betrachtung offenbaren sich allerdings Interessenkonflikte verschiedener Parteien. In Städten mit begrenzten Freiflächen wie Stuttgart, Hamburg oder München stehen Urban-Gardening-Projekte hintenan. Hier werden dringend Grundstücke für Wohnraum, Schulen oder Bürogebäude benötigt. Freiflächen werden schnell verkauft oder für städtische Bauprojekte verwendet. Die konsequente Nutzung der innerstädtischen Grundstücke beugt einer Bebauung der städtischen Grüngürtel vor. Gemeinschaftsgärten würden aus stadtplanerischer Sicht eher zu Nachteilen führen, da Grünflächen an anderer Stelle versiegelt würden.[22] Die Aufwertung von städtischem Raum ist zudem Aufgabe der Stadtverwaltung. Selbst organisierte Gärten können zu einer Verbesserung des Stadtviertels führen und somit einen Gentrifizierungsprozess auslösen. Der Zuzug von Wohlhabenden kann die Mietpreise des jeweiligen Viertels in die Höhe treiben und so ungeplant zur Abwanderung der ärmeren Schicht führen.[23] Von der Stadt organisierte Gemeinschaftsgärten sind darüber hinaus auf soziale Inklusion bedacht. Private Gärten, die »von unten nach oben« organisiert sind, sprechen meist eine recht kleine Zielgruppe an, die z. B. aus links orientierten 30- bis 40-Jährigen besteht.[24]

Ein weiterer Kritikpunkt ist der bürokratische Aufwand für die Urban-Gardening-Projekte, denen der Rechtsstatus fehlt. Die Flächen stehen den Nutzern teils nur temporär zur Verfügung, was eine langfristige Planung verhindert. Ein vergleichbarer Gesetzeskatalog wie das Bundeskleingartengesetz wäre hilfreich. Das würde den Urban-Gardening-Projekten einen gesicherten Rechtsstatus verleihen, und die Städte müssten sie in die Planung miteinbeziehen.[25] Auch kritisiert die Urban-Gardening-Szene die mangelnde politische Anerkennung der Projekte. Zwar helfe die Stadt München beispielsweise punktuell bei Problemstellungen, die Gartenprojekte würden aber nicht für wichtig befunden. Das zeige sich auch an der Verwendung von städtischen oder privaten Fördergeldern.[26] Dazu besteht die Gefahr der Instrumentalisierung des Trends. So gibt es in Berlin Bestrebungen der Stadtverwaltung, die Pflege von städtischen Grünanlagen Ehrenamtlichen zu überlassen. Bei dieser Outsourcing-Strategie würden die Verantwortung und öffentliche Dienstleistungen auf die zivile Bevölkerung abgewälzt.

In manchen Ländern wurde das Konzept von Urban Gardening bereits zum profitorientierten *Urban Farming.* Seit 2011 gibt es in Japan eine große kommerzielle Indoorfarm, die auf einer Fläche von 25.000 Quadratmetern rund 10.000 Salate pro Tag produziert.[27] Auch in New York entstehen immer mehr *Vertical Farms*. Was in Städten mit wenig Platz und hohem Bedarf an Lebensmitteln eine gute Lösung darstellt, kann in anderen Fällen ethisch fragwürdige Formen annehmen. In China werden Hochhäuser mit bis zu 13 Stockwerken für die innerstädtische Schweinezucht gebaut. In einem 2018 gestarteten Bau sollen auf elf Hektar insgesamt 30.000 Schweine Platz haben, die 840.000 Ferkel im Jahr produzieren. Die »Schweinehotels« benötigen nur wenig Fläche und sparen Ressourcen sowie Energie. Dafür steigt jedoch das Risiko für Infektionen und Krankheiten.[28]

Großstädte in Zukunft gänzlich durch innerstädtische Landwirtschaft zu versorgen ist bisher nur Utopie. Die Kosten solcher Projekte, insbesondere für Strom, sind enorm. Urban Gardening als verbreitete Methode der Selbstversorgung der Städter wird daher nicht erwartet. Die Menschen hätten genügend Geld, um biologische Produkte im Handel zu kaufen.[29] Außerdem äußerte eine Forschergruppe am Institut für Ökologie der TU Berlin schon im Jahr 2010 Bedenken, ob die urbanen Produkte so gesund seien. Eine Untersuchung von innerstädtisch angebautem Obst und Gemüse ergab, dass diese erhebliche Schadstoffmengen enthielten. Durch die viel befahrenen Straßen seien die Pflanzen stark mit Schwermetallen belastet, die teils über den EU-Grenzwerten lägen. Die leitende Forscherin schlug jedoch vor, es könne bereits viel verbessert werden, wenn z. B. Hecken zwischen der Straße und dem Garten lägen.[30]

Vorteile von Urban Gardening

In ärmeren Ländern ist der Hauptantrieb und damit großer Vorteil von Urban Gardening Subsistenzwirtschaft, sprich die Deckung des eigenen Bedarfs an frischen Lebensmitteln. Es ermöglicht, Engpässe in der Nahrungsmittelversorgung zu überbrücken. In Nordamerika und Europa ist eine Selbstversorgung für viele nicht nötig. Dennoch berichten urbane Gärtner von Kosteneinsparungen für biologisch angebaute Nahrung, da sie die Arbeitszeit im Garten nicht als negativen Faktor einrechnen. Durch Urban Gardening wird die Nahrungsmittelproduktion außerdem lokaler. Die Landwirtschaft wird in das Stadtleben integriert. Davon profitieren die Umwelt sowie das städtische Klima. Die Transportwege für die Waren verringern sich, was den CO_2-Austoß immens senkt. Auf kleinen Flächen werden meist keine motorisierten Geräte für den Anbau verwendet, was den CO_2-Fußabdruck weiter reduziert.

Erste positive Ergebnisse können bereits durch eine stärkere Begrünung von Balkonen und Terrassen erzielt werden. Insbesondere die Begrünung von Hausdächern ist vorteilhaft. Ein bepflanztes Dach isoliert, dient als Wärmedämmung und Kälteschutz. Es schützt vor UV-Strahlung, Hagelschäden und senkt die städtische Lufttemperatur. In Stuttgart ist die Begrünung der Dächer bei vielen Neubauten bereits Pflicht, während grüne Flachdächer in Tokio sogar gesetzlich vorgeschrieben sind.[31] Pflanzen geben Feuchtigkeit an die Luft ab, binden Schadstoffe in ihren Wurzeln und produzieren Sauerstoff. Neben einer verbesserten Luftqualität steigern städtische Grünflächen, auch abseits der Dächer, die Lebensqualität für Anwohner und Tiere. Die Erde von nährstoffarmen Brachflächen wird revitalisiert, und auf Betonflächen werden Pflanzen kultiviert. Gleichzeitig werden Stadtgeräusche abgefangen und urbane Ruheräume geschaffen.

Durch den kontrollierten Eigenanbau ist die Lebensmitteltransparenz gewährleistet, nach der sich viele Menschen sehnen. Gleichzeitig betätigen sich die Gärtner an der frischen Luft und treten mit der Natur in Kontakt. Gärtnern kann Stress reduzieren, weiterbilden und zu neuen Fähigkeiten führen. Wissen um traditionelles Handwerk, wie z. B. selbst Olivenöl, Apfelmost oder Wein herzustellen, wird bewahrt. Gleichzeitig wird das Bewusstsein für die Produktion von Lebensmitteln gefördert und eine Wertschätzung für die Natur als Grundlage allen Lebens generiert.

Urban-Gardening-Projekte beleben den öffentlichen Raum und schaffen geschützte Begegnungsräume. Die Gartenprojekte in Ländern des Globalen Südens tragen zur Emanzipation und Förderung von Frauen bei. Internationale Gärten in Deutschland helfen bei der Integration. Sie bieten Möglichkeiten, sich durch Gartenarbeit zu beschäftigen und zu vernetzen. Besonders für Kinder und Jugendliche sind die Gärten spannende Lernorte. Weltweit sind Urban-Gardening-Projekte Hinweise auf soziale, politische oder wirtschaftliche Schwachstellen. Die Bevölkerung bespielt ungenutzte Flächen und nimmt die Gestaltung der Stadt selbst in die Hand. Das sendet Lösungsansätze sowie Impulse an Unternehmen, Stadtplaner, Architekten und Politik. Urban-Gardening-Projekte sind innovative Experimentierfelder für die Stadt der Zukunft.[32]

Wieso ist Nahrungsmittelsicherheit ein Thema von Urban Gardening?

»Jede Nation ist nur neun Mahlzeiten von der Anarchie entfernt« ist ein bekanntes Sprichwort, geprägt unter anderem im 19. Jahrhundert vom US-amerikanischen Schriftsteller Alfred Henry Lewis. Wie viel Wahrheit diese Botschaft beinhaltet, zeigte zuletzt die Wirtschaftskrise um 2008. Als die Preise der Grundnahrungsmittel so weit anstiegen, dass die ärmsten Menschen sie sich nicht mehr leisten konnten, brachen Unruhen in über 20 Ländern aus. Und das, obwohl die Ernten gut ausgefallen waren und es große Lebensmittelvorräte gab. In Ägypten wurde das Militär eingesetzt, um Brot zu backen, während die Soldaten auf den Philippinen Reiskuchen bewachten.[33] Wir sind heute so abhängig von der Lebensmittelindustrie wie nie zuvor. Die Lieferkette der Supermärkte kann durch eine Vielzahl an Ursachen abbrechen, z. B. durch Missernte, Stromausfall, Benzinknappheit, manipulierte Marktpreise oder Umweltkatastrophen. Obgleich Deutschland in der Finanzkrise keine Lebensmittelengpässe erlebte, ist das Land nicht krisengeschützt. Mit dem Klimawandel stehen uns kaum abschätzbare Veränderungen bevor. Die eigenen Lebensmittel anzubauen kann auf Katastrophen vorbereiten und über Versorgungskrisen hinweghelfen. Selbstversorgung macht unabhängig und bietet Sicherheit, auch in der Stadt.[34]

Abfall

Plastikfrei

»Warum sollte man etwas, das man nur ein paar Minuten benutzt und dann einfach wegwirft, aus einem Material herstellen, das praktisch unendlich haltbar ist?«

Jeb Berrier, US-amerikanischer Produzent und Darsteller im Dokumentarfilm *Bag It*

Beim Plastikfrei-Trend wird aus gesundheitlichen Gründen und zum Schutz von Tier und Umwelt den Kunststoffen entsagt. Der Kauf und die Verwendung von Plastikprodukten und -materialien werden vermieden. Die Konsumverweigerung umfasst Verpackungsmaterial, Küchenutensilien, Hygieneprodukte, Kleidung bis hin zu Möbeln und Baumaterial. In einigen Auslegungen des Trends wird der komplette Haushalt von Plastikartikeln befreit.

Früher wurde Kunststoff als Wunderwerkstoff gefeiert. Heute hat er ein negatives Image. Plastik, wie Kunststoff umgangssprachlich genannt wird, ist zu einem großen Problem für Mensch und Umwelt geworden. Bereits Anfang der 1970er-Jahre warnte der US-amerikanische Ökologe und Biologe Barry Commoner vor den Folgen der Kunststoffproduktion. Es bestehe die verhängnisvolle Annahme, der Mensch habe sich durch Maschinen frei von der Abhängigkeit von der Natur gemacht. Die Menschheit produziere unnatürliche Materialien, die als völlig fremde Substanzen dem Ökosystem zugeführt würden. Die Natur habe jedoch keine Mechanismen, diese Stoffe zu zersetzen und in ihren unendlichen Kreislauf aufzunehmen. Commoner hielt fest, es sei ernüchternd, wie viele Billionen Kilogramm Plastik bereits hergestellt worden seien. Einiges davon sei verbrannt worden und habe die Luft verschmutzt, andere Teile seien in die Ozeane gelangt und würden das marine Leben zerstören. Der Rest belaste die Mülldeponien oder sei in der Landschaft verteilt. Das, was den Wert des Kunststoffes ausmache, seine Unzersetzbarkeit, sei sein großer Nachteil.[1] Rund 50 Jahre nach den Warnungen Commoners sind die Folgen der Plastikproduktion für die Umwelt wie von ihm beschrieben, nur noch verheerender.

Kunststoffe werden hauptsächlich aus fossilen Brennstoffen hergestellt. Diese werden durch Erdbohrungen gewonnen, die Lecke aufweisen können. Die ausgeflossenen Stoffe verschmutzen das Trinkwasser und lassen Tiere erkranken oder sterben. 50 Prozent des Erdgases wird durch *Fracking* gewonnen, einem Prozess, bei dem Chemikalien, Sand und Wasser mit hohem Druck in den Untergrund gespritzt werden. Das Grundwasser wird in der Folge häufig vergiftet, und das Erdbebenrisiko steigt an. Die anschließende Verformung der Brennstoffe zu Plastikprodukten setzt zahlreiche schädliche Stoffe in die Atmosphäre frei. Auch können flüssige Giftstoffe in Gewässer gelangen. Menschen in Fabriken zur Kunststoffherstellung erkranken häufiger an Krebs. Zudem können die Dämpfe die DNA verändern.[2]

Etwa 80 Prozent der Ware im Supermarkt kommt mittlerweile mit Plastik in Kontakt. Kein Wunder, dass es auch im menschlichen Organismus vorzufinden ist. 2018 entdeckten österreichische Forscher Mikroplastik in Stuhlproben.[3] Je nach Plastikart werden verschiedene Stoffe durch die Verdauung freigesetzt und gelangen dadurch in den Blutkreislauf. Welche Folgen das für die Gesundheit hat, ob der Plastikmix im Blut z. B. krebserregend ist, ist noch ungeklärt. Es gab aber bereits Tierversuche, bei denen Schnecken mit Mikroplastik gefüttert wurden. Sie selbst wiesen keine Veränderungen auf, ihre Nachkommen waren allerdings alle deformiert.[4] Bisher wurden zwei Weichmacher, die zur Kunststoffherstellung dienen, als stark gesundheitsgefährdend eingestuft: Phthalate und Bisphenol A (BPA).

Die Weichmacher und Kunststoffe gelangen über viele Wege in das Verdauungssystem. BPA wird beispielsweise für wiederverwendbare Trinkflaschen und Plastikdosen verwendet, findet sich aber auch in der Innenbeschichtung von Konservendosen. Im menschlichen Körper verändert BPA den Hormonhaushalt und damit Verdauung, Wachstum und Schlaf. Dazu enthalten viele Lebensmittel Mikroplastik. Auch der Großteil der Wasserflaschen im Handel enthält Mikroplastik wie Polypropylen, aus dem die Flaschendeckel hergestellt sind. In Leitungswasser sind Kunststoffe ebenfalls vorhanden, aber weniger stark als in abgefülltem Wasser. In Getränkeflaschen sind häufig Phthalate enthalten, die besonders bei säurehaltigen Getränken wie Softdrinks in die Flüssigkeit übergehen. Auch über Weichtiere wie Muscheln oder Austern gelangen Kunststoffe in das menschliche Verdauungssystem. Die Tiere konsumieren Plastik über das Meerwasser, und so landet es über die Ernährung auch im Menschen. Zusätzlich wird derzeit erforscht, ob auch andere Meereslebewesen wie Fische Kunststoffe in den Nahrungskreislauf übertragen. Mikroplastik ist zu groß, um in das Muskelgewebe zu wandern. Es gibt jedoch noch kleinere Plastikpartikel, Nanoplastik, das sich durch Gewebe, Zellen und Organe bewegt.[5]

Es gibt zwar Plastikartikel wie Computer oder Autoteile, die lange genutzt werden. Aber der Großteil der Plastikproduktion fließt in nur kurz verwendete Verpackungsmaterialien. Dies führt zu einem erheblichen Müllaufkommen: Jede Minute werden weltweit eine Million Wasserflaschen und neun Millionen Plastiktüten weggeworfen.[6] Viele Plastikprodukte und Verpackungsmaterialien werden außerdem weltweit exportiert. Sie landen in Ländern, in denen sie gerne konsumiert werden, jedoch keine Infrastruktur für das Recycling vorhanden ist. Der Abfall landet auf großen Mülldeponien. Regenwasser transportiert Stoffe aus den Kunststoffen in den Untergrund und das Grundwasser ab. Plastik wird nicht von Bakterien oder Pilzen in seine ursprünglichen Bestandteile heruntergebrochen. Stattdessen zerbricht es in immer kleinere Teile, bis es zu winzigen Plastikpartikeln wird, die von Wind und Wetter letztlich über die Gewässer bis ins Meer fließen. Andere große Verursacher von Mikroplastik sind Schuhsohlen, Kunstrasenplätze, Autoreifen und Fassadenfarben.[7] Erschreckend viel Plastikmüll gelangt darüber hinaus durch Schiffscontainer, die über Bord gehen, in das Meer. Auch die Fischereiindustrie trägt zur Plastikverschmutzung bei. Geschätzt verlieren die Fischer jährlich etwa 640.000 Tonnen an Netzen und Fischereiequipment.

Die Folgen des Plastikmülls für die Umwelt sind katastrophal. Plastik ist mittlerweile überall in den Weltmeeren zu finden. Die Kunststoffe werden in Wasserwirbeln zu großflächigen und tiefen Plastikstrudeln zusammengetrieben. In den Ozeanen gibt es fünf dieser sogenannten *Garbage Patches*. Der größte ist der Great Pacific Garbage Patch zwischen Asien und Amerika. Die Maße des Plastikmülls werden auf 79.000 Tonnen und 1,6 Millionen Quadratkilometer geschätzt, das ist viermal die Fläche Deutschlands. Das Plastik wird zwar über die Zeit kleiner, aber es löst sich nicht auf. 90 Prozent des Mikroplastiks sinkt letztlich auf den Meeresboden.

Die Meereslebewesen leiden unter den Kunststoffen. Wenn Plastikteile auf Korallen landen, blockieren sie die Sonnenstrahlung und ziehen schädliche Bakterien an. Tiere verfangen und verletzen sich in den Netzen und Plastikteilen. Sie halten das Plastik häufig für Nahrung und fressen es. 2019 wurde ein toter Wal auf den Philippinen angeschwemmt, der 40 Kilogramm Plastikmüll in seinem Magen hatte. Plastik spielt dazu eine große Rolle für den Rückgang der Seevögelpopulation. Seit den 1950er-Jahren hat sich diese um 67 Prozent verringert. Die Vögel halten die Kunststoffe für Futter wie Fischeier oder kleine Fische. Im Magen verletzen die Plastikteile die Organe, lassen kaum Platz für richtige Nahrung und beschweren manche Vögel bis zur Fluguntauglichkeit. Auch Meeresschildkröten verwechseln dahintreibende Plastiktüten mit fressbaren Quallen. Durch die Aufnahme der Tüten sind sie unterernährt und verhungern. Plastik geht über Muscheln und Fische in den Nahrungskreislauf ein und landet, wie bereits beschrieben, letztlich auch in der menschlichen Nahrung.[8]

Wie kam es zum Plastikfrei-Trend?

Obwohl die größte Plastikmülldecke, The Great Pacific Garbage Patch, bereits 1997 entdeckt wurde, dauerte es einige Zeit, bis die Plastikfrei-Bewegung entstand. Das Bewusstsein für das Problem musste in der Gesellschaft erst geschaffen werden. Umweltschutzorganisationen wiesen kontinuierlich auf das Plastikproblem hin. Initiativen entstanden, um die Gesellschaft zu sensibilisieren und das Meer vom Müll zu befreien. Dazu zählen beispielsweise Take 3 for the Sea in Australien, The Ocean Clean-Up in den Niederlanden und die globale Bewegung Break Free From Plastic, der sich über 1.800 Organisationen und über 9.000 Individuen angeschlossen haben.[9]

Die breite Öffentlichkeit wurde durch die Medien auf das Umweltproblem aufmerksam. Zahlreiche Dokumentationen wiesen darauf hin, dass alle Menschen durch ihre Konsumgewohnheiten an dem Plastikproblem beteiligt sind, nicht nur die Produzenten und Entsorgungssysteme. 2008 erschien z. B. der finnische Dokumentarfilm *Recipes for a Disaster*. Darin unterzog sich die vierköpfige Familie des Regisseurs John Webster einer Diät von erdölbasierten Produkten, also auch Kunststoff. Eine US-amerikanische Familie machte 2009 in *No Impact Man* ein ähnliches Experiment: Sie wollten ein Jahr lang so wenig negative Auswirkungen auf die Umwelt wie möglich verursachen. Sie nutzten weder elektronische Geräte, Autos, öffentliche Verkehrsmittel noch Take-away-Mahlzeiten. In den USA erschien 2012 mit *Promised Land* ein Spielfilm, der erstmals die Umweltprobleme durch *Fracking* beleuchtete, sowie ein Jahr später der Dokumentarfilm *Plastic Paradise. The Great Pacific Garbage Patch*, in dem auf den Müll im Pazifik hingewiesen wurde. Das Plastik im Meer wurde auch in Europa durch den Dokumentarfilm *A Plastic Ocean* des britischen Journalisten Craig Leeson thematisiert. Einer der medial wirksamsten Beiträge war jedoch eine Dokumentationsreihe des Senders BBC im Jahr 2017. In *Blue Planet II* führte der britische Naturhistoriker David Attenborough durch die Unterwasserwelt. Die letzte der sieben Folgen enthielt Warnungen zu Umweltschäden wie Klimawandel und dem Plastikmüll, der in das Meer gelangt.

Eine frühe Trendsetterin des Plastikfrei-Lebensstils ist die US-Amerikanerin Beth Terry. 2007 hörte sie im Radio einen Bericht über Colin Beaven, den New Yorker, der mit seiner Familie das *No-Impact-Man*-Experiment vollzog. Terry begann, Kunststoffe schrittweise aus ihrem Leben zu verbannen, und schrieb ab 2007 auf ihrem Plastikfrei-Blog myplasticfreelife.com darüber.[10] Später veröffentlichte sie das Buch *Plastic Free. How I kicked the plastic habit and how you can, too.*[11] Ihrem Beispiel folgten viele Plastikfrei-Aktivisten weltweit. Einer der europäischen Trendsetter war die Niederländerin Maria Westerbos. Nachdem die TV-Produzentin 2009 an einem Beitrag zu den Plastikstrudeln im Ozean gearbeitet hatte, beschloss sie, ihren Job zu kündigen, und widmete sich dem Müllproblem. Im Jahr 2011 gründete sie die gemeinnützige Organisation Plastic Soup Foundation, die bis heute gegen Plastik vorgeht.[12] Anderen Menschen fiel der Plastikmüll an den Stränden auf, und sie fingen an, sich mit der Thematik zu beschäftigen. Dazu zählt z. B. der deutsche Reiseblogger und Autor Christoph Schulz, der auf seinem Blog careelite.de über nachhaltiges Reisen und den Plastikfrei-Lebensstil schreibt. Er war in Sri Lanka auf das enorme Plastikproblem aufmerksam geworden. Die Strände waren vermüllt, und das Land hat keine Recyclingstrategie.

Im deutschsprachigen Raum sensibilisierte insbesondere Werner Boote mit dem Dokumentarfilm *Plastic Planet* im Jahr 2009 die Gesellschaft für das Plastikproblem. Der Film war für viele der Auslöser, sich mit der Thematik zu beschäftigen. Die Österreicherin Sandra Krautwaschl beschloss aufgrund des Films beispielsweise, ihre Familie einer Plastikdiät zu unterziehen. Das Experiment dokumentierte sie auf ihrem Blog keinheimfuerplastik.at.

Die Popularität des Plastikfrei-Trends hängt laut Zukunftsinstitut auch mit einem übergreifenden Trend zu mehr Gesundheitsbewusstsein zusammen. Immer mehr Menschen entscheiden sich für einen plastikfreien Haushalt, wenn sie von den gesundheitlichen Risiken der Kunststoffe erfahren.[13] Aus welchen Gründen die Menschen auch immer gegen Plastik aktiv werden, die Protestbewegung gegen Plastik hat erfreulicherweise mittlerweile auch die Politik erreicht. Das EU-Parlament verabschiedete zum Schutz der Meere und der Umwelt im Frühjahr 2019 eine Plastikstrategie. Ab Juli 2021 wurde die Herstellung von Einwegplastikartikeln wie Wattestäbchen mit Plastikgriff, Plastiktellern und -schalen, Besteck, Trinkhalmen sowie Essensbehältern aus Styropor verboten. Ab 2030 sollen zudem alle Trinkflaschen zu mindestens 30 Prozent aus recycelbarem Material bestehen. Jeder EU-Mitgliedstaat ist verpflichtet, die Regeln umzusetzen.[14]

Deutschland gilt als Recycling-Musterschüler. Warum verzichten Menschen trotz funktionierender Infrastruktur auf Plastik?

Das deutsche Recyclingsystem wird so gut bewertet, da es im Vergleich zu anderen Ländern auf einem höheren Niveau ist. In Deutschland werden Abfälle als Wertstoffe gesehen und stofflich sowie energetisch genutzt. Dennoch werden immer noch 60 Prozent des Plastikmülls verbrannt und von den 40 Prozent, der als recycelt gilt, ein Großteil im Ausland entsorgt. Zwar soll er dort recycelt werden, aber es gibt immer wieder Skandalfunde von deutschem Plastikmüll auf wilden Deponien, wie zuletzt in Malaysia. Nur 17 Prozent des Plastiks werden tatsächlich recycelt. Einerseits ist der Müll zu verschmutzt, andererseits gibt es viele nicht recycelbare Multilayer-Kunststoffe. Das recycelte Plastik wird auch nicht in denselben Artikel geformt, sondern zu einer niedrigeren Plastikqualität und z. B. für Straßenschildfüße verwendet.[15] Es besteht viel Spielraum nach oben hinsichtlich der Effizienzsteigerung und Müllvermeidung. Darüber hinaus produzieren deutsche Hersteller Plastikprodukte und exportieren sie ins Ausland. Die zuständigen Institutionen der jeweiligen Länder sind von der Müllproblematik überfordert. Häufig fehlt es an finanziellen Mitteln, ein entsprechendes Entsorgungssystem einzurichten.[16]

Wie sieht ein plastikfreier Lebensstil aus?

Beim Begriff »Plastikfrei« erwartet man, dass im Haushalt gar keine Kunststoffe zu finden sind – *Zero Plastic*. In der Realität sind Plastikfrei-Lebende keine Komplettverweigerer, sondern nur stärker auf Kunststoffe sensibilisiert. Welche Dinge gekauft oder verwendet werden, wird genauer geprüft. Der Fokus liegt auf einem möglichst geringen Plastikverbrauch. Das Bewusstsein dafür liegt wie ein Filter über jeder Entscheidung. Der grobe Kompass ist, Langlebigkeit und Qualität einer kurzzeitigen Verwendung und mangelhaften Produkten vorzuziehen. Das kann bedeuten, dass z. B. Gegenstände wie eine hochwertige Küchenmaschine aus Plastik im Regal zu finden sind, aber keinerlei Plastikdosen oder -tüten.[17]

Die meisten Plastikfrei-Lebenden beginnen ihren Prozess mit einer Bestandsaufnahme. Der eigene Konsum und der damit einhergehende Abfall werden untersucht. Auch Gegenstände, Möbel und Materialien, die sich im Haushalt befinden, werden analysiert. Im Anschluss werden die Kunststoffprodukte schrittweise ersetzt und plastikfreie Alternativen gesucht. Manchmal ist eine neue Art, etwas umzusetzen oder es selbst herzustellen, einfacher, als ein Ersatzprodukt zu finden. Plastik ist ein junges Material, das erst vor etwa 60 Jahren zum Mainstream wurde. Zur Inspiration dient daher ein Blick in die Vergangenheit. Welche Dinge oder Methoden haben die Menschen vor den Kunststoffen genutzt?[18] Dem Plastikfrei-Trend liegt die Logik der sogenannten *4 Rs* zugrunde: *Refuse, Reduse, Reuse* und *Recycle*. Manche Aktivisten ergänzen die *Rs* um *Repair* und *Rethink*. Mit diesen 4 bzw. 6 *Rs* wird angestrebt, so wenig Plastikmüll wie möglich zu produzieren. Das ähnelt der ZERO-WASTE-Bewegung, die durch 5 *Rs* Abfall jeglicher Art vermeidet. Viele Menschen, die Plastik vermeiden, gehen später in den ZERO-WASTE-Lebensstil über.

- *Refuse – Verweigern*

  Plastikartikel, besonders Einwegprodukte, werden im Einzelhandel, in Cafés und Restaurants ganz selbstverständlich verwendet. Diese Artikel wie Plastiktüten, Strohhalme, To-go-Becher, Plastikbesteck und Werbegeschenke werden im Plastikfrei-Lebensstil freundlich abgelehnt.

- *Reduce – Reduzieren*

  Auch hier gilt das Credo: »Weniger ist mehr«. Neuanschaffungen werden überdacht, Spontankäufe vermieden. Nur was wirklich benötigt wird und von Dauer ist, wird gekauft. Insbesondere Verpackungsmüll wird reduziert. Im Idealfall wird ein Produkt ohne Plastikverpackung gewählt oder eben die Variante mit dem geringsten Plastikmüllaufkommen. Eine größere Einheit zu kaufen spart z. B. Verpackung ein. Insbesondere Onlinebestellungen werden eingeschränkt, da diese in der Regel mit viel Verpackungsmüll einhergehen.

- *Reuse – Wiederverwenden*

  Hat ein Plastikgegenstand, der doch im Haushalt verwendet wurde, seinen Zweck erfüllt, wird er nicht gleich entsorgt. Stattdessen wird die Langlebigkeit des Materials genutzt und der Gegenstand mehrmals verwendet. Alte Plastikbehälter können z. B. bepflanzt werden. Auch gibt es für fast alle Einwegplastikartikel mittlerweile Mehrwegprodukte, die stattdessen verwendet werden, wie wiederverwendbare Kaffeebecher, Strohhalme, Besteck oder Dosen für Mahlzeiten. Im Idealfall bestehen diese aus Holz, Stahl oder anderen Alternativen. Plastikfrei-Lebende führen die Mehrwegprodukte im Alltag mit sich (siehe ZERO-WASTE-Kit im nächsten Kapitel). Darüber hinaus werden Dinge im Bekanntenkreis oder an Secondhandshops weitergegeben.

- *Recycle – Recyceln*

  Werden Plastikgegenstände entsorgt, kommen sie in die entsprechende Recyclingtonne/-sack der Kommune.

Recycling klingt nach einer harmonischen und simplen Lösung für den Plastikkreislauf. Allerdings werden, wie bereits erwähnt, nur 17 Prozent des Plastiks in Deutschland recycelt und zu minderwertigeren Produkten verarbeitet. Der Recyclingprozess verbraucht sehr viel Energie und setzt dazu giftige chemische Stoffe frei.[19] Das Verbrennen von Plastikmaterial ist auch keine Lösung. Eine Plastikflasche zu verbrennen benötigt 26 Mal so viel Energie, wie für die Herstellung eingesetzt wurde.[20] Daher wird auch recycelbarer Plastikmüll, so gut es geht, vermieden.

- *Repair – Reparieren*

  Vor einigen Jahrzehnten war das Reparieren von kaputten Gegenständen noch gang und gäbe. Heute werden die Dinge weggeworfen. Das liegt am Wohlstand, den gesteigerten Lebensverhältnissen und an den zahlreichen Angeboten von Ersatzprodukten. Wer plastikfrei lebt, verlängert den Lebenszyklus von Plastikprodukten so lange wie möglich und repariert sie. Vielerorts sind bereits *Repair-Cafés* entstanden, Orte, an denen Menschen einander helfen, kaputte Gegenstände zu reparieren.

- *Rethink – Neu erfinden*

  Ähnlich zu Reuse werden ausgediente Plastikartikel anderweitig eingesetzt statt weggeworfen. Es geht um *Upcycling*, sprich den Gegenstand in einen neuen zu verwandeln. Die neuen Objekte sind hierbei von höherer Qualität im Sinne eines künstlerischen Mehrwerts oder nachhaltigen Gedankens. Designer Micaella Pedros fertigt z. B. Möbel aus Plastikflaschen, und die Firma Precious Plastic stellt auf ihrer Website Anleitungen für einfache Recyclingmaschinen zum Selberbauen zur Verfügung.

Plastik aus dem Leben zu verbannen fängt beim Lebensmitteleinkauf mit dem Ablehnen von Einwegplastiktüten und der Verwendung von Stoffbeuteln an *(Refuse)*. Auf Papiertaschen oder biologisch abbaubare Tüten umzusteigen ist keine Lösung. In der Ökobilanz zeigen sich für beide Ersatzprodukte keine eindeutigen Vorteile. Der Begriff »biologisch abbaubar« kann Konsumenten außerdem dazu verleiten, die Tüten in der Natur oder im Kompost zu entsorgen, was ein Trugschluss ist. Die Tüten zersetzen sich zwar schneller, sind aber teilweise aus Kunststoff gefertigt. In Recyclinganlagen vermindern die Tüten die Recyclingqualität des konventionellen Plastiks.[31] Plastikfrei-Lebende nutzen statt abgefüllten Plastik-Wasserflaschen zudem wiederverwendbare Glas- oder Stahlflaschen *(Reuse)*, steigen auf Glasflaschen im Getränkemarkt um oder nutzen einen Wasserfilter.

Nahrungsmittel im natürlichen Zustand zu kaufen spart ebenfalls viel Verpackungsmüll ein. Durch mitgebrachte Netze werden keine kleinen Plastiktüten benötigt. Käse und Fleisch wird an der Frischetheke oder beim Metzger erworben und in mitgebrachten Behältern verstaut. Viele Einzelhändler bieten auch lose Produkte an, die selbst abfüllbar sind. Dadurch können trockene Lebensmittel wie Kaffee, Reis, Tofu, Nudeln oder Bohnen ohne Plastikmüll erworben werden *(Reduce)*. Außerdem werden viele Produkte alternativ in Papier-, Metall- oder Glasverpackung angeboten. Diese werden bevorzugt, da sie eine bessere Recyclingbilanz als Plastik haben *(Recycle)*. Es eröffnen auch immer mehr Unverpackt-läden, die Verpackungsmüll komplett verhindern (siehe ZERO WASTE). Lebensmittel, die ausschließlich in Plastik erwerbbar sind, werden in der möglichst größten Einheit gekauft. Auch stellen Plastikfrei-Lebende Produkte wie Müsli, Kuchen oder Bratlinge oft selbst her.

Während plastikfreies Einkaufen bei Lebensmitteln schnell zur Routine wird, ist es ein längerer Prozess, Plastik aus allen Wohnbereichen zu entfernen. In der Küche werden statt Plastikdosen Behältnisse aus rostfreiem Stahl, Holz, Glas und Porzellan genutzt. An die Stelle von Pfannen mit Teflonbeschichtung treten

Porzellan- oder Gusseisenpfannen. Auch andere Kochutensilien wie Pfannenwender und Co. werden durch Alternativen ersetzt. Insbesondere bei Schneidebrettern und Tellern aus Plastik werden kleine Kunststoffpartikel ins Essen gerieben und konsumiert. Auch auf Frischhaltefolie wird verzichtet. Stattdessen werden Lebensmittel einfach mit einem Teller abgedeckt oder mit Wachstüchern oder Brottüchern verpackt. Plastikfrei-Lebende nutzen auch keine Küchenutensilien aus Silikon. Es gibt Hinweise darauf, dass einige Silikonarten krebserregend und organschädigend sind.[22] Manche Objekte werden umgenutzt und aus dem Küchenbereich entfernt. Beispielsweise können Plastikdosen in der Garage noch Schrauben aufbewahren *(Rethink)*. Wie bereits erwähnt, sind nicht alle Produkte einfach durch Alternativen zu ersetzen, z. B. Küchenmaschinen, Handmixer oder Toaster. Hier wird das genutzt, was bereits vorhanden ist, und bei Bedarf repariert *(Repair)*. Bei Neuanschaffungen wird auf langlebige Qualität gesetzt. Eine hochwertige Espressomaschine aus Metall kostet zwar mehr als eine Filtermaschine aus Plastik, hält dafür aber auch länger. Dazu können die Maschinen repariert werden, wenn ein Einzelteil kaputtgeht. Wird doch ein Gerät aus Plastik gekauft, ziehen Plastikfrei-Lebende Secondhand-Ware einem neuen Produkt vor.

Im Badezimmer fallen ebenfalls viele Hygiene- und Kosmetikprodukte mit Plastikverpackung an. Manche Pflegeprodukte wie Shampoos oder Cremes enthalten zudem Silikone. Durch den Hautkontakt sondern sie Stoffe in den Körper ab. Daher haben sich um die einzelnen Pflegeprodukte mittlerweile eine Vielzahl an plastikfreien Produkten und Anleitungen zum Selbermachen entwickelt. Die Ersatzprodukte sind nicht immer plastikfrei, schneiden dafür aber in der Ökobilanz besser ab. Beispielsweise nutzen viele Frauen Menstruationstassen aus Silikon. Diese wird im Gegensatz zu Einwegprodukten wie Tampons erst nach Jahren ersetzt.[23] Ein wichtiges Thema sind außerdem Hygieneprodukte, die Mikroplastik enthalten, wie einige Zahncremes, Gesichtsmasken und Peelinggels. Die Plastikteile können geschluckt werden und dadurch in den Körper gelangen. Auch gerät das Plastik über das Abwasser in unser

Trinkwasser und über das Meer in unsere Nahrungsmittel. Bisher kann keine Wasseraufbereitungsanlage das Mikroplastik filtern. Die Menschen vergiften sich quasi selbst mit Plastik. Im Jahr 2019 wurde Mikroplastik in den USA in Pflegeprodukten verboten.[24] In Deutschland ist Mikroplastik leider immer noch in Pflegeprodukten und Kosmetik vorzufinden.

Im Schlafzimmer finden sich ebenfalls Plastikartikel. Bettdecken und -kissen aus Kunststofffasern sind langlebig und werden erst ersetzt, wenn es nötig ist. Federbetten sind zwar plastikfrei, können aber mit einem VEGANEN LEBENSSTIL kollidieren. Daher werden die Vor- und Nachteile bei der Bettdeckenwahl abgewogen. Auch der Kleiderschrank wird nach und nach von Kunstfasern befreit. Besonders bei Produkten für Kleinkinder ist Vorsicht geboten. Gesundheitsrisiken durch Plastik sind für Kinder weit höher als für Erwachsene. BPA ist in manchen Ländern wie Frankreich komplett verboten. In Deutschland besteht nur für Babyflaschen ein Verwendungsverbot.[25] Für andere Produkte, z. B. Schnuller, Kinderessensets sowie Kleidung und Spielzeug, wird der hormonverändernde Giftstoff noch eingesetzt.[26] Die Produkte für Babys und Kinder werden daher aus Holz, Glas, Kautschuk und Naturfasern gewählt. Am einfachsten sind plastikfreie Produkte bei Firmen zu finden, die sich der Nachhaltigkeit verschrieben haben. Viele Plastikfrei-Eltern steigen auch auf Stoffwindeln um.[27] Der Wohnraum wird ebenfalls auf Kunststoffe untersucht. Beim Kauf von Möbeln, Bodenbelägen und Vorhängen wird auf Schadstoffprüfungen mit entsprechenden Gütesiegeln geachtet. Bevorzugt werden Naturmaterialien verwendet.

Kritik am Plastikfrei-Trend

Die Vorteile von Kunststoffen sind nicht von der Hand zu weisen. Plastik kann temperaturbeständig, elastisch, hart, geruchlos oder bruchfest sein. Dies macht es zu einem vielseitigen Werkstoff, der die Technologie und Wissenschaft auf den heutigen Stand gebracht hat. Plastik ermöglicht uns Menschen das moderne Leben in Wohlstand mit allen Annehmlichkeiten. In der Medizin ist Plastik als hygienisches, leichtes und flexibles Material nicht wegzudenken. Flugzeuge und Autos bestehen zu großen Teilen aus Plastik, was sie leichter macht und Treibstoff einspart.[28] Lebensmittel werden mit Kunststoffen hygienisch und gewichtsparend verpackt, was beim Transport große Mengen an CO_2-Emissionen spart. Dazu sind Nahrungsmittel durch Kunststoffverpackungen länger haltbar, und weniger Lebensmittel verderben. Insgesamt sähe die Welt ohne Plastik ganz anders aus: Waren und Lebensmittel gäbe es nicht in dieser Qualität und Reichhaltigkeit. Aktivitäten wie Reisen oder Wintersport würden sich anders gestalten, und die Musik- und die Filmindustrie hätten sich nicht in dieser Form entwickelt. Was auch zur Frage führt, ob es die Globalisierung in der heutigen Form gäbe.[29]

Rüdiger Baunemann, Geschäftsführer von PlasticsEurope Deutschland, verteidigte die Kunststoffe 2018 in einer Talkshow. Er betonte, dass die Funktion der Kunststoffverpackungen notwendig sei und nachgefragt werde. Er sieht die Verantwortung nicht bei der Plastikindustrie, sondern bei den Konsumenten und den Gesetzgebern. Die Menschen würden zu leichtfertig mit Produkten wie Einweggeschirr oder To-go-Bechern umgehen. Die Wegwerfmentalität sei das eigentliche Problem.[30] Laut Braune-mann sollten die Menschen verantwortungsvoller handeln und gar kein Material, auch keine Papierbecher, im Abfall landen. Ob er damit eine Mehrfachverwendung von Plastikgeschirr oder eine Hinwendung zur Kreislaufwirtschaft meint, ist unklar. Er betont, dass die Europäische Kommission die Verbraucher und ihren Plastikkonsum besser steuern solle. Darüber hinaus würden nur vier bis sechs Prozent der Rohölreserven für die Kunststoffproduktion verwendet. Im Vergleich zu den 80 Prozent, die für Treibstoff und zum Heizen verwendet werden, sei die Bilanz für Kunststoffe gar nicht so schlecht.[31]

Laut einer repräsentativen Umfrage glauben in etwa acht Prozent der Deutschen, Plastikverzicht reduziere den eigenen CO_2-Fußabdruck und helfe im Kampf gegen den Klimawandel. Dabei ist eine moderne Heiz- und Wärmedämmung als Maßnahme sehr viel geeigneter, heißt es in der Frankfurter Allgemeinen Zeitung. Jährlich werden durch gut gedämmte Wohnräume etwa 770 Kilogramm CO_2 pro Kopf eingespart. Der Plastikverzicht spart hingegen im Jahr nur drei Kilogramm CO_2 pro Kopf ein.[32] Die erwähnten Wärmedämmstoffe sind dazu meist selbst aus Kunststoffen fabriziert. In Wänden oder Fensterrahmen verbaut, können sie den Wärme- und Kälteverlust um bis zu 70 Prozent verringern. Plastik hilft nicht nur bei der Reduzierung des Energieverbrauchs, sondern auch bei der Herstellung von Energie. Erneuerbare Energien wie Wind-, Wasserkraft- und Solarenergie werden auf Basis von Plastikbauteilen gewonnen.[33]

Darüber hinaus ist die Nutzung von plastikfreien Alternativprodukten statt Einwegprodukten nicht immer die ideale Lösung. Beispielsweise wird der Herstellungsprozess von Alternativen aus Metall wie Strohhalmen oft nicht mitbedacht. Die Gewinnung von Metallen setzt Schadstoffe und Schwermetalle in die Umgebung frei und verbraucht enorme Wassermengen, was teils zur Austrocknung von ganzen Flüssen führt. Die Minen liegen meist in Entwicklungsländern, wo die unterbezahlten Arbeiter Gesundheitsrisiken ausgesetzt sind.[34] Besser wäre es, ganz auf den Strohhalm zu verzichten. Auch der Kauf einer Wasserflasche aus Stahl sollte abgewogen werden. Die Flasche muss rund 500 Mal genutzt werden, bevor die Ökobilanz besser ist als die einer Plastikflasche.[35] Ähnlich ist es bei wiederverwendbaren Stoffbeuteln. Erst nach einer 104-maligen Nutzung sind die bei der Herstellung verwendeten Ressourcen ausgeglichen.[36] Letztlich ist die komplette Verbannung von Plastik nicht sinnvoll. Stattdessen sollten Konzepte erarbeitet werden, wie die Vorteile des Materials nutzbar sind, ohne eine Gefahr für die Gesundheit darzustellen oder Umweltschäden anzurichten.

Vorteile eines plastikfreien Lebensstils

Die Plastikfrei-Bewegung kommt der Umwelt zugute. Weniger Mikroplastik gelangt ins Abwasser und damit in das Trinkwasser und die Weltmeere. Dazu wird weniger Plastikmüll verbrannt oder aufwendig recycelt, was zu einer Reduktion giftiger Abgase und CO_2-Emissionen führt. In der Folge entstehen weniger Sondermüll und klimaschädliche Treibhausgase. Darüber hinaus enden weniger eigentlich recycelbare Plastikartikel auf Mülldeponien. Wenn kein Plastik erworben wird, kann auch keine falsche Entsorgung mehr stattfinden. Vor allem auf Reisen und bei Aufenthalten in Ländern ohne ein funktionierendes Recyclingsystem fällt das plastikfreie Verhalten ins Gewicht. Das Material kann auch nicht vom Wind weggeweht oder verloren werden. Dadurch sinkt der Plastikanteil in der Kulturlandschaft, an den Küsten und Gewässern. Entsprechend weniger Tiere und Naturgebiete sind durch die Materialien gefährdet.

Das plastikfreie Leben und der bewusste Konsum leisten einen Beitrag zu einem nachhaltigen Wirtschaftssystem. Wenn Gegenstände von Unternehmen repariert statt weggeworfen werden, wird eine Wirtschaft unterstützt, die auf Dienstleistungen und nicht auf ansteigender Produktion basiert. Plastikfrei-Lebende senken ihren Konsum insgesamt, wodurch weniger Ressourcen benötigt werden, um Neues herzustellen.[37] Wie ZERO WASTE folgt auch der Plastikfrei-Trend dem Credo »Vote with your Dollar«, auf Deutsch »mit dem Geldbeutel abstimmen«. Der Gedanke dahinter: Wenn die Nachfrage nach wiederverwendbaren oder auffüllbaren Produkten steigt, ändert sich das Angebot. Erste Ansätze für weniger Plastikmüll sind im Handel bereits zu verzeichnen. Seit 2016 gibt es mit dem deutschen Unternehmen Recup beispielsweise ein Pfandsystem für To-go-Kaffeebecher. Sie sollen eine Alternative zu den 320.000 Wegwerfbechern bieten, die pro Stunde in Deutschland im Müll landen. Mittlerweile sind über 2.000 Partner, Bäckereien und Cafés am System beteiligt.[38] Auch der Drogeriemarkt Rossmann testet seit Oktober 2020 Abfüllstationen für Reinigungsmittel wie Spül- und Waschmittel.

Darüber hinaus verbessert der Plastikfrei-Lebensstil die eigene Gesundheit merklich. Es werden somit mehr frische Produkte gekauft, und es wird öfter selbst gekocht. Manche entdecken sogar ihren grünen Daumen und bauen selbst Gemüse an. Durch den Umstieg auf alternative Aufbewahrungs- und Kochutensilien werden dann Abriebe und giftige Chemikalien wie BPA in der Nahrung verhindert. In der Folge sinkt der Plastikanteil im Körper. Eine Studie im Jahr 2011 einer US-amerikanischen Brustkrebsstiftung ließ Familien, die sich von verpackten Nahrungsmitteln in Plastik und Dosen ernährten, auf unverpackte Vollwertkost umsteigen. Bereits nach drei Tagen sanken die Anteile des Phthalats DEHP und BPA im Urin um 60 Prozent.[39] Natürlich sind auf dem Markt in den USA andere Produkte vorzufinden als in der EU. Dennoch zeigt die Studie, wie schnell eine plastikfreie Ernährung positive Auswirkungen auf den Körper hat.

Ein weiterer Vorteil des Lebens ohne Plastik sind die sozialen Beziehungen. Wer sich dem Thema der Plastikvermeidung widmet, stößt irgendwann an Fragestellungen, die er nicht alleine lösen kann. Online tauschen sich die Aktivisten in Foren, Gruppen von sozialen Netzwerken oder auf Blogs aus und treten so in regen Austausch. Aber auch unterwegs tritt ein Plastikfrei-Lebender vermehrt mit der Umgebung in Kontakt. Wer einen eigenen Becher oder Behälter für Take-away mitbringt, wechselt situationsbedingt einige Worte mit dem Verkaufspersonal. Die amerikanische Plastikfrei-Aktivistin Terry meint beispielsweise, dass sie durch die Veränderungen in ihrem Privatleben mehr soziale Beziehungen geknüpft habe als in ihren ersten 42 Lebensjahren.[40] Ohne Kunststoffe zu leben beinhaltet außerdem eine Vielzahl an persönlichen Veränderungen. Im Prozess zu einem plastikfreien Leben formen sich die eigenen Werte. ACHTSAMKEIT spielt dabei eine entscheidende Rolle. Alte Gewohnheiten werden hinterfragt und zum Positiven verändert. Die Beziehung zwischen Mensch und Natur und die konkreten Auswirkungen des eigenen Handelns auf die Umgebung treten in den Vordergrund.

Inwiefern lohnt sich Plastikfrei-Aktivismus?

Im Jahr 2019 sammelten in einer Aktion von Greenpeace und weiteren Umweltschutzorganisationen rund 75.500 Freiwillige in 51 Ländern Plastikmüll ein. Es wurden über 476.400 Plastikartikel in Städten, Parks und an Stränden eingesammelt. Nach Markennamen sortiert ergab der »Global Brand Audit Report 2019« die Rangliste der zehn Firmen mit der größten Plastikverschmutzung. An erster Stelle stand wie bereits im Jahr 2018 Coca-Cola, gefolgt von Nestlé, PepsiCo und Mondelez. Die Aktivisten forderten von den großen Firmen weniger recycelbares Wegwerfplastik und eine Hinwendung zu Mehrweg- und Pfandsystemen.[41] Die globale Aktion stellte die Firmen in ein schlechtes Licht und führte zu regem Medieninteresse. Im Mai 2020 verkündete Coca-Cola überraschend, bis zum Jahr 2023 auf eine plastikfreie Produktion umzusteigen. Die Firma unterstützt nun das Paper Bottle Project, eine Initiative, die an kompostierbaren Kunststoffflaschen aus PEF arbeitet, das auf Basis von Fruchtzucker hergestellt wird. Die Flaschen zersetzen sich bereits nach einem Jahr in ihre natürlichen Bestandteile.[42] Dieses Beispiel veranschaulicht, wie Plastikfrei-Aktivismus zur Veränderung des Produkts eines der größten globalen Getränkehersteller beigetragen haben.

Zero Waste

»Aber wenn wir sagen: ›Wir haben etwas weggeworfen‹, was meinen wir damit eigentlich? ›Weg‹ mag heißen, dass der Müll aus unserem Blickfeld verschwindet. Aber es sollte nicht bedeuten, dass er aus unserem Bewusstsein verbannt wird. Schließlich lösen sich unsere Abfälle nicht in Luft auf, nur weil die Müllabfuhr sie abgeholt hat.«

Bea Johnson, deutsch-französische Autorin des Buches
Zero Waste Home[1]

Zero Waste, auf Deutsch »null Abfall«, ist eine nach ökologischer Nachhaltigkeit strebende Lebensweise. Dabei werden Rohstoffe im Alltag nicht verschwendet und möglichst wenig Abfall, insbesondere Plastik-, Rest- und Sondermüll, produziert. Der von Individuen gelebte Trend strebt nach einer umfassenden Veränderung des wirtschaftlichen Systems hin zur Müllvermeidung – Stichwort »Kreislaufwirtschaft«.

Mit der Menschheitsgeschichte hat sich auch der Abfall verändert. Der größte Wandel fand in Zeiten der Industrialisierung im 19. Jahrhundert statt. Sie gilt als Geburtsstätte der heutigen Mülldeponien. Zuvor waren alle Länder Agrarstaaten, und der Großteil der Bevölkerung lebte autark auf dem Land. Mit dem Beginn der industriellen Produktion zogen viele Menschen in die Städte. Während sie sich früher mit landwirtschaftlichen Produkten selbst versorgten, gab es dort jedoch zu wenig freie Flächen. Hinzu kam ein Anstieg der Bevölkerung, woraus sich eine zusätzliche Enge ergab. Die Nachfrage an Lebensmitteln, Kleidung und Konsumgütern stieg an. Auf dem Land besaß jeder Mensch zuvor nur rund 150 Gegenstände. Nun vermehrten die Stadtbewohner ihren Besitz durch die neuen Umstände um das Hundertfache. Die Abfallmenge in Städten wurde enorm. Was auf dem Land in Latrinen, Gärten und als Tierfutter entsorgt wurde, blieb jetzt übrig. Dazu entwickelte sich mit dem Verpackungsmaterial der Fabrikprodukte eine neue Art von Müll. Die unpersönliche Herstellung sowie die erschwinglichen Preise führten außerdem zu einem neuen, distanzierten Verhältnis zu Produkten. Die Wegwerfmentalität kam auf.

Viel Abfall wurde im eigenen Ofen verbrannt. Der Rest wurde in Latrinen und Winkeln, den schmalen Lücken zwischen den Häusern, entsorgt. Später wurden zusätzliche Abfallgruben in Kellern ausgehoben und Müll in Brunnen geworfen. Schließlich entstanden städtische Konzepte wie Kehrichtöfen, sprich Müllverbrennungsanlagen, und erste Mülldeponien.[2] Die erste offizielle Müllverbrennungsanlage in Deutschland wurde in Hamburg 1896 in Betrieb genommen. Im Laufe der Zeit öffneten mehr Verbrennungsanlagen im ganzen Land. Der Restmüll, der nicht verbrannt wurde, landete auf Mülldeponien. Lange Zeit hatte jede Gemeinde ihre kleine »wilde Deponie«, die keinen Regeln unterlag. Erst im Jahr 1972 wurden diese mit dem Abfallbeseitigungsgesetz geschlossen. Zentrale, große Deponien wurden eingerichtet, die zu Beginn nur sehr schwachen Umweltschutzregelungen unterlagen. Durch schlecht versiegelte Böden gelangten giftige Schadstoffe in den Erdboden und das Grundwasser. Mittlerweile werden die Deponieböden besser abgedichet, unter anderem mit Plastikfolien, das Sickerwasser wird aufgefangen und Kläranlagen zugeführt. Dies bedeutet allerdings nicht, dass Mülldeponien gute Lösungen darstellen. Oft werden alte Deponien versiegelt, begrünt und in Wohngebiete umgewandelt. Später wird das Land getestet und nicht selten als gesundheitsbelastend und stark verschmutzt eingestuft.[3]

Oft gelangen die Giftstoffe trotz Plastikversiegelung in die Umwelt. Die Deponien sondern zudem klimaschädliche Gase wie Methan an die Umgebung ab. Darüber hinaus funktioniert das Konzept des Verrottens in der Praxis nicht einwandfrei. Auf den Mülldeponien landet häufig alles Mögliche an Abfällen, angefangen mit Bio- und Papiermüll, der eigentlich recycelbar ist. Dazu kommen Giftstoffe von Batterien, Reste chemischer Reiniger und Nagellack, die in der Masse ebenfalls toxisch sind. Ursache ist die schlechte Trennung durch die Konsumenten, denn eigentlich sind diese Abfälle Sondermüll. Der Abfallmix wird auf Mülldeponien dann vermischt und luftdicht mit immer mehr Abfall im Müllberg eingeschlossen. Der Mangel an Sauerstoff und Sonnenlicht verhindert schließlich, dass der Müll verrottet. Der Mythos, dass Müllhalden große Komposthaufen seien, ist widerlegt. Ein Müllforschungsteam in den USA hat auf einer alten Mülldeponie um das Jahr 2000 noch gut erhaltene Zeitungen aus der Zeit der ersten Mondlandung gefunden. Selbst biologische Abfälle wie Orangenschalen waren noch in gutem Zustand. Statt zu verfallen und neu in den Rohstoffkreislauf einzugehen, wurden die Stoffe mumifiziert.[4] Anzumerken ist, dass die Mülldeponien der USA genauso wie die deutschen konzipiert sind. Einziger Unterschied: Die US-Amerikaner trennen ihren Müll kaum und haben eine Recyclingquote von nur 35 Prozent (Deutschland 66,1 Prozent).[5] Letzter Kritikpunkt an Mülldeponien sind die nichtrecycelbaren Plastikprodukte, die sich in ihnen finden. Sie zersetzen sich in immer kleinere Teile, ein Prozess, der zwischen 10 bis 20 Jahren (Plastiktüte) und 600 Jahre benötigt (Angelschnur). Das Müllsystem funktioniert nicht. Der moderne menschliche Abfall verursacht enorme Umweltprobleme, ganz zu schweigen von den gesundheitlichen Auswirkungen auf Mensch und Tier.

Woher stammt der Zero-Waste-Gedanke?

In Nordamerika wurde Recycling erst in den 1980er-Jahren eingeführt. Das lag einerseits an immer weniger Platz für Mülldeponien, andererseits an den hohen Kosten neuer Müllverbrennungsanlagen. Neue kommunale Trennsysteme wurden entwickelt, wie z. B. die blaue Box für Plastik und Metall und Biomülltonnen. Die Medien griffen Umweltthemen auf und berichteten über das hohe Abfallaufkommen. Es wurde deutlich, dass der Müll Giftstoffe freisetzt. Insbesondere die Abgase der Verbrennungsanlagen und die Stoffe in Plastikverpackungen erzeugten Besorgnis.[6] Das ansteigende Umweltbewusstsein der Bevölkerung führte zur Entwicklung gemeinnütziger Projekte zur Müllvermeidung und zu mehr Recycling.

Eines der Projekte hieß GrassRoots Recycling Network, gegründet 1996 von Richard Anthony. Die Bewegung erreichte 2002 erste Aufmerksamkeit in der Öffentlichkeit. In dem Jahr wurde Anthony als Experte auf eine Konferenz zu Ressourcen des schweizerischen Forschungsinstituts EMPA eingeladen. Er kritisierte, dass die Verbrennung des Mülls bei der Konferenz im Vordergrund stand und der Ursprung des Müllproblems kaum Beachtung fand. Im Austausch mit dem Organisator richtete er einen Workshop zum Thema Zero Waste aus, für den er ein Expertenteam aufstellte. Im Anschluss hielt das neue Zero-Waste-Team eine Veranstaltung an der Brighton-Universität in Sussex in Großbritannien ab, wo sie auch Robin Murray trafen, der bereits zwei Bücher zum Thema Zero Waste veröffentlicht hatte. Sie gründeten einen Zero-Waste-Verbund für Großbritannien und legten die Grundsteine für die amerikanische Zero Waste International Alliance (ZWIA).[7] Ziel der Organisation war und ist es noch heute, weltweite Standards für Zero Waste zu entwickeln. Zero Waste definiert die ZWIA folgendermaßen:

> »Die Bewahrung aller Ressourcen mittels verantwortungsvoller Produktion, Konsum, Wiederverwendung und Rückgewinnung von Produkten, Verpackungen und Materialien ohne Verbrennung und ohne Absonderungen zu Land, Wasser oder Luft, welche die Umwelt oder die menschliche Gesundheit bedrohen.«[8]

In den Jahren 2003 bis 2014 fanden acht internationale Zero-Waste-Gepräche mit der ZWIA auf verschiedenen Konferenzen statt. Einige Städte hoben Zero Waste auf die kommunale Ebene mit dem Ziel, regenerative Städte zu werden. Beispielsweise wurde in Kalifornien ein Zero-Waste-Ziel festgelegt, woraufhin das Umweltamt von San Francisco eine neue Regelung für Recycling- und Kompostmüll formulierte, um die erste Zero-Waste-Großstadt weltweit zu werden. Seit 2018 hat auch die kanadische Stadt Vancouver ein Zero-Waste-Ziel festgelegt. Weitere Zero-Waste-Regulationen gibt es in Städten in Italien, Brasilien, Japan, Großbritannien und den USA. Deutschland ist durch Zero Waste Kiel vertreten, einen Verein, der Kiel zu einer Zero-Waste-Stadt machen möchte.

Während der Begriff »Zero Waste« zuvor zur Beschreibung von Bereichen der Produktherstellung und kommunaler Müllentsorgung verwendet wurde, formte sich Zero Waste ab 2008 zu einem Lebensstiltrend. Bea Johnson aus Kalifornien war die Vorreiterin der Bewegung. Sie verschrieb sich mit ihrer vierköpfigen Familie der Müllvermeidung und hielt den Prozess auf ihrem Blog zerowastehome.com fest. 2010 brachte die New York Times einen Bericht über Johnson heraus, der Zero Waste als Lebensstil der breiten Bevölkerung vorstellte. Kurze Zeit später veröffentlichte sie das Buch *Zero Waste Home. The Ultimate Guide to Simplifying your Life by Reducing your Waste.*[9] Darin gibt sie Tipps zur Müllvermeidung in allen Haushaltsbereichen wie Küche, Bad, Schlafzimmer und beim Einkaufen. Dazu stellt sie die sogenannten 5 Rs vor, auf die im nächsten Kapitel genauer eingegangen wird. Ihr Buch wurde in 27 Sprachen übersetzt und zum weltweiten Bestseller.

Johnson inspirierte mit ihrem Lebensstil viele Menschen. Diese wurden häufig selbst zu Pionieren in Sachen Zero Waste. Die Schweizerin Natalie Bino gründete nach der Lektüre von Johnsons Buch die Organisation Zero Waste Schweiz. Und die New Yorkerin Lauren Singer erreichte über ihren Blog trashisfortossers.com ab 2012 die jüngere Generation. Heute ist sie Geschäftsinhaberin der Firma Package Free, über die sie Produkte zur Müllvermeidung anbietet. Die Deutsch-Französin Marie Delapierre gründete 2014 den ersten deutschen Unverpacktladen in Kiel. Dort werden Lebensmittel wie früher zum Abfüllen angeboten.[10]

Weitere Zero-Waste-Pioniere der USA waren April Luebbert (trashfreeliving.blogspot.com), Rose Brown (zerogarbagechallenge.info) und Amy Korst (greengarbageproject.com). Bloggerin Korst publizierte zu dem Trend sogar etwas früher als Johnson, mit *The Zero Waste Lifestyle. Live well by throwing away less.*[11] Sie nannte als Inspirationsquellen unter anderem San Franciscos Zero-Waste-Manager Robert Haley, der auf einem Segelboot lebte und kaum Müll produzierte, sowie Chris Burger, der seit 1970 seinen Müll drastisch reduziert hatte. Seine Familie und er benötigten 15 Jahre, um eine Papiertüte mit Restmüll zu befüllen.[12] Deutsche Blogs zu den Themen Zero Waste und Abfallvermeidung gibt es seit 2013. Zu den Vorreitern zählen Olga Witt (zerowastelifestyle.de), Katja Manthey (wenigerabfall.wordpress.com) sowie Erdmuthe Seth und Vanessa Riechmann (alternulltiv.blogspot.com). Am bekanntesten ist Bloggerin Shia Su (wastelandrebel.com). Sie hält Vorträge und leitet Workshops und ist sehr präsent in den deutschen Medien.

Das Buch der Trendsetterin Johnson wurde mit dem Titel *Zero Waste Home. Glücklich leben ohne Müll*[13] 2016 ins Deutsche übersetzt und löste eine Welle an deutschsprachiger Literatur zu Zero Waste aus. Heute gibt es neben zahlreichen Ratgebern Zero-Waste-Literatur zu den unterschiedlichsten Bereichen: Kochbücher, DIY-Handbücher, Zero Waste in der Adventszeit, für Kosmetik und Familien mit Baby. Auch Dienstleister und Produkthersteller richten sich auf die neue Nachfrage aus. Beispielsweise gibt es mittlerweile zahlreiche Unverpacktläden, die in Zero-Waste-Landkarten verzeichnet sind (LINKS siehe Seite 278). Auch kam eine Vielzahl wiederverwendbarer und verpackungsfreier Produkte auf.

Es ist nicht erstaunlich, dass Zero Waste in Deutschland gut ankommt. Das Land gilt als Recyclingweltmeister und wird gerne als Musterschüler präsentiert. Im Speziellen werden das Dosen- und Flaschenpfand und der Grüne Punkt als Vorreiter der Kreislaufwirtschaft gelobt. Die EU entwarf 2018 zudem neue Abfallregelungen im Rahmen des Kreislaufwirtschaftspakets. Im Jahr 2035 soll die Recyclingquote 65 Prozent betragen.[14] Trotz des guten Images zählt Deutschland dennoch zu den acht Nationen, die weltweit am meisten Müll produzieren. Die USA sind Spitzenreiter. Die anderen Länder sind Österreich, die Niederlande, Kanada, Schweiz, Frankreich und Australien. Pro Kopf erzeugt der Deutsche durchschnittlich 455 Kilogramm Hausmüll und 187 Kilogramm Sondermüll jährlich.[15] Das entspricht 1,76 Kilogramm pro Tag. Dies ist der Grund, warum Zero Waste auch in der Musterschülernation des Recyclings eine Rolle spielt.

Was bedeutet Zero Waste im Alltag?

»Der beste Müll ist der, der gar nicht erst entsteht« ist ein Leitgedanke des Zero-Waste-Lebensstils. Die Verfechter des Trends haben erkannt, dass die Trennung des Hausmülls keine ideale Lösung für die Müllentsorgung ist. Sie möchten ihr Müllaufkommen »auf null« reduzieren, wobei dieses Ziel lediglich richtungsweisend gemeint ist. Rest- und Sondermüll stehen ganz oben auf der Liste der zu vermeidenden Müllarten. Der Konsum wird heruntergeschraubt, und Materialien und Gegenstände werden mehrfach verwendet. Auch wird so wenig Recyclingmüll wie möglich produziert und der Großteil des Abfalls kompostiert. Der Lebensstil wird auch als Hinwendung zur Frugalität beschrieben, im Sinne einer modern gelebten Bescheidenheit ohne radikalen Verzicht. Wie in Zeiten der Agrarstaaten soll nichts mehr verschwendet werden. Zero Waste ist eine Gegenbewegung zur Wegwerfgesellschaft, in der 90 Prozent der Ware in den ersten zwölf Monaten nach dem Kauf wieder entsorgt wird (Einwegplastik eingerechnet).[16]

Im Zero Waste ist man sich des eigenen CO_2-Fußabdrucks sowie der Ökobilanz, Herkunft und Langlebigkeit von Produkten bewusst. Personen, die den Trend leben, streben häufig nach einem ganzheitlich nachhaltigen Lebensstil. Ihre Kaufentscheidungen werden davon beeinflusst. Im Trend Zero Waste liegt der primäre Fokus jedoch auf Abfall- statt Emissionsvermeidung. Das eigene Handeln und der öffentliche Aktivismus werden als Rebellion und Aufruf an Firmen und Gesetzgeber gesehen.[17] Zero Waste fängt zwar im Alltag mit der Müllvermeidung an, soll aber auf längere Sicht Änderungen im Abfallsystem auslösen. Die Bewegung möchte, dass eine höhere Verantwortung der Nachhaltigkeit und Recycelbarkeit der Produkte bei den Herstellern liegt, nicht bei den Konsumenten. Im Idealfall sollen die Firmen ihre Produkte nach dem *Cradle-to-Cradle*-Konzept wiederverwerten, sprich von der »Wiege zur Wiege«. Ziel ist, Industrie und Handel zur Kreislaufwirtschaft auszubauen. Dabei soll so wenig wie möglich recycelt und mehr zur Herstellung neuer Produkte wiederverwertet werden. Für Verbrennungsanlagen und Deponien soll kein Müll mehr entstehen.[18]

Im Zero-Waste-Lebensstil werden das Müllaufkommen im eigenen Haushalt sowie die damit verbundenen Konsumgewohnheiten untersucht. Es sollen Alternativen zu Produkten und Verhalten gefunden werden. Hierbei folgen Zero-Waste-Lebende den *5 Rs: Refuse*, *Reduce*, *Reuse*, *Recycle* und *Rot*. Wie beim PLASTIKFREI-TREND ergänzen manche Menschen auch weitere *Rs* wie *Repair* und *Rethink*. Die beiden ersten *Rs* vermeiden Müllentstehung. Das dritte *R* beschreibt bewussten Konsum, und das vierte und fünfte *R* widmen sich der Entsorgung von Müll. Wird die Reihenfolge der *Rs* im Alltag eingehalten, wird viel Abfall vermieden.[19]

Refuse – Verweigern

Das erste *R* konzentriert sich auf indirekten Konsum. Das sind allerlei Dinge, die meist unbewusst einen Weg in das tägliche Leben und schließlich in den Abfall finden. Dazu zählen beispielsweise Einmalplastik, Werbegeschenke, analoge sowie digitale Werbepost und Dinge wie Visitenkarten und kleine Geschenke. Die Dinge entgegenzunehmen soll im Vorfeld verhindert werden. Einmalplastik wird bereits beim Kauf des ursprünglichen Konsumgutes abgelehnt und Werbegeschenke wie Hygieneartikel von Hotels, Partygeschenke, Essensproben und *Give-aways* nicht angenommen. Da sie günstig hergestellt wurden, halten die Gegenstände meist nicht länger als Einmalplastik. Den Werbesendungen treten Zero-Waste-Haushalte mit einem Schild am Briefkasten, der die ungewollte Werbung ablehnt, entgegen. Das Verweigern wird als Kollektivbewegung gesehen. Wenn viele Personen Unnötiges ablehnen, sinkt die Nachfrage, und es wird weniger produziert.[20]

Reduce – Reduzieren

Beim Reduzieren trifft Zero Waste auf MINIMALISMUS. Die Hinwendung zum einfachen Leben führt bei Minimalisten häufig zu Abfallvermeidung. Auch Trendsetterin Johnson gelangte über das *Simplifying* ihrer Wohnung zum Zero-Waste-Lebensstil. Je weniger im Haushalt gebraucht wird, desto weniger wird eingekauft und fällt später wieder als Abfall an. Die Beschränkung auf das Nötigste macht die Umsetzung von Zero Waste im Alltag einfacher. Weniger Dinge bedeutet weniger zu putzen, zu lagern, zu reparieren und letztlich zu entsorgen. Das Konsumverhalten wird ebenfalls überprüft und möglichst eingeschränkt. Bereiche hierbei sind Verpackungsreduktion (stattdessen unverpackt kaufen), die Autonutzung (stattdessen mit dem Fahrrad fahren), der Wohnraum (eventuell verkleinern), persönliche Kaufverlangen (Notwendigkeit prüfen) und Technikgeräte (weglassen). Im Gegensatz zum Verweigern ist das Reduzieren schwieriger. Es geht um die persönliche Komfortzone und Lebensumstände.[21]

Reuse – Wiederverwenden

Beim Wiederverwenden geht es darum, einen Gegenstand oder ein Material mehrfach zu verwenden und so den Produktlebenszyklus zu verlängern. Dies spart wertvolle Ressourcen ein, die durch neue Produkte oder Recycling anfallen würden. Beispielsweise werden alte T-Shirts zum Schuheputzen wiederverwendet oder Plastikflaschen zum Mauerbau im Garten eingesetzt.

Eine wichtige Rolle in Sachen Wiederverwenden spielt das sogenannte *Zero-Waste-Kit*, also eine Ausrüstung zur Müllvermeidung. Diese gehört zur alltäglichen Außer-Haus-Ausstattung jedes Abfallvermeiders und variiert von Person zu Person. Darin enthalten sind wiederverwendbare Alternativen wie:

- Getränkegefäß mit Deckel
- Campingbesteck oder Göffel (halb Gabel, halb Löffel)
- Stofftaschentuch
- Stoffserviette
- Strohhalm aus Metall, Bambus oder Glas
- Wasserflasche aus Stahl oder Glas
- Behälter mit Deckel, z.B. für To-go-Essen oder Essensreste
- Stoffeinkaufstasche

Grundsätzlich wird bei Zero Waste von Wegwerfartikeln auf wiederverwendbare Alternativen umgestellt. Diese gibt es für fast alle Konsumgüter. Beispielsweise sind Wegwerf-Hygieneprodukte oft auch als wiederverwendbare Artikel verfügbar, wie Stoff- anstelle von Papierslipeinlagen. An die Stelle von Abschminklotionen und Wattepads treten waschbare Mikrofasertücher. Es gibt auch verpackungsfreie Seifen und wiederbefüllbare Shampooflaschen. Im technischen Bereich werden aufladbare Batterien genutzt, auf langlebige LED-Glühbirnen umgestiegen und häufig Secondhand-Ware gekauft.

Nach dem Credo »Vote with your Dollar« wird in Zero Waste mit dem eigenen Geld für nachhaltige Produkte »gestimmt«. Die bewusste Wahl von wiederverwendbaren Produkten kommt den Herstellern zugute, die sich für die Kreislaufwirtschaft starkmachen. Zero Waste zielt darauf ab, die Produzenten mehr für die Themen Verpackungsmüll und Einwegprodukte zu sensibilisieren. Erste Veränderungen sind im Handel inzwischen zu verzeichnen, und dies nicht nur in puncto Plastikvermeidung. Zu den neuesten Entwicklungen zählen z. B., dass der Versandhandel Tchibo seit August 2020 »RePacks«, langlebige Versandtaschen mit Klettverschluss, testet. Diese sind bis zu 20 Mal verwendbar. Durch das Rücksendesystem werden rund zwei Millionen Wegwerf-Versandtüten im Jahr eingespart.[22]

Leider können nicht alle Verpackungsmaterialien vermieden werden. Und selbst recycelbare Produkte landen durch das *Downcycling* irgendwann auf der Mülldeponie. Das motiviert viele Zero-Waste-Lebende dazu, Dinge selbst herzustellen. Zero Waste wird daher häufig in einem Atemzug mit *DIY (Do it yourself)* genannt. Des Weiteren kaufen Zero-Waste-Lebende Dinge auch gebraucht und beteiligen sich an Sharing-Angeboten wie Carsharing, Werkzeugverleih sowie Wohnraum-Zwischennutzungen. Zudem legen sie bereits beim Einkauf Wert auf Wiederverwendbarkeit. Lederschuhe können beispielsweise besser repariert werden als solche aus Plastik. Die Lebensdauer der Gegenstände im Haushalt wird so lange wie möglich aufrechterhalten, z. B. werden technische Geräte repariert statt weggeworfen.[23]

Recycle – Recyceln

Durch das Einhalten der 5-*R*-Reihenfolge wird nur recycelt, was zuvor nicht verweigert, reduziert oder wiederverwendet wurde. Recycling wird vermieden, da es Kosten und Emissionen sowie giftige Abgase erzeugt.[24] Materialien, die ihre Qualität über den Recyclingprozess beibehalten, sind Papier, Metall sowie Aluminium und Glas. Sie werden Plastikmüll vorgezogen. Die recycelten Plastikprodukte werden zwar wiederverwendet, sind im Anschluss aber nicht mehr recycelbar. Nach einem Recyclingdurchgang werden sie zu Restmüll.[25]

Rot – Kompostieren

Rot heißt auf Deutsch »Verrotten«. Gemeint ist der Prozess des Kompostierens. Im Zero-Waste-Haushalt ist dies der beliebteste Müll, denn er zeigt, wie einfach das Recycling der Natur funktioniert. Kompostierbares wie Essensreste, Holz, Kaffeesatz usw. verrottet in seine Bestandteile und gibt die Nährstoffe an den Erdboden zurück. Beim Kompostieren gibt es verschiedene Möglichkeiten. Es existieren z. B. zahlreiche Arten, im Garten selbst einen Kompost anzusetzen. Der Vorteil ist, dass dabei neue Erde für Garten- und Wohnungspflanzen entsteht. Da nicht jeder einen eigenen Garten besitzt, wird aber auch gerne die kommunale Biotonne genutzt oder ein »Wurmeimer« angelegt. Dabei werden dem Biomüll lebende Würmer zugefügt, die den Abfall in Erde verwandeln.

Rest- und Sondermüll – Was am Ende übrigbleibt

Wurden die 5 *Rs* Schritt für Schritt befolgt, entsteht in einem Zero-Waste-Haushalt kaum Rest- oder Sondermüll. Meist ist das Müllaufkommen so gering, dass es sich nicht lohnt, ihn direkt zu entsorgen. Um den eigenen Fortschritt festzuhalten, sammeln die Abfallvermeider ihren Restmüll in Einmachgläsern oder Kartons. Wenn so wenig Müll übrigbleibt, dass er in kleine Behälter passt, ist dies ein Garant für ein Erfolgserlebnis. Der Abfall ist sauber, stinkt also nicht, da Essensreste oder Ähnliches durch die Einhaltung der 5 *Rs* anderweitig beseitigt wurden. In das Einmachglas der deutschen Bloggerin Su passt beispielsweise der Restmüll eines Jahres. Noch beeindruckender ist das Glas der amerikanischen Trendsetterin Johnson: Ihr Glas beinhaltet den Jahresmüll ihrer vierköpfigen Familie. Dass jeder Zero-Waste-Haushalt die *5 Rs* so konsequent lebt, dass am Ende nur ein Einmachglas voll wird, wird nicht erwartet. Das Glas ist mehr Symbol für die Bewegung als eine konkrete Zielsetzung.

Was ist die geplante Obsoleszenz?

Zahlreiche Produkte, die früher als langlebig galten, sind es heute nicht mehr, wie z. B. Glühbirnen, Kameras, Kabel, Schuhe, Feinstrumpfhosen und andere Kleidungsstücke. Das liegt an der geplanten Obsoleszenz: Seit einigen Jahrzehnten bauen Hersteller vielen Produkten ein Verfallsdatum ein. Dies soll den Produktlebenszyklus verkürzen und zum Kauf eines Ersatzproduktes führen. Das ansonsten noch funktionierende Produkt wird weggeworfen. Ein gutes Beispiel sind Tintenstrahldrucker, die nur eine gewisse Anzahl an Ausdrucken leisten. Ist die Zahl erreicht, blockiert der Drucker und sendet eine Fehlermeldung. Bekannt für den »Druckertod« sind unter anderem günstige Epson-Drucker. Auch Technik, bei der die Akkus fest verbaut sind, ist Teil der geplanten Obsoleszenz. Was beispielsweise im Fall der iPods von Apple zu einer Sammelklage in den USA führte. Die Zero-Waste-Bewegung ist eine Gegenhaltung zur geplanten Obsoleszenz der Hersteller.

Kritik am Zero-Waste-Trend

Der Zero-Waste-Lebensstil ist zwar auf Nachhaltigkeit ausgerichtet, wirkt sich aber kaum auf die eigene Klimabilanz aus. Zero-Waste-Bloggerin Su nahm an einem Test teil, der ihren persönlichen CO_2-Fußabdruck berechnete. Obwohl sie beim Thema Müll angeben konnte, gar keinen zu produzieren, war das Ergebnis, dass ihr Lebensstil die Ressourcen von 1,7 Erden benötigte. Das liegt daran, dass Menschen aus Industrieländern gar nicht unter den Wert von einer Erde kommen können. Zero Waste wirkt wie der sprichwörtliche Tropfen auf den heißen Stein.

Obwohl Abfallvermeidung und Konsumreduktion angestrebt werden, führt der Trend laut Kritikern darüber hinaus zu noch mehr Produkten. Diese tragen zur Bekanntmachung des Trends bei, fördern aber keine Konsumreduktion. Zero Waste wird deshalb heuchlerisches Verhalten angekreidet. Artikel werden auch unverpackt gekauft, bringen jedoch im Laden bei der Anlieferung Verpackungsmaterial mit sich. Dieser sogenannte *Upstream Waste* kann nur indirekt vermieden werden, da nicht immer Transparenz auf der Verkaufsseite herrscht. Und selbst faire Marken stellen zwar nachhaltig her, liefern ihre Produkte dann aber plastikverpackt aus. Selbst in Unverpacktläden entsteht Müll durch die Vorratshaltung in Großpackungen.[26]

Darüber hinaus strömen andere Trends in die Gegenrichtung von Zero Waste. In der Gesellschaft steigt der Wunsch nach Flexibilität und Individualisierung. Diese Trends übersetzen sich in eine zur Bequemlichkeit neigende »To-go-Kultur« und in die zunehmende Nutzung von Online-Bestellservices. Während Zero Waste von einer kleinen Gruppe gelebt wird, werden Essensauslieferungen und To-go-Produkte von der breiten Masse genutzt. Bestärkt werden diese Trends von der Flexibilisierung des Berufslebens und dem Anstieg von Singlehaushalten. Um Zero Waste gesamtgesellschaftlich zu verbreiten, müssten vermehrt günstige Unverpacktläden und Gemeinschaftsküchen entstehen.

Ähnlich wie dem MINIMALISMUS wird Zero Waste zudem als ein Trend kritisiert, der nur von der privilegierten Bevölkerungsschicht gelebt wird. Studien haben ergeben, dass es vielen Menschen durch zu wenig Zeit sowie mangelndes Wissen und Geld gar nicht möglich ist, nachhaltige Konsumentscheidungen zu treffen. Sie fällen Entscheidungen auf Basis finanzieller Erwägungen oder des Marktangebots in ihrer Nähe. Unverpacktläden zentrieren sich außerdem oft in bestimmten Städten oder Stadtvierteln und sind nicht in ländlichen Gebieten verfügbar. Die soziale Ungleichheit macht laut Kritikern »nachhaltigen Konsum zu einem Wohlstandsproblem«.[27]

Weitere Probleme liegen in der westlichen Wirtschaft und dem damit einhergehenden Wachstumsstreben. Unternehmen sind nicht auf Nachhaltigkeit ausgerichtet, sondern auf die Erschließung neuer Märkte und Gewinnmaximierung. Dies macht es schwierig für die Politik, Abfallvermeidung umzusetzen. Die Verhinderung von Produkten und Materialien widerspricht der Logik der Volkswirtschaft. In der Praxis werden daher Recyclingstrategien wie technische Konzepte zur Müllverwertung und -aufbereitung gefördert. Die Abfallprobleme der Produzenten werden gelöst, anstatt das Problem an der Wurzel zu packen und den Abfall durch Gesetze einzuschränken. Dies würde weniger Material und entsprechend weniger Geld bedeuten. Zero Waste wird daher als ein abstrakter Wunsch bezeichnet, der in der Realpolitik ohne einen kompletten Systemwandel nie umgesetzt werde.[28]

Die Bebilderung von Zero Waste in sozialen Netzwerken schafft darüber hinaus ein rückwärtsgewandtes Image und wirft Geschlechterfragen auf. Die Fotos von perfekt geordneten Küchen mit selbst hergestellten Produkten ähneln der Darstellung vom makellosen Haushalt der 1950er-Jahre. Während damals Markenprodukte in die Aufbewahrungsgläser gefüllt wurden, wird heute stattdessen mit selbst gemachten DIY-Produkten geworben. Der vor allem von Frauen nach außen getragene Zero-Waste-Trend zeigt das perfekte Leben. Die Frauen schaffen es, Haushalt, Karriere und Familie unter einen Hut zu bringen und gleichzeitig noch den Planeten zu retten. Das übt großen Druck auf andere Frauen aus.[29] Auch Trendsetterin Johnson kritisiert die Darstellung von Zero Waste im Internet. Die Bilder von selbst hergestellten Produkten führten zur Annahme, bei Zero Waste sei alles hausgemacht. Personen in Vollzeitstellen würden denken, Zero Waste sei zeitaufwendig und für sie nicht umsetzbar. Die meisten DIY-Produkte seien jedoch unnötig, und verpackungsfreie Alternativen gebe es mittlerweile vielerorts zu kaufen. Zero Waste mache das Leben einfacher und nicht komplizierter.[30]

Vorteile des Zero-Waste-Lebensstils

Da Zero-Waste-Lebende bewusst Abfall vermeiden und Wissen zum Abfallsystem verbreiten, trägt ihr Lebensstil zum Umweltschutz bei. Weniger Giftstoffe gelangen in den Erdboden und weniger toxische Gase in die Atmosphäre. Der Beitrag von Einzelpersonen ist angesichts des Verhaltens der breiten Masse gering. In vernetzten Gruppen erzielen sie allerdings große Veränderungen. Teil des Zero-Waste-Trends sind politische Partizipation und Einflussnahme auf das Wirtschaftssystem hin zur Kreislaufwirtschaft. Erste Erfolge in Deutschland kann zum Beispiel der Verein Zero Waste Kiel verzeichnen. Die Zusammenarbeit des Vereins mit der Stadt hat zur Erstellung eines Zero-Waste-Konzeptes geführt. Kiel möchte nun die erste Zero-Waste-Stadt Deutschlands werden.

Dazu betonen Zero-Waste-Lebende drei Vorteile, die sich für sie persönlich ergeben: Sie haben mehr Geld, mehr Zeit und leben gesünder. Finanziell macht sich Zero Waste wie beim MINIMALISMUS durch die Reduktion und den bewussten Konsum bemerkbar. Weniger Unnötiges wie Zeitschriften oder Wegwerfprodukte werden gekauft. Das spart Geld. Auch sinken die Ausgaben für Aufbewahrung, Reparaturen und Instandhaltung unnötiger Gegenstände. Die stattdessen gekauften, qualitativ hochwertigen Produkte halten länger und sparen Kosten für ständige Neuanschaffungen ein. Secondhand-Käufe wie beispielsweise Kleidung, Technik oder Werkzeug sind ebenfalls günstiger.

Die Gesundheit verbessert sich, da durch Abfallvermeidung mehr ursprüngliche und frische Produkte wie Obst und Gemüse gekauft werden. Wie beim PLASTIKFREI LEBENSSTIL findet eine Ernährungsumstellung zu gesünderen und natürlicheren Nahrungsmitteln mit geringerem Plastikanteil statt. Die Reinigung der Wohnung ohne Chemikalien und die Hinwendung zu natürlichen Produkten verringern außerdem die Giftstoffe, die über die Umgebung absorbiert werden.

Mehr Zeit entsteht durch die Reduzierung des Konsums. Während die Umstellung auf Zero Waste anfangs zwar Zeit kostet, entstehen auf lange Sicht mehr Freiräume und Effizienz. Es wird sich nicht mehr um die Entsorgung von Werbeartikeln, Wurfsendungen und unnötiger Gegenstände gekümmert. Durch die Vereinfachung des Haushaltes entfallen die Besorgung, Pflege, Instandhaltung und Entsorgung vieler Objekte. Und Dinge wiederzuverwenden spart ebenfalls Zeit ein. Durch die Konsumreduktion kann sich auf das Wesentliche fokussiert werden. Zero-Waste-Lebende berichten von mehr Zeit für Familie und Freunde und von Gemeinschaftsbildung, z. B. Vernetzung mit Gleichgesinnten über die *Sharing Communities*.[31]

Geht Zero Waste mit Kindern?

Zero Waste geht auch mit Kindern. Was im Alltag von den Eltern vorgelebt wird, empfinden die Sprösslinge als normal. Bestes Beispiel ist Trendsetterin Johnson selbst, die ihre zwei Jungen in einem Zero-Waste-Haushalt großzog. Sie meint, die meisten Veränderungen seien den Kindern erst aufgefallen, als sie darauf hingewiesen habe. Im Bereich Snacks und Süßes sei sie einfach von verpackten Produkten auf selbst gemachte oder abfüllbare umgestiegen. Sie betont aber, wie wichtig es sei, die eigenen Beweggründe zu erklären. Verstehen die Kinder die Intensionen hinter Zero Waste, können sie das Handeln nachvollziehen.[32] Ein Thema, an dem sich die Geister scheiden, sind übrigens Windeln. Selbst eingefleischte Zero-Waste-Eltern greifen teils auf Plastikwindeln zurück.

Mobilität

Autofrei

»Wir müssen uns klarmachen, dass der auf Privatautos basierende motorisierte Individualverkehr mangels Ressourcen, mangels Straßen und angesichts neuer bahnbrechender Technologien keine Zukunft hat.«

Salomon Scharffenberg, deutscher Autor des Buches *No Car*[1]

Sich gegen einen privaten PKW zu entscheiden ist besonders bei Menschen in westlichen Großstädten verbreitet. Anstelle eines eigenen Autos werden öffentliche Verkehrsmittel, Fahrräder, Carsharing und andere Mobilitätsangebote zur Fortbewegung genutzt. Kürzere Strecken werden zu Fuß gegangen. Ein eigenes Auto wird als überflüssig, klimaschädlich und teuer empfunden. Im Zentrum steht weniger der Besitz des Fortbewegungsmittels als dessen Zweckmäßigkeit.

Der *Peak Car*, der Zenit des Autoverkehrs, ist in den Großstädten der westlichen Industriestaaten längst erreicht. Es handelt sich um den Höhepunkt der PKW-Motorisierung und -Nutzung, der einen Wandel des Mobilitätsverständnisses zur Folge hat. In London war der Trend bereits in den 1990er-Jahren erkennbar. Die Bevölkerung der britischen Hauptstadt legte immer weniger Kilometer mit dem Auto zurück. In Großbritannien, Deutschland und Japan steht der *Peak Car* laut Verkehrsforschern kurz bevor. Andere sagen, er sei schon seit Jahren überschritten. Je nachdem, welche Messgröße zur Beurteilung zugrunde gelegt wird: die Autodichte, Autos pro Einwohner oder die Personenkilometer, also die individuell mit dem Auto zurückgelegten Kilometer.

In Europa wird der Zenit des Autoverkehrs immer mehr von Politikern und Stadtplanern als Realität angenommen.[2] In vielen EU-Ländern wurde eine CO_2-Steuer eingeführt, in Deutschland im Januar 2021. Von Staat zu Staat variiert stark, wer für welche Sache wie viel Abgaben zahlt. In Schweden sind die Steuern mit rund 120 Euro pro Tonne CO_2 besonders hoch. Dafür sind die CO_2-Werte des Landes seither um über 23 Prozent gesunken.[3] Der autofreie Lebensstil wird in Großstädten zunehmend gefördert. Beispielsweise gibt es Restriktionen für den Autoverkehr wie Citymauts, die zu einem Rückgang des Autoverkehrs um 15 bis 20 Prozent führen. Ein bekanntes Beispiel für solche Maßnahmen ist London. In der britischen Hauptstadt wird für die Fahrzeugführer seit 2003 eine Staugebühr fällig, wenn sie in die Innenstadt fahren. Zuerst galt dies nur an Werktagen, aber seit 2020 wurde die *Congestion Charge* mit 15 Pfund pro Tag auch auf die Wochenenden ausgeweitet. Dazu wird für Fahrzeuge, die vor 2006 zugelassen wurden, eine «Gift-Maut« verlangt. Im Jahr 2008 wurde das gesamte Kerngebiet Londons zudem zur Umweltzone erklärt. Nun müssen Autobesitzer von besonders schadstoffreichen Gefährten ebenfalls Gebühren zahlen.

In Paris wurde zur Verringerung der Luftverschmutzung eine Geschwindigkeitsbegrenzung im städtischen Kerngebiet auf 30 Kilometer pro Stunde eingeführt. Zudem gibt es Feinstaubplaketten, durch die schadstoffarme Autos bevorzugt werden. Bei hoher Luftbelastung werden LKWs nicht mehr in die Innenstadt gelassen und Fahrverbote für Autos mit ungeraden oder geraden Kennzeichen ausgesprochen. Auch die gut ausgebauten öffentlichen Verkehrsmittel sind dann für die Bevölkerung kostenlos.

Andere Städte wie Straßburg setzen auf den Ausbau des Radverkehrs. Das Besondere des ausgebauten Fahrradnetzes von Straßburg ist die Verbindung des französischen mit dem angrenzenden deutschen. Aus dem Stadtzentrum verlaufen zudem Fahrradschnellwege kilometerweit in die Vorstädte, um die umliegenden Gebiete einzubinden. Sogar der Flughafen ist an solch einen Radweg angeschlossen.

In Belgien, der Schweiz und auch im deutschen Ruhrgebiet wurden ähnliche Radschnellwege zwischen Kommunen errichtet.

Das europäische Paradebeispiel in Bezug auf Radverkehr ist jedoch Kopenhagen. Die dänische Hauptstadt war weltweit die erste Stadt, in der die Bevölkerung täglich mehr Kilometer mit dem Rad als mit dem Auto fährt. Durchschnittlich legt jeder Fahrradfahrer hier fünf Kilometer pro Tag zurück.[4] Die Stadt hatte im Jahr 2011 eine Fahrradstrategie verabschiedet, die bis 2025 zum Ziel hat, Kopenhagen CO_2-neutral und zur weltweit besten Fahrradstadt zu machen. Es soll erreicht werden, dass 75 Prozent aller Strecken zu Fuß, mit dem Rad oder ÖPNV erledigt werden. Das Ziel, dass über 50 Prozent der Pendler mit dem Rad zur Arbeit fahren, hat die Stadt mit 49 Prozent im Jahr 2021 schon fast erreicht.[5]

Eine ähnliche Vorreiterfunktion nimmt die norwegische Hauptstadt Oslo ein. Dort ist die Verkehrswende in vollem Gange. Die Stadt möchte autofrei werden. 2019 wurden 700 innerstädtische Parkplätze ersatzlos abgeschafft. Autos dürfen nicht länger als zwei Stunden parken, und die Parkgebühren wurden teils um 50 Prozent erhöht. Die Stadtverwaltung verabschiedete außerdem ein CO_2-Budget für Emissionswerte, die im städtischen Haushalt nicht zu überschreiten sind. Bis 2028 soll der gesamte Nahverkehr der Stadt auf Elektroantrieb umstellen, inklusive der Fähren, mit denen viele Menschen zur Arbeit pendeln. Mittlerweile nutzen immer mehr Einwohner den ÖPNV, die Nutzung der Leihräder stieg an, und im städtischen Zentrum waren mehr Fußgänger zu verzeichnen.[6]

Neben der Förderung des Radverkehrs gibt es aber auch spannende Modellversuche wie in der französischen Stadt Brest. Seit 2016 verbindet dort eine Seilbahn das alte Marineviertel mit der Innenstadt. In La Paz in Bolivien wurde die erste Seilbahn bereits 2014 eingeführt. Dort waren jahrzehntelang Minibusse Hauptverkehrsmittel und Stauverursacher. Mittlerweile wurde das Seilbahnnetz stark ausgebaut. Es gibt zehn Linien mit einer Streckenlänge von insgesamt über 30.400 Kilometern. Sehen so die Städte von morgen aus?

Wieso gibt es den Trend weg vom Auto?

Das Auto ist das beliebteste Transportmittel der Deutschen. Es steht für schnelles und flexibles Vorankommen und für die Freiheit, dann loszufahren, wenn man es möchte. Seit den 1960er-Jahren stieg die Zahl der zugelassenen PKWs mit wenigen Ausnahmen stetig an. Im Jahr 2021 waren es mit über 48 Millionen zugelassenen Autos so viele wie nie zuvor.[7] Statistisch gesehen kommt auf mehr als jede zweite Person ein Fahrzeug. Von den deutschen Berufspendlern nutzen rund 75 Prozent ausschließlich das eigene Auto. Das ist in Deutschland leicht, denn die Verkehrsinfrastruktur ist auf den motorisierten Verkehr ausgelegt. Nach dem Zweiten Weltkrieg war die Automobilindustrie Antriebskraft des deutschen Wirtschaftswunders, schuf Arbeitsplätze und Wohlstand über Generationen hinweg. Deutsche Autos waren außerdem sehr beliebt im Ausland, was zu hohen Exportgewinnen führte. Die Modelle der erfolgreichen Automobilhersteller wie der Daimler-Benz AG, Audi, BMW, VW und Porsche sind heute über den gesamten Globus verteilt. Die Autoindustrie nimmt in Deutschland zweifellos eine zentrale Stellung ein – mit großer politischer und wirtschaftlicher Einflusskraft.[8] So überrascht auch nicht, dass weder der Dieselskandal im Jahr 2015 noch die Corona-Pandemie ab 2020 dem Erfolg der Branche einen Abbruch tat. Die meisten Hersteller fuhren trotz Kurzarbeit und Wirtschaftseinbruch sogar hohe Gewinne ein. Insgesamt hat sich die Zahl der weltweit zugelassenen Autos in den letzten 20 Jahren mehr als verdoppelt. Laut Schätzungen sind es nunmehr rund 1,3 Milliarden Autos bei einer Weltbevölkerung von 7,77 Milliarden Menschen. Die meisten Autos finden sich mit 31,9 Prozent in Asien. Knapp dahinter, mit 30,8 Prozent, liegt Europa. 25,3 Prozent der Autos fahren in Nordamerika, während lediglich 3,5 Prozent in Afrika zu finden sind. Das Auto hat in den Industrieländern nicht an Attraktivität verloren, aber auch in Schwellen- und Entwicklungsländern streben die Menschen nach dem eigenen Auto.

Nach Zukunftsprognosen werden im Jahr 2050 zwei Drittel der Weltbevölkerung in Städten leben – mit großen Auswirkungen auf die Mobilität. Mit dem Wachstum der Städte verlängern sich die Transportwege. Gleichzeitig nimmt mit der Konzentration der Menschen auch die Zahl der Autos zu.[9] In der Folge ist eine steigende Umwelt-, Klima- und Gesundheitsbelastung zu erwarten. Bereits heute warnt das Umweltbundesamt vor den Auswirkungen unseres Verkehrs. Die Flächennutzung für den Verkehr nimmt stetig zu. Dabei nehmen Autos am meisten Raum ein. Deutschland ist von Autobahnen durchzogen, die den Boden versiegeln, während das Stadtbild von Parkhäusern und -plätzen sowie vierspurigen Straßen geprägt ist. Der Straßenbau gefährdet außerdem die Bewahrung von Biotopen und Naturschutzgebieten.

Hinzu kommt der hohe Energie- und Kraftstoffverbrauch. In Deutschland ist der Verkehr für über 30 Prozent des gesamten Energieverbrauchs verantwortlich – Luft-, Güter- und Personenverkehr eingeschlossen. Über die Hälfte davon fließen in benzin- und dieselbetriebene PKWs und Krafträder.[10] Dass die Ressourcen dieser Kraftstoffe bald ausgeschöpft sind, ist ein Damoklesschwert, auf das seit Jahren von Umweltinitiativen hingewiesen wird. Obwohl der Kraftstoffverbrauch einzelner Autos sinkt, ist der Gesamtverbrauch aller Fahrzeuge über die Jahre stark angestiegen. Der große Erdölbedarf führt zu immer mehr Bohrungen in unberührten Regionen oder der Tiefsee. Bei Unglücken von Bohrinseln gerät das Rohöl direkt ins Meer. In der Automobilproduktion wird zudem mit bis zu 43 Tonnen pro Auto rund doppelt so viel CO_2 abgesondert wie bei der späteren Nutzung des Autos. Auch wird enorm viel Energie für die Stahlherstellung verbraucht. Hinzu kommen Stickoxide und gesundheitsschädliche Emissionen, die bei der Metallerzgewinnung entstehen.[11]

Auch der Verkehrslärm ist ein großer Störfaktor. In einer Studie des Umweltbundesamtes zu Lärmbelästigung war der Straßenverkehr trauriger Spitzenreiter. Rund 75 Prozent der Befragten nannten Straßenverkehr als am meisten störend und belästigend. Erst danach kamen Lärm durch die Nachbarschaft, Industrie und Gewerbe oder Flug- und Schienenverkehr. Neben Gehörschäden sind mögliche Langzeitfolgen von Lärmbelastung Herz-Kreislauf-Erkrankungen sowie Änderungen von biologischen Risikofaktoren wie Blutfetten, Gerinnungsfaktoren oder Blutzuckerwerten.

Darüber hinaus sondern Autoreifen Mikropartikel aus Kunststoff ab. Alleine in Deutschland gelangen jährlich 111.420 Tonnen solcher Partikel in die Umwelt. Natürlich zählen hier neben den Autoreifen unter anderem auch die Abriebe der LKW-Reifen und U-Bahnen mit hinein (mehr dazu im PLASTIKFREI-Kapitel).

Letztlich wirkt sich der motorisierte Individualverkehr negativ auf Luft und Klima aus. Die Verbrennungsmotoren geben große Mengen an Feinstaub, CO_2 und Stickstoffdioxid (NO_2) an die Luft ab. Speziell in Ballungsräumen ist die Luft stark belastet, was sich auf die Gesundheit der Bewohner auswirkt.[12] Feinstaub und die darin enthaltenen Schwermetalle werden als besonders gefährlich eingestuft, da die Partikel sogar ins Blut aufgenommen werden. Bei hoher Belastung kann Feinstaub zu Asthma, Allergien sowie Herz- und Kreislauferkrankungen führen.[13] Schon jetzt sind die Auswirkungen des Verkehrs auf die Umwelt an einigen Orten der Welt dramatisch. Der Air Quality Index (AQI) misst den Luftverschmutzungsgrad weltweit. Dabei werden Werte verschiedener Messstationen unter anderem zu Feinstaubbelastung, Ozon und NO_2 berücksichtigt. Ab einem AQI-Wert von 150 ist die Luftqualität bedenklich, ab 200 wird von einer Gefahr für die Gesundheit gesprochen, ab 300 wird geraten, sich nicht mehr draußen aufzuhalten. In Städten in China und Indien sind täglich AQI-Werte jenseits von 300 zu verzeichnen. Zwar wird bei diesen Luftwerten nicht zwischen Belastungen durch Industrie, Landwirtschaft oder Verkehrsarten unterschieden. Dennoch ist es erschreckend, dass in einigen Städten die Kinder hauptsächlich im Innenraum aufwachsen und eine Atemmaske notwendig ist, um das Haus zu verlassen.

Angesichts des Klimawandels und der zunehmenden Umweltprobleme gerät der motorisierte Individualverkehr zunehmend in die Kritik. Auch in der deutschen Politik wird über eine Verkehrswende debattiert: hin zur Nutzung von nachhaltigen Energiequellen, umweltschonender Mobilitätsnutzung und einer besseren Vernetzung des Verkehrs. Der Bundesverkehrswegeplan sieht allerdings hohe Geldsummen für den Bau von neuen Straßen vor, was einen Zuwachs an motorisiertem Verkehr bedeutet. Autos werden steuerlich begünstigt, wie z. B. durch die Pendlerpauschale oder das Dienstwagenprivileg. Die Automobilindustrie wird staatlich subventioniert und gefördert. Wie sollen auf diesem Wege die Klima- und Umweltziele erreicht werden? Im Vergleich zu 1990 sollen im Verkehr die Emissionen bis 2030 um etwa 40 Prozent verringert werden. Aktuell setzt die Bundesregierung auf ein Paket aus Elektromobilität, CO_2-Bepreisung und Stärkung der Bahn.[14] Diese Maßnahmen sind aber noch nicht weitreichend genug.

Aufgrund der Umweltbelastung entscheiden sich viele Menschen mittlerweile gegen ein eigenes Auto und damit zur »Verkehrswende im Privaten«. Einer steigenden Anzahl an Bewohnern urbaner Räume erscheint das Auto inzwischen sogar als überflüssig. Für andere sind die hohen Kosten, fehlende Parkplätze oder lange Wartezeiten im Stau Grund für die Abkehr vom Privatwagen. Auch fand ein Bedeutungswandel des Autos statt. Insbesondere viele jüngere Männer sehen das Auto nicht mehr als Statussymbol, sondern vermehrt als Gebrauchsobjekt – eine Einstellung, die sich bei Frauen seit Jahren durch eine Vorliebe für praktische Fahrzeuge abzeichnet. Mit dem eigenen Auto identifizieren sich immer weniger Menschen. Auch der Trend zum Sharing, also zum Teilen von Gebrauchsobjekten, wird bei Autos immer beliebter. Menschen um die 30 Jahre reicht die gelegentliche Nutzung eines Autos aus, ohne es selbst zu besitzen. Auf knapp 40 Prozent der Singlehaushalte kommt laut Statistik gar kein Auto.[15]

Einen guten Einblick in die Mentalität der jungen Bevölkerung liefert die Mobility-Zeitgeiststudie von 2020, die im Auftrag von Ford entstand. Die Generation Z wurde zu ihrem Mobilitätsverhalten befragt. Die zwischen 1997 und 2012 Geborenen gelten als besonders mobil. Für den Großteil der Befragten war Mobilität gleichbedeutend mit Flexibilität, Unabhängigkeit und Freiheit. Alles, was früher dem Auto zugeschrieben wurde, verteilt sich für sie aber auf verschiedene Fortbewegungsmittel. Von den Befragten lehnten über die Hälfte fossile Antriebe als nicht zukunftsweisend ab.[16] 57 Prozent aller Befragten besaßen kein Auto oder nutzten ein Auto der Familie. An einem durchschnittlichen Tag bewegt sich die Generation Z hauptsächlich zu Fuß und mit dem Öffentlichen Personennahverkehr (ÖPNV) vorwärts. Zwar ist das Auto ein wichtiger Teil der Mobilitätskette, für die Jungen stehen bei der Mobilität jedoch Praktikabilität und Zweckmäßigkeit im Zentrum. Außerdem ist für sie wichtig, dass Mobilität nicht viel kostet. Ein großer Wunsch, der von zwei Dritteln der Befragten geäußert wurde, ist das nahtlose Ineinandergreifen verschiedener Fortbewegungsmittel. Potenzial für eine bessere Vernetzung der Mobilitätsangebote sehen sie in der modernen Technik. 60 Prozent wünschen sich eine Verbindung von öffentlichem und Individualverkehr, vor allem für den schlecht angebundenen ländlichen Raum. Geht es nach der Generation Z, muss sich das Auto einem umweltbewussten, aktiven Lebensstil anpassen und den Fußgängern und Menschen Raum geben.[17]

Wie funktioniert Mobilität ohne eigenes Auto?

Bei dem Trend weg vom Auto geht es nicht darum, sich nie wieder in ein Auto zu setzen. Autos werden trotzdem noch genutzt. Es wird nur keines mehr selbst besessen. Stattdessen greifen Autofrei-Lebende auf ein breites Spektrum an Mobilitätsangeboten zurück, die sich je nach Lebenslage und Wohnort individuell zusammensetzen. Das wird von Verkehrsexperten »Multimodalität« genannt. Dazu zählen neben der Fortbewegung zu Fuß auch das Fahrrad, Sharing-Angebote, der ÖPNV sowie Bus und Bahn. Die Fortbewegung zu Fuß ist in den Tagesablauf integriert. Bei einem nahe gelegenen Ausbildungs- oder Arbeitsort lohnt sich eine Autofahrt meist gar nicht. Personen, deren Alltagsroute etwas länger ist, gehen mindestens ein Stück des Weges zum nächstgelegenen Verkehrsmittel zu Fuß. Auch den Lebensmitteleinkauf erledigen viele ohne Auto.

Besonders bei längeren Alltagsrouten ist das Fahrrad eine gute Alternative zum Fußmarsch. Radfahrer sind in Städten meist schneller am Ziel als Autofahrer oder ÖPNV-Nutzer. Zielorte in Innenstädten sind zudem per Rad oft besser erreichbar, was mit ein Grund ist, warum es Fahrradkuriere gibt. Auch werden von Unternehmen immer mehr Lastenräder für Liefer- und Kurierdienste eingesetzt. Familien verwenden die Transporträder ebenfalls, da diese belastbarer sind als Fahrradanhänger. Sind die Kinder noch zu klein, um selbst zu fahren, werden klassische Kindersitze oder sogenannte Trailerbikes genutzt. Dabei wird ein einrädriges Kinderrad fest mit dem Fahrrad des Erwachsenen verbunden und wie ein Anhänger mitgezogen. Bei der älteren Generation sind vor allem die elektrisch betriebenen Pedelecs, S-Pedelecs und E-Bikes beliebt. Häufige Argumente gegen das Fahrradfahren sind Regen oder kalte Temperaturen. Wer das Fahrrad als sein Fortbewegungsmittel auswählt, rüstet sich jedoch schlichtweg mit entsprechender Kleidung aus.

Seit 2012 wurde außerdem die gesetzliche Regelung für Dienstwagen auch auf Fahrräder übertragen. Dies ermöglicht das Leasing von Diensträdern für drei Jahre. Die Kosten für die Versicherung und Leasingrate werden vom Monatsgehalt abgezogen. Am Ende der Vertragslaufzeit erhalten die Beschäftigten ein neues Leasingrad oder können das Fahrrad zum Restwert kaufen, je nach Preis und Steuerklasse zu 50 bis 70 Prozent des eigentlichen Preises. Laut Schätzungen sollen schon über 200.000 Dienstfahrräder auf den Straßen unterwegs sein.[18] Menschen, die nur selten Fahrrad fahren oder auf Reisen sind, können in größeren Städten zudem auf ein vielfältiges Angebot an Leihrädern zurückgreifen. Neben den konventionellen Fahrradvermietungen gibt es Sharing-Fahrräder, die per App buchbar sind. In Deutschland wird der Markt von zwei großen Unternehmen beherrscht: dem Leipziger Unternehmen Nextbike und den Call-a-Bike-Fahrrädern der Deutschen Bahn. Die Abgabe der Räder kann an beliebigen Kreuzungen erfolgen. Teils ist die Rückgabe aber auch nur an bestimmten Stationen möglich.

Die weltweite Protestbewegung Critical Mass zeigt, dass sich vor allem die Menschen im urbanen Raum weniger Autoverkehr und stattdessen mehr Platz für Fahrräder wünschen. Vielen geht es darum, ein Zeichen für die Mobilitätswende zu setzen. Die Aktion ist von Stadt zu Stadt unterschiedlich organisiert, aber hat immer einen antihierarchischen und inklusiven Charakter. In Stuttgart treffen sich die Teilnehmenden beispielsweise jeden ersten Freitag im Monat am zentralen Feuerseeplatz. Von dort startet eine gemeinsame Radtour auf den zweispurigen Straßen der Stadt, die ansonsten von Autos dominiert werden. Während der Corona-Pandemie entstand außerdem das Phänomen der Pop-up-Radwege. In Großstädten auf der ganzen Welt wurden temporäre Fahrradspuren auf den Straßen angelegt, um den Radfahrern zu helfen, die räumliche Distanz zu halten. Obwohl die Pop-up-Radwege nur vorübergehend geplant waren, sahen viele in ihnen einen großen Schritt Richtung Verkehrswende.

Menschen ohne Auto verwenden vor allem für kurze Strecken alle möglichen fahrbaren Untersätze: Skateboards, Longboards, faltbare Tretroller, Inlineskates oder Rollschuhe. 2019 wurden auch elektrische Tretroller, kurz E-Scooter, auf den deutschen Straßen zugelassen. Seither gibt es sie in immer mehr Städten zu mieten. Ähnlich dem Prinzip der Leihräder können sie über eine App gebucht und überall in der Stadt abgestellt werden. Damit wird das Angebot der sogenannten Mikromobilität in Städten immer vielfältiger. Der in Deutschland präsenteste Anbieter von E-Scootern ist Tier mit Leihmöglichkeiten in 50 Städten. Andere sind Lime, Voi und Bird.

Die etwas größere und komfortablere Variante sind Motorroller mit Elektroantrieb, kurz E-Roller. Auch dieses Angebot funktioniert per App. In der wärmeren Jahreszeit ergänzen die E-Roller die Stadtmobilität um eine günstige und geräuscharme Fortbewegungsvariante. Besonders nachts, wenn der ÖPNV nur noch eingeschränkt fährt, sind die Roller beliebt, um nach Hause zu fahren. Emmy ist der bekannteste E-Roller-Anbieter Deutschlands. Weitere sind Coup, Eddy, Evo-Sharing, Meli-Sharing sowie Stella.

Bei längeren Entfernungen kommt man trotz Mikromobilität nicht um den ÖPNV herum. In Ballungszentren sind Straßenbahnen, U-Bahnen, S-Bahnen sowie Stadt- und Regionalbusse jederzeit verfügbar. Fünf-Minuten-Takte der Fahrten ohne längere Wartezeiten sind keine Seltenheit. Die meisten ÖPNV-Verbände bieten eine App, über die Fahrpläne abrufbar und Tickets buchbar sind.[19] Die Preise des ÖPNV sind im Vergleich zum eigenen Auto günstig. Vielerorts kosten Monatstickets nur etwa 50 Euro, und es gibt spezielle Pendlerangebote. Verkehrsexperten diskutieren derzeit, welche Angebote mehr Menschen den Umstieg auf den ÖPNV erleichtern. Eine Idee ist, den öffentlichen Nahverkehr kostenfrei zu gestalten. Die Kosten würden umlagefinanziert, das heißt, die Bevölkerung würde einen gewissen Betrag des eigenen Einkommens für den fahrscheinlosen ÖPNV aufbringen. Kritiker sehen darin eine Verbeugung vor der Autoindustrie. Den Konzernen bleiben dabei jegliche Regulierungen erspart.[20]

Im ländlichen Gebiet wird die Deutsche Bahn zur wichtigen Mobilitätsanbindung. Viele Regionen Deutschlands sind an das Streckennetz angeschlossen und dadurch gut mit der Bahn erreichbar. Häufig ist der ICE sogar schneller als das Auto. Auch Verreisen ist mit der Bahn kein Problem. Das europäische Schienennetz ist im Vergleich zu anderen Kontinenten hervorragend instand gehalten und zuverlässig. 2013 wurde zudem ein über 80 Jahre altes Monopol der Deutschen Bahn aufgehoben, das in der Überlandverkehrsordnung die Konkurrenz durch Fernbuslinien untersagte. Seitdem gibt es diverse Fernbusanbieter, welche die Fortbewegung um zusätzliche Anbindungsoptionen erweitern. In Deutschland ist Flixbus Marktführer. Schon früh konnten die Fahrtbuchungen bequem per App durchgeführt und beim Fahrer mit QR-Code eingecheckt werden. Das Unternehmen hat sein Angebot seit 2018 um den Flixtrain erweitert und macht der Deutschen Bahn mit günstigen Preisen Konkurrenz. Andere Fernbusunternehmen sind Eurolines und Regio Jet.

Für längere Strecken, größere Transporte oder Ausflüge müssen Autofrei-Lebende nicht auf die Nutzung von Autos verzichten – dafür gibt es Carsharing. Mitfahrgelegenheiten sind die wohl bekannteste Variante der gemeinsamen Autonutzung. Während sich Fahrgemeinschaften früher über Zettelkästen, schwarze Bretter oder den Bekanntenkreis zusammenfanden, verabreden sich die Beteiligten heute über Internetplattformen. Die bekannteste Mitfahrzentrale ist Blablacar, die seit Kurzem sogar auch den Blablacar-Bus anbietet.

Außerdem gibt es stationäres Carsharing. Hierbei stehen die Autos an einer festen Mietstation, zu der sie nach Fahrtende wieder zurückgebracht werden. Die Fahrten müssen im Voraus gebucht werden, was den Vorteil hat, dass das Auto dann sicher für den gewünschten Zeitpunkt reserviert ist. Spontane Buchungen sind jedoch häufig nicht möglich und Stornierungen teuer. Zu bekannten Anbietern zählen unter anderem Stadtmobil, Greenwheels, Cambio und Flinkster, das Carsharing-Angebot der Deutschen Bahn.

Eine Alternative ist das flexible Free-Floating-Carsharing. Statt fixer Standorte gibt es ein abgestecktes Geschäftsgebiet, in dem die Autos völlig frei auf Parkplätzen, in Parkhäusern oder einfach am Straßenrand abgestellt sind. Meist fallen die Autos der Anbieter im Stadtbild durch auffällige Aufkleber auf, wie z. B. die Fahrzeugflotte von Share Now (ehemals Drive Now und Car2Go). Auf der App werden der Standort des nächsten Autos sowie der Tank- oder Ladestand angezeigt. Elektromotoren liegen beim flexiblen Carsharing im Trend. Die Fahrzeuge sind sehr gut für kurze Strecken geeignet und durch die hohe Fahrzeuganzahl stets verfügbar. Der Nachteil ist, dass die Autos nur im Geschäftsgebiet abgestellt werden dürfen, die sich häufig auf den Stadtkern beschränken.[21]

Peer-to-Peer-Carsharing ist eine weitere Option. Hier verleihen Privatpersonen ihre Autos. Über die jeweilige Onlineplattform fragen die Nutzer ein Auto in der Umgebung an. Dadurch lernen sich häufig Menschen in der Nachbarschaft kennen, die sich dann regelmäßig ein Auto teilen. Die Preise und Mietkonditionen werden von jedem Anbieter individuell festgelegt. Beliebte Plattformen sind Getaround und Snappcar. Übrigens machen sich auch immer mehr Unternehmen das Prinzip der gemeinsamen Autonutzung zu eigen. Beim Corporate Carsharing greifen mehrere Mitarbeiter statt auf einen persönlichen Dienstwagen auf ein oder mehrere Fahrzeuge zu. Dadurch werden der Fuhrpark der Unternehmen effizienter eingesetzt und Kosten gespart.

In Transportnotfällen sind Taxiservices immer noch die naheliegendste Lösung, insbesondere für Menschen ohne Führerschein. Der Taxianruf kann mittlerweile ganz bequem per App erledigt werden, z. B. mit Free Now. Die App sendet dem Taxi den Standort des Passagiers, der dann auf der Landkarte die Ankunft des Wagens verfolgen kann. Da die Kosten für Taxifahrten relativ hoch sind, ist das Auto mit Chauffeur jedoch keine Lösung für die alltägliche Mobilität.

In der Mobilitätsbranche wird debattiert, ob das konventionelle Taxi überhaupt Zukunft hat. Das liegt vor allem an den neuen Taxiformaten, die in den letzten Jahren aufkamen, wie z. B. Uber und Sixt Ride. Besonders bei Jüngeren kommen die neuen Taxiformate gut an, weil der Fahrtpreis bereits vor der Abfahrt feststeht. Bei Uber kann jede Privatperson mit dem eigenen Auto einen Taxidienst anbieten. In Deutschland ist das illegal, da gewerbliche Fahrer einen Personenbeförderungsschein vorweisen müssen. Dazu sind die Preise weit niedriger als bei herkömmlichen Taxis. Diese rechnen auch Leerzeiten, Versicherungen, Abschreibung sowie Instandhaltungskosten der Autos in den Preis ein. Uber ist eine Bedrohung für das deutsche Taxigewerbe, das natürlich protestiert. Mittlerweile ist der Fahrservice jedoch in vielen Städten erhältlich. Der Clou: Uber ist nicht selbst Beförderer, sondern vermittelt die Aufträge an lizensierte Mietwagen- und Taxiunternehmen mit angestellten Fahrern. Seit 2021 drängt nun auch Lyft, der Konkurrent von Uber, auf den deutschen Markt.

Eine weitere neue Taxivariante sind per App buchbare E-Busse. Sie gelten als ideale Ergänzung des ÖPNV und als umweltfreundliche Alternative zu herkömmlichen Taxis. Sie nutzen Elektroantrieb, und Fahrgäste mit ähnlichem Ziel werden gebündelt. Zu Anbietern des sogenannten *Ride Pooling* zählen z. B. Moia in Hamburg und Hannover sowie CleverShuttle in Leipzig und Düsseldorf. CleverShuttle kooperiert mit weiteren Städten zur On-demand-Mobilität, also Fahrservice auf Nachfrage, wie z. B. Hopper in Offenbach oder Bussi in Essen.

Die Weiterentwicklung der neuen Taxiformate sind übrigens *Robocabs*, autonome fahrende Robotertaxis. In der idealtypischen Umsetzung bestellen die Nutzer ihren E-Bus dann wie gewohnt per App. Das Gefährt ohne Fahrer holt sie ab und fährt sie zum angegebenen Ziel. Bezahlt wird bargeldlos. Auf dem Weg werden gemäß dem *Ride Pooling* weitere Personen eingesammelt, die in dieselbe Richtung möchten. Dass diese Vorstellung nicht abwegig ist, zeigen bestehende Projekte in der Mobilitätsbranche. Die Daimler AG gab 2019 an, gemeinsam mit Bosch an einem autonomen Taxifahrservice zu arbeiten. In den USA sind die *Robocabs* der Google-Schwesterfirma Waymo schon auf den Straßen unterwegs. Waymo One ist als der erste autonome Taxiservice der Welt in Phoenix in Arizona nutzbar. Mit Waymo Via bietet das Unternehmen auch autonom fahrende LKWs für den Gütertransport und hybride Minivans für lokale Lieferungen an. Das Marktforschungsunternehmen Roland Berger schätzt, dass selbst fahrende Taxis voraussichtlich bis 2030 auch in Deutschland das Mobilitätsangebot ergänzen werden.

Der klassische Mietwagen macht das Mobilitätsangebot für Autofrei-Lebende komplett. Der Vorteil ist, dass die Nutzung nicht auf ein Geschäftsgebiet beschränkt ist. Auch muss das Fahrzeug nicht an derselben Station zurückgegeben werden. Mietwagen, speziell Transporter, sind für größere Lasten und Umzüge von Stadt zu Stadt immer noch das ideale Transportmittel. Auch für Reisen in Regionen, die schwer zugänglich oder nicht an den öffentlichen Verkehr angeschlossen sind, bieten sich Mietwagen an. Die größten Autovermietungen in Deutschland sind Europcar, Avis Budget, Hertz, Sixt, Enterprise sowie Buchbinder.

Verlieren nicht viele Deutsche ohne die Automobilbranche ihren Arbeitsplatz?

In Deutschland arbeiten rund 880.000 Menschen direkt in der Automobilindustrie, bei Zulieferfirmen arbeiten 870.000 weitere. Mit vier Prozent der Erwerbstätigen ist das eine große Anzahl an Arbeitsplätzen. Das bedeutet aber auch, dass 96 Prozent der Arbeitsplätze nicht auf die Automobilindustrie zurückgehen. Gemessen am Umsatz ist die Branche der stärkste Industriezweig des Landes. Journalist und Autor Salomon Scharffenberg meint, bis zum Jahr 2050 sei die Verkleinerung der Autoindustrie allein aufgrund der Umweltkrise unausweichlich. Dabei gehe es nicht um einen Umstieg von Benzin- auf Elektromotoren, sondern um den radikalen Rückgang der Autoproduktion insgesamt. Es mache allerdings einen Unterschied, wie die Branche kollabiere: durch eine politisch erwirkte Verkehrswende oder wegen mangelnder Innovationsfähigkeit der Verantwortlichen der Autoindustrie selbst. In ersterem Fall seien die Auswirkungen weniger dramatisch, da parallel neue Mobilitätssysteme aufgebaut würden und dadurch neue Arbeitsplätze entstünden. Bezüglich der verlorenen Arbeitsplätze könnte die Politik greifen. Beim Kohleausstieg gab es eine Kohlekommission, die zum Ziel hatte, dass kein Kohlearbeiter arbeitslos wurde. Ähnlich könnte es eine Autokommission geben. Auch könne über einen »Autosoli« diskutiert werden – eine Art Solidaritätsbeitrag für die Beschäftigten der Automobilbranche.[22]

Kritik am Autofrei-Trend

Das Auto muss Teil einer neuen Mobilitätsinfrastruktur werden, meint Ulf Poschardt, Chefredakteur der Welt-Gruppe. Er bewertet die komplette Abkehr vom diesel- oder benzinbetriebenen Privatauto als schwierig. Es gebe die Liebe zu Sportwagen, Oldtimern und die über Jahre abgestotterten Leasingkombis der Familien. Für Menschen sei es nicht leicht, sich von ihren Autos zu trennen. Die Bedürfnisse und Wünsche der Bevölkerung dürften bei politischen Kurswechseln nicht übergangen werden. Natürlich müssten der ÖPNV und Radwege ausgebaut werden, aber auch den Autoliebhabern sollten freiere Straßen zur Verfügung stehen. Das offene Tempolimit auf Autobahnen zähle zu den wenigen Freiheitsräumen, die Autofahrern im stark regulierten Land blieben. Die Menschen könnten in der Verkehrswende nicht gezwungen werden, auf ihr Auto zu verzichten. Stattdessen müssten die Alternativen zum Auto privilegiert werden, sodass nur noch die hartgesottenen Autofans damit unterwegs sind. Diese seien auch bereit, für ihre Leidenschaft mehr zu zahlen. Außerdem sollte der gesamte Warentransport vom Straßen- auf den Schienenverkehr verlagert werden.

Auf Befürworter von Privatwagen wirkt es fast undankbar, wenn Menschen der Automobilindustrie den Rücken kehren. Immerhin sicherte die Branche über 70 Jahre Wohlstand und Wirtschaftswachstum, auch für die Ökoaktivisten und Autogegner. Bis heute beschäftigen die Automobilhersteller und Zulieferfirmen sehr viele Menschen und zahlen in die Kassen der jeweiligen Bundesländer und Kommunen ein. Diese Mittel fließen wiederum in soziale und kulturelle Einrichtungen sowie in Fürsorge-Angebote. Poschardt meint, Deutschland habe nun mal keine zweite Schlüsselindustrie in der Hinterhand. Daher sollte die Zertrümmerung der Autoindustrie überdacht werden. Obwohl eine Mobilitätswende notwendig sei, müssten langlebige, gute Autos Teil davon sein.[23]

Ein kräftiges Argument für die Notwendigkeit von Privatautos ist die Anbindung der Landbevölkerung. Die Mobilitätsinfrastruktur des ÖPNV und Angebote wie Carsharing sind im ländlichen Gebiet und in Vorstädten noch nicht ausreichend vorhanden. Konzepte zu einer flächendeckenden Veränderung dieser Mobilitätsbrache existieren bislang kaum. E-Mobilität, Ausbau der Fahrradinfrastruktur und des öffentlichen Nahverkehrs sind gute Stichworte, aber für Berufspendler sowie Familien in schlecht angebundenen Gebieten ist das eigene Auto bislang immer noch wichtigstes Verkehrsmittel.

Der autofreie Lebensstil wird hauptsächlich von einer sportlichen und flexiblen Mittelschicht in den Städten gelebt. Völlige Autogegner lassen sich im Übrigen nicht einmal auf Carsharing ein und lehnen die Autonutzung gänzlich ab, wie z. B. die Mitglieder des Autofrei leben e. V. Solchen Initiativen wird vorgeworfen, nicht nur die Lebensrealität der Landbevölkerung zu marginalisieren, sondern auch die Alten, Behinderten sowie weniger mobile und anpassungsfähige Menschen zu übersehen. Viele von diesen sind auf ein eigenes Auto angewiesen, um ihre Selbstständigkeit und Bewegungsfreiheit nicht zu verlieren.

Aktuell ist für viele Menschen der autofreie Lebensstil mit Verzicht konnotiert. Unter anderem weil ein Großteil der Bevölkerung noch eigene Autos besitzt. Aber autofreie Stadtbewohner büßen auch an Spontanität ein, wenn sie einen Ausflug in die Natur planen, zu der es keine öffentliche Anbindung gibt. Mitfahrgelegenheiten, Mietwagen oder Carsharing-Optionen müssen recherchiert werden. Diese Mietoptionen können auf Dauer teuer werden, und das eigene Auto kann je nach Nutzung sogar günstiger sein. Das Privatauto ist für viele immer noch Garant für Freiheit und spontane, unkomplizierte Mobilität. Ob die Menschen sich von ihrem Auto trennen, bleibt eine individuelle sowie emotionale Fragestellung.[24]

Wie soll die Bevölkerung auf dem Land ohne Auto zurechtkommen?

Tatsächlich gibt es auch in Deutschland Orte, die vom öffentlichen Verkehrsnetz völlig abgeschnitten sind. Speziell am Wochenende fährt vielerorts nicht einmal ein Bus. Überzeugte Autofrei-Lebende lassen sich davon nicht unterkriegen und fahren mit dem Fahrrad zur nächsten Anbindung, z. B. zur nächsten Bahnstation. Ganz Hartgesottene verweisen auf das Velomobil, ein Liegefahrrad mit Fahrerkabine, als perfekten Autoersatz bei jedem Wetter. Andere nutzen Carsharing-Angebote. Dennoch ist speziell für Familien der Verzicht auf ein Auto im ländlichen Raum aktuell kaum umsetzbar.

Vorteile des Autofrei-Trends

Die Autoreduktion wirkt sich unbestritten positiv auf Klima und Umwelt aus. Durch die Reduktion der Autos mit Verbrennungsmotoren und des Autoverkehrs insgesamt werden der Lärmpegel gesenkt und die Luftbelastung geringer. Es werden weniger CO_2, NO_2, Feinstaub und Mikropartikel ausgestoßen. Die Stadtbevölkerung kann im wahrsten Sinne des Wortes wieder durchatmen. Im Idealfall entsteht eine angenehme städtische Geräuschkulisse, die keinen Stress mehr verursacht. Auch Tiere, speziell Insekten, bevölkern womöglich wieder verstärkt die Parks und Grünstreifen der Städte. Mit der Nachfrage nach Autos sinkt auch deren Produktion, die viel

Energie und Ressourcen verbraucht. Der Kraftstoffverbrauch wird reduziert, damit geht auch der Erdöl- und Erdgasbedarf zurück. Der durchschnittliche CO_2-Fußabdruck pro Person wird geringer, da das Klima durch den Individualverkehr weniger belastet wird. Zudem steigt der Bedarf an alternativen Mobilitätsangeboten. Sharing-Unternehmen und andere umweltfreundliche Mobilitätsdienstleister können ihr Angebot erweitern und ausbauen. Politik und Verkehrsplanung treffen auf mehr Zuspruch in der Bevölkerung hinsichtlich einer nachhaltigen Verkehrsplanung, die den Fokus nicht mehr auf Autos, sondern den ÖPNV legt. Im Idealfall löst der Trend, kein eigenes Auto zu besitzen, eine Verkehrswende über die Bevölkerung aus.

Das neue Mobilitätsverhalten bringt aber auch Vorteile für die Wirtschaftlichkeit der Stadt. So kosten der Ausbau und die Instandhaltung einer urbanen Fahrradinfrastruktur weniger, als für den Autoverkehr investiert werden muss. In der Fahrradstadt Kopenhagen wurden in den letzten Jahren 280 Millionen Euro in den Radverkehrsausbau investiert. Dieselbe Summe hat eine nur drei Kilometer lange Autoumgehung im Norden der Stadt gekostet.[25] Dass mehr Menschen zu Fuß oder per Rad unterwegs sind, wirkt sich zudem positiv auf das Gesundheitswesen aus, wie eine Studie der Cycling Embassy of Denmark herausfand. In Kopenhagen wird pro mit dem Rad zurückgelegten Kilometer etwa ein Euro für Gesundheitskosten eingespart. Im Großraum der Stadt sind das jährlich etwa 215 Millionen Euro. Auch die Zahl der Krankschreibungen sank um eine Million pro Jahr.[26]

Ein Rückgang an privaten PKWs ist natürlich auch gut für das Stadtbild und die Lebensqualität der Bewohner. Weniger Flächen werden von Autos ausgefüllt und können so kreativ neu genutzt werden. Am weltweiten Aktionstag »Parking Day« wird seit 2005 in vielen Städten aufgezeigt, was auf Parkplätzen und Straßen alles möglich wäre. Dabei entstehen kurzfristig und modellhaft neue Formen der Flächennutzung: Nachbarschaftscafés, Fahrradunterstände, kleine Gärten, Pop-up-Stores oder mehr Platz für Kunst und Kultur.

Menschen ohne eigenes Auto berichten außerdem davon, mehr Geld zur Verfügung zu haben, sich mehr zu bewegen und glücklicher zu sein. Nach der Miete fürs Wohnen ist ein Auto der zweitgrößte Kostenverursacher im Haushaltsbudget. Es verbraucht durchschnittlich fast 15 Prozent des Einkommens. Ohne Auto bleibt mehr Geld übrig. Auch wenn das Auto selbst nur einmalige Anschaffungskosten verursacht, so summieren sich die Kosten für Versicherung, Steuern, Reparaturen, Stellplatz, Benzin oder Strom und Parkgebühren durchaus, mal ganz abgesehen vom Wertverlust und von den Abschreibungskosten des Autos. Der Verzicht auf das Luxusobjekt wird durch die positiven Aspekte der Fortbewegung zu Fuß und mit dem Rad ausgeglichen.[27]

Menschen, die autofrei leben, kommen im Alltag zudem ohne initiierte Spaziergänge locker auf eine hohe Schrittanzahl. Das wirkt sich positiv auf die Gesundheit und das eigene Wohlbefinden aus. Regelmäßiges Gehen oder Laufen führt zu einer höheren Lebenserwartung – schon 30 Minuten täglich sollen das Leben um etwa vier Jahre verlängern. Der Körper kommt beim Gehen in Bewegung, und die Muskeln und das Gehirn werden besser mit Sauerstoff versorgt. Es ist gut für die Atmung, für Herz und Kreislauf und stärkt das Immunsystem.[28] Ähnlich positive Effekte auf die Gesundheit hat das Radfahren.[29]

Auch die Nutzung von ÖPNV, Bus und Bahn bringt einige Vorteile mit sich. Statt sich auf den Verkehr zu konzentrieren, können die Fahrt- sowie die Wartezeit für andere Beschäftigungen genutzt werden.[30] Die Mikromobilitätsangebote wie E-Scooter oder Mietfahrräder erweitern den ÖPNV mit einer Prise Spaß. Sharing-Angebote lassen zudem einen hohen Grad an Flexibilität und Unabhängigkeit zu. Auch können die Menschen je nach Situation und Wetterlage auf verschiedene Transportmöglichkeiten zugreifen. Ein weiterer sehr großer Vorteil ist weniger Verantwortung, denn das jeweilige Sharing-Unternehmen kümmert sich um Reparaturen, Versicherungen und Ähnliches.

Aber ein Auto spart doch im Vergleich immer noch Zeit und Geld?

Es kommt ganz darauf an, wo sich der autofreie Haushalt befindet. In Großstädten ist es in der Regel günstiger, kein eigenes Auto zu besitzen und sich stattdessen des vorhandenen Mobilitätsangebots zu bedienen. Ohne Parkplatzsuche oder Staus sind autolose Menschen sogar oft schneller am Ziel. Sobald die Alltagsroute jedoch außerhalb des gut erschlossenen urbanen Mobilitätsgebiets liegt, kann die Fortbewegung mit eigenem Auto durchaus Zeit und Kosten sparen. Bei einer erfolgreichen Verkehrswende würde sich das ändern. Der öffentliche Nahverkehr wäre dann flächendeckend ausgebaut und die Angebote von Mobilitätsdienstleistern überall erhältlich. Dies würde einen autofreien Lebensstil auch auf dem Land und in städtischen Vororten ermöglichen.

Lastenrad

»Wenn Straßen vermehrt auf Autos ausgerichtet werden, erzeugt das mehr Verkehr. Wenn die Fahrradinfrastruktur ausgebaut wird, folgen mehr Fahrräder. Wenn Menschen dazu eingeladen sind, mehr zu Fuß zu gehen und den öffentlichen Raum zu nutzen, belebt das die Stadt. Es folgt immer das, wozu man einlädt.«

Jan Gehl, dänischer Architekt und Autor des Buches *Städte für Menschen*[1]

Der Trend zum Lastenfahrrad, auf Englisch *cargo bike*, stammt aus nordeuropäischen Großstädten, wo das transportfähige Rad die Straßen dominiert. Es ist das neue Nutzfahrzeug der Stadtbevölkerung und tritt an die Stelle des Kleinwagens. In der klimafreundlichen Verkehrspolitik wird die Verbreitung des Lastenrads, speziell im Wirtschaftsverkehr, stark gefördert. Der Umstieg auf das Rad senkt den CO_2-Fußabdruck, verbraucht weniger Ressourcen und verändert das von Autos beherrschte Stadtbild.

Immer mehr Händler und Warenzusteller steigen auf die Transportfahrräder um. Das liegt mitunter an der steigenden Kritik an den dieselbetriebenen Nutzfahrzeugen der Lieferdienste und Logistikunternehmen. Sie geraten als Erstes ins Visier von Politik und Bevölkerung, wenn wieder einmal die EU-Grenzwerte für Stickstoffdioxid und Ruß in deutschen Großstädten überschritten werden. Oder wenn es aufgrund von Feinstaubalarm, wie es z. B. häufig in Stuttgart der Fall war, zu Fahrverboten für LKWs und einer Ermahnung der Autonutzer kommt.[2] Zu den ersten Unternehmen, die Lastenräder einsetzten, zählten Internet-Start-ups, die Essensbestellungen von Restaurants auslieferten. Es schließen sich aber auch immer mehr Einzelhändler zusammen und bieten Lieferservice per Rad an. Das Lastenrad wird als schnellere, umweltfreundlichere und flexiblere Alternative zum Transporter gelobt. Speziell für die

»letzte Meile«, das letzte Wegstück beim Transport der Ware zur Tür der Kundschaft, steigen Unternehmen auf Lastenräder um – mit Elektromotorunterstützung – versteht sich. Ein weiterer Pluspunkt: Es wird kein Führerschein benötigt, was die Einstellungskriterien für Personal vereinfacht.

Lastenräder können einen großen Teil des Wirtschaftsverkehrs in Innenstädten umweltschonend und leise abwickeln, erkannten auch Verkehrsforscher des Deutschen Zentrums für Luft- und Raumfahrt. In einer Studie von 2016 hatten sie systematisch das Nutzungspotenzial der Lastenräder ermittelt. Die Analyse von 3,9 Milliarden Transportfahrten des deutschen Wirtschaftsverkehrs ergab, dass etwa 8 Prozent der Fahrten, längerfristig sogar 23 Prozent mit Lastenrädern leistbar wären. Lastenräder sind nicht nur für den Transport von Waren und Paketen geeignet, sondern in Zukunft auch für Pflege- und Handwerksleistungen einsetzbar. Das Bundesverkehrsministerium, das die Studie in Auftrag gab, steht dem Umstieg des Wirtschaftsverkehrs auf Lastenräder seither positiv gegenüber. Das Ministerium bietet Kommunen und Unternehmen eine fast 100-seitige Sammlung an Praxisbeispielen zur »Veränderung des gewerblichen Lieferverkehrs und dessen Auswirkungen auf die städtische Logistik« an.

Auch werden verschiedene Projekte zur Verbreitung von Lastenrädern gefördert, wie z. B. »Lasten auf Räder!«, das Informationsportal des ökologischen Verkehrsclubs VCD. Unter lastenrad.vdc.org werden Unternehmen, Privatpersonen und Kommunen Tipps für den Umstieg auf Lastenräder geboten.[3] Des Weiteren erarbeitete das Softwareprojekt »RadLast« ein interaktives Programm, das die optimale Strecke für die »letzte Meile« mit dem Lastenrad berechnen soll. Mit dem TINK Netzwerkprojekt wurde zudem ein Modellprojekt gefördert, das von 2015 bis 2018 in Konstanz und Norderstedt wissenschaftlich belegte, dass öffentliche Transportrad-Mietsysteme als Teil eines kommunalen Mobilitätskonzepts zur Verkehrswende beitragen. Im Rahmen des Nationalen Radverkehrsplans baut das TINK Netzwerkprojekt auf den Erfahrungen des Modellprojekts auf.

Überhaupt stehen alle Ampeln auf Grün, was Lastenräder im neuen »Radverkehrsplan 3.0« für Deutschland betrifft. In dem 80-seitigen Masterplan für die Radverkehrsförderung, der im April 2021 vom Bundeskabinett beschlossen wurde, bilden Transporträder den Schwerpunkt. Im Fokus steht die Förderung der Verwendung von Lastenrädern im Lasten- und Wirtschaftsverkehrs, aber auch die private Lastenradnutzung wird bedacht. Deutschland soll bis zum Jahr 2030 ein »Fahrradland« werden. Entsprechend sollen auch die Rechtslage für die Räder im Straßenverkehr überarbeitet und die Radverkehrsinfrastruktur für Lastenräder ausgebaut werden. Ein Symbol für Lastenräder in der Straßenverkehrsordnung wurde bereits 2020 eingeführt. Geplant sind außerdem Ausweitungen der Kaufprämien für Lastenräder im Wirtschafts- sowie Privatbereich, Forschungsförderung zum Lastenradverkehr, Bevorteilung von Lastenrädern in Innenstädten sowie die Förderung von Lastenrad-Sharing auch für die gewerbliche Nutzung.

Wo liegen die Ursprünge des Lastenrad-Trends?

Das Lastenrad hat seinen Ursprung Ende des 19. Jahrhunderts. Damals gab es hauptsächlich Hochräder, bei denen das Vorderrad viel größer als das Hinterrad war. Dies ermöglichte zwar ein schnelles Vorankommen, doch die Räder kippten sehr leicht. Für den Transport von Waren oder Botendienste waren Hochräder nicht geeignet. Für mehr Stabilität und Sicherheit wurden daher Fahrräder mit drei Rädern entwickelt. Durch das dritte Rad entstand Platz für das Transportgut. Schnell verbreiteten sich die Lastenräder unter Händlern, Gewerbetreibenden, Boten- und Kurierdiensten. Endlich konnten Briefe und Pakete, Tiere, aber auch Produkte wie Milch, Brot und andere Lebensmittel günstig und schnell von A nach B geliefert werden. Es gab sogar Fahrradmodelle, durch die Krankentransporte möglich wurden.

Durch die industrielle Produktion von Lastenrädern verbreiteten sich die Fahrräder noch weiter. Bis zum Zweiten Weltkrieg gehörten sie zum Stadtbild nordamerikanischer und fast aller europäischen Städte. Auch die Deutsche Post nutzte Lastenräder zum Transport. In dieser Hochzeit der Lastenräder wurden einige Lastenradmodelle entwickelt, die bis heute noch produziert und verwendet werden. So wurde das Long-John-Lastenrad der dänischen Firma Smith & Co. bereits 1923 entwickelt und ein Jahr später auf der Weltausstellung in Kopenhagen ausgestellt. Heute gibt es zwar den Hersteller nicht mehr, dafür ist das Modell nach wie vor beliebt.

Ab den 1960er-Jahren ließ die Begeisterung für Lastenräder als Nutzfahrzeuge deutlich nach. Der Siegeszug der Autos begann. Sie hatten mehr Stauraum als die Lastenräder, waren schneller und mussten nicht mehr durch Muskelkraft angetrieben werden. Auch viele Haushalte konnten sich bald ein eigenes Auto zur Fortbewegung leisten. Dies hatte dramatische Folgen für die Verkehrssituation in Städten, die Lebensqualität ihrer Bewohner sowie die Umwelt, wie bereits im AUTOFREI-Kapitel erläutert wurde. Lastenräder wurden nur noch vereinzelt im Post- und Kurierwesen oder auch als Diensträder auf Industriearealen eingesetzt.

Einige Jahrzehnte lang wurde es ruhig um das Lastenrad – bis es in den letzten Jahren plötzlich eine wahrhafte Renaissance erlebte, bei Händlern und Warenzustellern als auch bei Privatpersonen. Die Gründe hierfür sind zahlreich, die täglichen Staus und innerstädtischen Verkehrskollapse allen vorangestellt. Dazu kommen die Benzin- und Haltungskosten für Privatautos. Auch das Umweltbewusstsein der Menschen ist gestiegen. Innovationen wie die Entwicklung von Lastenrädern mit Elektromotoren gaben dem Einsatz der Fahrräder, speziell im Wirtschaftsverkehr, einen weiteren Schub.[4]

Generell ist seit Jahren eine Hinwendung zum Fahrrad zu verzeichnen. Allein in Deutschland stieg der Fahrradbestand vom Jahr 2005 um ganze neun Millionen auf 76 Millionen Fahrräder im Jahr 2019.[5] Es wurde vermehrt als Fortbewegungsmittel und Sportgerät genutzt. Gleichzeitig avancierte es zum neuen Statussymbol und Lifestyleobjekt. Denn noch nie gab es eine so große Auswahl an verschiedenen Marken und Modelle. Von Single-Speed-Rädern über klassische Hollandräder hin zu Fahrrädern im Retrolook sowie E-Bikes und Pedelecs ist für jeden etwas dabei. Durch das differenzierte Angebot können sich die Radfahrer verschiedenen Szenen zuordnen. Dies führt zu einer stärkeren emotionalen Bedeutung, die dem eigenen Drahtesel entgegengebracht wird. Das Rad wird gepflegt, getunt und nach persönlichen Vorstellungen angepasst. Für viele erhält es durch diese Individualisierung die Symbolkraft, die früher das Auto innehatte. Das kulturelle Phänomen des Fahrrads als Stilgegenstand kann bisweilen auf diversen Websites zum Fahrradlifestyle (copenhagencyclechic.com, biketyle.com) beobachtet werden. Hier werden die ungewöhnlichsten Fahrräder, ihre Besitzer sowie Retrofunde, Gadgets und neue Ideen präsentiert.[6]

Fahrräder werden auch immer öfter als Nutzfahrzeuge verwendet: Anstelle des Autos wird das Lastenrad gewählt. Längerfristig hat das Lastenrad das Potenzial, den privaten Kleinwagen in weiten Teilen zu ersetzen und den städtischen Verkehr maßgeblich zu verändern. In dänischen Großstädten wurde der Umstieg auf den Fahrradverkehr schon seit Jahren im Rahmen der nachhaltigen Stadtentwicklung gefördert. Und das mit großem Erfolg. In Kopenhagen übertrifft die Anzahl der Fahrräder heute die der Autos. Das städtische Radwegenetz beträgt rund 380 Kilometer. Während der Hauptverkehrszeiten werden Fahrräder bei der Ampelschaltung bevorzugt. Auch wird die Stadt »Cargo Bike Nation« genannt.[7] Das Comeback des Lastenrads begann in der alternativen Aussteigerkommune Christiania in Kopenhagen. 1984 entwickelte dort Lars Engstrøm das dreirädrige »Christiania-Bike«, da in dem Viertel keine Autos geduldet wurden. Das Rad war Grundstein für sein Unternehmen, das er nach dem autofreien Viertel benannte: Christiania Bikes (christianiabikes.com). Bis heute sind die Räder beliebt.

In Kopenhagen besitzt mittlerweile eine von vier Familien mit zwei Kindern ein Lastenrad. Sie transportieren hauptsächlich ihren Nachwuchs sowie Einkäufe mit den Rädern. Nicht selten werden aber auch Erwachsene und Haustiere mit dem Lastenrad chauffiert. Im Grunde wird alles, was klassisch mit dem Auto transportiert wurde, auf das Lastenrad geladen: Möbel, Pakete, Christbäume, Musikinstrumente usw. Im Jahr 2015 wurden über 40.000 Lastenräder in der Stadt gezählt. Die Infrastruktur ist an die Lastenräder angepasst. Es gibt z. B. breite Radwege und größere Parkplätze für Lastenräder. Auf dem Markt tummeln sich mittlerweile über 25 verschiedene dänische Lastenradhersteller. Es werden aber auch immer mehr Modelle in den Niederlanden und Deutschland produziert.[8] Die Niederlande sind ebenfalls bekannt für ihre Radkultur. Dort wurden die Lastenräder bereits in den 1990er-Jahren bei Familien in Amsterdam beliebt. Ausgehend von der Hauptstadt, verbreiteten sie sich in den ganzen Niederlanden.

Wie gestaltet sich der Lastenrad-Trend?

In deutschen Großstädten sind Lastenräder im Vergleich zu Städten wie Kopenhagen noch wenig verbreitet. Jedoch gibt es immer mehr kostenlose gemeinnützige wie auch kommunale Leihangebote, durch die die Popularität der Räder steigt. Das Angebot zum kostenlosen Testen von Lastenrädern ist unglaublich groß. Über die Initiative fLotte (flotte-berlin.de) bietet z. B. der Fahrradverein ADFC Berlin rund 150 Lastenräder zum kostenfreien Ausleihen an. Ähnliche Leihangebote gibt es in zahlreichen deutschen Städten. Im »Forum freie Lastenräder« haben sich bereits über 100 Initiativen zusammengeschlossen. Auf einer Landkarte unter dein-lastenrad.de werden alle Initiativen angezeigt. Dabei kann es sich um eine kleine Graswurzelbewegung mit einem Lastenrad handeln oder um professionelle Flottenanbieter. Über diese und weitere Lastenrad-Plattformen ist in den letzten Jahren eine starke Gemeinschaft entstanden, die sich miteinander austauscht und vernetzt.

Durch die hohe Nachfrage könnten die Initiativen allerdings schnell an ihre Grenzen stoßen. Verkehrsexperten sehen deshalb kommerzielle Lastenradangebote als unabdingbar an. Nur so kann das Lastenrad den Verkehr maßgeblich zur Nachhaltigkeit verändern. Wie beim Carsharing sind professionelle Mobilitätsanbieter nötig, die Leihräder an festen Stationen oder als Free-Floating-Option anbieten. So kann jeder Lastenräder unkompliziert nutzen, ohne sich gleich selbst eines anschaffen zu müssen. Erste Start-ups existieren schon, wie z. B. Sigo, ein Darmstädter Jungunternehmen, das Sharing-Lastenräder mit E-Motor anbietet. Sigo kooperiert mit Immobilienunternehmen und Wohnungsgenossenschaften, auf deren Flächen sie Stationen für die Leihräder betreiben.[9] Weitere kommerzielle Sharing-Angebote von Lastenrädern sind Donk-EE, Carvelo2go und Likebike. Letzteres ist ein Pilotprojekt in Tübingen, bei dem 20 E-Lastenräder an festen Stationen von Lidl- und Kaufland-Filialen bereitgestellt werden. Auch etablierte Anbieter von Fahrradverleihsystemen wie Nextbike und Call-a-Bike bieten in einigen Städten E-Lastenräder als Bestandteil ihrer Flotte an. Selbst erste Carsharing-Anbieter integrieren Lastenräder in ihr Angebot, wie z. B. Stadtmobil in Hannover.

Die Sharing-Angebote sind ideal für Menschen, die nur gelegentlich Transportbedarf haben oder vor dem eigenen Haus keinen Platz für ein etwa zwei Meter langes Lastenrad finden. Zudem können sich nicht alle ein Lastenrad leisten, denn auch bei den Preisen liegt ein Vergleich zum Kleinwagen nahe. Die Preisspanne beginnt für Lastenräder ohne E-Motor bei rund 1.500 Euro und endet bei etwa 8.500 Euro für E-Lastenräder mit technischen Gimmicks, qualitativ hochwertigen Materialien und zusätzlicher Ausstattung. Lastenräder mit elektrischer Trethilfe beginnen bei 2.500 Euro, solche mit leistungsstarkem E-Motor starten bei etwa 3.800 Euro.

Neben den gemeinnützigen und kommerziellen Lastenrad-Sharing-Anbietern wird vor allem bei den Kommunen Potenzial zur Verbreitung der Lastenräder gesehen. Der Ausbau eines kommunalen Angebots könnte Teil der Daseinsvorsorge werden.[10] Das vom Bund geförderte, bereits erwähnte TINK Netzwerkprojekt bietet Kommunen einen Ratgeber, um einen kommunalen Lastenrad-Verleihservice zu etablieren sowie Beratung und Projektbetreuung. Zu Beginn können die Kommunen ein öffentliches Transportrad-Mietsystem inklusive App für vier bis fünf Monate testen, um herauszufinden, wie das Angebot bei der Bevölkerung ankommt. Längerfristig kann daraufhin ein eigenes Verleihsystem in der Kommune entwickelt werden. In einigen Städten wie

Hamburg und Mannheim wurden bereits feste Verleihsysteme für Lastenräder in der Stadt angebracht.[11] Die meisten teilnehmenden Städte befinden sich aktuell in einer Test- oder Übergangsphase zum eigenen Lastenrad-Mietsystem.

Seit Kurzem bieten erste Kommunen auch kostenfreie Sharing-Lastenräder in eigenen Pilotprojekten an. Beispielsweise gibt es in Osnabrück ein E-Lastenrad-Angebot über die Stadtwerke. Andere Kommunen fördern die Anschaffung der Lastenräder von Vereinen, Unternehmen und anderen Zusammenschlüssen. Die Stadt Köln schüttete von 2019 bis 2020 z. B. Fördergelder zum Kauf von Lastenrädern in Höhe von 2,5 Millionen Euro aus. In den meisten Bundesländern gibt es zudem Fördergelder für den Lastenradkauf, in einigen Fällen auch für Privatpersonen und Selbstständige.

Die zahlreichen Möglichkeiten für Testfahrten zeigen Wirkung. Immer mehr Menschen entscheiden sich für die Anschaffung eines eigenen Transportrades. Mit modernen Lastenrädern können Transporte bis zu 250 Kilogramm erledigt werden. Ein herkömmlicher Gepäckträger trägt nur etwa 25 Kilogramm. Bei Städtern sind die Lastenräder besonders als »Kinder-Rikschas« beliebt. Die Handhabung der Räder ist durch neue Lenksysteme, die den Wendekreis verringern, einfacher als früher. E-Lastenräder sind sehr gefragt, da sich je nach Modell bis zu 300 Kilogramm transportieren lassen und der E-Antrieb bei Strecken mit viel Höhenunterschied sehr hilfreich ist. Viele Lastenradfahrer kommen aber auch ohne elektrische Unterstützung aus. Ist die Masse erst einmal in Bewegung, fahren sich Lastenräder relativ leicht.

Wer sich für ein Lastenrad interessiert, hat die Qual der Wahl. Neben vielen namhaften Herstellern und Marken gibt es zahlreiche Bauformen und zusätzliche Ausstattungselemente. Es gibt Lastenräder mit zwei, drei und manchmal vier Rädern. Die verschiedenen Bauweisen können grob in folgende Typen unterteilt werden:

- **Das Bäckerrad** ist ein zweirädriges, kleines Lastenrad mit einem stabilen Gepäckträger über dem Vorderrad. Das Vorderrad ist etwas kleiner, damit der Schwerpunkt niedrig und die Sicht über die Fracht gewährleistet ist. Das Rad zählt zu den ältesten Modellen der Lastenräder. Häufig wird es auf Betriebshöfen genutzt, aber auch im Privaten ist es beliebt, da es sehr wendig und preislich schon ab 700 Euro erhältlich ist. Über dem Vorderrad lassen sich Lasten von 50 bis maximal 100 Kilogramm transportieren. Für den Kindertransport und größere Lasten ist es eher ungeeignet.

- **Das Postfahrrad** hat die gleiche Bauweise wie das Bäckerrad mit weiterer Ladefläche über dem Hinterrad. Üblicherweise erleichtert ein tiefer Einstieg das Ab- und Aufsteigen. Bei der traditionellen Bauweise der Deutschen Post befinden sich Rollen an dem breiten Ständer unter der Ladefläche, die das Aufstellen erleichtern. Viele Fahrradmanufakturen stellen Postfahrräder für den Privatgebrauch her.
- **Der Vorderlader** hat eine tiefergelegte Ladefläche zwischen Steuerrohr und Vorderrad. Das bekannteste Modell der Vorderlader ist das Long John, ein zweirädriger Klassiker aus Dänemark, der seit den 1930er-Jahren von verschiedenen Herstellern produziert wird. Viele Manufakturen bieten Long Johns mit integrierter Transportkiste an, die zum Kindertransport dient, z. B. die niederländischen Babboe Lastenräder und Bakfiets. Andere beliebte Vorderlader sind die bereits erwähnten dreirädrigen Christiania Bikes. Da der Schwerpunkt niedrig liegt, fahren sich Vorderlader sicher. Für mehr Stabilität im Stand und breitere Transportboxen bieten die meisten Hersteller auch dreirädrige Modelle an. Außerdem existieren Transportkisten für bis zu sechs Kleinkinder. Der Vorderlader ist im Privatbereich das wohl verbreitetste Modell der Lastenräder.
- **Das Longtail** hat einen verlängerten Radstand hinter dem Sitz. Es transportiert die Fracht hinten seitlich und über dem Hinterrad in Satteltaschen oder auf Gepäckträgern. Das Longtail ist wie der Vorderlader sehr gut geeignet für den Kindertransport. Bis zu drei Kinder finden auf dem verstärkten Gepäckträger mit schützendem Rahmen Platz,

wobei sie die Beine rechts und links neben dem Rad auf Fußbrettern abstellen. Seltener gibt es das Longtail mit drei Rädern und kleiner Transportbox zwischen den Hinterrädern. Bei einem größeren Lastendreirad wird über eine Gabel nur mit dem Vorderrad gesteuert, und die Verteilung des Radantriebs ändert sich. Dann wird aber nicht mehr vom Longtail, sondern von einer Fahrrad-Rikscha oder einem Fahrradtaxi gesprochen.

Unter Bastlern ist es beliebt, sich ein schlichtes Lastenradmodell zu kaufen und es selbst an die eigenen Bedürfnisse und Lebensumstände anzupassen. Andere Menschen holen sich lieber die Gesamtlösung beim Hersteller. Im Grunde wächst aber jedes Lastenrad flexibel mit den Besitzern mit. Ausgenommen natürlich die ganz schlichten, zweirädrigen Modelle wie das Bäckerrad, bei denen der Ausbau schnell an Grenzen stößt. Beispielsweise können für den Nachwuchs Kleinkindsitze, Maxicosi-Adapter sowie Dreipunktgurte in der Transportbox angebracht werden. Es gibt Überdachungen für windige Regentage, Sonnenschutzvorrichtungen, zusätzliche Sitzbänke mit Polstern, Boxen für Rollstuhltransporte sowie spezielle Kisten für Tiere. Auch komplett verschließbare Transportboxen existieren, die eine sichere Verwahrung der Fracht gewährleisten.

Um den Lastenrad-Trend hat sich mittlerweile eine regelrechte Community mit zahlreichen Events zum gemeinsamen Austausch entwickelt. In Dänemark findet beispielsweise seit 2014 jedes Jahr das »International Cargo Bike Festival« statt. Dort stellen kleine sowie große Unternehmen, Initiativen und Start-ups ihre Produkte und Innovationen vor. Auch in Deutschland gibt es immer mehr Lastenradveranstaltungen wie das »Cargobike Testival« oder die Fachkonferenz »Unboxing Velo Transport« im Jahr 2021 der Velo-Festival-Reihe. Seit 2015 findet in Berlin jedes Jahr ein internationales Lastenradrennen auf dem Tempelhofer Feld statt. Ähnliche Wettkampfveranstaltungen gab es in den letzten Jahren in vielen deutschen Großstädten. In Stuttgart veranstaltet die Stadt mit dem

Landesverkehrsministerium seit dem Jahr 2019 einen deutschlandweit einzigartigen »Cargobike Day«.

Die Verköstigung darf bei solchen Veranstaltungen natürlich nicht fehlen – am besten von Kleinunternehmern, die ihr Lastenrad für gewerbliche Zwecke nutzen. Es ist erstaunlich, was sich die Händler alles einfallen lassen. Es gibt zwar Modelle, die ganz klassisch für den Eisverkauf oder als Zapfanlage für den gewerblichen Gebrauch konzipiert sind. Die meisten rüsten ihre Gefährte jedoch speziell für ihre Bedürfnisse um. So gibt es das Lastenrad als Kaffeestand, Cocktailbar, Asia-Imbiss und Gemeinschaftsküche. Besonders beliebt sind Lastenräder bei Betreibern von Unverpackt läden als Markt- oder Lieferräder.

In einigen Fällen wird das Lastenrad ähnlich wie das TINY HOUSE zur Bühne für Kunst und Kultur. Mit einem Beamer ausgestattet, dient es mancherorts für Open-Air-Kino-Veranstaltungen oder wird zur Minikonzertbühne, wie z. B. für die niederländische De Bakfietsband, die sich ab 2003 mit Piano, Cello, Altsaxofon und Schlagzeug auf einem Bakfiets durch Amsterdam fahren ließ. Theo Fitsos, ein DJ aus Düsseldorf, verlagerte 2020 sein Musikgeschäft ebenfalls auf ein Lastenrad. Durch die Corona-Pandemie waren alle seine Veranstaltungen abgesagt worden. Die Not machte ihn erfinderisch. Er legt nun auf Friedhöfen für Beerdigungen im Freien auf. In Kopenhagen ging die Leiterin eines Bestattungsunternehmens noch weiter. Sie bietet Transporte per *Rustvogncyklen* an, auf Deutsch »Leichenrad«, einem schwarzen Lastenrad, das speziell für Särge angefertigt wurde.

Welche Fördergelder kann ich als Privatperson für ein Lastenrad beantragen?

Es gibt beträchtliche Lastenrad-Fördermittel für gemeinnützige oder öffentliche Institutionen und Vereinigungen, Kommunen, Unternehmen sowie Selbstständige. Das Bundesamt für Wirtschaft und Abfuhrkontrolle bezuschusst den Kauf von Transporträdern mit bis zu 2.500 Euro. Leider sind Privatpersonen von dieser Förderung bislang ausgenommen. Für den privaten Lastenradkauf bieten jedoch viele Länder und Kommunen Kaufprämien. Es kommt also auf den Wohnort an, ob man einen finanziellen Zuschuss beantragen kann oder nicht. Beispielsweise fördert das Land Thüringen private Lastenräder je nach Modell mit maximal 1.000 bis 3.000 Euro. Für die Stellplatzinfrastruktur sind maximal 500 Euro zusätzlich möglich. Dazu gibt es einen Sharing-Bonus für einen zweiten Akku oder ein Sicherheitsschloss. Ähnliche Angebote gibt es aktuell in Sachsen-Anhalt, Nordrhein-Westfalen, Hessen, Brandenburg und im Saarland. Der nationale »Radverkehrsplan 3.0« sieht außerdem eine Erhöhung der Fördermittel für gewerbliche und private Lastenradkäufe vor, die dann an Kommunen und Länder verteilt werden. Entsprechend ist zukünftig mit mehr Fördergeldern für private Lastenräder zu rechnen.

Kritik am Lastenrad-Trend

In einigen Städten wie Kopenhagen, Amsterdam und Antwerpen in Belgien wird angeprangert, Lastenräder trügen zur Gentrifizierung bei. Gemeint ist die »Yuppisierung« einzelner Viertel. Im öffentlichen Diskurs wird das Lastenrad gebildeten und gut verdienenden Familien der Mittelschicht zugeordnet, die jedoch als elitäre Gruppierung aufgrund ihrer Lastenradnutzung gelten.[12] Kritiker werfen ihnen unter anderem vor, sie förderten mit ihrem Verhalten die Spaltung von ethnischen Gruppen. Die Familien lebten häufig in ethnisch diversen Vierteln, würden ihren Nachwuchs mit den Rädern aber in Schulen in wohlhabendere Stadtteile mit überwiegend weißer Bevölkerungsschicht transportieren. In den Niederlanden entstand diesbezüglich ein neuer Stereotyp: die *Bakfietsmoeder*, auf Deutsch »Lastenradmütter«. Im Gegensatz zur amerikanischen *Soccer Mom*, die ihre Kinder im Minivan zu den außerschulischen Aktivitäten fährt, ist die holländische Lastenradmutter ehrgeizig und karriereorientiert. Sie wählt links-grün, steht für Gleichberechtigung, wird aber dennoch als Verursacherin für

Gentrifizierung gesehen. Dabei wird die Trennung verschiedener Schichten durch die Stadtverwaltung selbst gefördert, wie z. B. in Rotterdam, wo mit den »Bakfietswijken« zahlreiche Lastenradnachbarschaften angelegt wurden.

Die gesellschaftliche Abgrenzung geschieht auch durch den Imagewandel des Transportmittels. Früher wurden Lastenräder mit Armut assoziiert, da sie günstiger als Autos waren und in Handwerksberufen genutzt wurden. Heute sind Lastenräder Zeichen für sozioökonomische Aufstiegsbestrebungen.[13] Moderne Lastenräder haben hohe Preise und gelten als Statussymbol, nicht unähnlich einem Luxuswagen. Mit dem Rad heben sich die Nutzer als umweltbewusst und zukunftsorientiert von anderen ab. Auch die Zeitersparnis und sportliche Fortbewegungsform im städtischen Raum zählt zum Lebensstil der Gutverdiener.[14] In einem Zeit-Artikel verglich der Journalist Lars Weisbrod das gesellschaftliche Milieu rund um die Radnutzung mit den spießigen Kleinbürgern der alten Bundesrepublik. Anstelle eines Opels nutzten die Spießer heute allerdings ein Lastenrad und wohnten in Großstädten.[15]

Interessanterweise gibt es diese Kritik auch andersherum: Ein Artikel des Berliner Tagesspiegel polemisierte z. B. gegen die Lastenräder im Berliner Stadtteil Prenzlauer Berg. Die manövrierunfähigen Fahrzeuge seien mehr Sattelschlepper oder Flugzeugträger als Fahrrad. Ihre Besitzer seien Gutmenschen, die sich für etwas Besseres hielten. Sie würden den Passanten den Platz auf den Gehwegen wegnehmen.[16] Diese Anschuldigungen zeigen wiederum, wie wichtig klare Verkehrsregeln und eine adäquate Infrastruktur für die steigende Anzahl der Lastenräder sind. Obwohl die Lastenradnutzung durch den Kurs der deutschen Klimapolitik zunehmend gefördert wird, gibt es Gegenstimmen aus der Politik. Insbesondere FDP-Parteichef Christian Lindner vertritt die Autobranche im Kampf um den urbanen Verkehrsraum. Er stellt sich damit gegen die geforderte Zurückgewinnung des öffentlichen Raums und Beruhigung der Städte. Eine politische Strategie, die in der FDP mehrheitlich vertreten wird.[17]

Vorteile eines Lastenrads

Wie auch immer die Autolobby argumentiert, das Lastenrad hat schlichtweg die bessere Umweltbilanz. Laut einer Rechnung des Verkehrsclubs Deutschland e.V. sparen Personen, die täglich 20 Kilometer mit dem Lastenrad statt dem Kleinwagen im Stadtverkehr unterwegs sind, rund 800 Kilogramm CO_2 pro Jahr ein. Steigt ein Lieferdienst bei der letzten Meile vom Dieseltransporter auf das Lastenrad um, werden bei einer Jahresfahrleistung von 20.000 Kilometern ganze fünf Tonnen CO_2-Emissionen eingespart.[18] Die Herstellung von Lastenrädern schneidet allein durch die Maße des Gefährts im Vergleich zum Auto besser ab: Es werden weniger Ressourcen und Energie benötigt, auch ist der Ausstoß von CO_2 und anderen gesundheitsschädlichen Emissionen geringer. Konkrete Zahlen zu nennen ist schwer. Die Ökobilanz der Lastenradproduktion schwankt je nach Modell, verwendeten Materialien, Ausstattung sowie Herstellungsprozess und Transport. Ein weiterer Faktor ist die Kreislauffähigkeit der Materialien. So können Stahl- oder Aluminiumrahmen eingeschmolzen und recycelt werden, während Fahrradrahmen aus Carbon im Rest- oder Sondermüll landen. Ein Lastenrad ohne E-Motor ist umweltfreundlicher als eines mit elektrischem Antrieb, da keine Elektronik mit seltenen Erden, Batterie und Co. verbaut ist. Zwar zählen E-Bike-Akkus zu Industriebatterien und müssen von Importeuren recycelt werden, diese müssen die recycelten Stoffe jedoch nur bis zu 50 Prozent nachweisen. Ersetzt das Lastenrad letztlich das Autofahren, sind die Emissionen der Akkuproduktion und des Recyclings eines E-Motors jedoch schnell wettgemacht.[19]

Die Hauptgründe, warum die Politik Lastenradnutzung fördert, sind neben dem Umweltaspekt die positiven Effekte auf den städtischen Verkehr und, damit einhergehend, die Lebensqualität. Der Umstieg des innerstädtischen Wirtschaftsverkehrs auf das Lastenrad wird die Schadstoff- und Lärmemissionen um ein Gros senken. Lastenräder nehmen außerdem weniger Fläche ein, und die Infrastruktur ist günstiger anzulegen und instand zu halten.[20] Die Atmosphäre der Stadt ändert sich. Städtischer Raum wird weniger von Autos und Transportern dominiert. Das Leben für die Bevölkerung wird angenehmer und sicherer. Denn je stärker der Radverkehr in Städten ausgeprägt ist, desto weniger Verkehrstote sind zu verzeichnen. In den fahrradfreundlichen Hauptstädten Helsinki und Oslo wurde im Jahr 2019 kein einziger Fußgänger oder Fahrradfahrer durch Verkehrsunfälle getötet. In New York hingegen starben im selben Jahr 29 Fahrradfahrer sowie 124 Fußgänger.[21]

Auch für Privatpersonen bieten Lastenräder zahlreiche Vorteile, allen voran eine hohe Kostenersparnis. Die Anschaffungskosten für ein Lastenrad liegen zwar im unteren vierstelligen Bereich, dennoch sind sie weit günstiger als viele Autos. Etwas Geld lässt sich aktuell durch die vielen Förderprogramme einsparen. Beim Umstieg auf ein Lastenrad entfallen zudem die Steuern und Benzinkosten. Auch die Instandhaltung sowie Wartung sind für Lastenräder weniger kostenintensiv. Dass ein E-Lastenrad weniger Strom verbraucht als der E-Antrieb eines Autos, liegt auf der Hand. Im Stadtverkehr sind Lastenräder zudem häufig schneller am Ziel, da Verkehrsstaus sowie die lange Parkplatzsuche entfallen. Außerdem sind Radwege in der Regel kürzer als die mehrspurigen Straßen des Kraftverkehrs. Per Rad kommt man in innenstädtischen Zentren meist näher an den Zielort heran als mit dem Auto. Ein zusätzlicher Nebeneffekt ist die Bewegung. Beim Lastenrad ist Sport mit inbegriffen, und die Fahrer halten sich automatisch fit und gesund.[22]

Worin liegen die Vorteile eines Lastenrads für den Kindertransport gegenüber Fahrradanhängern?

Tatsächlich ist ein Anhänger in einigen Punkten praktischer und flexibler als ein Lastenrad. Durch die kleinen Maße passt er durch Türen und Durchgänge, kann zum Teil zusammengefaltet und im Zug oder Auto mitgenommen werden. Beim Lastenrad ist die Transportbox mit dem Rahmen verbunden, wodurch es häufig sperrig ist. Auch lassen sich Anhänger an verschiedenen Fahrrädern anbringen, was den Familienalltag erleichtert. Beispielsweise kann ein Kind zur Kita gebracht, der Anhänger dort geparkt werden und die Abholung später durch ein anderes Familienmitglied erfolgen. Dennoch gibt es klare Vorteile, die das Lastenrad bietet. Durch den starken Rahmen und speziellen Bau kann es schwer beladen werden. Ein Anhänger trägt hingegen nur rund 45 Kilogramm. Neben Kindern oder Haustieren sind mit dem Lastenrad auch Großeinkäufe oder Möbel transportierbar. Auch die Nutzungsdauer ist viel länger, da durch die hohe Belastbarkeit selbst noch ältere Kinder oder Erwachsene mitfahren können. Ein weiteres Plus: Beim Vorderlader hat der Fahrer die Fahrgäste immer im Blick. Und nicht zuletzt bestechen Lastenräder durch moderne Extras, wie Schließfächer, Armaturenbretter und sogar USB-Anschlüsse zum Aufladen des Smartphones.[23]

Mikroabenteuer

»Ein weiser Reisender verschmäht nie sein eigenes Land.«
Carlo Goldoni, italienischer Komödiendichter

Als Mikroabenteuer, auf Englisch *microadventure*, gilt ein Outdoorerlebnis, das jeder Mensch in seiner näheren Umgebung ohne große Einschnitte in den Alltag erleben kann – ein kleines Abenteuer vor der eigenen Haustür. Das ist beispielsweise eine Nacht in der Hängematte im Wald, eine Flussüberquerung auf eigene Faust oder eine spontane Radtour. Das zeitlich begrenzte Abenteuer ist nicht nur kostengünstig, sondern verringert auch den eigenen CO_2-Fußabdruck, der womöglich durch eine Fernreise entstanden wäre.

Bei Mikroabenteuern geht es um die Tiefe der Erfahrung und nicht darum, wie weit entfernt das Reiseziel liegt. In einem wissenschaftlichen Artikel besprachen zwei Professorinnen aus Neuseeland und den USA im Sommer 2020 die Vorteile des Trends, bezogen auf die Corona-Pandemie. Sie beobachteten, dass die Reiseeinschränkungen den Blick auf die eigene Umgebung veränderten. Die Menschen wurden sich durch die Lockdowns der Schönheit der näheren Umgebung bewusst. Anstatt auf große Reisen zu gehen, traten in der Pandemie kleine Wanderwege und grüne lokale Ecken in den Vordergrund. Orte, für die sonst nie Zeit oder Energie blieb, wurden plötzlich immens wichtig. Das zeige, wie wichtig der Zugang zur Natur für alle sei, auch für Menschen mit niedrigem Einkommen oder aus Ballungsgebieten.

Während gegen das Virus Impfungen vorhanden seien, sei der Klimawandel ein ungelöstes Problem. Das globale Reiseverhalten müsse sich grundlegend ändern. Binnenländische und regionale Reisen müssten den internationalen Tourismus ablösen. Das schone den Ressourcenverbrauch, stoße weniger klimaschädliche Emissionen aus und führe zu tiefgreifenderen Verbindungen zwischen Menschen und ihrer Umgebung. Die zwei Wissenschaftlerinnen erwarteten sogar eine Hinwendung zu Inlandsreisen und Mikroabenteuern nach den Beschränkungen durch die Pandemie.[1]

Hierbei stellt sich die Frage, wie die Tourismusindustrie das Mikroabenteuer nutzen kann. Glatte Hochglanzangebote sind zu den *microadventures* nicht zu erwarten. Jede Person möchte Abenteuer für sich selbst erleben und keine organisierte Tour buchen. Das heißt jedoch nicht, dass die Tourismusbranche das Potenzial der Mikroabenteuer nicht aufgreifen kann. Der Tourismusverband Baden-Württemberg fördert beispielsweise bereits Angebote, die von den Miniabenteurern genutzt werden. Die Hängebrücke in Bad Wildbad und die Trekkingcamps im Schwarzwald sind beispielsweise ideale Mikroabenteuerziele. Werden solche Angebote und Wegmarken ausgebaut und beworben, kann dies zu mehr Besuchern führen. So kann der Tourismus das Mikroabenteuer nutzen und kleine Expeditionen in die eigene Region fördern.[2]

Wer prägte den Begriff des Mikroabenteuers?

Das Mikroabenteuer ist ein sehr junger Trend. Der Begriff wurde von dem britischen Abenteurer Alastair Humphreys ins Leben gerufen. Humphreys hatte nach seinem Collegeabschluss eine vierjährige Radtour um die Welt unternommen. Es folgten weitere abenteuerliche Expeditionen, bei denen er durch Indien wanderte, über den Atlantik ruderte und rund 1.600 Kilometer des unbewohnbaren Empty Quarter der Arabischen Halbinsel ablief. Sein Ziel: Er wollte ein heldenhafter Abenteurer werden. Während seiner Vorträge über seine Reisen fiel ihm jedoch auf, dass eine Abgrenzung zwischen ihm und dem

Publikum stattfand. Die Zuhörer sahen sich als normale Menschen und ihn als »den Abenteurer« an. Dabei empfand er sich selbst ebenfalls als normale Person. Er wollte das Elitäre, das Abenteuer umgab, abbauen. Deshalb begann er, kleine Expeditionen in seinem Heimatland zu unternehmen, um aufzuzeigen, dass wirklich jeder Abenteuer erleben kann. Eine weitere Rolle spielten seine Frau und seine zwei kleinen Kinder. Als Familienvater konnte er sich keine monatelange Abwesenheit mehr leisten. Da der Abenteuerdrang nicht nachließ, waren Miniexpeditionen in die nähere Umgebung der naheliegende Kompromiss.

Sein erstes Mikroabenteuer unternahm Humphreys 2011, indem er die Schnellstraße M 25 ablief. Die Straße führt rund 193 Kilometer um London herum. Er lebte in der Nähe und hatte sich gefragt, wohin die Straße weiter verlaufe. Für ihn repräsentierte die Expedition außerdem ein Kernelement des Abenteuers: Schönheit dort zu finden, wo auch immer man gerade ist.[3] »Wenn du keinen Berg besteigen kannst, besteige einen Hügel«[4] ist eines seiner Mottos. Humphreys' Miniabenteuer in Großbritannien brachten ihm den Titel des National-Geographic-Abenteurers 2012 ein.

Mit seinem Buch *Microadventures. Local Discoveries for Great Escape*[5] formulierte er das Konzept des Mikroabenteuers aus. Es geht um kurze Ausbrüche aus dem Alltag: im nahe gelegenen Wald zelten gehen, mit den Kindern im Garten nächtigen oder die eigene Stadt nachts erkunden. Humphreys prägte auch den Begriff *5-to-9 adventure*. Viele sehen den durchschnittlichen 9-to-5-Job als Hindernis an. Er plädierte dafür, die Zahlen umgekehrt zu sehen. Nach 17 Uhr stünden 16 Stunden zur freien Verfügung. Es könne zum Beispiel eine Radtour unternommen oder ein Zug aus der Stadt hinaus genommen werden. Nach einer Übernachtung draußen sei man zwar etwas zerknittert, fühle sich aber gut und habe ein kleines Abenteuer erlebt.

Vor allem bei Familienvätern und überarbeiteten Großstädtern kommt die Idee des Mikroabenteuers gut an. Mikroabenteurerinnen gibt es natürlich ebenfalls. Weltweit entstanden mit der Zeit kleine, regionale Gruppen, die sich dem Trend verschrieben. Die meisten

Gruppen gibt es in Großbritannien. Aber auch in Österreich, Dänemark, den Niederlanden, den USA, Neuseeland und Deutschland existieren Zusammenschlüsse. Mit dem Hashtag *#microadventure* werden die kleinen Fluchten aus dem Alltag in den sozialen Netzwerken festgehalten und geteilt. Obwohl Wandern, Fahrradfahren oder draußen Kampieren keine neuen Erfindungen sind, gab der Begriff »Mikroabenteuer« den Outdooraktivitäten ein neues, hippes Image. Die Miniabenteurer inspirieren sich gegenseitig und zeigen, dass aufregende Erlebnisse überall machbar sind.[6] Im deutschsprachigen Raum ist der Journalist und Autor Christo Foerster mit seiner Buchreihe *Mikroabenteuer. Raus und Machen*[7] das bekannteste Gesicht des Trends.

Wie funktioniert ein Mikroabenteuer?

Was aber genau macht ein Mikroabenteuer aus? Alastair Humphreys definierte den Trend folgendermaßen: »Es handelt sich um ein richtiges Abenteuer, eben nur nicht ein groß angelegtes. Ein lokales, kostengünstiges, simples, kurzes Abenteuer. Ich persönlich halte es für wichtig, auch eine Nacht draußen zu schlafen, anstatt nur einen Tagestrip in die Natur zu unternehmen, aber das sei jedem selbst überlassen.«[8] Für Humphreys ist Abenteuer eine Geisteshaltung. Man müsse nicht auf die andere Seite der Erde fliegen, um eine Expedition zu machen. Auch müsse man kein Profisportler, top trainiert oder reich sein. Es gehe darum, etwas zu unternehmen, was man normalerweise nicht mache, sich zu überwinden und es bestmöglich umzusetzen. Dabei wachse man über sich selbst hinaus, mental, physisch und kulturell.[9] Das Mikroabenteuer sei etwas für Menschen, denen wenig Erfahrung, Geld, Zeit oder Equipment zur Verfügung stehe. Insbesondere hat er bei der Entwicklung des Konzepts an die Stadtbevölkerung und ihre Bürojobs gedacht. Laut Humphreys wirken Mikroabenteuer stressreduzierend und helfen, fitter zu werden. Wer noch nie eine Outdooraktivität unternommen habe, solle mit etwas Leichtem anfangen.[10] Zur essenziellen Ausrüstung eines Mikroabenteurers zählen laut Humphreys:

- Schlafsack
- Campingmatratze
- Biwaksack – Extrahülle über den Schlafsack gegen Regen und Wind
- Wollmütze – auch im Sommer, da viel Wärme über den Kopf verloren geht
- Wasserdichte Kleidung
- Warme Kleidung
- Taschenlampe
- Zahnbürste
- Proviant und Wasser[11]

Ein alltagstaugliches Beispiel für ein Mikroabenteuer ist, wie bereits erwähnt, das 5-to-9-Abenteuer. Dabei wird die Zeit zwischen zwei Arbeitstagen genutzt und die Nacht einfach draußen verbracht. Auf der Landkarte wird ein Übernachtungsort in der Nähe gesucht, vielleicht sogar ein Berg oder Wald in der Stadt. Mit dem Gepäck für die Nacht geht es allein oder in Begleitung nach der Arbeit zu dem ausgewählten Ort, wo dann bis zum nächsten Morgen kampiert wird. Am nächsten Tag pilgert man von dort wieder direkt zur Arbeit.[12]

Ein weiteres leicht umsetzbares Mikroabenteuer ist eine Mondscheinwanderung. Humphreys schlägt vor, eine Strecke bei Nacht zu begehen, die man gut kennt. Das kann ein beliebter Wanderweg, die Lieblingsjoggingstrecke oder gar der eigene Garten sein. Eine Kopf- oder Taschenlampe ist zwar im Gepäck, wird jedoch nur im Notfall verwendet. Auch unter freiem Himmel zu schlafen ist ein Mikroabenteuer. Humphreys rät dazu, auf das schützende Dach eines Zeltes zu verzichten und wild zu nächtigen. Dabei würde die eigene Komfortzone verlassen, es kämen womöglich Gefühle der Angst oder Gefahr auf. Genau das sei das Abenteuer, es sei neu und aufregend.

Das Transportmittel zu wechseln ist ebenfalls eine simple Methode, ein kleines Abenteuer zu kreieren. Man kann nach einer Party nachts einfach nach Hause gehen, statt mit anderen im Auto zu fahren. Humphreys wanderte an Weihnachten einmal über neun Stunden zum Haus seiner Familie in Kent. Dadurch verwandelte sich die ansonsten unaufgeregte Anreise mit dem Auto in eine Herausforderung zu Fuß.

Außerdem gibt es die »selbst gewählte Reise«, ein Mikroabenteuer, das nur für die jeweilige Person Sinn macht. Dabei setzt sich der Abenteurer ein Ziel wie den Geburtsort der Mutter, die ehemalige Schule oder einen Lieblingsort der Kindheit. Es geht darum, aus dem Haus zu kommen und einen Ort zu haben, der angesteuert wird.

Christo Foerster entwickelte eine umfassendere Philosophie um den Mikroabenteuertrend. Er war bei der Recherche für einen Ratgeber auf Humphreys Konzept gestoßen. Foerster definiert ein Abenteuer, ob groß oder klein, als ein Verlassen der eigenen Komfortzone, während man sich gleichzeitig einer persönlichen Herausforderung stelle. Es gehe um das Beschreiten unbekannter Wege und darum zu akzeptieren, sich einem ungewissen Verlauf der Unternehmung zu ergeben. Das erfordere Mut, denn ohne Mut gebe es kein Abenteuer.[13] Um das Mikroabenteuer klarer von anderen Auswärtsaktivitäten, wie z. B. Wochenendausflügen mit der Familie, Spaziergängen oder Open-Air-Konzerten, abzugrenzen, stellte er folgende Regeln auf:

- **Zeitrahmen:** Ein Mikroabenteuer findet draußen statt und hat eine Dauer von mindestens acht bis maximal 72 Stunden.
- **Transportmittel:** Zur Fortbewegung sind öffentliche Verkehrsmittel erlaubt. Auto, Motorrad oder Flugzeuge werden nicht genutzt.
- **Kampieren:** Die Nacht draußen zu verbringen sieht Foerster nicht als elementar an. Ist im Abenteuer eine Übernachtung enthalten, soll sie aber im Freien ohne Zelt verbracht werden.

Diese selbst auferlegten Regeln sind nichts Neues für Menschen, die ohnehin regelmäßigen und intensiven Outdooraktivitäten nachgehen. Foerster traf mit seinen Ansätzen zum Mikroabenteuer jedoch auf große Begeisterung. Vielen fehlt die Motivation, nach draußen in die Natur zu gehen. Sie brauchen etwas, das zum Handeln animiert. Genau für diese Loslösung aus dem Alltag und die tatsächliche Umsetzung des Erlebnisdrangs bietet das konkret formulierte Mikroabenteuer die Rahmenbedingungen. Das Konzept trifft den Nerv der Zeit und motiviert zum Loslegen, zum »Raus und Machen«, wie Foersters Leitspruch besagt.[14]

Allem voran sind Mikroabenteurer gerne zu Fuß unterwegs. Im Fokus steht das aktive Outdoorerlebnis. Öffentliche Verkehrsmittel dienen höchstens zur Anfahrt oder zur Zurücklegung einer Teilstrecke. Dadurch kann der Radius des Zielgebietes etwas vergrößert werden. Für das Wandern wird wenig Ausrüstung benötigt. Nur eine robuste Hose, Jacke und gutes Schuhwerk sind erforderlich. Das Gepäck wird leicht gehalten, die Wasserflasche unterwegs wieder befüllt. Bei einer Übernachtung wird die Ausrüstung mit Schlafsack und Isomatte etwas größer gewählt. In Deutschland ist es wie in fast allen europäischen Ländern nicht erlaubt, wild zu campen. Wer nicht im Zelt schläft, campt aber nicht. Sich in der Natur zu erholen ist laut Bundesnaturschutzgesetz erlaubt (§ 59). Außerdem wird ohne Zelt das Gepäck leichter und das Abenteuer- und Freiheitsgefühl beim Schlafen unter freiem Himmel noch größer.[15]

Das Fahrrad ist eine weitere Möglichkeit der Fortbewegung. Selbst ein klappriges Stadtfahrrad reicht für ein kleines Abenteuer aus. Beim Mikroabenteuer wird bewusst nach einem besonderen Kick gesucht. Statt tagsüber zu radeln, kann die Tour ähnlich der Mondscheinwanderung daher auch mal in die Nacht verlagert werden. Foerster berichtet von einer spontanen Nachtfahrt von Hamburg nach Berlin. Anstatt einen Zug zu nehmen, fuhr er die Strecke kurzerhand mit dem Rad. Er traf nach etwa 18,5 Stunden und 324 Kilometern einen guten Freund zum Frühstück. Solche Aktionen bleiben noch Jahre in Erinnerung.

Neben Mikroabenteuern auf dem Landweg bietet sich auch das Wasser zur Fortbewegung an. Durch viele Städte fließt ein Fluss, nur denken die wenigsten an die Möglichkeit, dieses Gewässer für ein Abenteuer zu nutzen. Die naheliegendste Methode, ein Gewässer zu durchqueren, ist Schwimmen. Oder, wer es kann, ein Tauchabenteuer daraus zu machen. Das Freischwimmen ist meist Teil eines Mikroabenteuers zu Fuß. Auf dem Wasser kann sich aber auch ausgezeichnet per Kajak, Kanu, Stand-up-Paddling-Board oder Floß fortbewegt werden. Foerster selbst unternahm beispielsweise gemeinsam mit einem Freund eine Expedition zu Deutschlands größtem Vulkansee, dem Laacher See in der Eifel. Nachdem die beiden den See zu Fuß erreicht hatten, bauten sie mittels Klappsäge aus dem umliegenden Gehölz ein Floß, mit dem sie ihre Ausrüstung auf die andere Seeseite transportierten. Sie selbst schwammen die Strecke.[16]

Mikroabenteurer sind hauptsächlich in der Natur unterwegs. Entsprechend wichtig ist es, sich in der Landschaft mit Bedacht zu verhalten, Tiere und Pflanzen zu respektieren und zu schützen. Foerster rät, sich die kommunale Verordnung des jeweiligen Gebietes, das durchquert werden soll, durchzulesen. Und wie kurz das Abenteuer auch sein mag, ein paar fundamentale Survival-Skills, also Überlebenstechniken, können sehr hilfreich sein. Wenn man in der Abenddämmerung selbst ein wärmendes Feuer entfachen kann, erhöht das außerdem den Abenteuerfaktor. Eine Möglichkeit ist, Techniken schrittweise zu erlernen und sich bei jeder Exkursion einer neuen Aufgabe zu stellen. Sollte es windig sein oder regnen, ist es zum Beispiel sinnvoll, einen Unterschlupf aus Ästen bauen zu können. Oder die Orientierung mit Kompass und Landkarte wird trainiert. Dann ist auch eine leere Handybatterie kein Grund zur Panik.[17]

Die eigenen Survival-Fähigkeiten zu testen und sich mit anderen zu messen kann auch eine Form des Mikroabenteuers sein. Es gibt organisierte Events wie den Megamarsch, bei dem zu Fuß 100 Kilometer Strecke in 24 Stunden zurückgelegt werden. Weitere organisierte Abenteuerevents sind Hindernisläufe. Statt zu wandern, wird bei den Wettkämpfen gerannt, unter anderem durch unwegsames Gelände wie Matsch oder Sand. Klettern und Schwimmen kann ebenfalls Teil eines Hindernislaufs sein.[18]

Wie genau wird eine Nacht draußen ohne Zelt verbracht?

Die simpelste Variante ist, im Schlafsack auf einer Campingmatratze oder Isomatte zu nächtigen. Vor allem in einer warmen Sommernacht ist das bereits ausreichend. Ist es kalt und regnerisch, bietet sich der Biwaksack an. Dabei handelt es sich um eine wind- und wasserfeste Extrahülle, durch welche die Wärmeleistung des Schlafsacks noch verbessert wird.[19] Eine Alternative zum Kampieren auf dem Boden sind Hängematten. Sie sind äußerst nützlich bei abfallendem Gelände oder steinigem Untergrund. Da die Hängematte mindestens einen halben Meter über dem Boden hängt, schützt sie auch vor tierischen Besuchern. Allerdings müssen hierbei Bäume oder Ähnliches zur Befestigung vorhanden sein.[20]

Kritik am Mikroabenteuer-Trend

Mikroabenteuer sind in den Medien sehr präsent. Aufgrund der zahlreichen Beiträge rücken auch die Mikroabenteurer selbst ins Rampenlicht. Einige erwirtschaften durch ihre Vorträge und Publikationen mitunter ein Einkommen. Trendsetter Humphreys weist darauf hin, dass manche Menschen viel Lärm um nichts machen. Es werde eine Menge gepostet und geschrieben, vieles davon habe aber keine Substanz. Viele versuchten, eine Karriere auf dem Trend aufzubauen. Es gebe Abenteurer, die trotz Familienleben, Bürojob und vielen Aufgaben rund ums Haus mehr Mikroabenteuer unternähmen als die Selbstvermarkter. Wer Geld als Mikroabenteurer verdienen wolle, solle sich das gut überlegen. Statt finanzielle Vorteile aus dem Trend zu ziehen, sei es womöglich sinnvoller, das Mikroabenteuer für sich selbst im Privaten zu nutzen.[21]

Auch der britische Outdoorblogger Gilad Nachmani, der gerne draußen unterwegs ist, hinterfragte den Hype um die Mikroabenteuer kritisch. Er hatte beobachtet, wie Humphreys' Buch in Großbritannien sehr gut aufgenommen wurde und in der Großstadt London einen wahren Outdoorboom auslöste. Dabei war ein Mikroabenteuer in

Nachmanis Augen ein normaler Tagesausflug. Mit den Kindern eine Nacht campen zu gehen oder einen Waldweg als Joggingroute zu nutzen war doch nichts Neues. Die Gefahren der neuen Beliebtheit von Outdooraktivitäten lagen für ihn auf der Hand. Viele Menschen kämen nun erstmals auf die Idee, in die Natur zu gehen – ungenügendes Umweltbewusstsein inklusive. Nicht jeder kenne oder bemühe sich um die Regel »Leave no Trace«, also keine Spuren in der Natur zu hinterlassen. So könnten nahe gelegene Ausflugsziele in der Natur Schäden davontragen. Auch könnten Schutzgebiete und Naturreservate von der Masse überrannt werden und der Belastung eventuell nicht standhalten. Weniger erfahrene Menschen versuchten sich außerdem an Unternehmungen, denen sie nicht unbedingt gewachsen seien. Beispielsweise fehle vielen das Wissen um die nötige Ausrüstung für das Übernachten bei kalten Temperaturen (im Winter im Freien zu schlafen ist auch eine Form des Mikroabenteuers).[22] Dass diese Sorge nicht weit hergeholt war, beweist ein Artikel der Kletterplattform *UK Hillwalking*: Vom walisischen Mount Snowdon mussten im August 2015 so viele Menschen wie nie zuvor gerettet werden, häufig aufgrund von vermeidbaren Situationen. Die Wanderer hatten gut ausgebaute Wege verlassen und sich verlaufen oder für den Abend keine Taschenlampe mitgebracht.[23]

Davon, dass Mikroabenteuer nicht nur Vorteile mit sich bringen, berichten auch die Abenteuerlustigen selbst. In einer Forschungsarbeit im Jahr 2018 hatte ein Student in Kanada neun Mikroabenteurer interviewt. Laut ihren Aussagen seien die Outdooraktivitäten mit finanziellen und sozialen Einbußen verbunden. Sie besäßen weit weniger Geld als ihre Altersgenossen in einer ähnlichen Lebensphase. Statt Geld anzusparen, gaben sie es für ihre Ausrüstung und Unternehmungen aus. Zudem verwendeten einige die Zeit für Abenteuer, die sie eigentlich mit Familie oder Freunden verbracht hätten. Mikroabenteuer seien mit Entbehrung und mangelndem Komfort verbunden. Um ihre Unternehmungen fortzusetzen, müssten sie oft die Zähne zusammenbeißen. Aber ähnlich den sozialen und finanziellen Nachteilen konnten die Befragten auch diese Einbußen als für sie sinnvoll rechtfertigen.[24]

Welche legalen Optionen gibt es, wild im Zelt zu schlafen?

Wie bereits erwähnt, ist Wildcampen in Deutschland nicht erlaubt. Im Zelt darf rein rechtlich ausschließlich auf Zeltplätzen oder auf Privatgelände übernachtet werden, natürlich nur mit Erlaubnis des Besitzers. An einigen wenigen Stellen in Deutschland gibt es aber auch *Trekkingcamps*. Dort ist das Zelten mitten in der Natur möglich. Meist sind Feuerstellen und Komposttoiletten eingerichtet. Solche *Campgrounds*, die aus schlichten, ebenen Holzplateaus für die Zelte bestehen, sind z. B. in Nordamerika weit verbreitet. Dort gibt es meist noch bärensichere Metallschränke für die Aufbewahrung von Nahrung. Zu den deutschen Trekkingplätzen zählen Angebote im Nationalpark Eifel, in Schleswig-Holstein, in der Pfalz, im Schwarzwald, im Spessart und am Soonwaldsteig. Geöffnet sind die Plätze in der Regel von April bis Oktober. Die Übernachtungen kosten zwischen 10 und 15 Euro.[25]

Vorteile des Mikroabenteuers

Mikroabenteuer sind besser für das Klima als Abenteuer in der Ferne. Die Aktivitäten finden allein aufgrund der zeitlichen Begrenzung in der näheren Umgebung statt. Auf Flugzeug, Auto und andere motorisierte Fortbewegungsmittel wird verzichtet. Das reduziert den individuellen CO_2-Fußabdruck der Reisenden ungemein. Neben den ökologischen Vorteilen wirken sich Mikroabenteuer positiv auf die gesamte Gesellschaft aus. Allen voran profitiert die Wirtschaft in Form der Outdoorindustrie. Es wird mehr Umsatz mit Equipment gemacht, was wiederum zu einer Verbesserung des Angebots führt.

Die Outdooraktivitäten sind für die Abenteurer stressreduzierend und führen in der Folge zu einem harmonischeren Zusammenleben. Mehr Menschen fühlen sich mit der Natur verbunden. Das Ländliche und Wilde werden vermehrt als Ort für Erholung oder überhaupt als betretbarer Ort wahrgenommen. Die Menschen erkunden ihre nähere Umgebung und entdecken Schönheit und Erlebnispotenzial in der eigenen Region. Es entsteht mehr Bewusstsein für natürliche

Ressourcen und Umweltschutz. Womöglich werden Regierungen verstärkt dazu gedrängt, die vorhandenen Natur- und Erholungsgebiete besser zu schützen.[26]

Die kanadische Forschung über das »Wesen des Mikroabenteuers« führte darüber hinaus zu der Erkenntnis, dass alle interviewten Personen gewisse Vorteile aus dem Lebensstil rund um die Abenteuer zogen. Die Outdooraktivitäten wirkten sich positiv auf die körperliche und geistige Verfassung sowie in eigenen Fällen auf das Sozialleben aus. Die Abenteurer stellen sich Herausforderungen aufgrund der puren Lust an der körperlichen Aktivität. Für viele stellt der Aspekt der *Challenge* ein wichtiges Element dar. Das Rauskommen und Sich-Entfernen von der modernen Zivilisation sind ein weiteres Motiv. Schöne, unberührte und wilde Stellen wecken den inneren Entdeckergeist. Sie berichten außerdem von physischer und spiritueller Verbundenheit durch die Mikroabenteuer, von der Erholung, die durch das Draußensein in der Natur entsteht. Personen, die solo unterwegs sind, werden nicht nur mutiger und lernen, alleine zurechtzukommen, sie haben auch Zeit nachzudenken und reflektieren die Erlebnisse tiefer. Die Abenteurer, die hingegen im Team unterwegs sind, wagen sich an schwierigere Aktivitäten und lernen von den Erfahreneren.[27] Laut einem Artikel des Zukunftsinstituts führten Mikroabenteuer auch zu mehr ACHTSAMKEIT. Man sei dabei mit allen Sinnen im Hier und Jetzt. Mikroabenteuer wirkten entschleunigend und führten zu intensiveren Erlebnissen und bewusstem Genuss.[28]

Slow Travel

»Ich reise nicht, um irgendwo anzukommen. Ich reise um des Reisens willen. Ziel ist die Bewegung selbst.«

Robert Louis Stevenson, schottischer Reiseautor

Während Slow Food als Gegenbewegung zu Fast Food gilt, ist mit Slow Travel die Abwendung vom Pauschaltourismus gemeint. Bei dem Trend geht es um das bewusste langsame Reisen, bei dem der Mensch und seine Umgebung im Mittelpunkt stehen. Ähnlich dem Ökotourismus zielt Slow Travel auf ökologische Nachhaltigkeit ab.

Im zeitlichen Zusammenhang mit der Entstehung des Slow-Travel-Trends stehen die Protestbewegungen gegen den Massentourismus. Es ist auch von *Overtourism* die Rede, was ein schädliches Übermaß signalisiert. 2014 entstand in Spanien an einem der beliebtesten Urlaubsorte weltweit eine *Tourists-Go-Home*-Bewegung. Die Stadt Barcelona hat jährlich rund neun Millionen Übernachtungsgäste, was an die Toleranzgrenze der Einheimischen stößt. Kritisiert wurde unter anderem der exzessive Alkoholkonsum der Besucher. Ein weiterer Faktor für die Unzufriedenheit der spanischen Bevölkerung wird in den extrem hohen Mietpreisen Barcelonas vermutet. Über die Mietplattform Airbnb vermieteten viele Städter illegal Wohnungen an Touristen. Das führte zu einer Verknappung auf dem Wohnungsmarkt und steigenden Mietpreisen. Dieses Problem ist überall auf der Welt in stark frequentierten Städten und Regionen zu finden.[1]

Graffitis mit Slogans wie *Tourists Go Home* und *Fuck Airbnb* waren später auch in der italienischen Hafenstadt Venedig zu lesen. Die Einheimischen leiden dort schon lange unter dem Massentourismus. Während Venedig nur etwa 50.000 Einwohner hat, wird die Stadt von rund 60.000 Touristen täglich besucht. Diese verhalten sich teils rücksichtslos, verschmutzen die Straßen mit Müll und fotografieren Einheimische ungefragt.[2] Die Stadtverwaltung hat mittlerweile Verhaltensregeln aufgestellt und bittet um einen respektvollen Besuch Venedigs. Die Regeln enthalten, nicht in der Lagune zu schwimmen, die Stadt nicht in Badekleidung zu besuchen, keine Fake-Artikel zu kaufen sowie keine Liebes-Vorhängeschlösser anzubringen. Auch gibt es eine App, die den Einheimischen überfüllte Plätze und Straßen anzeigt.

Venedig wird darüber hinaus regelmäßig von Kreuzfahrtschiffen angesteuert, die größer sind als die höchsten Kirchen vor Ort. Die Schiffe verschmutzen das Wasser mit Öl, was auch die Holzfundamente der historischen Gebäude beschädigt. Um einen Besucherrückgang zu erwirken, waren daher für Juli 2020 bereits Eintrittsgelder für Tagestouristen geplant. In anderen touristischen Orten, wie Amsterdam und Paris, gibt es solche Maßnahmen gegen *Overtourism* bereits in Form einer erhöhten Tourismusabgabe.[3] Das Vorhaben wurde in Venedig jedoch nicht umgesetzt. Dies lag an der Überflutung der Stadt im November 2019 und an der Covid-19-Pandemie, die zu Reiseverboten und Lockdowns im Frühjahr 2020 führte.[4] Trotz Protesten der Einheimischen legten Kreuzfahrtschiffe jedoch ab Juni desselben Jahres wieder in Venedig an. Es schien, als habe sich nichts geändert – bis im Juli 2021 ein Einfahrtsverbot für Kreuzfahrtschiffe beschlossen wurde, nicht durch die Stadt Venedig, sondern durch die italienische Regierung. Die Politiker sehen darin einen wichtigen Schritt, um die Lagunenstadt zu schützen und zu erhalten. Sie reagieren damit auf den Vorschlag der UNESCO, Venedig auf die Negativliste des gefährdeten Welterbes zu setzen.[5]

Neben Barcelona und Venedig sind die Reisedestinationen Mallorca und Dubrovnik, die Insel Santorin sowie Südostasien vom »Übertourismus« betroffen. Auf Mallorca wurden wegen des »Sauftourismus« bereits harte Anstandsregeln und ein Verbot für Ferienwohnungen in Palma eingeführt. Die Insel strebt nun einen sanften, familienfreundlichen Tourismus an. Die kroatische Hafenstadt Dubrovnik wurde durch die Serie *Game of Thrones* weltberühmt.

Darin dienten die mittelalterlichen Gassen als authentische Kulisse. Seither wird die Stadt von Touristen überrannt und ringt um den Erhalt des mittelalterlichen Flairs. Die griechische Insel Santorin leidet wie Venedig vor allem wegen der Kreuzfahrtschiffe unter den Touristenmassen. Besonders der Ort Oia, in dem sich weiße Häuser mit blauen Fensterläden an den Hang schmiegen, ist stark frequentiert. Mittlerweile wohnen kaum noch Einheimische in der Ortschaft. Sie können sich die hohen Mieten nicht mehr leisten. Der Ort besteht fast ausschließlich aus Gasthäusern, Hotels, Souvenirshops und Cafés. In Südostasien leidet das Ökosystem unter dem Tourismus. Bekanntestes Beispiel ist die thailändische Insel Kho Phi PhiLeh, deren Maya-Bucht durch den Film *The Beach* mit Leonardo DiCaprio berühmt wurde. Die Bucht wurde zeitweise für Reisende gesperrt. Auf den Philippinen wurde die Insel Boracay aus Gründen des Umweltschutzes für sechs Monate geschlossen. Nach der Wiedereröffnung setzte der Präsident hier ein Limit für die Besucherzahl fest.

Eine der absurdesten Entwicklungen bezüglich *Overtourism* wurde 2019 publik, an einem Ort, an dem es eigentlich niemand erwartete: im nepalesischen Himalaja-Gebirge. Mit 8.848 Meter der höchste Berg der Welt, wurde der Mount Everest früher nur von Extremsportlern bestiegen. Heute werden Besteigungen für jeden geboten, der es sich finanziell leisten kann. Die Expeditionsteams haben alle dieselbe Strategie und steigen bei gutem Wetter auf. In der Folge stauen sich die Menschenmassen. Im Rekordjahr 2019 warteten an einem Tag rund 320 Menschen bis zu zwei Stunden in unmenschlicher Umgebung darauf, den Gipfel zu erreichen. Die Besteigung kostete bereits über 300 Menschen ihr Leben. 2019 waren es elf. Dies liegt vor allem an Sicherheitsmängeln: Es werden zu viele Personen auf den Berg gelassen und ihre Fitness sowie bergsteigerische Eignung nicht überprüft. Ein weiteres Problem ist der Müll. Was Bergsteiger und Sherpas mitbringen, bleibt meist im Gebirge zurück. Viele leere Sauerstoffflaschen und die gefrorenen Verstorbenen inklusive ihrer Ausrüstung säumen den Weg zum Gipfel.[6]

Angesichts der negativen Folgen des Massentourismus ist es nicht verwunderlich, dass sich die Tourismusbranche im Wandel befindet. Immer mehr Menschen sehnen sich nach Individualität und Entschleunigung beim Reisen. Es ist eine Hinwendung zu Komfort und gutem Leben zu erkennen. Auch stehen Schnäppchen- und Pauschalreisen in keinem guten Licht, wenn Reisende beginnen, ihr eigenes Handeln zu hinterfragen. Slow Travel und damit bewusster, nachhaltiger und entschleunigter Tourismus ist ein Gegenmittel für *Overtourism*. Wenn Menschen in weniger frequentierte Urlaubsdestinationen reisen, im Idealfall auch abseits der üblichen Reisezeiten, verteilen sich die Menschenmassen. In den touristischen Hotspots können Umwelt und Einheimische aufatmen, während andere Orte und Regionen vom Tourismus profitieren.

Wie entstand die Slow-Travel-Bewegung?

Menschen in Industrienationen sind zunehmend gestresst. Die Geschwindigkeit der Technik wird ihnen als Maß gesetzt. Die Folgen reichen von Überforderung bis hin zu Burn-out. Gleichzeitig ist das Wettbewerbsdenken der Arbeitswelt ins Private übergetreten. Unterschwellig wird darum gerungen, wer den besten Urlaub macht, die schönsten Outfits trägt oder das schlauste Kind hervorbringt.[7] Die Menschen sehnen sich nach Rückzugsorten, nicht nur in der Arbeitswelt, sondern in allen Lebensbereichen – weg von Hektik, Stress und Effektivitätsdenken. Diese gesellschaftliche Sehnsucht formuliert sich in Trends zur Entschleunigung wie *Slow Food, Slow Architecture, Slow Journalism, Slow Retail, Slow Media, Slow Living, Slow Reading* und *Cittàslow*, einer italienischen Bewegung für mehr städtische Lebensqualität. Slow Travel ist die Bewegung, die anstrebt, den Tourismus zu entschleunigen.

Wie die anderen Trends zur Verlangsamung hat Slow Travel seinen Ursprung in der Slow-Food-Bewegung. Diese wurde 1986 in Paris unter anderem von dem Italiener Carlo Petrini gegründet. Der Gründung waren einige negative Entwicklungen in der Lebensmittelindustrie Italiens vorangegangen. Um 1985 gab es einen Skandal in der italienischen Weinindustrie. Mit Methanol gestreckter Wein führte zum Tod mehrerer Menschen. Außerdem eröffnete die Fast-Food-Kette McDonald's eine Filiale in der Altstadt Roms. Dies führte zur öffentlichen Diskussion um die Bewahrung der traditionellen italienischen Küche. Journalisten bauten bei einer Protestaktion einen Tisch auf der Piazza di Spagna auf und servierten traditionelle Speisen. Das Spektakel gilt heute als legendäre Aktion gegen Fast Food in Italien. Petrini war zwar nicht beteiligt, die Protestaktion wird jedoch häufig mit der Entstehung der Slow-Food-Bewegung assoziiert. Heute hat die Slow-Food-Vereinigung weltweit über 80.000 Mitglieder. Die Bewegung fördert bewusstes, genussvolles und regionales Essen.[8]

Als Gründerin des Slow-Travel-Trends gilt die US-Amerikanerin Pauline Kenny. Sie nutzte den Begriff »Slow Travel« ab dem Jahr 2000 auf ihrem Reiseblog slowtrav.com, den sie sechs Jahre später verkaufte. Danach gründete sie das Forum sloweurope.com für Slow Travel in Europa.[9] Kenny definiert Slow Travel als Reisen, das es erlaubt, einen Ort näher kennenzulernen. Es gehe darum, den Moment zu genießen. Zum Entstehungsprozess schreibt sie:

> »Ich nahm den Begriff ›Slow‹ von der Slow-Food-Bewegung. Diese ist auf gute Qualität und nachhaltige Speiseerfahrungen ausgerichtet. Uns geht es um gute Qualität und nachhaltige Erfahrungen beim Reisen. ›Slow‹ bedeutet nicht, dass das Essen langsam zubereitet wird oder das Reisen *langsam* geschieht, stattdessen wird die Einstellung gefördert, dort zu leben, wo man hohe qualitative Erfahrungen sammelt, die Dinge, die einem passieren, wertschätzt, man sich die Zeit nimmt, wirklich zu genießen, was das Leben zu bieten hat. Das kann ein liebevoll zubereitetes Gericht [...] sein oder ein zweiwöchiger Aufenthalt in einem Landhaus [...], wo man das einheimische Leben kennenlernt.«[10]

Ab 2006 verwendeten die britische Presse und britische Blogger den von Kenny erschaffenen Begriff. Das führte zu neuen Assoziationen.

Slow Travel wurde einerseits als Zugreisen definiert, andererseits als eine Reiseart, bei der die Nutzung von Flugzeugen verboten ist.[11] Diese Deutungen führten zu einer Vielzahl verschiedener Auslegungen und formten den Slow-Travel-Trend, wie er heute individuell gelebt wird. Ab 2009 bauten die Autoren des Reisemagazins *Hidden Europe* die Wortschöpfung Kennys weiter aus. Die britische Reiseautorin Nicky Gardner verfasste ein »Slow-Travel-Manifest«, das in der 26. Ausgabe des Magazins erschien. In dem Manifest beruft sie sich auf Reiseautoren des 19. Jahrhunderts wie Théophile Gautier. Dieser beklagte bereits 1843 in einem Reisebereicht über Spanien, wie ermüdend das Reisen durch die Postkutsche geworden sei. Die rumplige Fahrt war nicht das, was er sich unter Reisen vorstellte. Rund 200 Jahre später ersetzen Züge und Flugzeuge die Postkutsche und bringen Tausende Touristen an ihre Urlaubsdestinationen. Reisen wird nicht mehr im Sinne von Bewegung gesehen, kritisiert Gardner. Der Transport von A nach B sei das notwendige Übel, das für den Urlaub in Kauf genommen werde. Während die Ankunft abgewartet wird, werde die tatsächliche Reise an den Urlaubsort nicht bewusst wahrgenommen. Je schneller die Reisenden ankommen, desto besser.[12] Gardner will ein Umdenken diesbezüglich erreichen: »Wenn wir Slow Food und Slow Cities haben, warum nicht auch Slow Travel?«[13]

Die Tourismusbranche nahm die Thematik schnell auf. Im Jahr 2010 widmete Bradt Travel Guides, ein britischer Reiseführerverlag, Slow Travel eine Buchreihe. Mittlerweile sind 18 Reiseführer für britische Destinationen erschienen. Die Reiseführer begrenzen sich auf kleine Gebiete und deren Spezialitäten, Restaurants sowie Empfehlungen zu lokalen Transportmitteln.[14]

Das Zukunftsinstitut wies ebenfalls auf einen Trend zur Entschleunigung und Individualität im Tourismus hin. Früher ging es vermehrt um Schnäppchenreisen, sprich günstig möglichst weit weg zu kommen. Nun erfahre die Zeit eine gesteigerte Wertschätzung. Die Menschen wollen in ihrer Freizeit entspannen und ihren Vorlieben nachgehen. Auch wird nach Fortbewegungsmitteln gesucht, die Reisende komfortabel und mit möglichst wenig

Stress ans Ziel bringen. Die Entspannung soll bereits beim Verlassen der eigenen Haustür beginnen. Außerdem ist ein Wunsch nach klimaneutralen Reisen wahrzunehmen. Kommunale Verantwortliche der Urlaubsdestinationen und die Touristen selbst erkennen langsam, dass sie Teil eines weltweiten Problems sind. Diese Einstellung ist Teil des Slow-Travel-Gedankens. Kurze Strecken sind nicht nur besser für die Umwelt, sondern auch angenehmer für Reisende. Bereits 2010 verbrachte mehr als jeder dritte Deutsche seinen Urlaub im Heimatland.[15] Neun Jahre später, 2019, bereisten 55,2 Millionen Deutsche mehr als fünf Tage das Inland – so viele wie nie zuvor.[16]

Ab 2010 entstanden darüber hinaus erste Slow-Travel-Reiseanbieter. Die deutsche Reiseagentur Slowtravel Experience bietet beispielsweise Reisen per Segelboot oder Transsibirischer Eisenbahn an. Mit Slow Travel Berlin gründete Paul Sullivan 2010 ein Portal zum langsamen Erkunden der deutschen Hauptstadt. Der Brite bietet informative Stadtführungen in bewusst kleinen Gruppen. Versprochen werden lokale Führer, die ein breites kulturelles Wissen aufweisen und erstaunliche Einblicke in die Stadt bieten.[17]

Publikationen zu Slow Travel kamen vor allem im englischsprachigen Raum auf den Markt. Relativ früh erschienen ist das Buch *Slow Travel and Tourism*,[18] in dem Janet Dickinson die Potenziale von Slow Travel für den Tourismus erörtert. 2012 folgte *The Idle Traveler*[19] von Dan Kieran, eine Hommage auf die Rückbesinnung auf das wahre Reisen. Dazu widmeten sich Autoren Slow Travel als Trend, wie beispielsweise Penny Watson, die in *Slow Travel. A Movement*[20] im Stil eines Reisemagazins Destinationen vorstellt. Konkrete Umsetzungstipps finden sich in Büchern von Sarah Clemence[21] und Jennifer Sparks.[22]

In Bezug auf den deutschen Buchmarkt steckt Slow Travel noch in den Kinderschuhen. Einige wenige der englischsprachigen Bücher wurden ins Deutsche übersetzt. Dazu zählen *Slow Travel. Die Kunst des Reisens*[23] von Kieran und *Achtsam Reisen. Kabellos glücklich oder Wie dein Urlaub zur echten Auszeit wird*[24] von Clemence.

Fliegen Slow Traveller nie?

Beim Thema Flugzeug ist die Haltung der Slow Traveller gespalten. Während einige das Flugzeug zur Fortbewegung gänzlich streichen, nutzen es andere weiterhin. In die Entscheidungsfindung spielen Aspekte wie Reisedauer und -intension sowie Umweltverträglichkeit hinein. Besonders für Langzeitaufenthalte auf anderen Kontinenten wird ein Flug in Kauf genommen.

Wie wird Slow Travel umgesetzt?

Bei Slow Travel wird die alltägliche Stressbelastung nicht mehr auf das Reisen übertragen. Es gilt das MINIMALISMUS-Credo »Weniger ist mehr«. Statt vielen Eindrücken in kurzer Zeit hinterherzujagen, werden Klarheit, Ruhe und Fokussierung angestrebt. Durch einen entspannten Reiseplan werden Freiräume für Pausen gelassen und Spontanität und Genuss Raum gegeben. Auch das Gepäck unterliegt der Vereinfachung. Slow Traveller packen nur Essenzielles ein. Um Habseligkeiten geht es in Slow Travel auch gar nicht. Gesucht wird das Reiseglück im Immateriellen: in nachhaltigen Eindrücken, genussvoller Erholung und innerem Wachstum.

Slow Travel ist in jeglichem Rahmen möglich: privat oder geschäftlich, mit geringem oder hohem Budget, in Stadt oder Natur und als Sabbatical oder Kurztrip. Die Umsetzung von Slow Travel ist unterschiedlich und individuell. Es reicht von der Auszeit auf der Alm über die Wüstenwanderung bis hin zum Meditationsseminar. Eine Fahrradtour kann genauso achtsam unternommen werden wie eine Pilgerreise. Slow Travel kann luxuriös oder asketisch sein.[25] Es kann Camping, Housesitting, Petsitting, Volunteering, Arbeiten oder ein Sprachkurs vor Ort bedeuten. Wichtig ist die innere Einstellung, nicht die äußeren Bedingungen.

Das langsame Reisen ist eine Art neuer Abenteuerurlaub, nur ohne Adrenalin und Action. Das Abenteuer liegt darin, Teil des Geschehens zu werden und in andere Kulturen einzutauchen. Statt sich passiv als Tourist am Urlaubsort umzusehen, wird der Slow Traveller aktiv und interagiert mit der Umgebung. Er konzentriert sich auf Einzelnes. Ziel ist, die eigene Lebensqualität nachhaltig zu steigern.[26]

Zehn Verhaltensweisen gehen mit Slow Travel einher:

- Tempo drosseln
- Die Komfortzone ausweiten
- Vereinfachen
- Von Plänen loslassen
- Weniger ausgeben
- In der Fremde Fuß fassen
- Sich in den Urlaubsort einfügen
- Fremden vertrauen
- Dankbarkeit zeigen
- Das Gewöhnliche wertschätzen[27]

»Slow Traveller nehmen an, dass sie nicht alles während einer Reise sehen müssen, dass es noch weitere Reisen geben wird«,[28] meint die amerikanische Trendsetterin Kenny. Für sie sei es wichtig, eine bestimmte Gegend besser kennenzulernen, anstatt immer nur kleine Teile von verschiedenen Gebieten zu besuchen.[29] Für Slow Travel stellt sie folgende Prinzipien auf:

- Längere Aufenthalte an einem Ort, statt die Urlaubszeit auf viele Orte aufzuteilen. Eine Woche lässt ein Ankommen zu und ermöglicht tiefere Einblicke. Sich die Freiheit zu nehmen, nicht alles sehen zu müssen.
- Das Erstellen einer eigenen Must-see-Liste statt einer von außen diktierten Planung der Top-10-Sehenswürdigkeiten.
- Slow Travel ist nicht gleichzusetzen mit einer Langzeitreise. Es kann auch nur ein oder zwei Wochen bedeuten.
- Es muss keine teure Reise sein. Kleinere Hotels oder Pensionen bieten günstige Übernachtungsmöglichkeiten.[30]

Die Autorin des Slow-Travel-Manifests Gardner definiert Slow Travel über Entschleunigung statt Geschwindigkeit. Es ist das Treffen von bewussten Entscheidungen. Das Reisen stellt eine Zeit zur Entspannung dar. Beziehungen sollen entstehen: zu der Umgebung und den Personen, denen man auf der Reise begegnet. Statt internationale Ketten werden im Slow Travel lokale Etablissements und Produkte bevorzugt, wie z.B. das kleine, namenlose Café in der Hintergasse. Die lokale Infrastruktur wie die örtlichen Busse wird genutzt. Anstatt Must-sees abzuklappern, wird sich bewusst gegen den Mainstream entschieden. Slow Traveller interessieren sich für Orte, die auch bei den Einheimischen beliebt sind. Diese stimmen nicht immer mit den klassischen Touristenattraktionen überein.

Zudem wird der eigene CO_2-Fußabdruck genauso wie die ökologische Nachhaltigkeit der Reise bedacht. Da der Transport selbst als Teil der Reise gesehen wird, wählen Slow Traveller langsame Transportmittel, die einen Mehrwert bieten. Es geht nicht mehr darum zu wissen, wann genau man am Ziel ankommt, sondern um den Weg dorthin. Gardner empfiehlt beispielsweise, eine Reise von Portugal nach Großbritannien per Bus und Bahn zurückzulegen, anstatt zu fliegen. Aber auch Züge seien oft so schnell unterwegs, dass die Umgebung gar nicht angemessen wertgeschätzt werde.[31] Es gehe auch noch langsamer.

Im Slow Travel besuchen die Reisenden Orte bewusster. Gardner spricht von *Slow Places*. Gemeint ist eine Entschleunigung der Geschwindigkeit, mit der Reisende normalerweise unterwegs sind. Ein Platz im Stadtzentrum sei nicht für Touristen gebaut worden, sondern entstand im Zusammenhang mit dem Leben der Bevölkerung. Orte und Plätze verdienen laut Gardner mehr als einen kurzen Blick. Slow Traveller studieren ihre Umgebung und beobachten sie im Detail. Es geht um das Erfassen der wahren Essenz einer Region oder eines Landes – das, was eine Reise in seinem Ursprung ausmacht, das Entdecken von fremden Kulturen. Entsprechend fragen sich Slow Traveller vor ihrer Reise, wie sie Orte am besten erkunden.[32] Es wird nicht blind ein Urlaub gebucht, nur um in irgendeine Hotelanlage mit Pool zu gelangen. Zeit wird als wertvoll verstanden, was jedoch nicht heißt, dass sie gespart wird. Sie wird beim Reisen allem und jedem gewidmet.[33]

Für die Umsetzung des Langsamreisens beschreiben die Slow Traveller verschiedene Ansätze. Gemein haben sie den Wandel der inneren Einstellung sowie die Fokussierung auf die Reise im Sinne der Fortbewegung. Außerdem werden routinierte Handlungsmuster aufgelöst. Zu den Vorschlägen des britischen Reiseautors Dan Kieran zählen, sich auf den Instinkt zu verlassen und sein eigener Reiseführer zu sein. Unerwartetes wird als Chance für Abenteuer sowie Spontanität gesehen. Katastrophen werden willkommen geheißen. Denn wer immer nach Plan lebt, verpasst möglicherweise eine seltene, lebensverändernde Gelegenheit. In seinem Slow-Travel-Buch beschreibt Kieran, wie er seine Reisen ohne Landkarte, Reiseführer oder Zimmerbuchungen dem Zufall überließ. Das Loslassen ist ihm beim Reisen wichtig. Klar, mache er im Vorfeld eine grobe Planung. Es gehe jedoch nicht darum, das zu sehen, von dessen Existenz man schon wusste. Die Dinge, die am stärksten in Erinnerung blieben, seien die unvorhergesehenen.[34]

Slow Traveller wählen für ihre Urlaubsreise auch weniger besuchte Regionen, abseits des Massentourismus. Reisen sie doch an ein touristisch sehr bekanntes Reiseziel, wird der Besuch abseits der Hauptreisesaison geplant. Vor Ort wird nicht in großen Hotelketten übernachtet, sondern eine besondere, kleinere Unterkunft gewählt. Privatunterkünfte sind heute über zahlreiche digitale Plattformen verfügbar. Wer nicht in die *Overtourism*-Gebiete reist, trägt dabei auch nicht das Risiko, die Einheimischen um ihre Wohnungen zu bringen. Dabei gibt es verschiedene Möglichkeiten zur Übernachtung.

- **Gästezimmer von Einheimischen:** Diese haben lokalen Charme, und die Reisenden kommen sofort in Kontakt mit der Bevölkerung vor Ort.
- **Home Stays:** Meist bieten Familien Zimmer oder Apartments in ihrem eigenen Haus an.
- **Gästehaus oder -zimmer auf dem Bauernhof:** Diese Art von Urlaub ist vor allem in Italien als Agriturismi beliebt. Auch in anderen Ländern Europas, in den USA, Neuseeland und Australien gibt es solche Farm Stays.

- **Gästezimmer in Klöstern:** Diese sind oft in historischen Gebäuden. Die Ausstattung reicht von luxuriös bis hin zu spartanisch. Es kann sogar im Vatikan übernachtet werden.[35]

Slow Traveller schulen ihre Wahrnehmung, um die Essenz der Umgebung einfangen. Sie führen beispielsweise Reisetagebuch, legen bewusste Pausen ein oder versuchen, den Moment als »mentales Foto« festzuhalten. Manche Slow Traveller haben ein Skizzenbuch dabei, um Eindrücke zeichnerisch einzufangen. Dadurch wird an einem Ort automatisch länger verweilt und sich auf kreative Art mit der Umgebung auseinandergesetzt. Digitale Fotos machen Slow Traveller trotzdem noch. Aber der Reiseort wird nicht ausschließlich durch die Technik eingefangen.

Ein weiteres großes Thema beim Langsamreisen ist *Digital Detoxing*, das »digitale Entgiften«. Slow-Travel-Autorin Clemence rät, bereits vor der Abreise festzulegen, wie weit man mit der Technikabstinenz geht. Die Umsetzung variiert von einem schwachen Entzug (Technikauszeiten) bis hin zur totalen Abstinenz (das Smartphone bleibt in der Unterkunft oder gleich ganz zu Hause).[36] Auch werden Reisetraditionen belebt, die den Slow Traveller in die analoge Welt zurückholen, wie das Flanieren, das langsame Schlendern. Es wird gegangen um des Gehens willen.[37] Auch werden wieder Postkarten geschrieben. Während dies früher zum guten Ton jeder Reise gehörte, werden mittlerweile nur noch Fotos und Reiseberichte per Smartphone versendet. Eine handgeschriebene Karte ist hingegen ein Unikat und wird meist mit mehr Mühe verfasst. Manche Slow Traveller nutzen zudem gerne Landkarten statt Smartphones.[38]

Entschleunigt wird bei Slow Travel nicht nur das Reisen selbst. Auch bei der Ankunft zu Hause werden Stress und Hektik vermieden. Die Reise soll nachwirken und keinen Wunsch nach einem »Urlaub nach dem Urlaub« auslösen. Statt gleich am nächsten Tag in die Arbeit zurückzukehren, planen Slow Traveller ein oder zwei Urlaubstage ein, um in Ruhe daheim anzukommen. Slow Travel führt zu nachhaltigen Reiseerfahrungen. Statt den Urlaub als getrennt vom

Alltag zu erleben, profitieren die Welten voneinander. Eventuell hat der Slow Traveller von der Reise Rezepte der lokalen Spezialitäten mitgebracht. Vielleicht ist ein neues Hobby entstanden. Oder das Interesse für eine Sprache oder Musikrichtung wurde entfacht. Auch wird Wert auf Bekanntschaften und kulturellen Austausch gelegt. Neue Kontakte werden gepflegt und möglichst erhalten.[39] Es geht bei Slow Travel letztlich um analoge Lebensfreuden und um das eigene Wachstum. So trägt das langsame Reisen dazu bei, ein ACHTSAMER REISENDER zu werden – und dieser ist mit Sicherheit ein angenehmer Gast.[40]

Ist Slow Travel dasselbe wie Ökotourismus?

Slow Travel teilt gewisse Aspekte mit Ökotourismus, ist aber nicht dasselbe. Im Ökotourismus stehen das verantwortungsvolle Reisen und der Umweltschutz im Mittelpunkt. Besucht werden seltene und geschützte Gegenden. Der Slogan »Behalte nur Erinnerungen und hinterlasse nur Fußspuren« bringt das Nachhaltigkeitsstreben des Ökotourismus auf den Punkt. Es geht zusätzlich um den interkulturellen Austausch zwischen Reisenden und Einheimischen. Ökotouristen versuchen sich durch Spenden und Partizipation an dem Erhalt der Naturreservate sowie der Unterstützung benachteiligter sozialer Gruppen und Kulturen zu beteiligen.[41] Slow Travel und Ökotourismus überschneiden sich folglich im Nachhaltigkeitsgedanken und im Einbezug der Einheimischen.

Kritik am Slow-Travel-Trend

Als Slow Travel aufkam, entstanden um die Begrifflichkeit zahlreiche Angebote der Tourismusindustrie. »Slow Travel« wurde zum neuen Schlagwort, um Kundschaft zu gewinnen. Mit dem Spruch »Zeit für Gefühle« warb sogar die TUI AG für bewusstes Reisen. Ulrich Reinhardt, Leiter der Stiftung für Zukunftsfragen, kritisierte schon 2013, dass der Slow-Travel-Begriff inflationär verwendet werde. Er sah die Gefahr, dass die Tourismusbranche das Label, ähnlich wie beim Wort »Wellness«, zu großzügig einsetzte. Entschleunigung und Müßiggang seien zudem keine neue Erfindung. Die habe es bereits in der griechischen Antike gegeben.

Auch wurde die Wirkkraft des Reisetrends als überschätzt bewertet. Laut Silke Leder, Professorin für Tourismusmanagement, wird Slow Travel nie den Reisemarkt revolutionieren. Zwar sei ein Rückgang des Erlebnisurlaubs, wie er seit den 1980er-Jahren besteht, zu erkennen. Aber Menschen, die ihr Image über ihren Urlaub definierten, würde es immer geben. Die Reisenden wollten etwas erleben und sich über ihre Urlaubsziele inszenieren. Slow Travel sei Nischentourismus. Eventreisen und Partytourismus würden auch in der Zukunft dominieren.

Slow Travel wurde darüber hinaus als exklusiver Reisetrend eingestuft. Die Zielgruppe des entschleunigten Reisens sei eine reisefreudige und finanziell besser gestellte Klientel. Sie schätzen Genuss und wollen keinen Stress. Einerseits treffe der Trend den Wunsch nach Entschleunigung der Vielbeschäftigten. Andererseits sei Slow Travel für Ältere interessant, die nicht mehr gerne mit dem Flugzeug reisen und alles ruhiger angehen.[42] Das wirft die Frage auf, ob Slow Travel bestimmten Menschen verwehrt bleibt.

Familien mit kleinen Kindern stehen Slow Travel ebenfalls kritisch gegenüber. Dazu zählt Familie Hahn, die auf ihrem Family4Travel-Reiseblog das Slow-Travel-Konzept bemängelt. Ihre fünfköpfige Familienkonstellation erfordere es, gewisse Dinge zu beachten, an die Alleinreisende nicht denken müssten. Einfach draufloszureisen sei nicht empfehlenswert. Allein aus Kostengründen würden sie gerne wissen, wo sie abends schlafen. Ansonsten müssten sie, wenn es dunkel werde, wahllos irgendetwas nehmen, nur damit die Kinder ins Bett kämen.[43]

Neben Familie Hahn sprechen sich zahlreiche Reiseblogger für die Planung vorab und die Verwendung von Reiseführern aus. Sie kritisieren, dass die Leitsätze von Slow Travel wie »Sich treiben lassen« oder »Go with the flow« romantisierte Klischees seien. Ohne Reiseplanung gehe es nicht.[44] Auch wird der Besuch von berühmten Sehenswürdigkeiten verteidigt. Eine Bloggerin berichtet von ihrem schönsten Reiseerlebnis auf dem Eiffelturm in Paris. Der Besuch des Wahrzeichens habe enorme Zufriedenheit ausgelöst. Dafür hätte sie sich aber nicht verlaufen oder falsch abbiegen müssen.[45]

An dieser Stelle sei angemerkt, dass der Slow-Travel-Begriff selbst unter Reisebloggern nicht klar definiert zu sein scheint. Viele machen die Definition am Slow-Travel-Buch des britischen Autors Kieran fest. Dieser gehört jedoch zu einem ganz bestimmten, extremen Typ der Slow Traveller: individuelles Reisen ohne Begleitung und Reiseführer, dazu weder Planung noch Buchung vorab. Der Autor nutzt niemals Flugzeuge, was unter anderem an seiner Flugangst liegt. Kierans freie und intensive Herangehensweise ans Reisen reicht von Selbstfindung bis Selbstexperiment.[46] Wortschöpferin Kenny spricht sich hingegen ganz klar für die Reiseplanung vorab aus. Und das Slow-Travel-Manifest Gardners legt die Definition von Slow Travel sehr weit aus. Es wird zwar vorgeschlagen, Flugzeuge und große Sehenswürdigkeiten zu meiden. Von einem Verbot ist allerdings keine Rede.

Vorteile des »langsamen« Reisens

Der größte Vorteil vom langsamen Reisen ist die Entschleunigung selbst. Slow Traveller fühlen sich weniger gestresst und bauen eine bessere Verbindung zum Reiseort auf. Wer den Reiseführer nicht durch lange To-do-Listen abarbeitet, hat mehr Zeit für das Verweilen an Plätzen, den Austausch mit den Einheimischen oder das Eintauchen in fremde Kulturen. Entschleunigung trägt zum Wohlbefinden bei und verhindert einen Urlaubs-Burn-out, wie es viele Menschen nach hektischen Trips erleben. Statt sich zu verausgaben, reisen Slow Traveller lieber entspannt.

Dazu ist das langsame Reisen ökologisch und sozial nachhaltig. Flugzeuge und Kreuzfahrtschiffe tragen erheblich zur Erderwärmung bei. Reisen zu Fuß und die Nutzung von Zügen, Fahrrädern oder Booten sind umweltfreundlicher. Auch Autos sind klimafreundlichere Fortbewegungsmittel, wenn sie voll ausgelastet sind.[47] Wer Routen abseits des Massentourismus wählt, trägt nicht zum *Overtourism* und zur Zerstörung der Natur und der Lebensräume bei. Slow Traveller reisen achtsam und treffen nachhaltige Reiseentscheidungen. Das Langsamreisen hat dadurch kaum bis keinen schlechten Einfluss auf die Bevölkerung vor Ort.[48] Es werden keine ausbeuterischen Touranbieter unterstützt sowie keine Angebote besucht, die soziale Missstände oder Tierquälerei fördern. Dazu zählen z. B. schlecht ausgerüstete und unterbezahlte Porter im Himalaja-Gebirge, Elefantenreiten und der Besuch von Long-Neck-Dörfern in Thailand sowie angekettete Affenbabys in Malaysia und Tanzbären in Albanien. Slow Traveller unterstützen Produkte von Einheimischen und lokale Unternehmen. Die bewusste Wahl von regionalen Angeboten kommt direkt der Bevölkerung zugute. Durch die Unterstützung der Wirtschaft vor Ort ist der Tourismus nachhaltig.[49]

Slow Travel ist außerdem günstiger als die Durchschnittsreise. Länger an einem Ort zu bleiben spart Transportkosten. Zug-, Bus- oder Fahrradfahren kostet meist weniger als viele Flüge. Auf einer Wandertour entstehen kaum Transportkosten. Private Anmietungen oder kleine Pensionen sind weniger kostenintensiv als große Hotelketten. Wer auf ein Haus aufpasst, zahlt für die Übernachtung gar nichts (Housesitting). Kann in der Unterkunft gekocht werden, spart der Reisende nicht nur Restaurantkosten, sondern kann regionale Produkte selbst verwenden. Bei *Home Stays* oder *Farm Stays* sind die Mahlzeiten häufig inklusive. Geht es doch ins Restaurant, werden die gewählt, die bei den Einheimischen beliebt und abseits der Touristenhotspots sind. Meist sind dort die Mahlzeiten authentischer und günstiger.

Ein weiterer Vorteil des Langsamreisens ist das eigene Wachstum. Sich auf andere Kulturen und Menschen einzulassen ist anspruchsvoller und intensiver, als Sehenswürdigkeiten abzuklappern. Slow Traveller müssen Sprachbarrieren überwinden, sich die Gepflogenheiten des Landes aneignen und manchmal um Hilfe oder Rat bitten. Die Reise kann abenteuerliche Züge annehmen und Hürden beinhalten, die zu meistern sind. Slow Traveller können an ihre eigenen Grenzen stoßen. Belohnt werden sie mit erinnerungswürdigen Erfahrungen, neuen Fertigkeiten und mehr

Selbstbewusstsein.[50] Gleichzeitig entstehen durch den gewollten Austausch mit der Umgebung neue Bekanntschaften, die zu langjährigen Freundschaften oder gar zu beruflichen Zusammenarbeiten führen können.[51] Die Reisenden werden zu wahrhaften Globetrottern, die mit jeder Reise ein besseres Verständnis von Kulturen und Zusammenhängen aufweisen.

Entsprechen Kreuzfahrtschiffe dem Slow-Travel-Prinzip?

Die Abgase von Kreuzfahrtschiffen unterliegen kaum Regulierungen und belasten Luft und Klima. Sie setzen das günstige, aber umweltschädliche Schweröl zum Antrieb ein und verzichten meist auf Rußpartikelfilter. Einige Schiffe nutzen zwar Flüssiggas, was jedoch auch ein fossiler Brennstoff ist und einen großen CO_2-Fußabdruck hat.[52] Die Schiffe leiten Abfälle und giftige Abwässer in das Meer. Dazu profitieren bei Kreuzfahrten die großen Reiseanbieter der westlichen Länder statt die Bevölkerung vor Ort. Beispielsweise stammen die Lebensmittelvorräte für Karibikkreuzfahrten in der Regel komplett aus Europa. Die Landgänge der Reisenden sind Tagesbesuche von wenigen Stunden. Im Anschluss geht es gleich weiter zum nächsten Stopp. Angesichts des Länderhoppings, der Umweltbelastung und des geringen kulturellen Austausches sind Kreuzfahrten nicht als Slow Travel zu werten.

Achtsamkeit

»Ihr solltet Meditation üben beim Gehen, Stehen, Liegen, Sitzen und Arbeiten, beim Händewaschen, Abspülen, Kehren und Teetrinken, im Gespräch mit Freunden und bei allem, was ihr tut. Wenn ihr abwascht, denkt ihr vielleicht an den Tee danach und versucht, es so schnell wie möglich hinter euch zu bringen, damit ihr euch setzen und Tee trinken könnt. Das bedeutet aber, dass ihr in der Zeit, wo ihr abwascht, nicht lebt. Wenn ihr abwascht, muss der Abwasch das Wichtigste in eurem Leben sein. Und wenn ihr Tee trinkt, dann muss das Teetrinken das Wichtigste auf der Welt sein.«[1]

Thich Nhat Hanh, vietnamesischer buddhistischer Mönch

Achtsamkeit, auf Englisch *mindfulness*, ist ein Bewusstseinszustand. Es bedeutet, geistig gegenwärtig und wach zu sein, während der eigene Gemütszustand sowie Körper und Umgebung wahrgenommen werden. Emotionen, Fantasien, Erinnerungen oder andere Gedanken sollen dabei nicht ablenken. Achtsamkeitsübungen gehen auf die buddhistische Meditationspraxis zurück. Im westlichen Kulturkreis werden Achtsamkeitsmethoden im Rahmen der Psychotherapie genutzt. Achtsamkeit ist aber auch Stichwort für Stressabbau, Entschleunigung, Sensibilisierung und Selbstfindung.

Wir leben im Zeitalter der Erschöpfung. Die Menschen des 21. Jahrhunderts stehen unter Strom. Alles dreht sich um Geschwindigkeit, Zeitoptimierung, ständige Verfügbarkeit und das Smartphone. Diese Themen sind präsent im Alltag eines jeden, entfachen ein permanentes Verlangen nach Entspannung und finden sich in den gesellschaftlichen Debatten zu Zeitnot und Entschleunigung wieder (siehe SLOW TRAVEL und SLOW FASHION). Jeder ist müde und ausgebrannt, seien es Schüler, Supermarktkassierer oder Topmanager. Wenig verwunderlich, dass in den letzten Jahren die Nachfrage nach Wellnessangeboten, Kurzurlauben sowie Freizeitaktivitäten anstieg. Diese wirken jedoch oft wie »Öl ins Feuer«, da für Ausgleichsaktivitäten ebenfalls Zeit und Geld benötigt werden.

In den letzten Jahren entstand eine Gegenbewegung zur Geschwindigkeitskultur. Das neue Trendwort lautet »Achtsamkeit«. Es ist auf Covern von Zeitschriften und Zeitungen zu lesen, ist Teil von Buchtiteln und Titelblättern. Zahlreiche Angebote von Selbsthilfekursen und Vorträgen für den korrekten und »achtsamen« Umgang mit den neuen Medien fluten den Markt. Auch die Anzahl an Forschungsarbeiten zum Thema Achtsamkeit ist in den letzten 20 Jahren stark gewachsen.[2] Von gerade mal zehn englischsprachigen wissenschaftlichen Publikationen im Jahr 2000 stieg die Zahl auf 1.153 Publikationen im Jahr 2020.[3] Während das Thema früher mit dem Esoterikbereich assoziiert wurde, finden sich heute Artikel zu Achtsamkeit im Forbes Magazine sowie in der New York Times. Immer mehr Firmen bieten ihren Angestellten in der Ära des Multitaskings Methoden zur Stressbewältigung an. Von Automobilkonzernen wie Mercedes über Pharmaunternehmen bis hin zu Softwarekonzernen wie Google, Apple, SAP und Intel – alle bieten ihren Mitarbeitern Achtsamkeitsprogramme. Vor allem die *Mindfulness Based Stress Reduction* wird angeboten, ein Programm zur gezielten Lenkung der Aufmerksamkeit, um mit Stress besser umzugehen.[4]

Woher stammt die Achtsamkeitspraxis?

Meditation und Achtsamkeitspraxis bilden seit über 2.600 Jahren das Zentrum des buddhistischen Geistestrainings. Ins Leben gerufen wurde der Buddhismus durch Siddharta Gautama, der etwa 560 bis 480 v. Chr. in Indien lebte. Er wurde als spiritueller Lehrer unter dem Namen Buddha bekannt, was so viel heißt wie

»der Erwachte«.[5] Bereits in der Antike und Spätantike gelangten Teile der buddhistischen Lehre vereinzelt von Indien über Baktrien nach Alexandria in Ägypten. Handelsreisende wie Marco Polo im 13. Jahrhundert und Missionare wie Matteo Ricci im 16. Jahrhundert brachten buddhistische Anschauungen über diese Handelsstandorte auf den europäischen Kontinent. Fuß gefasst hat der Buddhismus in der westlichen Hemisphäre allerdings erst im 19. Jahrhundert durch den Kolonialismus in Asien.

Heute ist der Buddhismus aus der Religionslandschaft Europas nicht mehr wegzudenken. Das Erscheinungsbild der Religion ist hier sogar oftmals vielfältiger als in asiatischen Ländern. Während dort meist eine buddhistische Tradition vorherrscht, findet sich in europäischen Ländern das gesamte Spektrum des Buddhismus – von tibetisch-mongolischen bis süd- oder ostasiatischen Traditionen.[6] Auch in Deutschland leben etwa 250.000 bis 300.000 Buddhisten, von denen der Großteil asiatischer Abstammung ist. Teilweise gehören sie buddhistischen Gemeinschaften an oder leben in Klöstern.[7]

Achtsamkeitsübungen bleiben im westlichen Kulturkreis jedoch nicht auf den religiös-spirituellen Gebrauch beschränkt. Meditationstechniken finden sich in Bereichen der Psychologie und Medizin. Bereits in den 1940er- und 1950er-Jahren führten Vordenker wie die Psychoanalytiker Erich Fromm und Karen Horney Gespräche mit buddhistischen Meistern. Noch früher hatte sich Carl Gustav Jung für den Buddhismus interessiert.[8] Ab den 1960er Jahren wandten sich dann die Wissenschaftler in der experimentellen Psychologie der Meditation zu. Unter anderem wurden erste EEG-Studien an Meditierenden durchgeführt. Später entstanden auch Studien zur Verwendung von Achtsamkeitsmeditation in der Psychotherapie.[9] Konkrete Fachliteratur zum Thema Buddhismus und Psychologie kam erst ab den 1990er-Jahren auf, weshalb die Psychoanalytikerin Luise Reddemann »die Entdeckung der Achtsamkeit für den Mainstream der deutschen Psychotherapie«[10] zu Recht als »jung« bezeichnet.

Aber warum wird aktuell gerade Achtsamkeit als die Lösung persönlicher Probleme gesehen? Um diese Frage zu beantworten, hilft ein Blick auf die negativen Folgen unserer vernetzten Welt. Es geht nicht nur um gestresste und erschöpfte Individuen, sondern um gesamtgesellschaftliche Tendenzen. Das Internet löst immer wieder weltweite Wellen an Hetze, Feindseligkeit und Desinformation aus. Shitstorms und falsche Behauptungen verbreiten sich in Windeseile über den Globus. Dieser Populismus schädigt unsere modernen Umgangsformen und die zusammengewachsenen globalen Strukturen.[11]

Genau aufgrund dieser negativen Tendenzen entstand die Achtsamkeitsbewegung, meint Zukunfts- und Trendforscher Matthias Horx. Er sieht Achtsamkeit als großen mentalen Gegenimpuls zu Populismus und Hass. In Zeiten der Über-Medialisierung beginnen immer mehr Menschen, ihr digitales Kommunikations- und Konsumverhalten in Richtung einer analog-digitalen Balance zu entwickeln. Sie koppeln sich von den Medien und den ständigen Impulsen ab und versuchen, ihre mentale Autonomie zu regenerieren. Sie suchen nach Strategien gegen ihre Ängste, Überreiztheit und Überforderung. Das kann auch bedeuten, nicht mehr auf alles zu reagieren und ein gewisses Maß an Gleichgültigkeit zu entwickeln.[12]

Achtsamkeit entsteht durch eine Distanzierung, durch Loslassen, Innehalten und Beobachten. Es bedeutet, sich loszureißen aus den zwanghaften Routinen des Alltags, die eigentlich sinnvoll erscheinen, da sie »Zeit sparen«, aber auf den zweiten Blick zum Stress beitragen. Das heißt, anstatt an der Bushaltestelle oder im ärztlichen Wartezimmer auf das Smartphone zu schauen, hält man den Geist wach und präsent. Dieses Abstandnehmen von Ablenkungen und ständiger Beschäftigung ist ein erster Schritt Richtung Ruhe und Ausgeglichenheit. Man lässt sich wieder auf die eigene Wahrnehmung in der direkten Umgebung ein.[13]

Achtsamkeit bedeutet auch zu lernen, differenzierter zu kommunizieren. Dabei wird Mitgefühl entwickelt, das auch einen wichtigen Baustein der buddhistischen Lehre bildet. Mitgefühl lässt Menschen in Dialog mit dem Gegenüber treten, ohne sich selbst zu vergessen. Diese Form der Empathie hilft, die innere Kontrolle zurückzugewinnen und sich auf eigene Kompetenzen zu besinnen.[14]

Worin liegt der Unterschied zwischen Achtsamkeitspraxis und Entspannungsmethoden?

Achtsamkeitsübungen zählen genauso zu Entspannungstechniken wie autogenes Training, Hypnose oder progressive Muskelentspannung. All diese Übungen sind hilfreich, um Stress zu reduzieren. Im Unterschied zur Achtsamkeitspraxis haben die anderen Entspannungstechniken aber oftmals eine werkzeugähnliche Funktion. Sie werden genutzt und dann wieder weggelegt. Das eigene Leben ist von ihnen getrennt, und es erfolgt keine konkrete Auseinandersetzung mit dem eigenen Verhalten. Bei Achtsamkeit geht es hingegen um eine innere Haltung, die Teil des Alltags wird. Sie wird beispielsweise auch beim Kartoffelschälen oder Haarewaschen praktiziert.[15]

Wie und aus welchen Gründen wird Achtsamkeit geübt?

Buddha lehrte, dass der Weg zu tiefem Glück und Freiheit über das ständige Üben führe, sich seines Körpers, seiner Gedanken und Gefühle und aller anderen Wahrnehmungen deutlich bewusst zu sein. Das tiefe Glück, das über das Üben erreicht werde, sei unabhängig von Äußerlichkeiten. In diesem Kontext wurde das aus der Sprache des Pali stammende Wort *sati* verwendet, das den Ursprung des Wortes »Achtsamkeit« bildet. Ins Deutsche lässt es sich übersetzen mit »erkennen«, »sich erinnern«, »Bewusstheit« und »Aufmerksamkeit«. Gemeint ist eine mentale Fähigkeit, die durch intensives Üben konstanter und stabiler wird.[16] In der Lehrrede »Sutra der Vier Verankerungen der Achtsamkeit« wird die Achtsamkeitsmeditation erläutert. Dabei sollen die Meditierenden vier Bereiche betrachten:

- **Körper *(rupa)*:** Die körperlichen Empfindungen wie Atem, Körperhaltung und Wahrnehmungen.
- **Gefühle *(vedana)*:** Ob etwas angenehm, unangenehm oder neutral wahrgenommen wird. Diese wesentlichen Reaktionen tauchen auf, wenn wir etwas sehen, schmecken, hören, denken oder berühren.

- **Geist oder Bewusstsein *(citta)*:** Das eigene Bewusstsein und dessen Wechselhaftigkeit. Die ständigen Veränderungen im Geist, also die Launen, Gedanken und Bewusstseinszustände, wie z. B. konzentriert, abgelenkt oder fröhlich zu sein.
- **Geistesobjekte *(dhammas)*:** Die Vergegenwärtigung, dass alle Phänomene, die wahrgenommen werden, Objekte des Geistes sind wie die Sinnesbereiche, Wahrnehmung, Motivation oder das Denken.[17]

Das Pali-Wort für die Achtsamkeitsmeditation ist *Vipassanā*, was so viel bedeutet, wie »tief in das Objekt eindringen, um es zu betrachten«.[18] Mit Objekt sind auch Geistesobjekte oder andere oben genannte Wahrnehmungsbereiche gemeint. Wenn man sich eines Objekts, das man betrachtet, und der Tatsache, dass man es betrachtet, völlig bewusst ist, löst sich die Grenze zwischen einem selbst und dem Objekt auf. Das beobachtende Subjekt und das betrachtete Objekt werden eins. Das ist das Essenzielle der Achtsamkeitsmeditation. Nur so kann laut der buddhistischen Lehre Einsicht erlangt werden. Es reicht nicht aus, Objekte nur äußerlich zu betrachten. Stattdessen geht die Wahrnehmung tiefer und nach innen.[19] Das mag philosophisch klingen, wird aber von Buddhisten tatsächlich umgesetzt.

Die buddhistische Lehre ist sehr komplex und gespickt mit detailreichen Anleitungen. Die oben genannten vier Bereiche werden nicht nur mit »rechter Achtsamkeit« wahrgenommen, sondern in der buddhistischen Praxis auch bezüglich ihrer Vergänglichkeit, Leiden *(dukkha)* sowie »Ich-Losigkeit« untersucht. Diese Eigenschaften bewusst wahrzunehmen ist zentral für den Weg zu tiefem Glück und letztliche Erleuchtung.[20] Dennoch beschränkt sich die *Vipassanā*-Meditation nicht nur auf buddhistische Nonnen und Mönche. Jeder kann diese Form der Achtsamkeit praktizieren. Wer das Prinzip der Übungen verstanden hat, kann diese im Alltag umsetzen, auch ohne sein Leben in einer Klostergemeinschaft zu verbringen.[21]

In Deutschland gibt es eine Vielzahl an Möglichkeiten, buddhistische Meditation zu erlernen. In fast jeder Stadt finden sich ein oder mehrere buddhistische Zentren, die zur öffentlichen Meditation einladen. Achtsamkeit ist die meditative Grundpraxis und Basis jeder buddhistischen Schule. Vor allem in der aus Myanmar stammenden Theravada-Tradition wird Achtsamkeitsmeditation schwerpunktmäßig geübt. Buddhistische Seminarhäuser und Klöster bieten die Möglichkeit für längere Aufenthalte. Diese Häuser liegen überwiegend abseits von Großstädten in der Natur. In Seminarhäusern werden unter anderem Schweigeretreats und *Vipassanā*-Meditationen angeboten. Der ideale Einstieg sind Schweige-Meditationsseminare, da hier *Samatha*-Meditation, eine Ruhemeditation, geübt wird. Diese konzentrative Meditationstechnik ist die Grundlage für die *Vipassanā*-Meditation, die Achtsamkeitsmeditation, die der nächste Schritt bedeutet. In buddhistischen Klöstern kann am Alltag der Nonnen oder Mönche teilgenommen werden. Das Meditationsprogramm ist in der Regel weniger zeitintensiv und besteht häufig aus drei Stunden Meditation pro Tag und freier Übungszeit. Es gibt aber auch die Möglichkeit für individuelle Klausuren, bei denen sich die Meditierenden schweigend in intensive Meditation begeben.

In westlichen Ländern wird Buddhismus von vielen Menschen oftmals weniger als Religion als vielmehr als ethische Grundlage einer holistischen Lebensphilosophie angesehen. Die Übungen sind letztlich dieselben – Achtsamkeit wird mit oder ohne buddhistischen Bezug praktiziert. Die Einsichten Buddhas beziehen sich auf allgemeine menschliche Erfahrungen, die sich seit Tausenden von Jahren nicht verändert haben. Die durch Lehrreden überlieferten Übungen sind einfach durchzuführen, praktisch und alltagstauglich. Vor allem die Bücher des vietnamesischen Mönchs Thich Nhat Hanh erklären die buddhistischen Lehrreden in klarer Sprache. Er stellt in seinen Erläuterungen einen realitätsnahen Bezug zwischen den Inhalten und dem Alltag der Menschen im westlichen Kulturkreis her. Wem diese Erläuterungen zu stark an den religiösen Hintergrund angelehnt sind, steht eine Fülle an Literatur zur Verfügung, die losgelöst ist vom Buddhismus. Auch besteht ein breites Angebot an Kursen, Vorträgen und Beratungen zur säkularen Achtsamkeitspraxis. Das schafft auch für Menschen anderer Glaubensrichtungen und Atheisten einen Zugang zur Achtsamkeit. Mittlerweile gibt es sogar unterstützende Apps, wie z. B. *Die Achtsamkeits-App*, *Headspace* und *Balloon*.

Unser Geist ist sehr umtriebig. Jede Sekunde produziert er Gedanken, oftmals in völligem Durcheinander. Vielen Menschen fällt es daher schwer, sich auf ein Thema zu konzentrieren und es zu durchdenken, um zu einem Ergebnis zu kommen. Ständig kommt ein anderer Gedanke dazwischen. Buddhisten*innen nennen dieses Phänomen *Monkey Mind*, also als würden die Gedanken umherhüpfen wie wilde Affen. Mithilfe von Achtsamkeitsübungen lernt man, die umherspringenden Gedanken zu beruhigen. Das Beobachten hilft, ein Verständnis dafür zu entwickeln, wie die eigenen Gedanken, Gefühle, Emotionen und Körperempfindungen in Verbindung stehen. Stressempfinden hat viel mit automatischen Reaktionen und Unbewusstheit zu tun hat. Daher sind die Übungen die Grundlage dafür, mit Stress besser umzugehen. Insgesamt kann Achtsamkeitspraxis so das innere Stressgeschehen mindern und eine heilende Wirkung entfalten.[22] Mittlerweile arbeiten auch Krankenkassen mit Anbietern von Achtsamkeitskursen zusammen.

MBSR – Mindfulness Based Stress Reduction

Ein etabliertes und weitverbreitetes Achtsamkeitstraining ist die *Mindfulness Based Stress Reduction* (MBSR), auf Deutsch »Achtsamkeitsbasierte Stressreduktion«. Es ist ein Programm, das in den 1970er-Jahren von Jon Kabat-Zinn, einem Molekularbiologen an einer US-amerikanischen Universitätsklinik in Massachusetts, entwickelt wurde. MBSR wird weltweit in Unternehmen, im Gesundheitsbereich sowie in sozialen und pädagogischen Einrichtungen angewandt. Das Trainingsprogramm verbindet Meditationsübungen mit Ansätzen aus der Stressforschung und Psychologie.[23] Der klassische MBSR-Kurs dauert acht Wochen. Dabei finden jede Woche zweieinhalbstündige Gruppensitzungen sowie ein abschließender Achtsamkeitstag in Stille statt. Außerdem praktizieren die Teilnehmenden über den gesamten Kurszeitraum täglich zwischen 30 und 60 Minuten verschiedene Achtsamkeitsübungen.

Zum MBSR-Programm zählt der Bodyscan, eine Körpermeditation, bei der der eigene Körper innerlich systematisch mit Aufmerksamkeit abgetastet wird. Signale für Stress oder Unwohlsein werden so früher erkannt und somit Burn-out und Krankheiten vorgebeugt. Auch Yoga als Bewegungsmeditation soll helfen, die Gedanken vom Kopf in den Körper zu lenken. Vielen fällt es leichter, achtsam zu sein, wenn sie aktiv sind, anstatt still zu sitzen oder zu liegen. Das Programm enthält außerdem verschiedene Achtsamkeitsmeditationen wie die dreiminütige Atemmeditation »Breathing-Space«. Eine weitere Übung ist das achtsame Ausführen von Bewegungen, wie z. B. in Form einer Gehmeditation. Es geht nicht darum, irgendwo anzukommen, sondern darum, beim Gehen im Hier und Jetzt zu sein.

Überhaupt geht es bei den Achtsamkeitsübungen häufig um mehr Achtsamkeit bei alltäglichen Verrichtungen. Das kann nicht nur beim Gehen trainiert werden, sondern bei vielen Tätigkeiten im Alltag. Dinge, die ansonsten achtlos erledigt werden, können mit Intention und Aufmerksamkeit verrichtet werden. So können z. B. Haushaltstätigkeiten zu einer Meditationsübung werden, die den Geist beruhigt und das Innere zentriert. Statt innerlich abwesend Dinge abzuarbeiten, werden jeder Situation und Tätigkeit Aufmerksamkeit und Raum geschenkt. So entsteht Präsenz in jedem Moment, sei es beim Staubsaugen, Geschirrabspülen oder Lebensmitteleinkauf.[24]

Das Schließen der Einstellungs-Verhaltens-Lücke

Der Achtsamkeitspraxis liegt die Vorstellung zugrunde, dass negative Tendenzen wie wahnhaftes Denken, schlechtes Verhalten und Gier durch die Übungen verringert bis aufgelöst werden. Daher wird großes Potenzial in der Verbindung von Achtsamkeit und Nachhaltigkeit gesehen. Das Forschungsprojekt Bildung für nachhaltigen Konsum durch Achtsamkeitstraining (BiNKA) der Technischen Universität Berlin und der Leuphana Universität Lüneburg erforschte deshalb von 2015 bis 2018 die Potenziale von Achtsamkeit für nachhaltigen Konsum. Ziel des Pilotprojektes war herauszufinden, ob die Einstellungs-Verhaltens-Lücke durch Achtsamkeit geschlossen wird und Menschen zu nachhaltigem Konsumverhalten befähigt werden können.[25] Die Einstellungs-Verhaltens-Lücke beschreibt das Phänomen, dass Menschen zwar wissen, dass sie ihren Lebensstil der Umwelt zugunsten ändern sollten, ihre tatsächlichen Handlungen davon jedoch abweichen.

207 Personen nahmen an einem für die Studie entwickelten Achtsamkeitstraining teil, das sich an MBSR-Kursen orientierte. Auch wenn die direkten Effekte auf das nachhaltige Konsumverhalten und die Einstellungs-Verhaltens-Lücke gering ausfielen, zeigte die Studie viele Potenziale durch Achtsamkeit auf, die indirekt positiven Einfluss hin zum nachhaltigen Konsum nehmen. Dazu zählen z. B. eine erhöhte Wertschätzung von Produkten, eine bessere Wahrnehmung von Problemen durch Konsum sowie ein gesteigertes Bewusstsein der persönlichen Bedürfnisse und dadurch die Möglichkeit, innezuhalten und zu reflektieren. Das ist laut dem Forschungsteam die Grundvoraussetzung, um nichtnachhaltige, gewohnte Handlungsroutinen zu durchbrechen und ökologisch sinnvolles Verhalten zu erschließen. Als weitere positive Effekte der Achtsamkeitsübungen wurden ein verringertes Stressempfinden, ein besserer Umgang mit schwierigen Situationen und negativen Gefühlen festgestellt. Achtsamkeitstraining führt längerfristig zu gesteigertem Wohlbefinden, das von hohem Ressourcenverbrauch und ständigem Konsum entkoppelt ist.

Das Forschungsteam sieht in der Studie und den Ergebnissen Pioniercharakter. Es gibt aktuell keinen ähnlichen Versuch, ethische Grundwerte von Menschen positiv zu beeinflussen. Weitere Untersuchungen der Verknüpfung von Nachhaltigkeit und Achtsamkeit sind laut dem Forschungsteam mehr als sinnvoll.[26] Um die Einstellungs-Verhaltens-Lücke der Menschen erfolgreich zu schließen (was in diesem ersten Pilotprojekt noch nicht gelang), sind jedoch andere Rahmenbedingungen nötig. Die Personen, die ein Achtsamkeitsprogramm besuchen, sollten bereits die Intention haben, ihr Konsumverhalten zu ändern und ihren Lebensstil nachhaltig auszurichten. Diese Voraussetzung brachte in anderen Studien positive Ergebnisse, wie z. B. bei Personen, die vorhatten, mehr Sport zu treiben.[27] Zudem sind Verhaltens- und Konsumgewohnheiten in uns sehr tief verankert. Um grundlegende Veränderungen im Lebensstil zu erzielen, sollte das Achtsamkeitstraining viel länger als acht Wochen dauern. Im Idealfall integrieren Menschen auch nach der Studie Achtsamkeit in ihren Alltag.[28]

Kritik an der Achtsamkeitsbewegung

Viel Kritik erntet die Seite der Achtsamkeitsbewegung, die zwar buddhistische Techniken nutzt, sich aber losgelöst von der Religion versteht. Das in diesem Bereich besonders beliebte MBSR-Programm enthält viele Elemente frühbuddhistischer Achtsamkeitsmeditationen. Michael Zimmermann, Professor für Indologie, merkt an, im Buddhismus werde Achtsamkeit in einem anderen Kontext gelehrt, nämlich in Verbindung mit Ethik und Weisheit. Dazu zählt auch das Studium von buddhistischen Schriften. Buddhisten nutzen die Übungen, um nicht von ihren Gefühlen übermannt zu werden und auf Situationen mit Mitgefühl zu reagieren. Das bedeutet, sie streben danach, gut und überlegt statt aus dem Affekt heraus zu handeln. Ohne diese ethische Komponente nutzen Menschen die Achtsamkeit lediglich als eine Form von Wellness, um Abstand zur Arbeit zu bekommen und Stress zu reduzieren. Weisheit und tiefere Einsicht entstehen dadurch nicht.[29] Der US-Amerikaner Ronald Purser, einer der schärfsten Kritiker von Kabat-Zinn, dem Erfinder des MBSR Programms, prägte diesbezüglich den Begriff *McMindfulness*. Er meint damit den schnellen Konsum von Spiritualität ohne einen tieferen Erkenntnisgewinn.[30]

Soziologe Hartmut Rosa kritisiert die Achtsamkeitsbewegung weiter als »unpolitisch«, da sie die Probleme der Beschleunigung der Arbeitswelt auf Individuen abschiebe.[31] Die Logik dahinter: Die Schuld am Stress wird nicht in den äußeren Bedingungen gesucht, sondern bei sich selbst. Die eigene Person wird zum Sündenbock degradiert, aber dennoch zum einzig fähigen Retter erkoren. Im Grunde beflügele die Achtsamkeitsbewegung nur noch stärker die Ich-Fixiertheit der heutigen Gesellschaft, formuliert es Journalist Max Tholl noch zugespitzter. Statt kollektive Probleme gemeinsam zu lösen, würden sich die Menschen ins Private zurückziehen und meinen, durch eiserne Selbstdisziplin könnten sie die gesellschaftliche Schieflage alleine lösen.[32]

Die Menschen nutzen Achtsamkeit zur Produktivitätssteigerung. Sie setzen die Übungen ein, um noch leistungsfähiger, fitter, schneller, gesünder oder innovativer zu sein, beobachtet Rosa. Achtsamkeit wird in einem System der Steigerungslogik eingesetzt, durch das die Probleme verursacht wurden. Diese können durch das Weitertreiben bzw. die Unterstützung der Steigerung niemals gelöst werden. Zwar funktioniert Achtsamkeit ohne Ethik, kann aber in eine negative Richtung führen, sodass Achtsamkeit letztlich funktionalisiert wird. Als Beispiel nennt Rosa erfolgreiche Eliten und Manager, die beispielsweise Schwierigkeiten oder Skrupel haben, Mitarbeiter zu entlassen. Im Radikalfall fallen ihnen die Entlassungen durch die Achtsamkeitspraxis leichter. Indologe Zimmermann zieht das Fazit, dass insgesamt infrage gestellt werden kann, ob buddhistische Grundtechniken wirklich dazu dienen sollten, Gewinn, Glück oder Geschwindigkeit zu maximieren.[33]

Inwiefern der Achtsamkeitstrend positive Effekte auf den Umwelt- und Klimaschutz hat, kann ebenfalls hinterfragt werden. Natürlich kann Achtsamkeit in der näheren Umgebung und größtenteils zu Hause erlernt werden. Aber es gibt auch Achtsamkeits- und Stressbewältigungskurse, die mit einem Bali-Aufenthalt oder einem Flug nach Indien verbunden sind. Dazu lassen sich die westlichen Achtsamkeitstrainer gerne im Ausland ausbilden. Das liegt sicherlich an der Ursprünglichkeit und Authentizität des Wissens, das an der Quelle wie im Geburtsland Buddhas erwartet oder auch gefunden wird. Aber eine Ausbildung in Myanmar, Nepal oder Japan dient auch ausgezeichnet zur Bewerbung des eigenen Angebots im Westen. Die umweltschädlichen Flugreisen des »Achtsamkeitstourismus« sind jedoch als kontraproduktiv für den Klimaschutz zu werten. Auch die Potenziale, die von der Forschung in Achtsamkeit bezüglich nachhaltigen Verhaltens gesehen werden, wirken dürftig. Der erste ernsthafte Versuch des bereits erwähnten Forschungsprojekts BiNKA erzielte nicht das gewünschte Resultat. Obwohl Menschen, die eine Tendenz zu nachhaltigen Lebensstilen aufweisen, dies durch Achtsamkeit womöglich besser umsetzen, entsprechen sie nicht der breiten Masse. Viele Menschen haben entweder gar kein Interesse daran, ihr Leben nachhaltiger zu gestalten, oder Probleme ganz anderer Art zu lösen. Achtsamkeit ist nicht das Allheilmittel für die Bedürfnisse der Menschen weltweit.

Ist es im Buddhismus nicht verboten, buddhistische Praktiken wie Achtsamkeitsübungen außerhalb des religiösen Kontexts zu nutzen?

Der Buddhismus erhebt nicht den alleinigen Anspruch auf Achtsamkeitsübungen. Sie können in jeglichen Kontext eingebettet werden, was in den ostasiatischen Kulturen beispielsweise zu einem neuen Typ an Kämpfern führte, den Samurai. Diese entstanden durch die Verbindung von Kampfkunst und Achtsamkeit.[34] Unter Buddhisten gibt es allerdings verschiedene Meinungen zu den von den Wurzeln losgelösten Achtsamkeitskursen. Einerseits werden die Kurse befürwortet, da sie den Menschen Techniken vermitteln, die ihnen mit ihren Problemen helfen. Im buddhistischen Verständnis wird damit ihr Leiden gelindert. Auch könnten die Teilnehmenden dieser Kurse eventuell ein Interesse für den Buddhismus entwickeln. Andere sehen die Gefahr, dass die Buddha-Lehre weniger Wertschätzung erfahren könnte, wenn die Achtsamkeitslehre kommerzialisiert wird.[35]

Vorteile eines achtsamen Lebensstils

Durch den Klimawandel ist das Umweltbewusstsein weltweit gestiegen. Das zeigt sich in diversen Trends zu nachhaltigen Lebensstilen, die in diesem Buch vorgestellt werden. Achtsamkeit kann dazu beitragen, den Handlungswillen zu neuen Verhaltens- und Lebensweisen umzusetzen. Forschungen weisen darauf hin, dass die Einstellungs-Verhaltens-Lücke durch Achtsamkeit geschlossen werden könnte. Das Bewusstsein für die persönliche Einstellung sowie zentrale Werte werden durch Achtsamkeitsübungen gefördert. Die individuellen Überzeugungen spiegeln sich dadurch zunehmend im eigenen Handeln wider. Das Forschungsprojekt BiNKA erkannte, dass Menschen schon nach einem achtwöchigen Achtsamkeitsprogramm den eigenen Kleidungs- und Lebensmittelkonsum neu bewerten.[36] Durch die Achtsamkeitspraxis fühlten sich die Testpersonen insgesamt viel besser, ohne dieses Wohlbefinden an Konsum, inklusive der damit verbundenen Ressourcenverschwendung, zu koppeln.[37] Wenn Menschen Achtsamkeit langfristig in ihren Alltag integrieren, ist zu erwarten, dass sich diese Tendenzen in nachhaltigen Handlungen und damit einem neuen Konsumverhalten manifestieren. So kann Achtsamkeit dazu beitragen, Nachhaltigkeit aus der Theorie in die Praxis umzusetzen. Ein nachhaltiges Verhalten vieler Menschen würde die Wirtschaft stark verändern und damit einen elementaren Beitrag für den Klima- und Umweltschutz liefern.

Dass Achtsamkeitsübungen auch Vorteile für Krisenzeiten bereithalten, zeigte eine Studie in Bezug auf die Corona-Pandemie. Menschen, die Achtsamkeitsübungen praktizierten, waren während der Krise bei besserer psychischer Gesundheit und hatten weniger Probleme, die Ausgangssperren zu befolgen. Sie berichteten von einer höheren Widerstandsfähigkeit, positiven Gefühlen, weniger Sorgen und einem besseren Umgang mit Stress. Außerdem neigten sie im Vergleich zu anderen Menschen weniger zu Depressionen. Das Forschungsteam sieht aufgrund der Ergebnisse in kontemplativen Übungen eine erschwingliche und einfach zugängliche Form der mentalen Vorbereitung auf Katastrophen und Pandemien. Achtsamkeits- und weitere Meditationsübungen könnten breit im öffentlichen Gesundheitssektor angeboten werden, um das Wohlbefinden und die Gesundheit der Menschen aufrechtzuerhalten. Auch bei der Verarbeitung von Traumata und negativen Lebensereignissen kann Achtsamkeit zurück ins Leben helfen.[38] Achtsamkeit trägt insgesamt dazu bei, chronischen Stress zu verringern, das individuelle Wohlbefinden zu fördern und die Konzentrationsfähigkeit zu erhöhen.

Epilog – Was die Trends verbindet

Die Ziele, die mit den vorgestellten Lebensstiltrends verfolgt werden, sind vielschichtig. Ökologische Nachhaltigkeit ist in unterschiedlicher Form und Gewichtung Teil von jedem der Trends. Auffällig ist das wiederkehrende Element der nachhaltigen R-Prinzipien, kurz *Rs*. Es sind stufenförmige Verhaltensleitlinien, die dazu beitragen, Dinge länger zu nutzen sowie die Ressourcen, die für die Herstellung nötig waren, mehr wertzuschätzen. Werden die Rs befolgt, wird weniger eingekauft, mehr repariert, umgenutzt, wiederverwendet und das Abfallaufkommen insgesamt reduziert. Dazu nutzen viele der nachhaltigen Trends Angebote der *Sharing-Economy*. Die Menschen streben weniger nach Besitz und sehen den Wert von Objekten in dessen Nutzen und teilen sie daher mit anderen. Dieses Verhalten richtet sich gegen die umweltschädliche Wegwerfmentalität und unterstützt den Gedanken der Kreislaufwirtschaft. Nachhaltigkeit und Umweltbewusstsein manifestieren sich auch in der Ablehnung von ressourcenfressenden und gesundheitsbedenklichen Industrieprodukten. Das geht Hand in Hand mit einer Rückbesinnung auf alte Traditionen und Praktiken früherer Generationen. Gleichzeitig gibt es noch die Tendenz, die eigene Region zu unterstützen.

In den meisten Trends wird der eigene Konsum insgesamt kritisch hinterfragt und verändert. Wer Dinge wie Nahrungsmittel, Kleidung oder Möbel selbst herstellt, versucht logischerweise, nur so viel zu produzieren, wie er oder seine soziale Gemeinschaft benötigt. Was an Produkten eingekauft wird, wird überdacht und auf das Notwendige beschränkt. Immer wieder wird die Frage gestellt: »Brauche ich das wirklich?« Das Ziel ist die Bezwingung des »Haben-Wollens«, das unser derzeitiges kapitalistisches Wirtschaftssystem am Leben erhält. Unter dem Stichwort *Simplify* reduzieren die Menschen ihren Besitz und streben ein einfaches Leben an. Sie möchten nur das besitzen, was sie auch nutzen, und ihr Glück nicht mehr von Konsumgütern abhängig machen. Das Credo »Qualität statt Quantität« ist maßgebend beim Erwerb von Konsumgütern. Insgesamt geht es um die Etablierung einer neuen, zufriedenen Bescheidenheit. Freude wird in kleinen Dingen, Hobbys, der Natur oder im Sozialen gefunden. Es ist die bewusste Hinwendung zu immateriellen Werten.

Das Reise- und Mobilitätsverhalten befindet sich ebenfalls im Wandel. Wie beim Konsum von Produkten treten eine neue Zweckmäßigkeit und Sinnhaftigkeit an die Stelle des früheren Übermaßes. Auch wenden sich die Menschen wieder stärker der Natur und der eigenen Umgebung zu. Angesichts der Umwelt- und Klimaprobleme ist vielen bewusst geworden, wie wertvoll und fragil das Ökosystem Erde und damit unser aller Lebensraum sind.

Alle vorgestellten Trends miteinander zu kombinieren ist lobenswert, aber nicht einfach. Es geht auch nicht darum, blind Konzepten zu folgen oder sie bis ins kleinste Detail umzusetzen. Vielmehr helfen die Trends, einzelne Bereiche im Leben anzugehen und den Alltag strukturiert zu verändern. Wichtig ist, sich überhaupt Gedanken zu machen: Wie wohne ich? Wie reise ich? Wie ernähre ich mich? Wie kleide ich mich? Wie viel und was besitze ich? Welchen Müll produziere ich? Denn in unserer heutigen Zeit ist das keine private Angelegenheit mehr. Unser Verhalten hat Auswirkungen auf Klima und Umwelt sowie das Leben der kommenden Generationen.

Gleichzeitig geschieht die Umsetzung der Nachhaltigkeitskonzepte innerhalb der vorhandenen Systeme. Ein kompletter Wandel der Wirtschaft, beispielsweise zur Postwachstumsökonomie, kann nur realisiert werden, wenn das Wirtschafts- und Politiksystem durch ein neues ersetzt wird. An die Stelle des Wirtschaftsziels »Wachstum« müssen andere Ziele treten. Hierbei muss Nachhaltigkeit eine große Rolle spielen. Auch sollte das Verständnis von Reichtum und Wohlstand neu definiert werden. So könnte der Reichtum eines Staates beispielsweise nicht mehr ausschließlich über das Bruttosozialprodukt, sondern über das Glücksempfinden der Bevölkerung definiert werden, wie es in Bhutan der Fall ist.

Einen solchen Systemwandel alleine durch nachhaltige Lebensstile aus der Gesellschaft heraus zu bewirken ist unrealistisch. Es benötigt vielmehr Experten aus der Ökonomie, Ökologie, dem sozialen Bereich, der Ethik und Philosophie und vielen weiteren Disziplinen, die gemeinsam mit der Politik und Wirtschaft erste, groß angelegte Pilotprojekte entwickeln.

Was ist die Postwachstumsökonomie?

Mit Postwachstumsökonomie ist eine Wirtschaft gemeint, die nicht mehr auf ein wachsendes Bruttoinlandsprodukt ausgelegt ist, aber dennoch über eine stabile Versorgung mit Produkten und Dienstleistungen verfügt. Dabei wird eine Suffizienzstrategie verfolgt. Das bedeutet, in der Postwachstumsgesellschaft wird Glück nicht mehr im Konsum und Besitz gesucht. Das Konsumniveau wird insgesamt gesenkt. Regionale und lokale Strukturen der Selbstversorgung werden gestärkt. Arbeitsteilige, globale Wertschöpfungsprozesse der Industrie werden hingegen zurückgebaut. Gleichzeitig soll sich auch die Arbeitswelt ändern und der Arbeitsalltag aus einer Kombination von Selbst- und Fremdversorgung bestehen. Statt 40 Stunden die Woche für einen Arbeitgeber zu arbeiten, könnte ein Teil der Zeit für Gemeinschafts- oder Gartenarbeit verwendet werden. Dies würde zur Deglobalisierung und Selbstversorgung beitragen, was die regionale Daseinsvorsorge stärken würde. Die Grundidee der Postwachstumsökonomie wurde an der Universität Oldenburg von Carl von Ossietzky entwickelt und im Jahr 2007 der Öffentlichkeit vorgestellt. Die Ökonomen Werner Onken und Niko Paech knüpften an die Idee an, was sich zu einem europaweiten Netzwerk und Forum entwickelte.[1]

Aber dafür muss die Gesellschaft zunächst an den Punkt gelangen, an dem diese Veränderungen auch gewünscht sind. Ansonsten treffen jegliche Bemühungen, vorhandene Systeme grundlegend zu ändern, auf Proteste, Verweigerung und Boykott. Hierfür müssen eine höhere Sensibilität sowie Bewusstsein für jegliche Formen von Unrecht und Leid auf der Welt geschaffen werden. Nur so können tiefere Einsichten und, damit verbunden, Engagement und Aktivismus entstehen. Es ist nutzlos, große systemische Änderungen einzuleiten, wenn die Bevölkerung dazu noch nicht bereit ist. Deren Bereitschaft kann nur durch geduldige Arbeit in Form von Aufklärung und Aktivismus erreicht werden. Diese Stufe kann nicht übersprungen werden.[2]

Die vorgestellten nachhaltigen Lebensstiltrends sind Teil dieser Aufklärungsbewegung. Die Aktivisten informieren über die Hintergründe, die sie zum Handeln animieren, und stellen gleichzeitig Lösungsansätze vor. Natürlich kann kritisiert werden, dass die Trends den naiven Idealismus einiger weniger Weltverbesserer widerspiegeln. Doch diese Menschen leben ihre Werte und Ideale. Sie tauschen sich untereinander aus, bilden Gemeinschaften und inspirieren letztlich andere, es ihnen gleichzutun. Im Ergebnis verändert sich durch den Aktivismus eines jeden nach und nach das Bewusstsein der Gesellschaft. Das bildet den essenziellen Nährboden für eine grundlegende Veränderung von Politik und Wirtschaft in Richtung Nachhaltigkeit.

Weiter informieren – Die Trends in Büchern, Filmen und im Netz

Hier finden sich weiterführende Buch- und Filmtipps sowie die erwähnten Websites, Apps und Blogs. Bei der Auswahl wurde Wert darauf gelegt, dass es sich um deutschsprachige Publikationen handelt. Das heißt, im Text erwähnte englische Literatur und Filme kommen nur in den jeweiligen Kapiteln, aber nicht in dieser Liste vor. In wenigen Fällen werden englischsprachige Websites oder Filme genannt, wie z. B. bei Webpräsenzen der Trendsetter oder bei zu wenig deutschen Publikationen. Die meisten Filme finden sich in den Mediatheken der Fernsehsender oder auf Youtube.

Minimalismus

BÜCHER

Einfach Leben. Der Guide für einen minimalistischen Lebensstil
LINA JACHMANN

Anleitung zur Unzufriedenheit. Warum weniger glücklich macht
BARRY SCHWARTZ

Die Kunst, ohne Überfluss glücklich zu leben. Das größte Abenteuer unserer Zeit
JOSEF KIRSCHNER

Magic Cleaning. Wie richtiges Aufräumen Ihr Leben verändert
MARIE KONDO

Minimalismus. Der neue Leicht-Sinn
JOSHUA FIELDS MILLBURN und RYAN NICODEMUS

Minimalismus für Anfänger und Fortgeschrittene. Weniger ist meistens mehr
DAVID ZWARC

Minimalismus in der Praxis: Freiheit durch Minimalismus
ULRIKE BAUMGARTNER

Minimalismus leben für Dummies
SELIM TOLGA

Minimal Life. Mit weniger zu mehr
RACHEL AUST

Simplify your life
WERNER TIKI KÜSTENMACHER

Weniger bringt mehr. Die Kunst, sich auf das Wesentliche zu beschränken
LEO BABAUTA

DOKUMENTATIONEN & FILME

100 Dinge | Komödie von Florian David Fitz | 2018

Kaufen für die Müllhalde. Geplante Obsoleszenz
Arte-Dokumentation | 2010

Minimalism. A documentary about the important things
Netflix-Dokumentation | 2016

Minimalistisch leben – Weniger ist mehr
SRF-Dokumentation | 2018

My Stuff | Dokumentation von Petri Luukkanen | 2013

Schluss mit Überfluss. Von Minimalisten bis Konsumverweigerern
»37 Grad«-Dokumentation, ZDF | 2020

Weniger ist mehr – Vom Glück, anders zu wirtschaften
ZDF-Dokumentation | 2018

BLOGS UND TRENDSETTER

achtsame-lebenskunst.de
einfachbewusst.de
estherloveslife.de
hippe-heisler-german.blogspot.com
minimalismus21.de
minimalismus-leben.de
minime.life
psychologie-journal.de/#minimalismus
schlichtheit.com
zenhabits.net | EN

Lokal statt global

BÜCHER

1.000 Mühlen braucht das Land. 9+1 Grundregeln für zukunftsfähiges Wirtschaften
GERHARD WALDHERR, VOLKER KRAUSE

David vs. Goliath ... oder wie der lokale Einzelhandel dem Online-Rivalen trotzte
WOLFGANG EISENBERG

Die Diktatur der Konzerne. Wie globale Unternehmen uns schaden und die Demokratie zerstören
THILO BODE

Einfach. Jetzt. Machen! Wie wir unsere Zukunft selbst in die Hand nehmen
ROB HOPKINS

Energiewende. Das Handbuch. Anleitung für zukunftsfähige Lebensweisen
ROB HOPKINS

Fair einkaufen – Aber wie? Der Ratgeber für Fairen Handel, für Mode, Geld, Reisen, Elektronik und Genuss
MARTINA HAHN, FRANK HERRMANN

Genial lokal. So kommt die Ernährungswende in Bewegung
VALENTIN THURN

Nähe, Mut und Vielfalt. Regionalität wirkt!
ISABELLA MARIA WEISS, UNSER LAND NETZWERK

Super Local Food. Gesund und nachhaltig essen. Faktencheck und Rezepte
STEFANIE SCHÄFTER, ET AL.

DOKUMENTATIONEN & FILME

Bedrohte Landwirtschaft | 3sat-Dokumentation | 2019

Besser geht immer | RBB-Dokumentation | 2020

Der letzte Ausverkauf. Ladensterben im Einzelhandel
»Re:«-Dokumentation, Arte | 2021

Der Reimehof. Gelebtes Miteinander in bio, artgerecht und fair
»Länder-Magazin-Bayern«-Reportage, BR | 2021

Der Traum vom Biodorf | HR-Dokumentation | 2019

Die Zukunft des Essens | Arte- und ORF-Dokumentation | 2019

Existenzkampf im Handel | »Makro«-Reportage, 3sat | 2017

Viel mehr als Bauernhof. Geschmack, Genuss, Gemeinschaft
»Die Nordstory«-Dokumentation, NDR | 2019

Ernten und Teilen. Solidarische Landwirtschaft
»Unter unserem Himmel«-Dokumentation, BR | 2021

Wenn das Essen wieder was wert ist. Landwirtschaft auf Seitenpfaden
»Die Nordstory«-Dokumentation, NDR | 2018

WEBSITES

Gütesiegel und Kennzeichen

bmel.de/DE/themen/landwirtschaft/agrarmaerkte/geschuetzte-bezeichnungen.html | EU-Gütesiegel

regionalfenster.de | Regional-Kennzeichen des Regionalfenster e.V.

Regionallabel-Verzeichnis

label-online.de | Website und App mit Info zu Siegeln und Labeln

regioportal.regionalbewegung.de | Regionalmarken-Verzeichnis mit Postleitzahlsuche

Hofladen- und Automaten-Finder

abhof-automat.de | Automatenfinder mit Landkarte

dein-bauernladen.de | Hofladenfinder mit Deutschlandkarte, auch als App

farmshops.eu | Hofladenfinder mit Europakarte

heimischehoflaeden.de | Hofladenfinder mit Deutschlandkarte

hofladen-bauernladen.info | Verzeichnis mit Hofläden in Deutschland, Schweiz, Österreich und Liechtenstein

mein-bauernhof.de | Hofladenfinder mit Deutschlandkarte

regiomat.de | Automatenfinder mit Landkarte

Alternative Verkaufskonzepte und grüne Kisten

bringmirbio.de | Obst- und Gemüsekisten in Bioqualität aus Deutschland

etepetete-bio.de | Obst- und Gemüsekisten aus der Nachernte aus Deutschland

Marktschwärmer | Website und App zum Onlinekauf von Hofprodukten

oekokiste.de | Obst- und Gemüsekisten aus der eigenen Region

solidarische-landwirtschaft.org/solawis-finden/karte/#/ | Verzeichnis für SoLaWi-Initiativen und -Höfe

○ TIPP ○

Um einen Anbieter in der eigenen Umgebung zu finden, am besten per Suchmaschine Bio- oder Ökokiste suchen.

Erwähnte Regio-Verzeichnisse und Online-Marktplätze

atalanda.com | Online-Marktplätze verschiedener deutscher Regionen
cimadigital.de/initiativen/ | Übergreifendes Verzeichnis für Regio-Initiativen
Findeling | Website und App für deutsche und schweizerische Städte
kiezkaufhaus.de | Online-Marktplatz Region Wiesbaden
regional-kann-das.de | Website für Südniedersachsen

Regio-Initiativen

de.wikipedia.org/wiki/Liste_der_Regionalgelder | Liste der Regionalwährungen
regionalbewegung.de | Bundesverband der Regionalbewegung e.V.

Transition-Town-Bewegung

transitionnetwork.org | Transition-Town-Netzwerk mit Weltkarte
transitiontowntotnes.org/ | die erste Transition Town, Totnes

Capsule Wardrobe

BÜCHER

Capsule Wardrobe. Kleiderschrank entrümpeln, den eigenen Stil finden und bewusster Kleidung kaufen
INES DAUTER

Capsule Wardrobe. Mini-Garderobe mit Maxi-Wirkung
SUNRAY DOLLASE

Das Kleiderschrank-Projekt. Systematisch zum eigenen Stil und zu bewusstem Modekonsum
ANUSCHKA REES

Minimalismus trifft Kleidung. In 4 Wochen zum Kleiderschrank voller Lieblingsstücke
PIA MESTER

Perfekt gestylt. Wie man sich individuell und stilvoll kleidet
ANNA MURPHY

DOKUMENTATIONEN & FILME

Mich gibt's nur mit | »Fenster zum Sonntag«-Reportage, SRF 1 | 2018

BLOGS UND TRENDSETTER

bemorewithless.com | EN | Project 333
kendieveryday.com | EN | 30 × 30 Remix Challenge
stylebee.ca | EN | 10 × 10 Style Challenge
sunraydollase.de | Capsule Wardrobe
susie-faux.com | EN | Susie Faux, Capsule-Wardrobe-Erfinderin
theuniformproject.com | EN | The Uniform Project
viennawedekind.com | EN | Klassische, minimalistische Garderobe
zippora.ch | Ein Jahr dasselbe Kleid

APPS

Cladwell | Generiert tägliche Outfitvorschläge
Stylebook | Outfit-Shuffler für die schnelle Zusammenstellung von drei Teilen
ClosetSpace | Outfits aus dem digitalen Kleiderbestand zusammenstellen | Kostenfreie App

Slow Fashion

BÜCHER

Einfach anziehend. Der Guide für alle, die Wegwerfmode satthaben
KIRSTEN BRODDE, ALF-TOBIAS ZAHN

Dreimal anziehen, weg damit. Was ist der wirkliche Preis für T-Shirts, Jeans und Co?
HEIKE HOLDINGHAUSEN

Fashion Changers. Wie wir mit fairer Mode die Welt verändern können
JANA BRAUMÜLLER, VRENI JÄCKLE, NINA LORENZEN

Fashion Made Fair. Modern – innovativ – nachhaltig
ELLEN KÖHRER, MAGDALENA SCHAFFRIN

Handbuch Nachhaltigkeit. Kleidung. Textilindustrie, Tauschparties, Upcycling, Qualitätssiegel und mehr
ISABELLA THEIL

Ich kauf nix! Wie ich durch Shopping-Diät glücklich wurde
NUNU KALLER

Saubere Sachen. Wie man grüne Mode findet und sich vor Öko-Etikettenschwindel schützt
KIRSTEN BRODDE

Todschick. Edle Labels, billige Mode – unmenschlich produziert
GISELA BURCKHARDT

Unfair Fashion. Der hohe Preis der billigen Mode
DANA THOMAS

DOKUMENTATIONEN & FILME

Die Fast-Fashion-Lüge. Was bleibt vom Recycling-Versprechen?
»Zoom«-Reportage, ZDF | 2021

Faire Mode statt Fast Fashion. Kleidung als Gewissensfrage
Dokumentation von Kurt Langbein und Anna Katharina Wohlgenannt | 2019

Fast Fashion. Die Folgen des Modewahnsinns
»planet e.«-Reportage, ZDF | 2019

Hungerlohn für hippe Mode (Original: Sweatshop – Deadly Fashion)
»Weltweit«-Reportage, WDR | 2015

Im Einsatz gegen Wegwerfmode
»Mehr wissen – besser leben«-Reportage, NDR | 2019

Mode schlägt Moral | WDR-Dokumentation | 2016

Plastikmüll statt Mode. Ersticken wir in Billig-Altkleidern?
»DokThema«-Reportage, BR | 2019

The True Cost | Dokumentation von Andrew Morgan | 2015

Tod in der Fabrik. Der Preis für die billige Kleidung
»Panorama«-Reportage, Das Erste | 2012

Warum kauft keiner faire Mode
»Puls«-Reportage, BR | 2016

APPS

Good On You | Orientierungshilfe zur Nachhaltigkeit von Modelabels

PicknSwap | Tauschplattform

Vinted | Kauf- und Tauschplattform

WEBSITES

Slow-Fashion-Shops finden

getchanged.blog/guides/ | Schweiz-Guide und verschiedene Stadtkarten

getchanged.net/stores-n107-sD.html | Interaktive Deutschlandkarte

ecoenvie.de/shopfinder/shops/ | Shopfinder für Deutschland

kirstenbrodde.de/?page_id=428 | Listen für Deutschland und Europa

Slow-Fashion-Onlineshops | Auswahl

avocadostore.de

greenality.de

hessnatur.com/de/

waschbaer.de

Kleidung mieten oder leasen

fairnica.com | Faire Kleidung online mieten

kleiderei.com | Kleidertauschshop in Freiburg und Köln

mudjeans.eu | Faire Kleidung online leasen

myonbelle.de | Kleidung online mieten

tchibo-share.de | Kleidung online leasen

Textilsiegel-Übersicht

greenpeace.de/publikationen/textil-siegel-greenpeace-check

Tiny House

BÜCHER

Das große Tiny House Buch
JÖRN SCHRÖDER

Ein Tiny-House-Konzept auf zwei Wechselbrücken
VINS WÄGLER

Häuser aus Seefrachtcontainern. Wie man ein Haus aus einem Seefrachtcontainer baut
LOUIS MEIER

Kleines Zuhause – große Freiheit. Erfüllt leben auf weniger Raum
JULIA SEIDL

Ownhome. Das autarke Tiny House für ein Leben im Einklang mit der Welt
KLEMENS JAKOB

Tiny House – Das große Praxisbuch. Planung, Selbstbau und Fertighäuser. Mit vielen Erfahrungsberichten
KEVIN RECHSTEINER

Warum Tiny Houses keine Keller haben. Geschichten aus dem ersten Tiny House Village Deutschlands
PATRICK ULLRICH

Wie wir leben könnten. Autark wohnen, Unabhängigkeit spüren, Gemeinschaft entdecken
THERESA MAI

DOKUMENTATIONEN & FILME

Anders leben. Gemeinsam Wohnen im Feriendorf
HR-Reportage | 2020

Frei sein im Mini-Haus
»Hier und Heute«-Reportage, WDR | 2017

Klein, kleiner, Eigenheim: Tiny Houses
NDR-Reportage | 2020

Kleine Häuser mit großer Zukunft
NDR-Nordreportage | 2020

Mini-Haus – wie geht wohnen auf 18 qm?
»Unterwegs im Westen«-Reportage, WDR | 2019

Tiny House: Der große Traum vom kleinen Haus
»Freizeit«-Reportage, BR | 2020

Umzug ins Mikrohaus. Antworten auf Europas Wohnkrise
»Re:«-Dokumentation, Arte | 2018

Wie man ein Tiny House baut
»Handwerkskunst!«-Reportage, SWR | 2019

Wohntrend Tiny House. Herstellung, Wohnexperiment und DIY
»Abenteuer Leben«-Reportage, Kabel 1 | 2018

Zwei Familien steigen aus. Mit den Kindern in Jurte und Mini-Haus
WDR-Dokumentation | 2018

TRENDSETTER

tumbleweedhouses.com | EN | Jay Shafers erstes Tiny-House-Unternehmen

WEBSITES

Tiny-House-Landkarten und -Plattformen

tinyhomebuilders.com/map | Einzelpersonen und Communities weltweit

tinyhouseforum.de | Tiny-House-Forum

tiny-houses.de | Informationsportal von Bauberaterin Isabella Bosler

tiny-houses.de/minihaus-map/ | Bauunternehmen und Hotels im deutschsprachigen Raum

tumbleweedhouses.com/tiny-house-hotels/ | Tiny-House-Hotels in den USA

Projekte in Deutschland

ecovillage-hannover.de | Geplante Tiny-House-Community am Rande Hannovers

einfach-gemeinsam-leben.info | Verein für die Ermöglichung von Tiny Houses

museumderliebe.de/tiny-house-bayern/ | Ein Liebesmuseum im Tiny House

tiny-house-gemeinschaft.de | Geplante Tiny-House-Community am Bodensee

tinyhousevillage.de | Tiny-House-Community und -Hotel in Bayern

ulliwood.de | Zirkuswagen-Hostel in Schleswig-Holstein

Autarkie

BÜCHER

Autark leben für Anfänger. Wie wir mehr Autarkie bei Lebensplanung, Wohnen, Ernährung und Energieversorgung erreichen und zum Selbstversorger werden
FRIEDHELM WEISS

Blackout. Morgen ist es zu spät
MARC ELSBERG | Roman

Das große Buch der Selbstversorgung
DICK STRAWBRIDGE, JAMES STRAWBRIDGE

Das neue Buch vom Leben auf dem Lande
JOHN SEYMOURE

Der Weg zum Selbstversorger. Wie Sie mit eigener Permakultur ganzjährig Obst und Gemüse anbauen, Tiere halten und Ihren Alltag nachhaltig gestalten
ANDREAS FROHBERG

Off. Häuser in freier Natur. Innovativ und autark
DOMINIC BRADBURY

Passiv-, Nullenergie- oder Plusenergiehaus. Energiekonzepte im Vergleich
RONGEN, ET AL.

Selbstversorgung – der Kompakt-Ratgeber: Dein autarkes Leben leicht gemacht!
MARIE MÜLLER-BERG

DOKUMENTATIONEN & FILME

Aktiv bauen Passiv wohnen. Die Häuser der Zukunft
»Campus«-Dokumentation, BR | 2018

Die grüne Stadt. Ein perfektes Ökohaus
Arte-Dokumentation | 2010

Einfach leben
3sat- und SRF-Dokumentation | 2018

Es geht auch anders. Selbstbestimmt und nachhaltig leben
»Planet Wissen«-Sendung, SWR, WDR, ARD-alpha | 2019

Gärtnern in Corona-Zeiten. Erfolgreich selbst versorgt in der Krise
ZDF-Reportage | 2020

Haben oder Sein
»Kreuz und Quer«-Dokumentation, ORF2 | 2018

Leben ohne Konsum
»Re:«-Dokumentation, Arte | 2017

Mensch Gottfried. Der autarke Selbstversorger
»37 Grad«-Dokumentation, ZDF | 2012

Unser Traum vom einfachen Leben
»Hier und Heute«-Reportage, WDR | 2017

WEBSITES

Ökodorf-Landkarten

gen-europe.org/ecovillages/european-ecovillages/ | Europakarte
mondamo.de/linklist/weltkarte.php | Weltkarte

Erwähnte Ökodörfer und Netzwerke

damanhur.de | Gemeinschaft in Italien
ecovillage.org | Global Ecovillage Network
schloss-tempelhof.de | Gemeinschaft Tempelhof, Baden-Württemberg

schloss-tonndorf.de | Gemeinschaft auf Schloss Tonnhof, Thüringen
siebenlinden.org | Gemeinschaft Sieben Linden, Niedersachsen
tamera.org | Gemeinschaft in Portugal
vauban.de | Nachhaltiges Stadtquartier, Freiburg

Veganismus

BÜCHER

Die Vegan Bibel. 222 Fragen und Antworten für eine einfache und gesunde vegane Ernährung
DANIEL SACHERER

Peace Food. Wie der Verzicht auf Fleisch und Milch Körper und Seele heilt
RUEDIGER DAHLKE

Tiere denken. Vom Recht der Tiere und den Grenzen des Menschen
RICHARD DAVID PRECHT

Veganismus. Für die Befreiung der Tiere
CHRISTIAN KOEDER

Vegan ist Unsinn! Populäre Argumente gegen Veganismus und wie man sie entkräftet
NIKO RITTENAU, ED WINTERS, PATRICK SCHÖNFELD

Warum wir Hunde lieben, Schweine essen und Kühe anziehen. Karnismus. Eine Einführung
MELANIE JOY

Wieso? Weshalb? Vegan. Warum Tiere Rechte haben und Schnitzel schlecht für das Klima sind
HILAL SEZGIN

DOKUMENTATIONEN & FILME

Cowspiracy. Das Geheimnis der Nachhaltigkeit
Dokumentation von Kip Andersen und Keegan Kuhn | 2014

Das System Milch
Dokumentation von Andreas Pichler | 2017

Game Changer
Netflix-Dokumentation | 2018

Hope for all. Unsere Nahrung, unsere Hoffnung
Dokumentation von Nina Messinger | 2016

Live and Let Live
Dokumentation von Marc Pierschel | 2013

Speciesism. The Movie
Dokumentation von Mark Devries | 2013

The End of Meat. Eine Welt ohne Fleisch
Dokumentation von Marc Pierschel | 2017

Vegucated
Dokumentation von Marisa Miller Wolfson | 2011

V like Victory. Vegan im Profisport
Dokumentation von Lars Oppermann | 2021

APPS

Codecheck | Barcode-Scanner für Produkte mit veganer Filterfunktion

Der vegane Einkaufsguide | Datenbank für vegane Produkte

Happy Cow | Internationales Restaurantverzeichnis mit veganer Filterfunktion

Kosmetik ohne Tierversuche | Überblick über Kosmetikmarken zu Tierversuchen und Inhaltsstoffen

Vanilla Bean | Internationales veganes Restaurantverzeichnis

Veganstart | Hilfestellung zur veganen Ernährungsumstellung in 30 Tagen

GÜTESIEGEL

Peta Cruelty Free | Weltweites Siegel für tierversuchsfreie Kosmetik

Hase mit schützender Hand | Deutsches Siegel für tierversuchsfreie Kosmetik

Leaping Bunny | Weltweites Siegel für tierversuchsfreie Kosmetik

Veganblume | Weltweites Siegel für tierversuchsfreie, vegane Produkte

V-Label | Weltweites Siegel für vegetarische und vegane Produkte

WEBSITES

Vegane Veranstaltungen

veganes-sommerfest-berlin.de | Veganes Sommerfest Berlin

veganmania.chayns.net | Veganmania | Veganes Festival, jährlich in sechs Ländern

vegan-street-day.de | Vegan Street Day | Veganes Straßenfest, jährlich in Stuttgart oder Dortmund

veganuary.com/de/ | Veganuary | Britische Kampagne zum veganen Januar

veggieworld.eco | VeggieWorld | Festivalreihe in Deutschland

Vegane Parteien

tierschutzpartei.de | Partei Mensch Umwelt Tierschutz

v-partei.de | V Partei³ | Partei für Veränderung, Vegetarier und Veganer

Lebensmittelretten

BÜCHER

Die Essensvernichter. Warum die Hälfte aller Lebensmittel im Müll landet und wer dafür verantwortlich ist
STEFAN KREUTZBERGER, VALENTIN THURN

Die ganze Pflanze. 60 Zero-Waste-Rezepte mit Blatt, Schale, Strunk und Stiel. Regional. Saisonal. Nachhaltig
SUSANN KREIHE UND AMALIJA ANDERSONE

Nicht alles ist Mist! Verdorbene Lebensmittel erkennen. Reste verwerten. Geld sparen
ANGELIKA KIRCHMAIER

Volle Bäuche statt volle Tonnen. Containern gegen Lebensmittelvernichtung. Ein Aktivist klärt auf
CHRISTIAN WALTER

Volle Tonne, leere Teller. Was sich ändern muss. Gespräche über Armut, Verschwendung, Gerechtigkeit und notwendiges Engagement
JOCHEN BRÜHL

Wirf mich nicht weg. Das Lebensmittelsparbuch. Mehr als 333 nachhaltige Rezepte und Ideen gegen Lebensmittelverschwendung
SMARTICULAR VERLAG

Zero Waste Küche | SOPHIA HOFFMANN

DOKUMENTATIONEN & FILME

Ab in die Tonne. Wie wir unsere Lebensmittel verschwenden
»Servicezeit«-Reportage, WDR | 2011

Leben vom Überfluss. Die Tafeln
»Ein Hessenreporter«-Reportage, HR | 2019

Taste the Waste. Warum schmeißen wir unser Essen auf den Müll?
Dokumentation von Valentin Thurn | 2010

Teller statt Tonne | NDR-Nordreportage | 2021

Unsere Lebensmittel. Retten statt wegwerfen
»Planet Wissen«-Sendung, SWR, WDR, ARD-alpha | 2020

Wertschätzen statt verschwenden. Wie wir Lebensmittel retten können
»Plan b«-Reportage, ZDF | 2020

Zu klein, zu krumm, abgelaufen. Warum landet Essen im Müll?
WDR-Dokumentation | 2020

TRENDSETTER

foodsharing.de | Foodsharing e.V. Deutschland

tafel.de | Tafel Deutschland e.V.

APPS

Eat Smarter | Reste eingeben und Rezept erhalten

Essen und Trinken | Reste spielerisch zu Rezepten zusammenstellen

Foodsharing | Die App des foodsharing e.V. | ohne Bezahlung

ResQ Club | Restaurants, Bäcker, Supermärkte bieten Reste zur Abholung | gegen Bezahlung

Too Good To Go | Resteboxen zur Abholung | gegen Bezahlung

UXA | Foodsharing zwischen Privatleuten | ohne Bezahlung

Zu gut für die Tonne! | Rezepte von Sterneköchen, Einkaufslisten und Wissenssammlung

WEBSITES

bzfe.de | Informationsportal des Bundeszentrum für Ernährung, z. B. zur Lebensmittellagerung

etepetete-bio.de | Obst- und Gemüsekiste im Onlineshop

facebook.com/brotretter/ | Brot vom Vortag der Bäckerei Junge | Hamburg und Lübeck

lebensmittelwertschaetzen.de | Vorstellung von Initiativen gegen Lebensmittelverschwendung

sirplus.de | Retterboxen im Onlineshop

veggie-specials.com | Vegan-vegetarische Produkte im Onlineshop

zugutfuerdietonne.de | Kampagne des Bundesministeriums für Ernährung und Landwirtschaft

Plastikfrei

BÜCHER

#Einfach Plastikfrei leben | CHARLOTTE SCHÜLER

Noch besser Leben ohne Plastik | NADINE SCHUBERT

Leben ohne Plastik | ECOLOGY ACADEMY

Plastikfreie Zone. Wie meine Familie es schaffte, fast ohne Kunststoff zu leben
SANDRA KRAUTWATSCHL

Plastikfrei für Anfänger. Tipps und Tricks für den einfachen Einstieg ins plastikfreie Leben
ANGELA MÜLLER

Plastikfrei für Einsteiger
CHRISTOPH SCHULZ

Projekt plastikfrei. Dein Zero-Waste-Neustart. Zimmer für Zimmer in 6 Wochen
SVENJA PREUSTER

Plastikfrei. Wie Sie nachhaltig leben und Kunststoffmüll vermeiden
CLAUDIO RUSSO

Plastik im Blut. Wie wir uns und die Umwelt täglich vergiften
HEIKE SCHRÖDER

Slow Death by Rubber Duck: Quietscheenten und andere Gifte. Wie unser Alltag unsere Gesundheit belastet und was wir dagegen tun können
RICK SMITH, BRUCE LOURIE

Welt ohne Plastik | JANA ENVIRO

DOKUMENTATIONEN & FILME

A Plastic Ocean
Netflix-Dokumentation von Craig Leeson | 2016

Kein Heim für Plastik | »Info«-Dokumentation, ZDF | 2012

Mikroplastik im Meer: Unsichtbar, aber auch ungefährlich?
Arte-Dokumentation | 2016

Plastic Planet | Dokumentation von Werner Boote | 2009

Promised Land | Drama von Gus Van Sant | 2012 | Thema Fracking

Recipes for Disaster | Dokumentation von John Webster | 2008

Wie ich auf Plastik verzichten kann | Nordreportage, NDR | 2020

BLOGS UND TRENDSETTER

besser-leben-ohne-plastik.de
careelite.de
keinheimfuerplastik.at
myplasticfreelife.com/blog/ | EN | Beth Terrys Blog
plastic-diary.blogspot.com
plastikfreileben.de

Zero Waste

BÜCHER

Cradle to Cradle. Einfach intelligent produzieren
MICHAEL BRAUNGART, WILLIAM MCDONOUGH | Thema Kreislaufwirtschaft

Das Zero-Waste-Nähbuch | MANUELA GASSNER

Ein Leben ohne Müll. Mein Weg mit Zero Waste | OLGA WITT

Fünf Hausmittel ersetzen eine Drogerie. Einfach mal selber machen!
SMARTICULAR VERLAG

Glücklich leben ohne Müll. Reduziere deinen Müll und vereinfache dein Leben
BEA JOHNSON

Ohne Wenn und Abfall. Wie ich dem Verpackungswahn entkam
MILENA GLIMBOVSKI

The Story of Stuff. Wie wir unsere Erde zumüllen
ANNIE LEONARD

Zero Waste für Einsteiger. In 5 Wochen Schritt für Schritt zu weniger Müll
KATE ARNELL, ANNETTE OSTLAENDER

Zero Waste – Happy Life | VIOLETTA VERISSIMO

Zero-Waste-Küche
siehe BUCHTIPPS BEI LEBENSMITTELRETTEN

Zero Waste Kosmetik | MELANIE GÖPPERT

Zero Waste. Weniger Müll ist das neue Grün | SHIA SU

DOKUMENTATIONEN & FILME

Closing the Loop
Dokumentation von Graham Sheldon, Rin Ehlers Sheldon | 2018
Thema Kreislaufwirtschaft

Endlich Ordnung! Raus aus dem Chaos
»66 Tage«-Reportage, SWR | 2020

Nie mehr Müll. Leben ohne Abfall
»Die Story«-Reportage, WDR | 2010

Papier: Wunderstoff oder reif für die Tonne?
»Faszination Wissen«-Dokumentation, BR | 2015

Tschüss Plastik | »Die Selbstoptimierer«-Reportage, SRF | 2018

Thema Zero Waste. Leben ohne Müll
»Thema«-Reportage, ORF2 | 2016

Waste Land | Dokumentation von Lucy Walker | 2010

Weggeworfen – Trashed | Dokumentation
von Candida Brady | 2013

Welcome to Sodom
Dokumentation von Florian Weigensamer und
Christian Krönes | 2018

BLOGS UND TRENDSETTER

alternulltiv.de
einfachzerowasteleben.de
einjahrimglas.at
wastelandrebel.com/de/
wastelesshero.com
wenigerabfall.wordpress.com
zero-waste-deutschland.de
zerowastehome.com | EN | Bea Johnson
zerowaste-kiel.de
zerowastelifestyle.de

WEBSITES

reuse-revolution-map.greenpeace.de | Deutschlandkarte
zerowasteaustria.at/zero-waste-shops.html | Liste für Österreich
zerowastemap.org/de/ | Deutschlandkarte
zerowasteswitzerland.ch/de/karte-zws/ | Schweizkarte

Urban Gardening

BÜCHER

Anstiftung zum gärtnerischen Ungehorsam. Bekenntnisse einer Guerillagärtnerin
CHRISTIANE HABERMALZ

Geh raus! Deine Stadt ist essbar
SMARTICULAR VERLAG | Thema Wildernte

Guerilla Gardening. Ein botanisches Manifest
RICHARD REYNOLDS

Jedem sein Grün! Urbane Permakultur. Selbstversorgung ohne Garten
JUDITH ANGER, IMMO FIEBRIG, MARTIN SCHNYDER

Käthe. Der Gorilla-Garten
SIMONE VEENSTRA, KATJA DANOWSKI | Kinderbuch

Prinzessinnengärten. Anders Gärtnern in der Stadt
NOMADISCH GRÜN, STEFANIE MÜLLER-FRANK

Räume für Empowerment. Urbane und solidarische Landwirtschaft in Bogotá
BIRGIT HOINLE

Speiseräume. Die Ernährungswende beginnt in der Stadt
PHILIPP STIERAND

Urban Gardening. Über die Rückkehr der Gärten in die Stadt
CHRISTA MÜLLER

Vom Gärtnern in der Stadt. Die neue Landlust zwischen Beton und Asphalt
MARTIN RASPER

Wurzeln schlagen in der Fremde
CHRISTA MÜLLER | Thema internationale Gärten

DOKUMENTATIONEN & FILME

Berlin-Potsdam | »Landträume« Reportage, ZDF | 2012

Detroit
MDR-Dokumentation von Peter Moers und Anna-Lena Maul | 2016

Die Städte der Zukunft. Die urbane Farm
Arte-Dokumentation | 2014

Eine andere Welt ist pflanzbar!
Fünfteilige Dokumentationsreihe von Ella von der Haide | 2003 bis 2016

Ernten, was man sät | Dokumentation von Christian Beyer | 2017

Frisch auf den Tisch. Gärtnern für die Selbstversorgung
»Plan B«-Dokumentation, ZDF | 2020

Gärtnern der Zukunft | SWR-Reportage | 2016

Gartenparadies mitten in der Stadt
»Treffpunkt«-Reportage, ZDF | 2020

Großstadtgärtner | BR-Dokumentation | 2016

The rise of vertical farming | VPRO-Dokumentation | 2017

Verbotenes Gemüse »45 Min«-Reportage, NDR | 2015

We feed the World. Global Essen
Dokumentation von Erwin Wagenhofer | 2006

TRENDSETTER

lizchristygarden.us | EN | Liz Christys erster Gemeinschaftsgarten, New York

WEBSITES

anstiftung.de/urbane-gaerten/gaerten-im-ueberblick | Deutschlandkarte
gartenpaten.org | Fremde Gärten als Pate nutzen | Deutschlandkarte
gruenanteil.net | Interaktive Weltkarte zur Sichtbarmachung von ökologischem Engagement
meine-ernte.de | Garten mieten | Deutschlandkarte
mundraub.org | Interaktive Weltkarte zur frei zugänglichen Nahrungsernte
prinzessinnengarten.net | Berlin | Erwähnter Gemeinschaftsgarten
rosarose-garten.net | Berlin | Erwähnter Gemeinschaftsgarten

Autofrei

BÜCHER

Besser leben ohne Auto | AUTOFREI LEBEN E.V.

Erloschene Liebe? Das Auto in der Verkehrswende
WEERT CANZLER, ET AL.

Generation Mietwagen. Die neue Lust an einer anderen Mobilität
MICHAEL ADLER

Goodbye Auto. Ein Leben ohne Führerschein
CARSTEN OTTE | Roman

Mit dem Elektroauto in die Sackgasse. Warum E-Mobilität den Klimawandel beschleunigt
WINFRIED WOLF

No Car. Eine Streitschrift für die Mobilität der Zukunft
SALOMON SCHARFFENBERG

Ohne Auto leben. Handbuch für den Verkehrsalltag
BERNHARD KNIERIM

Schubumkehr. Die Zukunft der Mobilität
STEPHAN RAMMLER

Städte für Menschen | JAN GEHL | Thema Stadtplanung

Vollbremsung. Warum das Auto keine Zukunft hat und wir trotzdem weiterkommen
KLAUS GIETINGER

Wie wird weniger genug? Suffizienz als Strategie für eine nachhaltige Stadtentwicklung
MAIKE BÖCKER, ET AL.

DOKUMENTATIONEN & FILME

Autobahnen. Mit Vollgas in den Verkehrsinfarkt
»Planet Wissen«-Sendung, SWR, WDR, ARD-alpha | 2017

Autofrei mobil in der Stadt
ZDF-Dokumentation | 2019

Auto. Wende oder Ende?
»Odysso«-Sendung, SWR | 2017

Die Zukunft der Autos. Aufbruch ins Elektrozeitalter?
»Planet Wissen«-Sendung, SWR, WDR, ARD-alpha | 2020

Hat das Auto ausgedient?
»Odysso«-Sendung, SWR | 2020

Leben ohne Auto?
»Square Idee«-Sendung, Arte | 2021

Mein Auto, kein Auto
ZDF- und 3sat-Dokumentation | 2014

Mobilität der Zukunft. Geht es auch ohne Auto?
»Planet Wissen«-Sendung, SWR, WDR, ARD-alpha | 2021

Ohne Auto mobil. Wie kann das gehen?
»Betrifft:«-Reportage, SWR | 2020

Wie bleiben wir mobil? Die Zukunft ohne Autos
»Wissen«-Dokumentation, MDR | 2019

Lastenrad

BÜCHER

Car go! Bike Boom!!! Wie Transporträder unsere Mobilität revolutionieren
JÜRGEN GHEBREZGIABIHER, ERIC POSCHER-MIKA

Copenhagenize. The Definitive Guide to Global Bicycle Urbanism
MIKAEL COLVILLE-ANDERSEN | EN

Der Berlin-Standard. Moderne Radverkehrspolitik Made in Germany. Ein Bildband über Deutschlands erstes Mobilitätsgesetz
HEINRICH STRÖSSENREUTHER

Eine Familie, zwei Räder und das Abenteuer unseres Lebens
ANDRÉ SCHUMACHER

Fahr Rad! Die Rückeroberung der Stadt
ANNETTE BECKER, ET AL.

DOKUMENTATIONEN & FILME

Lust auf Last. Cargo-Bike-Boom in Nürnberg
Dokumentation von Norberg Goldhammer | 2019

Motherload | Dokumentation von Liz Canning | 2019 | EN

Rückenwind in Stuttgart. Umsteigen aufs Fahrrad
»Mensch Leute«-Reportage, SWR | 2017

The Bullitt's Burden
Dokumentation von Chase Carlsen Bauer | 2017 | EN

TRENDSETTER

christianiabikes.com
DK | Lars Engstrøms Lastenrad-Unternehmen

WEBSITES & APPS

Informations- und Austauschplattformen

cargobikeforum.de | Forum mit An- und Verkauf sowie Cargobike-Wiki
cargobike.jetzt | Info-Plattform zu Lastenrädern inkl. Übersicht Fördergelder
lastenrad.velocityruhr.net | Info-Plattform zu Lastenrädern im Ruhrgebiet
nutzrad.de | Lastenrad-Blog mit Marktübersicht und Händlerverzeichnis
werkstatt-lastenrad.de | DIY-Plattform mit Bauanleitungen

Für Kommunen und Unternehmen

lastenrad.vdc.org/startseite/ | Informationsportal des ökologische Verkehrsclub VCD

tinknetzwerk.de | Netzwerk für kommunale Transportrad-Mietsysteme

Kostenfreie Sharing-Initiativen

dein-lastenrad.de | »Forum freie Lastenräder« mit über 100 Initiativen in Deutschland

flotte-berlin.de | Sharing-Initiative in Berlin mit rund 150 Rädern

Sharing-Unternehmen

Carvelo2go | Lastenräder zum Mieten in der Schweiz

Donk-EE | Lastenräder zum Mieten in Köln

Likebike | Lastenräder an Supermärkten in Tübingen

Sigo | Lastenräder zum Mieten in über 10 deutschen Städten

Festivals und Lastenradrennen

cargobikerace.com | Lastenradrennen weltweit

cargobike-stuttgart.de | Cargobike Day, Stuttgart

cargobikefestival.com | International Cargo Bike Festival, Nijmegen, Niederlande

velofestivals.com | VELO-Festivals, Hamburg, Frankfurt und Berlin

Mikroabenteuer

BÜCHER

Be wild. Mikroabenteuer. 50 kleine Fluchten aus dem Alltag. Der Leitfaden
FRANK PRATSCHER

Die coolsten Mikroabenteuer Deutschlands. Über 100 Ideen für unvergessliche Erlebnisse fern vom Alltag
SEBASTIAN CANAVES, LINE DUBOIS

Im Wald. Kleine Fluchten für das ganze Jahr
TORBJØRN EKELUND

Mikroabenteuer Berge | FRANK EBERHARD

Rad und Raus. Alles für Microadventure und Bikepacking
GUNNAR FEHLAU

Mit Kindern

Abenteuer mit Kindern | SVEN WEHDE

Ausgebüxt! Mikroabenteuer mit Kindern. Natur spielend entdecken. Familienzeit intensiv leben. Urlaub anders denken
JANA UND PATRICK HECK

Trekkingträume für Familien. Vom Mikroabenteuer zur mehrtägigen Trekkingtour
REGINA STOCKMANN, STEFANIE HOLTKAMP, JOHANNA KRAUS

DOKUMENTATIONEN & FILME

Trend Mikro-Urlaub – Leben in Campervan und Schrebergarten
»Erlebnis Hessen«-Reportage, HR | 2020

Urlaub vor der Haustür. Mikroabenteuer in der Natur
ZDF-Reportage | 2020

TRENDSETTER

alastairhumphreys.com/microadventures-3/ | EN | Alastair Humphrey
christofoerster.com | DE | Christo Foerster

WEBSITES

Trekkingcamps und wilde Zeltplätze

1nitetent.com | Couchsurfing fürs Zelt | Platz bei Privatpersonen
opencampingmap.org | Weltkarte für Camping- und Zeltplätze

Slow Travel

BÜCHER

Achtsam Reisen. Kabellos glücklich oder Wie dein Urlaub zur echten Auszeit wird
SARAH CLEMENCE

Die Alpen. Das Verschwinden einer Kulturlandschaft. Idylle in der Krise: Wie Massentourismus, Transitverkehr und Zersiedelung die Alpenwelt verändern
WERNER BÄTZING

FairReisen. Das Handbuch für alle, die umweltbewusst unterwegs sein wollen
FRANK HERRMANN

Lonely Planet. Der Sinn des Reisens. 120 Erlebnisse, die dich verändern
LONELY PLANET VERLAG

Nachhaltig Reisen. Die besten Ideen für Europa
DIRK ENGELHARDT, MICHAELA HARFST

Mit dem Zug durch Europa. Backpacking für Einsteiger
JULIAN TROMETER

Preiswert durch Europa. Der Interrail-Reiseführer
WOLFGANG T. KLEIN

Tourismus in der Kritik: Klimaschädigender Overtourism statt sauberer Industrie?
TORSTEN KIRSTGES

Slow Travel. Die Kunst des Reisens
DAN KIERAN

Slow Travel. Ein Fragebuch für Reisende
MANUELA MOLK

Wahnsinn Kreuzfahrt. Gefahr für Natur und Mensch
WOLFGANG MEYER-HENTRICH

Zug statt Flug. 52 klimabewusste Kurztrips in Europa
KUNTH VERLAG

DOKUMENTATIONEN & FILME

Anderswo. Allein in Afrika
Dokumentation von Anselm Pahnke und Janco Christiansen | 2019

Blown Away | Dokumentation von Micha Schulze | 2019

Weit. Die Geschichte von einem Weg um die Welt
Dokumentation von Patrick Allgaier und Gwendolin Weisser | 2017

BLOGS UND TRENDSETTER

der-2te-blick.de
jannakamphof.nl/de/
kofferpacken.at
sloweurope.com | EN | Pauline Kenny, prägte den Slow-Travel-Begriff
slowtraveleurope.eu | EN | Nicky Gardner, Autorin Slow-Travel-Manifest
traveltelling.net
travelworldonline.de

Achtsamkeit

BÜCHER

Achtsam arbeiten – achtsam leben. Der buddhistische Weg zu einem erfüllten Tag
THICH NHAT HANH

Buddha@work. Den Berufsalltag gelassen und achtsam meistern
SANDY TAIKYU SHIMU

Der kleine Alltagsbuddhist | MAREN SCHNEIDER

Gut sein und was der Einzelne für die Welt tun kann
THICH NHAT HANH

Lebe jetzt! Der Weg der Befreiung | ALAN WATTS

Achtsamkeit für Anfänger | JON KABAT-ZINN

Das Achtsamkeitsbuch. Grundlagen, Übungen, Anwendungen
HALKO WEISS, MICHAEL E. HARRER, THOMAS DIETZ

Das Achtsamkeitstraining. 20 Minuten täglich, die Ihr Leben verändern
MARK WILLIAMS, DANNY PENMAN

Im Alltag Ruhe finden. Meditation für ein gelassenes Leben
JON KABAT-ZINN

Achtsamkeit mitten im Leben. Anwendungsgebiete und wissenschaftliche Perspektiven
BRITTA HÖLZEL, CHRISTINE BRÄHLER

Achtsam wirtschaften. Wegweiser für eine neue Art zu arbeiten, zu kaufen und zu leben
KAI ROMHARDT

Meditation für Skeptiker. Ein Neurowissenschaftler erklärt den Weg zum Selbst
ULRICH OTT

Mitgefühl in der Wirtschaft. Ein bahnbrechender Forschungsbericht
TANIA SINGER, MATTHIEU RICARD

DOKUMENTATIONEN & FILME

Achtsamkeit. Die neue Glücksformel?
»Sternstunde Philosophie«-Gesprächsrunde, SRF | 2016

Achtsamkeit. Was ist das eigentlich?
»Scobel«-Youtube-Beitrag, 3sat | 2019

Die neue Achtsamkeit
Dokumentation von Samuel Stefan | 2015

Die heilsame Kraft der Meditation
Arte-Dokumentation | 2017

Die Neurobiologie von Empathie und Mitgefühl. Tania Singer
»Tele«-Akademie, SWR | 2021

Die Revolution der Selbstlosen
Dokumentation von Sylvie Gilman, Thierry de Lestrade | 2015

Die stille Revolution
Dokumentation von Kristian Gründling | 2017

Matthieu Ricard. Vom Wissenschaftler zum buddhistischen Mönch
»Sternstunde Philosophie«-Gesprächsrunde, SR | 2015

Meditation. Hype oder Heilmittel?
»Xenius«-Dokumentation, WDR und Arte | 2019

Stress! Selbst schuld?
»Engel fragt«-Dokumentation, HR | 2020

Walk with me
Dokumentation von Marc J. Francis und Max Pugh | 2017

APPS

7Mind | 7 geführte Meditationen und Audioerklärungen

Balloon | Geführte Meditationen (besserer Schlaf, mehr Frieden, Fokussierung)

Calm | Geführte Meditationen und audiovisuelle Entspannungssequenzen | EN

Die Achtsamkeits-App | Achtsamkeitsübungen mit Erinnerungsfunktion

Du hast Pause | 10-minütige Meditationen für zwischendurch

Headspace | 10 Minuten täglich, Grundwissen Atemtechnik und Meditation

MyLife | Meditationsübungen in unterschiedlicher Länge

Ten Percent Happier | Video- und Audiomeditationen verschiedener Lehrer | EN

WEBSITES

buddhahatmeditiert.de/seminarhaeuser.php
Landkarte mit buddhistischen Seminarhäusern

buddhismus-deutschland.de/zentren-und-gruppe
Verzeichnis mit Postleitzahlsuche nach buddhistischen Zentren und Gruppen

wikiwand.com/de/Liste_buddhistischer_Tempel_und_Klöster_in_Deutschland
Verzeichnis der buddhistischen Tempel und Klöster

Anmerkungen

Prolog

1 Vgl. Chomsky, Noam (2021): Rebellion oder Untergang! Ein Aufruf zu globalem Ungehorsam zur Rettung unserer Zivilisation, Frankfurt am Main, S. 20–22.
2 Vgl. Dion, Cyril (2019): Kurze Anleitung zur Rettung der Erde. Wofür wir heute kämpfen müssen, Ditzingen, S. 15–17.
3 Vgl. IPCC (2021): Climate change widespread, rapid, and intensifying – IPCC, in: https://www.ipcc.ch/site/assets/uploads/2021/08/IPCC_WGI-AR6-Press-Release_en.pdf, S. 1 (11.08.2021).
4 Eigene Übersetzung nach Tracey, David (2011): Urban Agriculture. Ideas and Designs for the new food revolution, Gabriola Island, S. 28.

Minimalismus

1 Matthias Horx in: Giger, Andreas (2004): Der Simplify-Trend. Die neue Einfachheit wird auch das Konsumverhalten beeinflussen, in: http://www.gigerheimat.ch/Worte/simplify.html (05.09.2020).
2 Vgl. Ehrlich, Becca (2019): Jesus is a Minimalist, in: https://www.christianminimallism.com/2019/02/15/jesus-is-a-minimalist/ (01.09.2020).
3 Vgl. Chayka, Kyle (2020): The Longing for Less. Living with minimalism, New York, S. 19–20.
4 Vgl. Sasaki, Fumio (2017): Goodbye, things, New York, S. 46.
5 Vgl. Fußnote 3, S. 17–19.
6 Ebd., S. 19.
7 Fields Millburn, Joshua (2020): Stoicism and Minimalism, in: https://www.theminimalists.com/stoicism/ (02.09.2020).
8 Vgl. Babauta, Leo (2008): About, in: https://zenhabits.net/about/ (02.09.2020).
9 Thoreau, David (1845): Walden. Oder das Leben in den Wäldern, Boston.
10 Vgl. Wulf, Andrea (2016): Alexander von Humboldt und die Erfindung der Natur, Gütersloh, S. 314–331.
11 Nietzsche, Friedrich (1886): Also sprach Zarathustra, Chemnitz.
12 Vgl. Steiner, Rudolf (1895): Friedrich Nietzsche. Ein Kämpfer gegen seine Zeit, in: http://www.gutenberg.org/files/53592/53592-h/53592-h.htm (02.09.2020).
13 Luhrs, Janet (1997): The simple living guide, New York.
14 Vgl. Fußnote 3, S. 23–27.
15 Kondo, Marie (2011): The life-changing magic of tidying up. The Japanese art of decluttering and organizing, New York.
16 Kondo, Marie (2020): KonMari Is Not Minimalism, in: https://konmari.com/konmari-is-not-minimalism/ (02.09.2020).
17 Küstenmacher, Werner Tiki (2001): Simplify your life, Frankfurt am Main.
18 Vgl. Giger, Andreas (2004): Der Simplify-Trend. Die neue Einfachheit wird auch das Konsumverhalten beeinflussen, In: http://www.gigerheimat.ch/Worte/simplify.html (05.09.2020).
19 Vgl. goethe1832 (2015): Im Verzicht liegt der wahre Luxus, in: https://onlinejournalismps.wordpress.com/2015/09/20/im-verzicht-liegt-der-wahre-luxus/ (07.09.2020).
20 Estherloveslive! (2020): Über mich, in: https://www.estherloveslife.de (07.09.2020).
21 Vgl. Kellogg, Kathryn (2019): 101 Ways to go Zero Waste, New York, S. 3.
22 Vgl. Fußnote 18 (05.09.2020).
23 Vgl. Bruno, Dave (2010). 100 Things Challenge. How I got rid of almost everything, remade my life and regained my soul, New York.
24 Vgl. de Saint-Exupéry, Antoine (1943): The little Prince, New York.
25 Saint-Exupéry de, Antoine, in: Herrmann, Christof (2013): 100 Minimalismus-Zitate aus 4 Jahrtausenden, in: https://www.einfachbewusst.de/2013/04/100-minimalismus-zitate/ (01.09.2021).
26 Vgl. Fußnote 3, S. 43–44.
27 Kornhaber, Spencer (2020): The pandemic has made a mockery of minimalism, in: https://www.theatlantic.com/culture/archive/2020/04/coronavirus-has-made-mockery-minimalism/610297/ (06.09.2020).
28 Vgl. Fußnote 27.
29 Vgl. Stampfl, Nora (2015): Minimalismus. Ballast abwerfen, in: https://www.goethe.de/de/kul/mol/20504750.html (07.09.2020).
30 Fußnote 3, S. 34.
31 Vgl. Wolf, Konrad (2020): Minimalistisch leben: »Ich habe den Kopf frei für wichtige Entscheidungen«, in: https://ze.tt/minimalistisch-leben-ich-habe-den-kopf-frei-fuer-wichtige-entscheidungen/ (06.09.2020).
32 Vgl. Fußnote 29.
33 Fußnote 27.
34 Vgl. Herrmann, Christof (2020): Die Ergebnisse der Minimalismus-Umfrage + die 54 Gewinner/-innen + mein GU-Ratgeber, in: https://www.einfachbewusst.de/2020/02/ergebnisse-minimalismus-umfrage-2020/ (11.09.2020).

Lokal statt global

1 Dion, Cyril (2019): Eine kurze Anleitung zur Rettung der Erde. Wofür wir heute kämpfen müssen, Ditzingen, S. 102.

2 Vgl. Deppe, Matthias (2021): Lokal oder regional?, in: https://www.hoefe.bio/thema/lokal-oder-regional (28.05.2021).

3 Vgl. Kneifel, Claudia (2020): Subventionen. Warum bekommen Landwirte Geld vom Staat, in: https://www.mainpost.de/regional/wuerzburg/subventionen-warum-bekommen-landwirte-geld-vom-staat-art-10400110 (18.05.2021).

4 Vgl. Dittrich, Kathi (2021): Hohe Umweltbelastung durch Lebensmitteltransporte, in: https://www.ugb.de/forschung-studien/hohe-umweltbelastung-durch-lebensmitteltransporte/ (18.05.2021).

5 Vgl. Bundesministerium für Ernährung und Landwirtschaft (2020): Deutschland, wie es isst. Der BMEL-Ernährungsreport 2020, in: https://www.bmel.de/SharedDocs/Downloads/DE/Broschueren/ernaehrungsreport-2020.pdf?__blob=publicationFile&v=26, S. 17–18 (19.05.2021).

6 Vgl. Papasabbas, Lena (2017): Die Generation Global, in: https://www.zukunftsinstitut.de/artikel/zukunftsreport/die-generation-global/ (19.05.2021).

7 Vgl. Foodwatch e.V. (2015): Herkunftsangaben: Sag' mir, woher du kommst …, in: https:/www.foodwatch.org/de/informieren/herkunftsangaben/mehr-zum-thema/hintergrund/ (26.05.2021).

8 Vgl. Verbraucherzentrale NRW e.V. (2020): Herkunft von Lebensmitteln. Woher kommen Fleisch, Eier & Obst?, in: https://www.verbraucherzentrale.de/wissen/lebensmittel/kennzeichnung-und-inhaltsstoffe/herkunft-von-lebensmitteln-woher-kommen-fleisch-eier-obst-5431 (26.05.2021).

9 Vgl. Seitz, Janine (2016): Real Digital Retail: Tante Emma lebt!, in: https://www.zukunftsinstitut.de/artikel/real-digital-retail-tante-emma-lebt/ (24.05.2021).

10 Vgl. Die Verbraucher Initiative e.V. (2021): Regionale Marken, in: http://www.oeko-fair.de/clever-konsumieren/essen-trinken/regional-einkaufen/regionale-marken/artikel2990 (24.05.2021).

11 Vgl. Pischke, Wilhelm (2019): Die bekanntesten Regionalwährungen in Deutschland, in: https://www.capital.de/wirtschaft-politik/regionalwaehrungen (24.05.2021).

12 Vgl. Ehrentreich, Martina, Ann-Katrin Hillenbrand (2014): Ernährung, in: https://web.archive.org/web/20150402092109/http://www.ernaehrung-bw.info/pb/,Lde/Startseite/Nachhaltigkeit/.Regionale+Lebensmittel+liegen+im+Trend (24.05.2021).

13 Vgl. Bethke, Hannah (2017): Die neue Lust an regionalen Produkten, in: https://www.faz.net/aktuell/rhein-main/wirtschaft/der-boom-der-regionalen-lebensmittel-15116965-p2.html (26.05.2021).

14 Vgl. Fußnote 7.

15 Bundesverband der Verbraucherzentralen und Verbraucherverbände – Verbraucherzentrale Bundesverband e.V. (2014): Regionalfenster. Freiwillige Kennzeichnung für regionale Lebensmittel, in: https://web.archive.org/web/20150403230934/http://www.lebensmittelklarheit.de/informationen/regionalfenster-freiwillige-kennzeichnung-fuer-regionale-lebensmittel (26.05.2021).

16 Vgl. Ermann, Ulrich (2005): Regionalprodukte. Vernetzung und Grenzziehung bei der Regionalisierung von Nahrungsmitteln, Wiesbaden, S. 229–277.

17 Vgl. Fußnote 13.

18 Vgl. Ebd., S. 278–280.

19 Vgl. Bundesanstalt für Landwirtschaft und Ernährung (2021): Ernährungswirtschaft. Versorgungsbilanzen, in: https://www.bmel-statistik.de/ernaehrung-fischerei/versorgungsbilanzen/ (31.05.2021).

Capsule Wardrobe

1 Carver, Courtney (2020): Project 333. The Minimalist Fashion Challenge That Proves Less Really is So Much More, New York.

2 Vgl. Dilk, Anja (2018): Ich bin, was ich trage, in: Social Publish Verlag (Hrsg.) (2018): Enorm. Zukunft fängt bei dir an, Nr. 02, 2018, S. 75.

3 Vgl. Untold Creative LLC (2020): Environmental Impact, in: https://truecostmovie.com/learn-more/environmental-impact/ (03.11.2020).

4 Vgl. Brass (2016): A Brief History of the Capsule Wardrobe, in: https://thatsbrass.wordpress.com/2016/01/10/a-brief-history-of-the-capsule-wardrobe/ (14.11.2020).

5 Vgl. Price, Leslie (2017): The Lie of an Edited Wardrobe, in: https://repeller.com/capsule-wardrobe/ (21.11.2020).

6 Vgl. Fußnote 4.

7 Vgl. Ebd.

8 Faux, Susie (1988): Wardrobe. Develop Your Style & Confidence (Loughton).

9 Vgl. Fußnote 4.

10 Vgl. Rees, Anuschka (2016): The Curated Closet. A simple system for discovering your personal style and building your dream wardrobe, New York, S. 172.

11 Petersen, Victoria (2018): 5-Piece French Wardrobe: How to Get Started, in: https://frenchgirldaily.com/5-piece-french-wardrobe/ (20.11.2020).

12 Vgl. Matheiken, Sheena (2020): Year 1 – How it all began, in: https://theuniformproject.com/our-story/ (25.11.2020).

13 Vgl. Carver, Courtney (2020): Start here, in: https://bemorewithless.com/about/ (18.11.2020).

14 Vgl. Carver, Courtney (2020): Minimalist Fashion Project 333 Begins, in: https://bemorewithless.com/minimalist-fashion-project-333-begins/ (18.11.2020).

15 Vgl. Fußnote 1, S. 2.

16 Vgl. Abbruzzese, Jason (2014): Why Zuck and other successful men wear the same thing every day, in: https://mashable.com/2014/11/17/mark-zuckerberg-and-other-insanely-successful-people-wear-the-same-thing-every-day-and-for-good-reason/ (23.11.2020).
17 Vgl. Fußnote 10, S. 174–175.
18 Vgl. Ebd., S. 24–25.
19 Vgl. Ebd., S. 173–176.
20 Vgl. Ebd., S. 94–98.
21 Vgl. Ebd., S. 104–105.
22 Vgl. Ebd., S. 128–131.
23 Vgl. Ebd., S. 80–87.
24 Vgl. Jakob, Stefanie (2020): Der minimalistische Kleiderschrank – Tipps & Tricks, in: https://utopia.de/ratgeber/der-minimalistische-kleiderschrank/ (23.11.2020).
25 Vgl. Fußnote 10, S. 178.
26 Vgl. Ebd., S. 164.
27 Vgl. Ebd., S. 184–187.
28 Vgl. H&M Group (2019): H&M and MenWith launch data-based Capsule Collection, in: https://about.hm.com/news/general-news-2019/h-m-and-menwith-launch-data-based-capsule-collection-.html (21.11.2020).
29 Vgl. Reiter, Grechen (2015): The Minimal Closet | What's Wrong with Capsule Wardrobes?, in: http://grechenscloset.com/capsule-wardrobes/ (23.11.2020).
30 Vgl. Fußnote 1, S. 6.
31 Hauwehde, Jennifer (2016): Capsule Wardrobe – Wie anfangen?, in: https://mehralsgruenzeug.com/capsule-wandrobe-wie-anfangen/ (21.11.2020).

Slow Fashion

1 Vgl. Untold Creative LLC (2020): Human Rights, in: https://truecostmovie.com/learn-more/human-rights/ (03.11.2020).
2 Vgl. Bundeszentrale für politische Bildung (2018): Vor fünf Jahren: Textilfabrik Rana Plaza in Bangladesch eingestürzt, in: https://www.bpb.de/politik/hintergrund-aktuell/268127/textilindustrie-bangladesch (10.11.2020).
3 Vgl. Minney, Safia (2011): Naked Fashion. The New Sustainable Fashion Revolution, Oxford, S. 12.
4 Vgl. Fußnote 1.
5 Vgl. Ebd., S.14.
6 Vgl. Untold Creative LLC (2020): Environmental Impact, in: https://truecostmovie.com/learn-more/environmental-impact/ (03.11.2020).
7 Vgl. Zukunftsinstitut GmbH und Messe Westfalenhallen Dortmund (2013): Fair. Von der Nische zum Mainstream, in: https://www.zukunftsinstitut.de/fileadmin/user_upload/Publikationen/Auftragsstudien/Fair_Trendstudie_web.pdf, S. 19 (02.11.2020).
8 Vgl. Norddeutscher Rundfunk (2020): Wegwerfmode. Was passiert mit Altkleidern?, in: https://www.ndr.de/ratgeber/verbraucher/Wegwerfmode-Was-passiert-mit-Altkleidern,kleidung170.html (03.11.2020).
9 Vgl. Hendriksz, Vivian (2017): https://fashionunited.uk/news/fashion/h-m-accused-of-burning-12-tonnes-of-new-unsold-clothing-per-year/2017101726341 (06.11.2020).
10 Vgl. Fußnote 6.
11 Vgl. UN Economic Commission for Europe (2018): UN Alliance aims to put fashion on path to sustainability, in: https://www.unece.org/info/media/presscurrent-press-h/forestry-and-timber/2018/un-alliance-aims-to-put-fashion-on-path-to-sustainability/doc.html (09.11.2020).
12 Vgl. Schaart, Eline (2019): Pressure grows to make fashion more sustainable, in: https://www.politico.eu/article/pressure-grows-to-make-fashion-more-sustainable-environment-climate-change/ (04.11.2020).
13 Vgl. Fußnote 3, S. 20.
14 Vgl. Fußnote 6.
15 Vgl. Ebd., S. 165.
16 Vgl. Greenpeace e.V. (2014): Dreckige Discounter. Gefährliche Chemikalien in Supermarkt-Kleidung, in: https://www.greenpeace.de/sites/www.greenpeace.de/files/publications/detox_fs_discounter_final20102014_0.pdf (02.11.2020).
17 Vgl. Köhrer, Ellen, Magdalena Schaffrin (2016): Fashion made fair. Modern. Innovative. Sustainable, New York, S. 7.
18 Vgl. Reinhold, Katharina (2016): Fashion@Society: Mode trifft Moral, in: https://www.bpb.de/gesellschaft/bildung/kulturelle-bildung/223869/dokumentation (10.11.2020).
19 Vgl. Fußnote 17.
20 Vgl. Young, Sarah (2020): Fashion Revolution Week: What was the Rana Plaza Disaster and why did it happen?, in: https://www.independent.co.uk/life-style/fashion/rana-plaza-factory-disaster-anniversary-what-happened-fashion-a9478126.html (02.11.2020).
21 Vgl. Fußnote 7.
22 Vgl. Statista (2020): Absatz von Textilien mit Fairtrade-Siegel in Deutschland in den Jahren 2008 bis 2019, in: https://de.statista.com/statistik/daten/studie/171742/umfrage/absatz-von-textilien-mit-fairtrade-siegel-seit-2008/ (04.11.2020).
23 Vgl. Fußnote 20.
24 Fashion Revolution (2020): About, in: https://www.fashionrevolution.org/about/ (02.11.2020).
25 Vgl. Fußnote 3, S. 16–19.
26 Vgl. Reuters (2018): Bangladesh raises wages for garment workers, in: https://www.reuters.com/article/us-bangladesh-garments-idUSKCN1LT2UR (03.11.2020).
27 Vgl. Dobre, Roxana (2018): Moving the Fashion Industry Forward: Regulations and Industry Tools, in: https://www.sustainalytics.com/esg-blog/moving-the-fashion-industry-forward-regulations-and-industry-tools/ (04.11.2020).

28 Vivienne Westwood in TheGuardian.com (2014): Vivienne Westwood on capitalism and clothing: ›Buy less, choose well, make it last‹ – video, in: https://www.theguardian.com/membership/video/2014/oct/29/vivienne-westwood-capitalism-clothing-video (31.08.2021).

29 Vgl. Hill, Madeleine (2018): How To Buy Less, Choose Well and Make it Last, in: https://goodonyou.eco/how-to-buy-less-choose-well-and-make-it-last/ (06.11.2020).

30 Vgl. Fußnote 3, S. 12.

31 Vgl. Fußnote 29.

32 Vgl. Greenpeace e. V. (2018): Textil-Siegel im Greenpeace-Check, in: https://www.greenpeace.de/sites/www.greenpeace.de/files/publications/e01211-greenpeace-chemie-einkaufsratgeber-textil-siegel-2018.pdf, S. 24.

33 Vgl. Ebd., S. 25.

34 Vgl. Laitala, Kirsi, Ingun Grimstad Klepp, Beverley Henry (2018): Does Use Matter? Comparison of Environmental Impacts of Clothing Based on Fiber Type, S. 2, in: MDPI (Hrsg.) (2018): Sustainability Journal 2018, 10, 2524, Basel.

35 Vgl. Femnet e. V. (2020): # Care & Repair, in: https://fairfashionguide.de/index.php/act-for-good/item/10-care-repair (14.11.2020).

36 Vgl. Fußnote 32.

37 Vgl. Chan, Emily (2020): Why Isn't Sustainable Fashion More Affordable?, in: https://www.vogue.co.uk/fashion/article/sustainable-fashion-affordable (12.11.2020).

38 H&M Group (2020): Fair living wages, in: https://hmgroup.com/sustainability/fair-and-equal/wages.html (12.11.2020).

39 Vgl. Fußnote 37.

40 Vgl. Bundeszentrale für politische Bildung (2018): Vor fünf Jahren: Textilfabrik Rana Plaza in Bangladesch eingestürzt, in: https://www.bpb.de/politik/hintergrund-aktuell/268127/textilindustrie-bangladesch (10.11.2020).

41 Ebd.

42 Vgl. Fußnote 18.

43 Vgl. Lehnert, Gertrud (2016): »Unser Verhältnis zur Umwelt ist durch Mode geprägt«, in: https://www.bpb.de/gesellschaft/bildung/kulturelle-bildung/223860/interview-gertrud lehnert (10.11.2020).

44 Vgl. Keller, Christoph (2018): Wie fair ist Fairtrade wirklich?, in: https://www.srf.ch/kultur/gesellschaft-religion/kritik-an-fairtrade-wie-fair-ist-fairtrade-wirklich (10.11.2020).

45 Vgl. Fußnote 3, S. 165.

46 Vgl. Fußnote 15.

Tiny House

1 Thoreau, David (1845): Walden. Oder das Leben in den Wäldern, Boston.

2 Vgl. Matthews, Dylan (2020): The case against tiny houses, in: https://www.vox.com/a/new-economy-future/tiny-houses (02.01.2021).

3 Vgl. Der Standard (2019): »Parasitenwohnungen« auf Dächern nutzen Strom und Wasser von Gebäuden, in: https://www.derstandard.de/story/2000106734758/parasitenwohnungen-auf-den-daechern (02.01.2021).

4 Vgl. Wright, Peter (2019): Future of Tiny Homes – Will they ever rule the world?, in: https://tinyhomegeniuses.com/tiny-home-movement/future-of-tiny-homes/ (03.01.2021).

5 Vgl. Bosler, Isabella (2020): Was sind Tiny Houses?, in: https://tiny-houses.de/was-sind-tiny-houses/ (29.12.2020).

6 Vgl. Ebd.

7 Vgl. Morrison, Gabriella und Andrew (2017): Tiny House. Designing, Building, and Living, Indianapolis, S. 19.

8 Kahn, Lloyd (1973): Shelter, Bolinas.

9 Lidz, Jane (1979): Rolling Homes. Handmade Houses on Wheels, Boston.

10 Walker, Lester (1987): Tiny Houses. Or How to Get Away from it All (New York)

11 Susanka, Sarah (1998): The not so big house, Newtown.

12 Vgl. Fußnote 1.

13 Vgl. Chayka, Kyle (2020): The Longing for Less. Living with minimalism, New York, S. 21–22.

14 Vgl. Fußnote 7.

15 Vgl. Grimm, Katharina (2020): Teure Preise gegen kleine Zinsen: War es früher wirklich einfacher, ein Haus zu finanzieren?, in: https://www.stern.de/wirtschaft/immobilien/immobilien--war-es-frueher-wirklich-guenstiger--ein-haus-zu-finanzieren--8652880.html (28.12.2020).

16 Vgl. Fußnote 7, S. 20.

17 Vgl. Fußnote 5.

18 Vgl. Tinyhouse Consulting UG (2020): Was sind Tiny Houses?, in: https://tiny-houses.de/was-sind-tiny-houses/ (29.12.2020).

19 Vgl. Marshall, Roger (2019): How to build your own Tiny House, Newtown, S. 7–10.

20 Vgl. Marketeam Creativ GmbH (2020): Tiny House: Kosten, Finanzierung und Förderung, in: https://www.aktion-pro-eigenheim.de/haus/hausbau-hauskauf/baukosten-baunebenkosten/tiny-house-kosten-finanzierung-und-foerderung.php (29.12.2020).

21 Vgl. Tomaschek, Leopold (2020): Ökologische Aspekte, in: https://tinyhouse-wanderlust.com/index.php/tiny-house/ecological-aspects/ (29.12.2020).

22 Vgl. Fußnote 19.

23 Vgl. Penquitt, Michael (2020): Hausboote & schwimmende Häuser. Alles übers Wohnen auf dem Wasser, in: https://wohnglueck.de/artikel/hausboote-schwimmende-haeuser-wohnen-auf-dem-wasser-40786 (29.12.2020).

24 Vgl. Fußnote 19.

25 Vgl. Bosler, Isabella (2020): Kosten sparen: Minihaus selber bauen oder kaufen?, in: https://tiny-houses.de/minihaus-selber-bauen-oder-kaufen/ (29.12.2020).

26 Vgl. R., Tom (2018): Legalisierung der alternativen Wohnformen, in: https://secure.avaaz.

org/community_petitions/de/Bundes regierung_Legalisierung_alternativer_ Wohnmoeglichkeiten/ (29.12.2020).
27 Vgl. Olito, Frank (2019): This couple's 130-square-foot home is the most traveled tiny house in the world. Here's what their life is like, in: https://www.insider.com/tour-worlds-most-traveled-tiny-house-2019-11 (31.12.2020).
28 Vgl. Novotny, Maik (2020): Kleinste Hütten: Das Problem mit Tiny Houses, in: https://www.derstandard.de/story/200011895 7970/kleinste-huetten-das-problem-mit-tiny-houses#Echobox=1595739900 (30.12.2020).
29 Ebd.
30 Ebd.
31 Ebd.
32 Vgl. Trulia PR (2016): 5 Reasons Buying A Tiny House Is A Mistake, in: https://www.forbes.com/sites/trulia/2016/11/08/5-reasons-buying-a-tiny-house-is-a-mistake/?sh=23bd047e5f2b (30.12.2020).
33 Vgl. Haupt, Aurèle (2018): Tinyhouse Energieeffizienz. EnEV für Tinyhouse(s) sinnvoll? Wie viel Wärmedämmung ist notwendig?, in: https://wirbauenzukunft.de/wp_v3/wp-content/uploads/2017/06/2018-12-15-TinyHome-Energieeffizienz.pdf (28.12.2020).
34 Vgl. Fußnote 7, S. 12.

Autarkie

1 Elsberg, Marc (2021): Blackout. Morgen ist es zu spät, München.
2 Vgl. Statista GmbH (2020): Anzahl der Personen in Deutschland, die im Leben großen Wert darauf legen, unabhängig zu sein bzw. ihr Leben weitgehend selbst bestimmen zu können, von 2016 bis 2020, in: https://de.statista.com/statistik/daten/studie/455672/umfrage/umfrage-in-deutschland-zur-bedeutung-von-unabhaengigkeit-im-leben/ (06.01.2021).
3 Vgl. Friedrich, Jörg Phil (2020): Wie die Zivilisation im Klimawandel endet, in: https://www.heise.de/tp/features/Wie-die-Zivilisation-im-Klimawandel-endet-4610903.html (07.01.2021).
4 Vgl. Schubert, Klaus, Martina Klein (2020): Autarkie, in: https://www.bpb.de/nachschlagen/lexika/politiklexikon/17132/autarkie (06.01.2021).
5 Vgl. Universität Leipzig (2020): Autark, in: https://corpora.uni-leipzig.de/de/res?corpus Id=deu_newscrawl_2011&word=autark (06.01.2021).
6 Vgl. Meyer, Charlotte (2015): Unabhängig und selbstversorgerisch. Autarkes Leben in Deutschland?, in: https://uni.de/redaktion/unabhaengig-und-selbstversorgerisch-autarkes-leben-in-deutschland (06.01.2021).
7 Vgl. Zukunftsinstitut GmbH (2020): Das Comeback des Dorfes, in: https://www.zukunftsinstitut.de/artikel/umwelt/das-comeback-des-dorfes/ (02.12.2020).
8 Fromm, Kathrin (2018): Vier Ökodörfer und ihre Besonderheiten, in: https://www.nationalgeographic.de/umwelt/2018/02/vier-oeko doerfer-und-ihre-besonderheiten (07.01.2021).
9 Vgl. Ebd.
10 Vgl. Stadt Freiburg (2014): Quartier Vauban: Nachhaltiges Wohnen für 5.300 Menschen, in: https://www.freiburg.de/pb/,Lde/208736.html (07.01.2021).
11 Vgl. Town & Country Haus Lizenzgeber GmbH (2021): Ohne Anschluss nach Draußen: Autarke Häuser, in: https://www.hausausstellung.de/autarkes-haus.html (18.01.2021).
12 Vgl. Bauer, Johanna (2020): Das autarke Haus. Ein Überblick, in: https://www.hausjournal.net/autarkes-haus (06.01.2021).
13 Vgl. Dahlmann, Thomas (2021): Autarkes Haus – 6 beliebte Modelle, autarke Technologien und rechtliche Bedingungen in Deutschland, Österreich & der Schweiz, in: https://autarkes-leben.com/autarkes-haus/ (17.01.2021).
14 Vgl. Ebd.
15 Vgl. Bio-Solar-Haus GmbH (2021): Nullenergiehaus. Rechnerisch den eigenen Energiebedarf abdecken, in: https://www.bio-solar-haus.de/haustypen/nullenergiehaus (18.01.2021).
16 Vgl. Ebd.
17 Vgl. Fußnote 6.
18 Vgl. Statista GmbH (2021): Verwendung von Trinkwasser in deutschen Haushalten nach Verwendungsart im Jahr 2019, in: https://de.statista.com/statistik/daten/studie/12351/umfrage/trinkwasserverwendung-in-deutschen-haushalten/ (19.01.2021).
19 Vgl. Höllinger, Martin (2021): Das Nullenergiehaus – eine (noch) teure Investition in die Zukunft, in: https://www.hausmagazin.com/das-nullenergiehaus-eine-noch-teure-investition-in-die-zukunft/ (20.21.2021).
20 Vgl. Meyer, Björn (2012): Passivhaus – Merkmale, Kennzahlen, Förderung und Kritik, in: https://www.meine-baufi.de/ratgeber/immobilie/bauen/passivhaus-merkmale-kenn zahlen-förderung-und-kritik (20.21.2021).
21 Vgl. Fußnote 19.
22 Vgl. Becker, Lilith (2013): Kein Ort für Träumer. Das Öko-Dorf Sieben Linden, in: https://www.evangelisch.de/inhalte/82959/07-05-2013/kein-ort-fuer-traeumer-das-oeko-dorf-sieben-linden (20.21.2021).
23 Vgl. Ozimek, Adam (2017): Dear Homesteaders, Self-Reliance Is A Delusion, in: https://www.forbes.com/sites/modeledbehavior/2017/07/29/the-delusion-of-self-reliant-off-the-grid-living/?sh=6e8e5f5f343d (20.01.2021).
24 Vgl. Vpress GmbH (2021): Passivhaus. Vorteile vs. Nachteile, in: https://www.energiesparen-im-haushalt.de/energie/bauen-und-moderni sieren/hausbau-regenerative-energie/passiv haus-bauen/vorteil-passivhaus-nachteile.html (20.01.2021).
25 Vgl. Temples, Michelle (2020): Autark leben – 10 Schritte zu mehr Unabhängigkeit, in: https://www.lifeverde.de/nachhaltig keitsmagazin/gesellschaft/autark-leben (20.01.2021).

26 Vgl. Allplan Deutschland GmbH (2018): Unabhängig und selbstversorgend. Leben in autarken Dörfern, in: https://blog.allplan.com/de/autarke-doerfer (26.01.2021).

Veganismus

1 Vgl. ProVeg e.V. (2017): Anzahl der vegan und vegetarisch lebenden Menschen in Deutschland, in: https://proveg.com/de/ernaehrung/anzahl-vegan-vegetarischer-menschen/ (03.06.2021).
2 Vgl. Strobel, Gabi (2021): Vegetarier, in: https://www.planet-wissen.de/gesellschaft/essen/vegetarier/index.html (03.06.2021).
3 Vgl. Ebd.
4 Vgl. Kley, Sabrina (2016): Soja Herkunft. Wo Soja für Tofu, Sojamilch und Co. wirklich herkommt, in: https://www.niemblog.de/soja-herkunft-fuer-lebensmittel/ (08.07.2021).
5 Vgl. Enzenhofer, Franz (2021): Kleine Zeitreise zum Ursprung des Veganismus und Vegetarismus, in: https://www.veganblatt.com/vegan-geschichte (03.06.2021).
6 Ebd.
7 Vgl. ProVeg e.V. (2020): Protokoll der ordentlichen Mitgliedervollversammlung, in: https://proveg.com/de/wp-content/uploads/sites/5/2021/01/2020_11_28_Protokoll-Mitgliedervollversammlung.pdf (02.06.2021).
8 Vgl. Pratschko Margit, Martin Kunz (2001): Neue Lust auf Pflanzenkost, in: https://www.focus.de/wissen/natur/ernaehrung-neue-lust-auf-pflanzenkost_aid_189776.html (02.06.2021).
9 Vgl. Albert, Tanja (2016): Die Geschichte des Vegetarismus, in: https://ich-lebe-vegan.de/was-ist-veganismus/geschichte-vegetarismus-veganismus/ (03.06.2021).
10 Vgl. Statista GmbH (2021): Personen in Deutschland, die sich selbst als Veganer einordnen, oder als Leute, die weitgehend auf tierische Produkte verzichten, in den Jahren 2015 bis 2020, in: https://de.statista.com/statistik/daten/studie/445155/umfrage/umfrage-in-deutschland-zur-anzahl-der-veganer/ (03.06.2021).
11 Vgl. Vernelli, Toni (2021): Vegenuary's rise is unstoppable as 2021 becomes biggest year yet, in: https://veganuary.com/veganuary-2021-becomes-biggest-year-yet/ (30.06.2021).
12 Vgl. Schärer, Judith (2015): Wie umweltfreundlich ist Veganismus wirklich?, in: https://naturschutz.ch/hintergrund/meinung/wie-umweltfreundlich-ist-veganismus-wirklich/97179 (01.07.2021).
13 Vgl. Zinke, Olaf (2021): Was wäre, wenn vegane Ernährung nicht so gesund und gut fürs Klima ist, in: https://www.agrarheute.com/management/agribusiness/waere-vegane-produkte-so-gesund-gut-fuers-klima-582044 (01.07.2021).
14 Vgl. Deutsche Welle (2021): Vegane Ernährung. Gut für die Umwelt, schlecht für den Menschen?, in: https://www.dw.com/de/vegane-ernährung-gut-für-die-umwelt-schlecht-für-den-menschen/a-19494465 (01.07.2021).
15 Vgl. Klöckner, Lydia (2013): Ist Veganismus wider der Natur?, in: https://www.zeit.de/wissen/gesundheit/2013-10/veganismus-gesundheit-faq?utm_referrer=https%3A%2F%2Fduckduckgo.com%2F (01.07.2021).
16 Vgl. Fußnote 13.
17 Vgl. ProVeg e.V. (2020): Mit pflanzlicher Ernährung Wälder schützen, in: https://proveg.com/de/5-pros/pro-umwelt/mit-pflanzlicher-ernaehrung-waelder-schuetzen/ (07.07.2021).
18 Vgl. Fußnote 2.
19 Vgl. Atefie, Kave (2021): Vegane Ernährung im Hochleistungssport – ein Widerspruch?, in: https://gesund.co.at/vegane-ernaehrung-im-hochleistungssport-26617/ (29.06.2021).

Lebensmittelretten

1 Vgl. Deutsche Umwelthilfe e.V. (2021): Lebensmittelverschwendung, in: https://www.duh.de/projekte/lebensmittelverschwendung/ (22.02.2021).
2 Vgl. Ilchmann, Stefan, Jörg Schwerdtfeger, Nathalie Szycher, Miriam Heil (2018): Rechtliche Regelungen zur Weitergabe unverkäuflicher Lebensmittel in der EU, in: https://www.duh.de/fileadmin/user_upload/download/Projektinformation/Naturschutz/Lebensmittel verschwendung/Foodsharing_Legal_Study_on_Food_Waste_final.pdf (22.02.2021).
3 Bundesministerium für Ernährung und Landwirtschaft (2019): Deutschland, wie es isst, in: https://www.bmel.de/SharedDocs/Downloads/DE/Broschueren/Ernaehrungsreport2019.pdf?__blob=publicationFile&v=4 (24.02.2021).
4 Vgl. Fußnote 2.
5 Vgl. Ebd.
6 Vgl. WWF (2021): Tonnen für die Tonne, in: https://www.wwf.de/themen-projekte/landwirtschaft/ernaehrung-konsum/lebensmittelverschwendung/verschwendung (22.02.2021).
7 Vgl. Hennig & Thum Strafrecht (2020): »Containern« bleibt strafbar!, in: https://ht-strafrecht.de/blog/containern-strafbar-bundesverfassungsgericht/ (24.02.2021).
8 Vgl. Tafel Deutschland e.V. (2021): Geschichte, in: https://www.tafel.de/ueber-uns/die-tafeln/geschichte/ (23.02.2021).
9 Vgl. Lebensmittel Retten Wiki (2020): Geschichte von foodsharing, in: https://wiki.foodsharing.de/Geschichte_von_foodsharing (23.02.2021).
10 Vgl. Sirplus GmbH (2021): Mission & Vision, ,in: https://sirplus.de/pages/mission (23.02.2021).
11 Vgl. Foodsharing e. V. (2021): Gesamtstatistik, in: https://foodsharing.de/statistik (23.02.2021).
12 Vgl. Presse- und Informationsamt der Bundesregierung (2019): Lebensmittelabfälle halbieren, in: https://www.bundesregierung.de/breg-de/aktuelles/lebensmittelabfaelle-halbieren-1581854 (25.02.2021).

13 Vgl. Bundesanstalt für Landwirtschaft und Ernährung (2021): Foodsharing. Der Trend zum Lebensmittel-Retten, in: https://www.zugutfuerdietonne.de/service/presse/pressemitteilungen/foodsharing-der-trend-zum-lebensmittel-retten/ (23.02.2021).
14 Vgl. Zukunftsinstitut GmbH (2021): Sharing Economy: »Eine Kulturtechnik des Überflusses«, in: https://www.zukunftsinstitut.de/artikel/wohnen/sharing-economy-eine-kulturtechnik-des-ueberflusses/ (23.02.2021).
15 Vgl. Balzereit, Xenia (2019): Lebensmittel retten, in: https://www.zitty.de/lebensmittel-retten/ (25.02.2021).
16 Vgl. Ayoub, Nadja (2019): Nachernte. Auf diesem Bauernhof können Besucher übriges Gemüse kostenlos ernten, in: https://utopia.de/ernte-nachernte-bauernhof-lammertzhof-66329/ (25.02.2021).
17 Vgl. Fußnote 15.
18 Vgl. Fußnote 10.
19 Vgl. Konditorei Junge GmbH (2021): Investition und Umsetzung, in: https://www.jb.de/das-unternehmen-junge/nachhaltigkeit/brotretter/brotretter-geschichte/ (25.02.2021).
20 Vgl. Bundeszentrum für Ernährung (2020): Lebensmittel richtig lagern, in: https://www.bzfe.de/nachhaltiger-konsum/lagern-kochen-essen-teilen/lebensmittel-richtig-lagern/ (26.02.2021).
21 Vgl. Fußnote 2.
22 Vgl. Supermarkt-Inside (2021): In Deutschland bleibt das Containern umstritten, in: https://www.supermarkt-inside.de/in-deutschland-bleibt-das-containern-umstritten/ (01.03.2021).
23 Vgl. Selke, Stefan (2013): Habenwollen oder Teilenwollen?, in: https://blog.soziologie.de/2013/11/habenwollen-oder-teilenwollen/#more-3086 (01.03.2021).
24 Vgl. Beyß, Regine (2015): Es reicht nicht, nett zu sein, in: https://www.freitag.de/autoren/schlachtreif/es-reicht-nicht-nett-zu-sein (01.03.2021).
25 Tafel Deutschland e.V. (2021): Armut, in: https://www.tafel.de/themen/armut/ (27.02.2021).
26 Vgl. UN News (2020): UN report sends ›sobering message‹ of deeply entrenched hunger globally, in: https://news.un.org/en/story/2020/07/1068261 (23.03.2021).
27 Vgl. Haller, Lara (2021): Lebensmittelverschwendung. Ursachen & Fakten, in: https://www.welthungerhilfe.de/lebensmittelverschwendung/ (23.03.2021).

Urban Gardening

1 Vgl. Landesverband der Gartenfreunde Baden-Württemberg e.V. (2020): Über das organisierte Kleingartenwesen in Deutschland, in: https://www.gartenfreunde-landesverband-bw.de/sites/default/files/ber%20das%20organisierte%20Kleingartenwesen%20in%20Deutschland.pdf, S. 1–2 (10.12.2020).
2 Vgl. Deutsche Welle (2020): A brief guide to German garden colonies, in: https://www.dw.com/en/a-brief-guide-to-german-garden-colonies/a-39133787 (10.12.2020).
3 Drescher, Alexander (2001): The German Allotment Gardens – a Model For Poverty Alleviation and Food Security in Southern African Cities?, in: http://www.cityfarmer.org/germanAllot.html (10.12.2020).
4 Senatsverwaltung für Umwelt, Verkehr und Klimaschutz (2020): Kleingärten. Daten und Fakten, in: https://www.berlin.de/senuvk/umwelt/stadtgruen/kleingaerten/de/daten_fakten/index.shtml (10.12.2020).
5 Vgl. Zukunftsinstitut GmbH (2020): Die Zukunft ist ein Garten, in: https://www.zukunftsinstitut.de/artikel/wohnen/die-zukunft-ist-ein-garten/ (17.12.2020).
6 Vgl. Otto, Janine (2020): Die Ur-Geschichte des Urban Gardenings. Am Anfang stand ein Kühlschrank – die Erfolgsgeschichte der Green Guerilla, in: https://www.evidero.de/die-ur-geschichte-des-urban-gardenings (10.12.2020).
7 Vgl. Sieg, Klaus (2020): Die Gartenrevolution – Urban Gardening in Kuba, in: https://www.bzfe.de/ernaehrung-im-fokus/online-spezial/die-gartenrevolution-urban-gardening-in-kuba/ (11.12.2020).
8 Vgl. Jungblut, Indra (2012): Urban Gardening – Mit Gärten unsere Städte verändern, in: https://reset.org/knowledge/urban-gardening-mit-gaerten-die-welt-veraendern (10.12.2020).
9 Vgl. Müller, Christa (2020): Autoreninterview. Christa Müller, in: http://www.urban-gardening.eu/autoreninterview/ (12.12.2020).
10 Vgl. Internationale Gärten e.V. Göttingen (2020): Verein, in: http://internationale-gaerten.de/?page_id=1808 (12.12.20).
11 Vgl. Schnatz, Kerstin (2020): Urban Gardening – Gärtnern in der Großstadt, in: https://www.dw.com/de/urban-gardening-gärtnern-in-der-großstadt/a-16086396 (11.12.2020).
12 Vgl. Anger, Judith, Immo Fiebrig, Martin Schnyder (2013): Edible Cities. Urban Permaculture for Gardens, Yards, Balconies, Rooftops and Beyond, White River Junction, S. 58.
13 Vgl. Fußnote 8.
14 Vgl. Cockrall-King, Jennifer (2012): Food and the City. Urban Agriculture and the New Food Revolution, S. 146–149.
15 Vgl. Braun, Jessica (2011): Verfall und Wachstum, in: https://www.zeit.de/lebensart/2011-04/detroit (11.12.2020).
16 Von der Haide, Ella (2020): Fragen und Antworten. Geschlechterverhältnis und Gärten?, in: http://www.eine-andere-welt-ist-pflanzbar.de/index.php?article_id=35&clang=0#Geschlechter (15.12.2020).
17 Vgl. Fußnote 8.
18 Vgl. Simon, Paul, Charlie Nardozzi (2013): Urban Gardening for Dummies, Hoboken, S. 11.

19 Vgl. Meyer-Renschhausen (2020): Urbanes Ackern. Die Rückkehr von Gemüseanbau und Selbstversorgung in den Städten, in: https://www.kritischer-agrarbericht.de/fileadmin/Daten-KAB/KAB-2010/Meyer-Renschh.pdf, S. 288 (22.12.2020).
20 Vgl. Fußnote 8.
21 Vgl. Fußnote 9.
22 Vgl. Meyer, Philipp (2015): Analyse der Urban Gardening Projekte in München, in: https://anstiftung.de/jdownloads/forschungsarbeiten_urbane_gaerten/bachelorarbeit_philipp_meyer.pdf, S. 42–45 (18.12.2020).
23 Vgl. Sipple, David (2016): Perspektiven des Urban Gardening in Freiburg. Konflikte, Barrieren und Potentiale urbaner Gemeinschaftsgärten, in: https://anstiftung.de/jdownloads/forschungsarbeiten_urbane_gaerten/d_sipple.pdf, S. 50 (18.12.2020).
24 Vgl. Minkin, Christa (2015): Urban Gardening, »Großer Imageeffekt, aber geringe Kosten«, in: https://www.derstandard.at/story/2000017590164/urban-gardening-grosser-image effekt-aber-geringe-kosten (18.12.2020).
25 Vgl. Fußnote 22.
26 Vgl. Ebd.
27 Vgl. Meyer, Charlotte (2015): Urban Gardening – ein innovatives Projekt für die Zukunft?, in: https://uni.de/redaktion/urban-gardening (18.12.2020).
28 Vgl. Ayoub, Nadja (2020): Schweine-Hochhäuser. In China entsteht eine neue Dimension der Massentierhaltung, in: https://utopia.de/china-schweine-hochhaeuser-fleisch-96754/ (18.12.2020).
29 Vgl. Krauß, Paul (2019): Urban Gardening. Was sich hinter dem weltweiten Trend verbirgt, in: https://www.sonntagsblatt.de/artikel/menschen/urban-gardening-was-sich-hinter-dem-weltweiten-trend-verbirgt (18.12.2020).
30 Vgl. DPA (2012): Urban Gardening. So ungesund ist das Stadtgemüse, in: https://www.stern.de/gesundheit/ernaehrung/urban-gardening-so-ungesund-ist-das-stadt gemuese-3455050.html (18.12.2020).
31 Vgl. Wickel, Horst Peter (2014): Mit dem Gärtner auf das Hochhausdach, in: https://www.welt.de/regionales/bayern/article134342852/Mit-dem-Gaertner-auf-das-Hochhausdach.html (19.12.2020).
32 Vgl. Fußnote 8.
33 Vgl. Tracey, David (2011): Urban Agriculture. Ideas and Designs for the new food revolution, Gabriola Island, S. 16.
34 Vgl. Neue Osnabrücker Zeitung (2012): Urban Gardening: Rückkehr der Gärten in die Stadt, in: https://www.noz.de/archiv/vermischtes/artikel/369668/urban-gardening-ruckkehr-der-garten-in-die-stadt (16.12.2020).

Plastikfrei

1 Vgl. Meikle, Jeffrey L. (1995): American Plastic. A cultural history, New Jersey, S. 264–265.
2 Vgl. Salt, Rachel (2019): The Plastic Problem, Richmond Hill, S. 10–12.
3 Vgl. Westerhaus, Christiane (2019): Was machen Kunststoff-Partikel im Körper?, in: https://www.deutschlandfunk.de/risikofaktor-mikroplastik-was-machen-kunststoff-partikel-im.676.de.html?dram:article_id=450827 (05.10.2020).
4 Vgl. Kiesel, Heiner (2016): Ein Leben ohne Plastik, in: https://www.deutschlandfunkkultur.de/bloggerin-nadine-schubert-ein-leben-ohne-plastik.2165.de.html?dram:article_id=346409 (05.10.2020).
5 Vgl. Fußnote 2, S. 44–49.
6 Vgl. Ebd., S. 18–19.
7 Vgl. Ebd., S. 20–21.
8 Vgl. Ebd., S. 26–32.
9 Vgl. Break Free From Plastic Movement (2020): Who we are, in: https://www.breakfreefromplastic.org/about/#meet-the-team (06.10.2020).
10 Vgl. Fußnote 11, S. 2.
11 Terry, Beth (2021): Plastic Free. How I kicked the plastic habit and how you can too, New York.
12 Vgl. Westerbos, Maria (2020): Pioneers, in: https://www.plasticsoupfoundation.org/en/about-us/front-runners/ (06.10.2020).
13 Vgl. Kirig, Anja (2020): Zero Waste. Zukunft ohne Müll, in: https://www.zukunftsinstitut.de/artikel/umwelt/zero-waste-zukunft-ohne-muell/ (06.10.2020).
14 Vgl. Verbraucherzentrale NRW e.V. (2020): Gesetzliche Regeln. Wie Deutschland Einwegplastik verbannen will, in: https://www.verbraucherzentrale.de/wissen/lebensmittel/lebensmittelproduktion/gesetzliche-regeln-wie-deutschland-einwegplastik-verbannen-will-7022 (06.10.2020).
15 Vgl. Fliegenschmidt, Juliane (2020): Von wegen Recycling-Weltmeister, in: https://www.tagesschau.de/faktenfinder/kurzerklaert/kurz erklaert-recycling-101.html (05.10.2020).
16 Vgl. Kloiber, Benjamin (2016): Abfallentsorgung – Der Blick in die Schwellenländer I, in: https://wertstoffblog.de/2016/05/24/abfallentsorgung-der-blick-in-die-schwellen laender-1/ (16.10.2020).
17 Vgl. Plamondon, Chantal, Jay Sinha (2017): Life without plastic. The Practical Step-by-Step Guide to Avoiding Plastic to Keep Your Family and the Planet Healthy, Salem, S. 73.
18 Vgl. Ebd., S. 76–77.
19 Vgl. Fußnote 2, S. 60–63.
20 Vgl. Jeremy Irons in Connett, Paul (2013): The Zero Waste Solution. Untrashing the planet one community at a time, White River Junction, S. X.
21 Vgl. Umweltbundesamt (2013): Plastiktüten, in: https://www.umweltbundesamt.de/sites/default/files/medien/479/publikationen/4453.pdf (11.10.2020).
22 Vgl. Annette (2019): Silikon: gesundheitsschädlich oder unbedenklich? So verwendest du Silikon richtig, in: https://www.smarticular.net/silikon-siloxane-gesundheit-umwelt schaedlich-giftig-backform/ (11.10.2020).

23 Vgl. Plamondon, Chantal, Jay Sinha (2017): Life without plastic. The Practical Step-by-Step Guide to Avoiding Plastic to Keep Your Family and the Planet Healthy, Salem, S. 81.
24 Vgl. Ebd., S. 90.
25 Vgl. Zentrum der Gesundheit (2020): Bisphenol-A-Verbot beschränkt sich immer noch auf Babyfläschchen, in: https://www.zentrum-der-gesundheit.de/artikel/bisphenol-a-bpa/bisphenol-a-verbot-ia (12.10.2020).
26 Vgl. BUND Deutschland e.V. (2018): Hormongift in Lebensmittelverpackungen. Bisphenol A wird nicht verboten, in: https://www.bund.net/themen/aktuelles/detail-aktuelles/news/hormongift-in-lebensmittelverpackungen-bisphenol-a-wird-nicht-verboten/ (12.10.2020).
27 Vgl. San Clements, Michael (2014): Plastic Purge. How to use less plastic, eat better, keep toxins out of your body, and help save the sea turtles!, New York, S. 175.
28 Vgl. Ebd., S. 88–89.
29 Vgl. Schulz Christoph (2019): Die Vorteile von Plastik – Was für den Kunststoff spricht, in: https://www.careelite.de/plastik-vorteile/ (15.10.2020).
30 Vgl. Franke, Martin (2018): Die Kunststoff-Industrie und das Mentalitätsproblem, in: https://www.faz.net/aktuell/wirtschaft/unternehmen/plastik-die-kunststoff-industrie-und-das-mentalitaetsproblem-15783388.html (15.10.2020).
31 Vgl. Ebd.
32 Vgl. Frankfurter Allgemeine Zeitung (2019): Wie sehr hilft der Verzicht auf Plastik tatsächlich?, in: https://www.faz.net/aktuell/gesellschaft/menschen/studie-wie-sehr-hilft-der-plastik-verzicht-dem-klima-16442756.html (15.10.2020).
33 Vgl. Fußnote 29.
34 Vgl. Verbraucherzentrale NRW (2020): Rohstoffabbau schadet Umwelt und Menschen, in: https://www.verbraucherzentrale.nrw/wissen/umwelt-haushalt/nachhaltigkeit/rohstoffabbau-schadet-umwelt-und-menschen-11537 (16.09.2020).
35 Vgl. Goleman, Daniel, Gregory Norris (2020): How Green Is My Bottle?, in: https://archive.nytimes.com/www.nytimes.com/interactive/2009/04/19/opinion/20090419bottle.html?emc=eta3 (15.10.2020).
36 Vgl. Ong, Lauren (2018): Metal straws and re-usable bags may not be as eco-friendly as you think, in: https://www.asiaone.com/singapore/metal-straws-and-reusable-bags-may-not-be-eco-friendly-you-think (16.09.2020).
37 Vgl. Fußnote 11, S. 311.
38 Vgl. ReCub GbR (2020): Weltverbecherer, in: https://recup.de/ueber-uns (16.09.2020).
39 Vgl. Rudel, Ruthann (2011): Food packaging and bisphenol A and bis(2-ethyhexyl) phthalate exposure: findings from a dietary intervention, in: https://pubmed.ncbi.nlm.nih.gov/21450549/ (16.10.2020).
40 Vgl. Fußnote 11, S. 313.
41 Vgl. Vavra, Kassidy (2019): Coca-Cola found to be top polluter of plastic waste: report, in: https://www.nydailynews.com/news/national/ny-cocacola-top-polluter-break-free-plastic-nestle-pepsico-20191023-hchr3bq3ibayjhr4ixd5uvwjrm-story.html (16.10.2020).
42 Vgl. Shambler, Thomas (2020): Coca-Cola says its plastic bottles will be biodegradable by 2023, in: https://www.esquireme.com/content/46190-coca-cola-says-its-plastic-bottles-will-be-biodegradable-by-2023 (16.10.2020).

Zero Waste

1 Eigene Übersetzung nach Johnson, Bea (2013): Zero Waste Home. The Ultimate Guide to Simplifying your Life by Reducing your Waste, New York, S. 14.
2 Vgl. Brumme, Doreen (2016): Die Geschichte des Recycling III – die Industrialisierung, in: https://wertstoffblog.de/2016/06/08/die-geschichte-des-recycling-iii-die-industrialisierung/ (12.09.2020).
3 Vgl. Wieland, Melanie (2020): Müllentsorgung, in: https://www.planet-wissen.de/gesellschaft/muell/muellentsorgung/index.html (12.09.2020).
4 Vgl. Fußnote 11, S. 15–16.
5 Vgl. Neligan, Adriana (2018): Europa recycelt nicht genug, in: https://www.iwd.de/artikel/europa-recycelt-nicht-genug-386885/ (13.09.2020).
6 Vgl. Connett, Paul (2013): The Zero Waste Solution. Untrashing the planet one community at a time, White River Junction, S. 85–87.
7 Vgl. ZWIA (2020): History of ZWIA, in: http://zwia.org/history-of-zwia/ (12.09.2020).
8 Eigene Übersetzung nach ZWIA (2018): Definition of ZWIA, in: http://zwia.org/zero-waste-definition/ (12.09.2020).
9 Johnson, Bea (2013): Zero Waste Home. The Ultimate Guide to Simplifying your Life by Reducing your Waste, New York.
10 Vgl. Wikipedia (2020): Zero Waste, in: https://en.wikipedia.org/wiki/Zero_waste#cite_note-17 (12.09.2020).
11 Korst, Amy (2012): The Zero Waste Lifestyle. Live well by throwing away less, New York.
12 Vgl. Ebd. S. 8–9.
13 Johnson, Bea (2016): Zero Waste Home. Glücklich leben ohne Müll, Kiel.
14 Vgl. Neligan, Adriana (2018): Europa recycelt nicht genug, in: https://www.iwd.de/artikel/europa-recycelt-nicht-genug-386885/ (14.09.2020).
15 Vgl. Statistisches Bundesamt (2020): Abfallwirtschaft, in: https://www.destatis.de/DE/Themen/Gesellschaft-Umwelt/Umwelt/Abfallwirtschaft/_inhalt.html (14.09.2020).
16 Vgl. Plastic Polution Alliance (2020): The idea, in: https://loopstore.com/the-idea (16.09.2020).

17 Vgl. Kellogg, Kathryn (2019): 101 Ways to go Zero Waste, New York, S. x–xi.
18 Vgl. Zukunftsinstitut GmbH (2015): Zero Waste. Zukunft ohne Mülll, in: https://www.zukunftsinstitut.de/artikel/umwelt/zero-waste-zukunft-ohne-muell/ (17.09.2020).
19 Vgl. Fußnote 9, S. 14–15.
20 Vgl. Ebd. S. 15–19
21 Vgl. Ebd. S. 19–22.
22 Vgl. G+J Medien GmbH (2020): Die Mehrweg-Versandtasche im Test. Eine zuverlässige Alternative?, in: https://www.stern.de/wirtschaft/video--tchibo-mehrweg-versandtasche-im-test-9388712.html (17.09.2020).
23 Vgl. Fußnote 9, S. 23–24.
24 Vgl. Ebd. S. 24.
25 Vgl. Ebd. S. 25–26.
26 Vgl. Su, Shia (2018): Wie sinnvoll ist Zero Waste? #foodforthoughfriday, in: https://wastelandrebel.com/de/wie-sinnvoll-ist-zero-waste-foodforthoughtfriday/ (16.09.2020).
27 Sattlegger, Lukas und Luca Raschewski (2019): Vom Zero Waste Lifestyle zur müllfreien Zukunft?, in: https://www.postwachstum.de/vom-zero-waste-lifestyle-zur-muellfreien-zukunft-20190130 (16.09.2020).
28 Vgl. Ebd.
29 Vgl. Wicker, Alden (2019): The complicated gender politics of going zero waste, in: https://www.vox.com/the-goods/2019/5/9/18535943/zero-waste-movement-gender-sustainability-women-instagram (17.09.2020).
30 Vgl. Schmidt, Katharina (2020): Müllfrei-Pionierin: Instagram hat Zero Waste falsch verstanden, in: https://utopia.de/zero-waste-blogger-bea-johnson-140440/ (16.09.2020).
31 Vgl. Fußnote 9, S. 32–34.
32 Vgl. Ebd. S. 182–183.

Autofrei

1 Scharffenberg, Salomon (2020): No Car. Eine Streitschrift für die Mobilität der Zukunft, München, S. 39.
2 Vgl. Löfken, Jan Oliver (2016): Völlig stehengeblieben, in: https://www.fluter.de/voellig-stehengeblieben (31.03.2021).
3 Vgl. Maiwald, Anja (2019): CO_2-Steuer und Flugscham. Wie grün fährt Europa?, in: https://www.arte.tv/de/videos/087181-323-A/co2-steuer-und-flugscham-wie-gruen-faehrt-europa/ (15.04.2021).
4 Vgl. Lernoud, Frédéric (2018): Stadtverkehr. Nicht ohne mein Auto, in: https://www.bpb.de/mediathek/303122/stadtverkehr-nicht-ohne-mein-auto (31.03.2021).
5 Vgl. Visit Denmark (2021): Copenhagen's bike culture, in: https://www.visitcopenhagen.com/copenhagen/activities/copenhagens-bike-culture (21.04.2021).
6 Vgl. G+J Medien GmbH (2021): Drastische Maßnahmen, positive Bilanz. Wie Oslo die Autos aus der Stadt vertreibt, in: https://www.geo.de/natur/nachhaltigkeit/22103-rtkl-norwegen-drastische-massnahmen-positive-bilanz-wie-oslo-die-autos (15.04.2021).
7 Vgl. Statista GmbH (2021): Anzahl zugelassener PKW in Deutschland von 1960 bis 2021, in: https://de.statista.com/statistik/daten/studie/12131/umfrage/pkw-bestand-in-deutschland/ (15.04.2021).
8 Vgl. Grieger, Manfred (2019): Kleine Geschichte des Automobils in Deutschland, in: https://www.bpb.de/apuz/298742/kleine-geschichte-des-automobils-in-deutschland?p=all (30.03.2021).
9 Vgl. Fußnote 4.
10 Vgl. Umweltbundesamt (2020): Umweltbelastung durch Verkehr, in: https://www.umweltbundesamt.de/daten/verkehr/umweltbelastungen-durch-verkehr#undefined (31.03.2021).
11 Vgl. Autofrei leben! e.V. (2021): Umweltprobleme des Automobilismus, in: https://www.autofrei.de/index.php/so-geht-autofrei/haeufige-fragen-und-antworten/7-darum-autofrei/5-umwelt (01.04.2021).
12 Vgl. Fußnote 10.
13 Vgl. Fußnote 11.
14 Vgl. Presse- und Informationsamt der Bundesregierung (2019): Klimaschutzprogramm 2030, in: https://www.bundesregierung.de/breg-de/themen/klimaschutz/klimaschutzprogramm-2030-1673578 (31.03.2021).
15 Vgl. Oberhuber, Nadine, Carsten Feig (2014): Ein Leben ohne ein eigenes Auto?, in: https://www.faz.net/aktuell/finanzen/meine-finanzen/geld-ausgeben/nachrichten/u-bahn-carsharing-und-rad-ein-leben-ohne-eigenes-auto-12814799.html (16.04.2021).
16 Vgl. Zukunftsinstitut GmbH und Ford (2020): Mobility Zeitgeiststudie. Die mobile Generation Z, in: https://www.zukunftsinstitut.de/fileadmin/user_upload/Publikationen/Auftragsstudien/Ford_Mobility_Zeitgeist_Studie_2020-Zukunftsinstitut.pdf (01.04.2021).
17 Vgl. Ebd.
18 Vgl. Bruns, Heiko (2018): Besser leben ohne Auto. Clever unterwegs sein, entspannt ankommen, München, E-Book, S. 55–56.
19 Vgl. Ebd. S. 75–76.
20 Vgl. Bleier, Ulrike Anna, Theresa Hein (2018): Sollen Öffis für alle kostenlos sein?, in: https://www.fluter.de/sollen-oeffis-fuer-alle-kostenlos-sein (14.04.2021).
21 Vgl. Schroer, Kevin, Fabian Simon (2021): Flexibles Carsharing – Free-floating Carsharing im Überblick, in: https://www.bezahlen.net/ratgeber/flexibles-carsharing/ (06.04.2021).
22 Vgl. Fußnote 1, S. 19–22.
23 Vgl. Porschardt, Ulf (2019): Ein Herz fürs Auto. Warum das Automobil weiterhin Zukunft hat – Essay, in: https://www.bpb.de/apuz/298738/ein-herz-fuers-auto?p=all (13.04.2021).
24 Vgl. Meyer, Charlotte (2015): Ohne Auto, aber voller Glück, in: https://uni.de/redaktion/ohne-auto-aber-voller-glueck (13.04.2021).

25 Vgl. Strittmatter, Kai (2019): Blaupause für die Fahrradstadt, in: https://www.sueddeutsche.de/wirtschaft/kopenhagen-blaupause-fuer-die-fahrradstadt-1.4290142 (15.04.2021).
26 Vgl. Fußnote 4.
27 Vgl. Fußnote 15.
28 Vgl. Fußnote 18, S. 33.
29 Vgl. Bundesministerium für Verkehr und digitale Infrastruktur (2014): Radverkehr in Deutschland. Zahlen, Daten, Fakten, in: https://www.ziv-zweirad.de/fileadmin/redakteure/Downloads/PDFs/radverkehr-in-zahlen.pdf, S. 14 (12.04.2021).
30 Vgl. Fußnote 18, S. 79.

Lastenrad

1 Gehl, Jan (2015): Städte für Menschen, Berlin.
2 Vgl. Ehren, Harald (2016): City Logistics: Lieferdienst 4.0, in: https://www.zukunftsinstitut.de/artikel/city-logistics-lieferdienst-40/ (20.04.2021).
3 Vgl. Deutsches Zentrum für Luft- und Raumfahrt (2021): Lastenräder im Wirtschaftsverkehr haben Potenzial, in: https://www.dlr.de/content/de/artikel/news/2016/20160512_lastenraeder-im-wirtschaftsverkehr-haben-potenzial_17780.html (20.04.2021).
4 Vgl. Neher, Jürgen (2021): Geschichte des Lastenfahrrads, in: https://www.lastenfahrraeder.netzwissen.com/geschichte/geschichte-des-lastenfahrrads/ (19.04.2021).
5 Vgl. Statista GmbH (2020): Fahrräder in Deutschland: Statistiken, in: https://de.statista.com/themen/173/fahrrad/ (20.04.2021).
6 Vgl. Zukunftsinstitut GmbH (2021): Cycle-Chic: Die große Zukunft des Fahrrads, in: https://www.zukunftsinstitut.de/artikel/cycle-chic-die-grosse-zukunft-des-fahrrads/ (20.04.2021).
7 Vgl. Visit Denmark (2021): Copenhagen's bike culture, in: https://www.visitcopenhagen.com/copenhagen/activities/copenhagens-bike-culture (21.04.2021).
8 Vgl. Colville-Andersen (2015): Cargo Bike Nation – Copenhagen, in: http://www.copenhagenize.com/2015/10/cargo-bike-nation-copenhagen.html (21.04.2021).
9 Vgl. Arnold, Matthias (2021): Lastenräder könnten den Verkehr nachhaltig verändern, in: https://enorm-magazin.de/wirtschaft/mobilitaet-und-verkehr/fahrradverkehr/verleihsysteme-lastenraeder-koennten-den-verkehr-nachhaltig-veraendern (26.04.2021).
10 Vgl. Ebd.
11 Vgl. Tink Walter & Wagner GbR (2021): Projektinfo, in: https://tinknetzwerk.de (27.04.2021).
12 Vgl. University of Amsterdam (2021): WPS No.24 | Boterman, W.R. (2017) | Cargo bikes as a lens for gender, class and urban transformation in Amsterdam, in: https://urbanstudies.uva.nl/content/working-paper-series/working-paper-series-no.24.html?origin=%2Bq1hThT4TCOhbrnggQ2NMA&cb (04.05.2021).
13 Vgl. Mecking, Olga (2018): »Cargo-Bike Moms« are gentrifying the Netherlands, in: https://www.theatlantic.com/technology/archive/2018/06/cargo-bike-moms-are-gentrifying-the-netherlands/562475/ (04.05.2021).
14 Vgl. University of Amsterdam (2021): WPS No. 24 | Boterman, W.R. (2017) | Cargo bikes as a lens for gender, class and urban transformation in Amsterdam, In: https://urbanstudies.uva.nl/content/working-paper-series/working-paper-series-no.24.html?origin=%2Bq1hThT4TCOhbrnggQ2NMA&cb (04.05.2021).
15 Vgl. Weisbrod, Lars (2018): Nach unten treten, nach oben buckeln, in: https://www.zeit.de/2018/28/radfahren-spiesser-verkehrsmittel-ideologie/komplettansicht (04.05.2021).
16 Vgl. Cargobike.jetzt GmbH (2020): Beste Cargobike-Kritiken 2019 | Teil 1: »Rollende Ungetüme«, in: https://www.cargobike.jetzt/beste-cargobike-kritiken-2019-teil-1-rollende-ungetueme/ (04.05.2021).
17 Vgl. Cargobike.jetzt GmbH (2020): Beste Cargobike-Kritiken 2019 | Teil 3: »Kulturkampf gegen das Auto«, in: https://www.cargobike.jetzt/beste-cargobike-kritiken-2019-teil-3-kulturkampf-gegen-das-auto/ (04.05.2021).
18 Vgl. Verkehrsclub Deutschland e.V. (2021): Positive Umweltbilanz – weniger Emissionen, lebenswerte Städte, in: https://lastenrad.vcd.org/vorteile/positive-umweltbilanz/ (05.05.2021).
19 Vgl. Eidems, Volker (2016): Elektrofahrrad: wie grün ist das E-Bike wirklich?, in: https://utopia.de/ratgeber/elektrofahrrad-e-bike-oeko/ (05.05.2021).
20 Vgl. Fußnote 18.
21 Vgl. Lindsey, Joe (2020): This is our chance to reclaim cities from cars, in: https://www.outsideonline.com/2419091/the-perfect-bike-ride-is-20-miles (05.05.2021).
22 Vgl. Brockhaus, Sarah (2019): Lastenfahrrad: Deshalb kann es für dich sinnvoll sein, in: https://utopia.de/ratgeber/lastenfahrrad-deshalb-kann-es-fuer-dich-sinnvoll-sein/ (06.05.2021).
23 Vgl. Electric Bike Solutions GmbH (2021): Lastenrad vs. Anhänger, in: https://www.e-lastenrad.de/lastenrad-vs-anhaenger (06.05.2021).

Mikroabenteuer

1 Vgl. Houge Mackenzie, Susan, Jasmine Goodnow (2020): Adventure in the Age of COVID-19: Embracing Microadventures and Locavism in a Post-Pandemic World, in: https://cedar.wwu.edu/cgi/viewcontent.cgi?article=1003&context=healthandhumandev_facpubs (16.02.2021).
2 Vgl. Travelbook (2019): Hatten Sie schon mal ein »Mikroabenteuer«?, in: https://www.travelbook.de/outdoor/mikroabenteuer (17.02.2021).
3 Vgl. Daniel, Diane (2015): The Virtues of Microadventures, in: https://www.nytimes.com/2015/03/22/travel/the-virtues-of-micro-adventures.html?_r=0 (08.02.2021).

4 Alastair Humphreys in Ebd.
5 Humphreys, Alastair (2014): Microadventures. Local Discoveries for Great Escape, London.
6 Vgl. Fußnote 3.
7 Foerster, Christo (2018): Mikroabenteuer. Raus und machen, Hamburg.
8 Alastair Humphreys in Fußnote 10.
9 Vgl. Humphreys, Alastair (2021): Microadventures, in: https://alastairhumphreys.com/microadventures-3/ (08.02.2021).
10 Vgl. Großmann, Julia (2021): Tipps vom Erfinder. So werden Mikroabenteuer zu einem unvergesslichen Erlebnis, in: https://www.geo.de/reisen/reise-inspiration/16702-rtkl-alastair-humphreys-tipps-vom-erfinder-so-werden-mikroabenteuer (08.02.2021).
11 Vgl. Humphreys, Alastair (2021): Microadventure Kit List, in: http://alastairhumphreys.com/gear-micro-adventure/ (08.02.2021).
12 Vgl. Fußnote 10.
13 Vgl. Foerster, Christo (2019): Mikroabenteuer. Das Motivationsbuch, Hamburg, S. 27.
14 Vgl. Foerster, Christo (2019): Mikroabenteuer. Ideen. Ausrüstung. Motivation, Hamburg, S. 22–24.
15 Vgl. Ebd., S. 58 und 88–92.
16 Vgl. Ebd., S. 88–98.
17 Vgl. Ebd., S. 133–139.
18 Vgl. Ebd., S. 250–251.
19 Vgl. Ebd., S. 61–63.
20 Vgl. Ebd., S. 82–83.
21 Vgl. Humphreys, Alastair (2021): Making a career out of adventure – Some questions answered, in: https://alastairhumphreys.com/making-career-adventure-questions-answered/ (12.02.2021).
22 Vgl. Nachmani, Gilad (2015): Do we really need microadventures?, in: http://www.outdoorsfather.com/2015/07/do-we-really-need-microadventures/ (12.02.2021).
23 Vgl. Bailey, Dan (2015): Llanberis Mountain Rescue Team Has Busiest Ever Month, in: https://www.ukhillwalking.com/news/2015/09/llanberis_mountain_rescue_team_has_busiest_ever_month-69944 (12.02.2021).
24 Vgl. Young, Robert (2018): Discovering the Essence of a Microadventure, in: https://dspace.library.uvic.ca/bitstream/handle/1828/10483/Young_Robert_MA_2018.pdf?sequence=1&isAllowed=y, S. 61 (12.02.2021).
25 Vgl. Fußnote 14, S. 52–53.
26 Vgl. Fußnote 22.
27 Vgl. Fußnote 24.
28 Vgl. Malik, Saddia-Kiran (2016): Microadventures: Achtsame Mini-Breaks, in: https://www.zukunftsinstitut.de/artikel/microadventures-achtsame-mini-breaks/ (15.02.2021).

Slow Travel

1 Vgl. Karyotakis, Minos-Athanasios, Martina Kiourexidou, Nikos Antonopoulos (2019): Media and YouTube Appeal in Social Movement Mobilization: The Case of Anti-Tourism Incident, in: https://mediawatchjournal.in/sep19/Media%20and%20YouTube%20Appeal%20in%20Social%20Movement%20Mobilization%20The%20Case%20of%20Anti-Tourism%20Incident.pdf (22.09.2020).
2 Vgl. Hamm, Ingo (2018): »Tourists Go Home«: Unsustainable tourism in Venice, in: https://globalhobo.com.au/2018/07/02/tourists-go-home-unsustainable-travel-in-venice/ (22.09.2020).
3 Vgl. Geille, Charlotte (2020): Ab Juli 2020. Tagestouristen müssen für den Besuch der Stadt Venedig Eintritt zahlen, in: https://www.express.de/news/panorama/ab-juli-2020--tagestouristen-muessen-fuer-den-besuch-der-stadt-venedig-eintritt-zahlen-33733632 (22.09.2020).
4 Vgl. Rüb, Matthias (2020): Die ersten Touristen kehren zurück nach Venedig, in: https://www.faz.net/aktuell/gesellschaft/menschen/wie-sieht-es-in-venedig-aus-wenn-die-ersten-touristen-zurueckkommen-16800395.html (22.09.2020).
5 Vgl. ARD-aktuell (2021): Addio, Kreuzfahrtschiffe!, in: https://www.tagesschau.de/ausland/europa/venedig-verbot-kreuzfahrtschiffe-101.html (16.07.2021).
6 Vgl. Uniq GmbH (2020): Overtourism und seine Folgen. Wenn Tourismus schadet – und was jeder von uns dagegen tun kann, in: https://www.urlaubsguru.de/reisemagazin/overtourism/ (22.09.2020).
7 Vgl. Hollenstein, Oliver (2013): Schnelle, stressige Welt, in: https://www.sueddeutsche.de/leben/leben-unter-zeitdruck-schnelle-stressige-welt-1.1851807 (20.09.2020).
8 Vgl. Slow Food Deutschland e.V. (2020): Wie Slow Food entstand, in: https://web.archive.org/web/20110413175245/http://www.slowfood.de/wirueberuns/wie_slow_food_entstand/ (20.09.2020).
9 Vgl. Kenny, Pauline (2019): What is Slow Travel?, in: https://www.sloweurope.com/community/resources/what-is-slow-travel.140/ (26.09.2020).
10 Eigene Übersetzung nach Ebd.
11 Vgl. Fußnote 9.
12 Vgl. Gardner, Nicky (2009): A Manifesto for Slow Travel, in: https://www.slowtraveleurope.eu/slow-travel-manifesto (20.09.2020).
13 Ebd.
14 Vgl. Bradt Travel Guides (2020): Slow Travel, in: https://www.bradtguides.com/product-category/books/series/slow-travel/ (20.09.2020).
15 Vgl. Zukunftsinstitut GmbH (2011): Leisure Travel. Tourismus der Zukunft, in: https://www.zukunftsinstitut.de/artikel/tourismus/leisure-travel-tourismus-der-zukunft/ (22.09.2020).
16 Vgl. Graefe, Lena (2020): Statistiken zum Reiseverhalten der Deutschen, in: https://de.statista.com/themen/1342/reiseverhalten-der-deutschen/ (22.09.2020).

17 Vgl. Slow Travel Berlin (2020): Tours & Workshops, in: http://www.slowtravelberlin.com/tours/ (20.09.2020).
18 Dickinson, Janet (2010): Slow Travel and Tourism, London.
19 Kieran, Dan (2012): The Idle Traveler, London.
20 Watson, Penny (2019): Slow Travel. A Movement, Victoria.
21 Clemence, Sarah (2018): Away and Aware. A Field Guide to Mindful Travel, Philadelphia.
22 Sparks, Jennifer (2019): Slow Travel. Escape the Grind and Explore the World, New York.
23 Kieran, Dan (2014): Slow Travel. Die Kunst des Reisens, Berlin.
24 Clemence, Sarah (2018): Achtsam Reisen. Kabellos glücklich oder Wie dein Urlaub zur echten Auszeit wird, Köln.
25 Vgl. Heimann, Andreas (2013): Warum pilgern nicht peinlich ist, in: https://www.spiegel.de/reise/aktuell/slow-tourism-warum-pilgern-nicht-peinlich-ist-a-935136.html (25.09.2020).
26 Vgl. Kirig, Anja (2020): Slow Travel, in: https://www.zukunftsinstitut.de/artikel/slow-business/slow-travel/ (23.09.2020).
27 Ebd.
28 Eigene Übersetzung nach Pauline Kenny in Schlichter, Sarah (2007): The art of Slow Travel. Avoid post-vacation burnout and take time to enjoy your journeys, in: http://www.nbcnews.com/id/20429755/ns/travel-travel_tips/t/art-slow-travel/ (26.09.2020).
29 Vgl. Ebd.
30 Vgl. Fußnote 9.
31 Vgl. Fußnote 12.
32 Vgl. Ebd.
33 Vgl. Gardner, Nicky (2020): Welcome to Slow Travel Europe, in: https://www.slowtraveleurope.eu (23.09.2020).
34 Vgl. Molk, Manuela (2019): Slow Travel. Ein Fragebuch für Reisende, Norderstedt.
35 Vgl. Fußnote 24, S. 14–15.
36 Vgl. Ebd., S. 30–31.
37 Vgl. Fußnote 34.
38 Vgl. Ebd., S. 42–66.
39 Vgl. Ebd., S. 122–123.
40 Vgl. Ebd., S. 5.
41 Vgl. The International Ecotourism Society (2020): What is Ecotourism? in: https://ecotourism.org/what-is-ecotourism/ (25.09.2020).
42 Vgl. Heimann, Andreas (2013): Warum pilgern nicht peinlich ist, in: https://www.spiegel.de/reise/aktuell/slow-tourism-warum-pilgern-nicht-peinlich-ist-a-935136.html (25.09.2020).
43 Vgl. Hahn, Lena Marie (2016): Slow Travel: Ist das, was wir machen?, In: https://www.family4travel.de/slow-travel-ist-das-was-wir-machen/ (25.09.2020).
44 Vgl. George, Stefanie (2016): Wie planlos ist slow travel eigentlich? – Teil 3, in: https://www.comfortzoneless.de/wie-planlos-ist-slow-travel-reisen/ (25.09.2020).
45 Vgl. Bleistein, Iris (2016): Slow Travel: wider den To-Do-Listen?, In: https://www.freiheitsgefuehle.com/slow-travel-wider-den-to-do-listen/ (25.09.2020).
46 Vgl. Jerusel, Marc (2016): Slow Travel: Was bedeutet das wirklich?, in: https://1thingtodo.de/slow-travel-bedeutung/ (25.09.2020).
67 Vgl. Schlichter, Sarah (2007): The art of Slow Travel. Avoid post-vacation burnout and take time to enjoy your journeys, in: http://www.nbcnews.com/id/20429755/ns/travel-travel_tips/t/art-slow-travel/ (26.09.2020).
48 Vgl. Remote Year Inc. (2020): What is Slow Travel? And How to Do It, in: https://www.remoteyear.com/blog/what-is-slow-travel (26.09.2020).
49 Vgl. Lori und Angelo (2020): The Power of Slow Travel (How To Experience More By Slowing Down), in: https://www.travlinmad.com/blog/slow-traveling-what-it-is-how-to-do-it (26.09.2020).
50 Vgl. Fußnote 47.
51 Vgl. Fußnote 49.
52 Vgl. Dignös, Eva (2019): Kreuzfahrtschiffe bleiben eine schmutzige Sache, in: https://www.sueddeutsche.de/reise/kreuzfahrt-umwelt-1.4570679 (26.09.2020).

Achtsamkeit

1 Nhat Hanh, Thich (1998): Lächle deinem eigenen Herzen zu, 5. Aufl. Freiburg im Breisgau, S. 45.
2 Vgl. 3sat (2020): Die erschöpfte Gesellschaft, in: https://www.3sat.de/gesellschaft/politik-und-gesellschaft/die-erschoepfte-gesellschaft-100.html (13.07.2021).
3 Vgl. American Mindfulness Research Association (2021): »Mindfulness« journal article titles published by year: 1980–2020, in: https://goamra.org/Library (27.07.2021).
4 Vgl. Fußnote 2.
5 Vgl. Mayer, Heike (2018): Achtsamkeit. Gelassen leben in einer hektischen Welt, München, S. 23–24.
6 Vgl. Renger, Almut-Barbara (2020): Buddhismus, Stuttgart, S. 15.
7 Vgl. Buddhistischer Dachverband Diamantweg e.V. (2021): Zahlen zum Buddhismus in Deutschland, in: https://buddhismus.de/buddhisten-in-deutschland/#thema4 (12.07.2021).
8 Vgl. Reddemann, Luise (2017): Kontexte von Achtsamkeit in der Psychotherapie, in: Reddemann, Luise (Hrsg.) (2017): Kontexte von Achtsamkeit in der Psychotherapie, Stuttgart, S. 23.
9 Vgl. Wikipedia (2021): Achtsamkeit (mindfulness), in: https://de.wikipedia.org/wiki/Achtsamkeit_(mindfulness)#cite_note-19 (13.07.2021).
10 Vgl. Fußnote 8.
11 Vgl. Horx, Matthias (2017): Mindshift. Warum der mentale Wandel der eigentliche Zukunftswandel ist, in: Zukunftsinstitut GmbH (Hrsg.) (2017): Die neue Achtsamkeit. Der Mindshift kommt, S. 8.

12 Vgl. Ebd., S. 13.
13 Vgl. Zukunftsinstitut Gmbh (2021): Was ist der derzeit wichtigste Trend?, in: https://www.zukunftsinstitut.de/artikel/achtsamkeit/ (13.07.2021).
14 Vgl. Fußnote 11, S. 15.
15 Vgl. Kirch, Doris (2021): Achtsamkeit: Nicht nur für Buddhisten, in: https://doriskirch.de/achtsamkeit-buddhismus/ (30.07.2021).
16 Vgl. Fußnote 5.
17 Vgl. Buddhastiftung (2021): Grundlagen der Achtsamkeit, in: https://buddhastiftung.org/glossary/grundlagen-der-achtsamkeit/ (12.07.2021).
18 Hanh, Thich Nhat (1992): Umarme deine Wut. Sutra der Vier Verankerungen der Achtsamkeit, Bielefeld, S. 40.
19 Vgl. Ebd.
20 Vgl. Fußnote 17.
21 Vgl. Fußnote 18.
22 Vgl. Fußnote 15.
23 Vgl. MBSR-MBCT Verband e.V. (2021): Achtsamkeit mit MBSR, in: https://www.mbsr-verband.de/achtsamkeit/mbsr (26.07.2021).
24 Vgl. Schmitz, Manfred (2021): Welche Meditationen und Achtsamkeitsübungen lernen Sie im MBSR- oder Mindful Parenting Kurs?, in: https://mbsr-koeln.de/meditationen-achtsamkeitsuebungen/ (27.07.2021).
25 Vgl. Technische Universität Berlin (2021): BiNKA – Bildung für nachhaltigen Konsum durch Achtsamkeitstraining, in: http://achtsamkeit-und-konsum.de/de/das-projekt/ (27.07.2021).
26 Vgl. Geiger, Sonja, et al. (2018): BiNKA – Bildung für nachhaltigen Konsum durch Achtsamkeitstraining. Ergebnisse eines Interventionsprojekts, in: http://achtsamkeit-und-konsum.de/wp-content/uploads/2018/02/Abschlussbroschüre_BiNKA_final_großAufl.pdf, S. 23–24 (27.07.2021).
27 Vgl. Ebd. S. 9–14.
28 Vgl. Fußnote 26.
29 Vgl. Klein, Mechthild (2016): Von innen ruhig, nach außen kampfbereit, in: https://www.deutschlandfunk.de/kritik-an-der-achtsamkeitsbewegung-von-innen-ruhig-nach.886.de.html?dram:article_id=373136 (28.07.2021).
30 Vgl. Tholl, Max (2019): Die gefährlichen Folgen der Achtsamkeitslehre, in: https://www.tagesspiegel.de/kultur/totalitarismus-der-selbstoptimierung-die-gefaehrlichen-folgen-der-achtsamkeitslehre/24915166.html (29.07.2021).
31 Vgl. Fußnote 29.
32 Vgl. Fußnote 30.
33 Vgl. Ebd.
34 Vgl. Ebd.
35 Vgl. Buddha-Stiftung (2021): Ist säkularer Buddhismus das Gleiche wie Achtsamkeit?, in: https://buddhastiftung.org/achtsamkeit-saekularer-buddhismus-unterschiede/ (02.08.2021).
36 Vgl. Fußnote 26.
37 Vgl. Ebd.
38 Vgl. Chrisinger, Benjamin W., et al. (2021): Coping with the COVID-19 pandemic: Contemplative practice behaviors are associated with better mental health outcomes and compliance with shelter-in-place orders in a prospective cohort study, in: https://www.sciencedirect.com/science/article/pii/S2211335521001418 (27.07.2021).

Epilog

1 Vgl. Paech, Niko (2009): Grundzüge einer Postwachstumsökonomie (2009), in: http://www.postwachstumsoekonomie.de/material/grundzuege/ (18.08.21).
2 Vgl. Chomsky, Noam (2019) in: Chomsky, Noam (2021): Rebellion oder Untergang! Ein Aufruf zu globalem Ungehorsam zur Rettung unserer Zivilisation, Frankfurt am Main, S. 6.

Danksagung

Vielen herzlichen Dank an all die Menschen, die meine Arbeit an diesem Buch unterstützt haben:

- an meine Eltern, Anette und Claus, ohne die ich dieses Buch weder begonnen noch fertig geschrieben hätte.
- an Claus, Daniela, Elena, Fabian, Jonas, Kerstin und Susanne, die einen Blick auf die Texte geworfen und sie mit ihren Anmerkungen verbessert haben.
- an Maike Hofma, Annika Christof-Ansarian, Ines Swoboda, Mirjam Höschl und Clemens Herrmann, die das Buchprojekt professionell und engagiert von Verlagsseite aus betreuten.
- an jene, die einen Vortrag gebucht haben, was das Crowdfunding für das Buchprojekt immens vorangebracht hat und den nachhaltigen Themen eine Plattform gab.
- an die Verwandten, Freundinnen und Freunde, Bekannte und Wohlgesinnten, die ein Buch vorbestellt und die Veröffentlichung damit erst möglich gemacht haben. Ohne euch hätte es nicht geklappt.

Zu guter Letzt ein großes Dankeschön an alle, die das Buch mit einer großzügigen Spende unterstützten: Jonas Allali, Andreas Braun, Kerstin Dold, Klaus Helling, Jorge Hernandez, Volker Holtermann, Fritz Link, Susanne Mühlthaler, Sabine Neugart Allali, Daniel Neugart, Rita Neugart, Stefanie Raubold, Armin Sölch.

Über die Autorin

© Anika Neugart

Anika Neugart (1987) studierte Szenografie und Kostüm (B.A.) in Hannover sowie Kulturwissenschaft und -management (M.A.) in Ludwigsburg. Sie interessiert sich seit Jahren für nachhaltige Lebensweisen und forschte bereits in ihrer Masterarbeit zum Thema »Nachhaltigkeit im Theaterbetrieb«. Aktuell arbeitet sie als Eventmanagerin im Kunst- und Kulturbereich, hält Vorträge zu Nachhaltigkeitsthemen und widmet sich auf ihrem Blog travelslowly.de vor allem dem bewussten und entschleunigten Reisen.